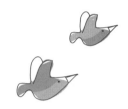

邁向 優質、個別化 的 特殊教育服務

鈕文英 著

▌作者簡介▐

鈕文英

現職 / 國立高雄師範大學、國立臺南大學、國立屏東大學特殊教育學系兼任
　　　教授

學歷 / 國立臺灣師範大學教育心理系學士
　　　美國堪薩斯大學特殊教育研究所碩士、博士

經歷 / 國中啟智班教師、特殊教育組長
　　　國立高雄師範大學特殊教育學系專任教授（2013 年 8 月 1 日退休）

專長 / 智能障礙、身心障礙者的行為問題處理、身心障礙者的課程與教學、
　　　正向行為支持、融合教育、研究方法與論文寫作

著作 / 啟智教育課程與教學設計（2003，心理出版社）
　　　邁向優質、個別化的特殊教育服務（2013，心理出版社）
　　　研究方法與論文寫作（2 版修訂版）（2015，雙葉書廊）
　　　擁抱個別差異的新典範──融合教育（第 2 版）（2015，心理出版社）
　　　單一個案研究法──研究設計與後設分析（2015，心理出版社）
　　　身心障礙者的正向行為支持（第 2 版）（2016，心理出版社）
　　　質性研究方法與論文寫作（第 2 版）（2017，雙葉書廊）
　　　其他期刊和編纂類書籍中的文章約 100 多篇

校閱 / 智能障礙定義、分類和支持系統──美國智能及發展障礙協會定義指
　　　南第 11 版（2011，財團法人心路社會福利基金會）
　　　應用行為分析（2012，學富文化）
　　　融合教育課程與教學實務（2017，華騰文化）

學位論文指導 / 自 1997 年至 2017 年 12 月底共指導完成 83 篇博碩士論文

序

夢想不只是旅遊的藍圖，而是實際的旅程。

　　寫作本書的因緣要回溯至 1984 年，甫自國立臺灣師範大學教育心理系畢業分發至國中任教，卻在毫無心理準備的情況下投入學校啟智班的創班工作（當時稱為「益智實驗班」）。個別化教育計畫自 1979 年被引進到國內，我於 1986 年就開始為啟智班的孩子試擬個別化教育計畫。當時許多的特殊教育教師質疑：為什麼要發展個別化教育計畫？而由於特殊教育並非我原本的專業，加上是杏壇新手，每日總是殫思竭慮構想要教什麼給我的孩子；後來有了個別化教育計畫做引導，彷彿讓我吃下一顆定心丸，知道什麼是家長期待和孩子需要的學習目標。在擬訂個別化教育計畫的過程中，我深刻領悟到，不是我教會這些孩子什麼，而是我從他們身上學習，學習到與他們站在同樣的高度，品味每一個生命，從其視框看他們隱含的優勢，欣賞他們細微的進步。

　　在 1991 年我赴美進修，更深入學習到個別化教育計畫的緣起和發展過程，還探究到我原先未知的概念——轉銜和個別化家庭服務計畫。我於 1996 年學成歸國，旋即至大學任教，歷經 1997 和 1998 年修正通過的《特殊教育法》和其施行細則。雖然它們奠定了身心障礙學生個別化教育計畫的法律基礎，但是也加深了許多特殊教育教師的焦慮：如何發展適合的個別化教育計畫？如何將個別化教育計畫與教學結合？我遂於 2000 年完成一本特殊教育中心的叢書——《如何發展個別化教育計畫——生態課程的觀點》。本書的撰寫有感於以往在擬訂個別化教育計畫時，大多採取「發展性課程」

的觀點，強調先備和部分技能的訓練，忽略重要且整體活動的完成，教育目標的擬訂脫離真實情境，故採用「生態課程」的取向發展個別化教育計畫。之後於 2003 至 2005 年架設和維護「教師進修網站——個別化教育計畫」，探討個別化教育計畫的擬訂實務。

此後，促使我繼續學習和撰寫本書的動機有三：一是自法規明確規範個別化教育計畫之後，它的擬訂比例確實提升不少；然而，依據相關研究和我的特殊教育評鑑經驗，個別化教育計畫內容的完整性和敘寫的適切性，以及其擬訂、執行與評鑑仍存在著一些問題需要因應，例如教育目標的擬訂未以轉銜為焦點等。二是為因應特殊教育與普通教育接軌之融合趨勢，教育部於 2008 年委託盧台華完成國民、高中與高職教育三個階段，特殊教育課程發展共同原則及課程綱要之編訂，強調設計特殊需求學生課程時，應首先考量普通教育課程，新的課程綱要已於 101 學年度全面試辦，加上新修訂之《特殊教育法施行細則》於 2012 年 11 月公布，IEP 的內容做了部分修改，許多教師對於如何在考量普通教育課程的前提，又能因應身心障礙學生的特殊需求且符合法規要求，擬訂適宜的個別化教育計畫上有困擾。三是對學齡階段的身心障礙學生，已有個別化教育計畫以確保特殊教育品質；然而，對學齡前和中學後階段的身心障礙者，如何發展個別化家庭服務計畫和個人未來生活計畫（或個別化服務計畫）卻少有文獻探討之。我認為，身心障礙者從出生至成年的全人生，都需要優質、個別化的特殊教育服務，至於如何確保特殊教育服務的優質和個別化，則有賴於個別化家庭服務計畫、個別化教育計畫、個別化轉銜計畫和個人未來生活計畫（或個別化服務計畫）等全人個別化計畫的擬訂。

因此，本書命名為《邁向優質、個別化的特殊教育服務》，第一、二章首先從歷史脈絡和實徵研究的視框，探討身心障礙者個別化計畫之緣起、發展與實況；接著，第三、四章呈現個別化計畫之意義與功能及法規基礎；再來的五個章節則探究個別化計畫之發展實務，第五章先說明各種個別化

計畫執行之共同要素,第六至九章則敘述個別化家庭服務計畫、個別化教育計畫、個別化轉銜計畫和個人未來生活計畫(或個別化服務計畫)的擬訂與評鑑。在編排上,每一章均從「導讀問題」開始,最後「總結」本章的重點;並藉由「示例」呈現個別化計畫的擬訂方式;透過「問題討論」,引導讀者從負例中,更深刻地了解擬訂個別化計畫須注意之處。另外,我在第一次出現的「專業術語」後加註原文,並且提示國內文獻的不同譯法;用「不同字型」呈現文本的重點,並做前後文的「相互對照」。最後,我整理「中英文索引」,以及於光碟「附錄」中,提供擬訂個別化計畫會用到的工具和資源,例如個別化教育計畫的空白表格及評鑑表等。我還製作了教學簡報檔和課程大綱,教授「個別化計畫」相關課程需要者,可以逕向出版社索取。

　　寫作本書的故事終於走到「最令我感動」的一步 —— 寫序,許多人好奇地問我:「為何有源源不絕的動力持續寫作?」我內心強烈的聲音回應:「寫作是由於對學習的熱情而存在。」在撰寫本書的過程中,我看了《天外奇蹟》(*Up*)這部電影,它敘說 8 歲的卡爾答應小女朋友艾利將來會帶她去冒險,懷抱著冒險的夢想,兩人從相識至結婚;結婚後,卡爾為累積冒險的資金汲汲於工作賺錢,直到艾利離開人間,他從未實現對艾利的承諾。寡居的 78 歲卡爾最後決定放下懊悔的過去,充滿數以萬計的氣球,在 8 歲小童子軍小羅的協助下,帶著向前邁進的勇氣,為實現夢想而起飛。這一幕讓我熱淚盈眶,我領略到夢想不只是旅遊的藍圖,亦不是等萬事俱備才能追逐的計畫,而是實際的旅程;即使尚未具備逐夢的所有條件,亦能將夢想分解成細微的步驟或是採取替代方案,漸進達成夢想的一小部分。不止於夢想,個別化計畫的實施、寫作亦是如此。個別化計畫不是靜態的書面文件,而是要付諸實施的動態過程資料;亦不是等到身心障礙者具有先備能力,才能在計畫中讓他們學習符合實齡的活動,或者普通教育課程。

　　同樣地，寫作不是等到資料齊備、時間充足和靈光乍現才能從事的活動；它的最大敵人為期待第一次就要寫完美，或是要等到地利、人和以及文思泉湧等「萬事俱備」時才開始進行，它需要步步為營，逐漸累積。正如這篇序是在帶孩子跟團旅遊的途中，利用六天清晨四點多起床至吃早餐前大約三個小時，每日規律地寫作，直到我生日當天才完成初稿，算是給自己最好的生日禮物。我發現只要我逐字地將想到的寫下時，靈感便會來敲門；而這筆下的每個字，就會像每滴水，終究有串成河流找到大海的一天。

　　本書得以順利出版，有很多幕後功臣。首先，要感謝我指導的陳采緹博士，她以其博士論文為基礎，協助我撰寫第六章「個別化家庭服務計畫的擬訂與評鑑」之初稿，而後我再增修之。其次，感恩我的女兒——任敬葭鼎力繪製序和每章的插畫，在她的現況——認為繪畫只是雕蟲小技，不如課業表現那麼重要下，我希望讓她透過參與肯定自己的優勢，知道插畫的價值——能讓書吸引人閱讀，這是我為她設定的個別化教育目標。而在她多年見證媽媽努力兼顧家庭和學校工作，還能利用零碎時間寫作後的某一天，她分享道：「以前我不知道你為什麼那麼辛苦寫書，現在我才知道原來你享受寫書的過程，就跟我喜歡畫畫一樣，一點都不覺得累。」原來我們之間即使經歷不同，卻悄悄產生了共鳴感。再者，心理出版社林敬堯總編輯、林汝穎小姐的細心編輯，我在此一併致謝。大學課堂中的學生們，以及研習場合的在職教師們，帶給我的是另一種學習，他們提出各種深具內涵與創意的問題，讓我頻頻思考，並屢有所悟，他們提供我成長的養分，以及撰寫本書的動力和啟示！

　　我期盼本書能作為特殊教育工作者落實個別化計畫，為身心障礙者設計優質、個別化特殊教育服務的基礎，正如《天外奇蹟》中卡爾的逐夢，讓身心障礙者在獲得支持或輔助下，能運用他們的優勢，使用不同的方式，翱翔於天空，為實現他們的願景而起飛。

　　踏著眾多前輩的足跡，讓我由衷地感謝他們對我的啟蒙；也希望本書能成為後進者繼續開疆闢土的墊腳石，希冀由於我的「拋磚」，能引領更多「寶玉」。我雖然已盡力撰寫和細心校對，但疏漏在所難免，尚祈方家不吝指教。這個寫作故事在我有生之年不會停止，未來我還會增修此書，因為我知道仍有許多遺珠，等待我去學習。我也將繼續寫作的旅程，攀越另一座山峰。

鈕文英
2012 年 12 月

目次

▌光碟資料目次▐

參考文獻

名詞釋義

附錄

邁向 **優質、個別化** 的 特殊教育服務

表次

圖次

示例次

問題
討論次

第 1 章

身心障礙者個別化計畫
之緣起與發展

第一節　美國身心障礙者個別化計畫之緣起與發展
第二節　我國身心障礙者個別化計畫之緣起與發展

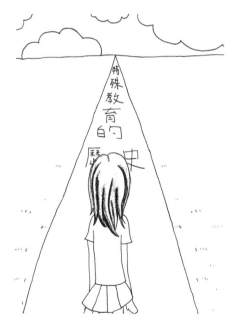

如果只檢視現在，我們只能看到孤立的現象；然而，假如能回溯
過去，我們便能發現事件間的關聯性，整理出現象背後綿密曲折
的脈絡。（Pettigrew, 1973）

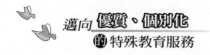

導│讀│問│題

1. 美國特殊教育的發展為何,以及它對身心障礙者個別化計畫的影響是什麼?
2. 我國特殊教育的發展為何,以及它對身心障礙者個別化計畫的影響是什麼?

　　關於美國和我國身心障礙者個別化計畫之緣起與發展,和美國與我國整個特殊教育的發展有極大的關聯性,因此從綜觀美國與我國整個特殊教育的歷史起始,再從中探討個別化計畫之緣起與發展。

☆第一節　美國身心障礙者個別化計畫之緣起與發展

　　綜觀美國整個特殊教育的發展,Peterson 和 Hittie(2010)歸納成四個階段:第一個階段為「**滅絕**」,為了保護社會,將不同者予以殺害。第二個階段為「**隔離**」,為了保護社會,防範身心障礙者受到傷害,和提供他們特殊化的服務,因此將他們隔離至不同的地方,例如隔離學校、老人安養之家。第三個階段為「**悲憫**」,身心障礙者為社會所接納,但被視為沒有能力,無法對社會產生貢獻,必須接受強勢者的施捨和協助。第四個階段為「**社群**」(community),每一個人皆被接納為社會中的一員,都有其能力和價值,都能對社會產生貢獻。Polloway、Smith、Patton 和 Smith(1996)則指出有以下四個階段的改變,即**相對隔離**、**統合**(integration)或**回歸主流**(mainstreaming)、**融合**

（inclusion），以及**充權賦能**（empowerment）和**自我決策**（self-determination）；這四個階段的教育理念分別為**機構本位**（facility-based）、**服務本位**（services-based）、**支持本位**（support-based），以及**充權賦能與自我決策**，如圖 1-1。

Beirne-Smith、Patton 和 Kim（2006）即參考 Polloway、Smith 等人（1996）的說法，分析啟智教育的發展歷史，將之分成古代期、曙光期和稍早的幻滅期、機構本位取向期、服務本位取向期，和支持本位取向期。這些時期亦可運用於特殊教育的發展歷史，筆者結合 Polloway、Smith 等人所云「**充權賦能和自我決策期**」，以及近年來所強調的「**證據本位實務**」（evidence-based practices）概念，成為「**充權賦能與證據本位取向期**」。以下詳細討論每一期的時間和重要事件，及其對身心障礙者個別化計畫的影響。

充權賦能與自我決策
2000 年以後

融合
（支持本位）
大約開始於 1980 年代中期

統合或回歸主流
（服務本位）
大約開始於 1970 年代

相對隔離
（機構本位）
大約在 1970 年代之前

圖 1-1 美國特殊教育的歷史轉變。修改自 Polloway、Smith 等人（1996, p. 9）。

壹、古代期：1700 年以前

在古代期，對身心障礙者的了解非常少，視之為謎，甚至為了保護社會，滅絕他們（Beirne-Smith et al., 2006）。

貳、曙光期和稍早的幻滅期：1700 至 1890 年

從 1700 至 1890 年，可分成曙光期，以及稍早的幻滅期兩段（Beirne-Smith et al., 2006）。依據 Taylor、Richards 和 Brady（2005），Beirne-Smith 等人，以及何華國（1999）的文獻，說明這個時期的發展。

一、曙光期

在負面態度充斥的古代期，16 世紀末葉，西班牙的一位教士 Pedro Ponce de Leo'n，以小班級的方式教導聽覺障礙兒童說、讀和寫。至 17 世紀，法國兩位學者——Periere（1715-1780）和 Pinel（1745-1826）為身心障礙者的教育注入了希望；Periere 發展簡單的手語教導聽障者溝通；Pinel 主張提供安置心理疾病者的「養護機構」道德治療，亦即正向、心理層面的治療。雖然他們並非直接介入身心障礙者，但對於後來學者在關懷和教育身心障礙者有啟蒙的效果。

1800 年的 1 月 8 日，在法國南部的 Aveyron 森林發現一位像野人的男孩；同年 8 月 6 日他抵達巴黎接受檢查，幾乎所有專家都聲稱他是無法治好的白痴。唯獨 26 歲的法國醫生 **Itard**（1774-1838），認為男孩野獸般的行為和語言障礙，是由於他在寂靜的森林裡獨居太久，他投入五年時間，有計畫地教導他，並將他取名為 Victor。Itard 寫了兩份實驗報告描述教導 Victor 的過程，在全球引起廣大的迴響，這是啟智教育曙光的乍現；Itard 發明的教學方法，被現代特殊教育大量採用，例如 Montsourri 據此發展出**蒙特梭利教學法**。Victor 雖然展現極大的進步（例如認識一些字母、物品和文字），但 Itard 對於他仍然無法學會說話感到失望。儘管如此，法國科學院依然頒獎肯定他的貢獻。

法國病理學家 **Esquiral**（1772-1840）是最早積極區分心理疾病和智能障礙（簡稱智障）的人之一，他指出智障並非單一，而是連續的現象，亦即有程度之分。**Seguin**（1812-1880）是 Esquiral 的學生，後來他追隨 Itard 教育 Victor，並加以發揚光大，於 1837 年在巴黎發展一套有系統的低能兒童教育方案，並於 1846 年將其實施內容及成果彙整成冊。Seguin 的教育方法甚至比 Itard 更系統化，強調生理和道德教育；之後他移民美國，於 1866 年在美國出版《**白痴與其生理學處理方法**》（*Idiocy: And its Treatment by the Physiological Method*）一書；於 1875 年成立「白痴與低能者養護機構之醫療人員協會」，並且擔任第一任理事長。

瑞典的 **Guggenbuhl** 於 1841 年，創立第一所為智障者提供綜合性服務的教養機構，名為 **Abendberg**。之後，美國的 **Dix** 首先於 1843 年為住在養護院、貧民屋的精神疾病和白痴者，向麻薩諸塞州立法機構倡議較好且人道的介入。**Howe** 在參訪 Abendberg 之後，即於 1846 年在美國波士頓成立第一所訓練智障者的公立機構；接著沒多久，**Wilbur** 在麻薩諸塞州成立第一所訓練智障者的私立機構。

二、稍早的幻滅期

在前一時期諸多先驅的努力下，開始對身心障礙者抱持著希望——他們能夠被治療和訓練，甚至能夠再統合進入社區成為有生產力的公民；然而好景不常，在 1860 年代美國經歷南北戰爭後，開始走向都市和工業化，伴隨而來犯罪、貧窮和疾病等社會問題，而這些問題又和身心障礙者連結在一起，致使一般大眾對身心障礙者更懷偏見，亟欲將他們隔離，造成大型養護機構的增加，以保護及隔離為手段，忽視了系統和深入的訓練。

總括古代期及曙光期和稍早的幻滅期，從對身心障礙者的了解極少，轉變到認為他們能夠被治療和訓練，之後又因社會問題而欲隔離他們。雖然已露出治療和訓練身心障礙者的曙光，但尚未有個別化計畫。

參、機構本位取向期：1890 至 1960 年

從 1890 至 1960 年的機構本位取向期，又可分成倒退期、逐漸啟動期和再復甦期三段（Beirne-Smith et al., 2006）。綜合文獻（陳榮華，1995；Beirne-Smith et al., 2006; Taylor et al., 2005），詳細討論如下。

一、倒退期：1890 至 1925 年

延續前一時期都市和工業化社會的形成，加上 1900 年代初期優生學運動之衝擊、智力測驗的發展，以及移民潮，更加深社會保護及隔離身心障礙者的態度。在優生學運動之衝擊上，Galton 受 Darwin 進化論之影響，於 1869 年發表《**遺傳的天才**》（*Hereditary Genius*）一書，強調優異的天才均來自於遺傳，此種論調催化了**優生學運動**，進一步鼓吹藉遺傳控制身心障礙者的擴散。接著 Dugdale 於 1877 年發表《Jukes 家族——罪犯、貧困、疾病和遺傳之研究》（*The Jukes: A Study of Crime, Pauperism, Disease and Heredity*），論述身心障礙者與犯罪之關聯性；以及 Goddard 於 1912 年出版《Kallikak 家族》（*The Kallikak Family*），表示智障會代代遺傳，這兩本著作引起美國社會之驚駭，影響所及，部分州頒布絕育的法令，強制對身心障礙者實施絕育手術。

在智力測驗的發展上，法國 Binet 和 Simon 於 1905 年發表第一套智力測驗，名為《**Binet-Simon 量表**》；之後美國 Goddard 於 1911 年將之翻譯成英文，帶進美國境內；接著 Stanford 大學的 Terman 於 1916 年修訂之，定名為《**Stanford-Binet 量表**》，它有助於鑑定身心障礙者。之後於第一次世界大戰期間（1914-1918），美國為了士兵的徵召和分類訓練，邀請心理測驗專家編製團體智力測驗，名為《阿發和貝他測驗》（*The Alpha and Beta Tests*），據報告當時經由測驗得知為智障，而免除服兵役者高達數萬人。

在移民潮方面，1900 年代中期後，愈來愈多來自歐洲東部和南部國家的人移民美國，他們被視為低劣的；加上 Goddard 於 1917 年指出這些移民多數為低能，更加深禁止移民的呼聲，故於 1924 年美國政府制定《**移民限制法案**》（*Im-*

migration Restriction Act）。

　　總括來說，優生學運動之衝擊、智力測驗的發展和移民潮，呈現身心障礙者的眾多問題，讓美國社會更加相信一方面須頒布禁止移民和絕育的法令，以防止身心障礙者的加入和擴散；另一方面須設立更多大型的養護院和特殊教育學校（簡稱特教學校），以養育眾多的身心障礙者。這些養護機構美其名是為了保護身心障礙者，事實上卻是為了隔離他們，一則可控制其生育，二則可以保護一般人免於受傷害；再者，經營大型養護機構與特教學校在人力和財力上較為經濟，故在此時期大量出現。

　　在這個時期，不只大型養護機構與特教學校增加，特殊教育班（簡稱特教班）也增多。第一個特教班成立於 1896 年羅德島上的 Providence 市，當時雖然優生學運動逐漸興起，對身心障礙者的觀感也逐步傾向負面，但是隨著義務教育觀念的抬頭，普通學校之普及，若干國家開始主張應讓身心障礙者在普通學校的特教班接受教育，美國亦受此影響設立特教班，之後於 1897 年又在麻薩諸塞州的 Springfield 市設立特教班。紐澤西州最早於 1911 年立法保障智障學生的教育，之後各州紛紛跟進，也因此帶動各州發展特教班，1915 至 1930 年間特教班的發展最為快速。然而自 1930 年至 1940 年，特教班的成長受挫，直至 1950 年才又在都市內興起。

二、逐漸啟動期：1925 至 1950 年

　　在 1925 年之後，由於社會、政治和經濟的變化，特教團體的設立，鑑定工具的發展，以及特教和醫療研究的影響，逐漸啟動了對身心障礙者的關注。在社會、政治和經濟的變化上，社會對身心障礙者的態度在第一次世界大戰之後有些轉變，因為許多士兵戰後受傷需要長期的醫療照顧，於是在 1920 年頒布**《職業復健法案》**（*Vocational Rehabilitation Act*），它不只提供退伍士兵職業復健，也給予身心障礙者訓練機會。另一個重要事件為 1929 年金融市場的崩潰，經濟大蕭條跟進，促使一般人開始注意社會福利的問題。到了 1930 年代，由於經歷大蕭條過後不久，美國各界均致力於確保經濟及社會的穩定，Hoover 總統於 1930 年召開第一次「白宮兒童健康與保護會議」，其中討論了身心障礙

兒童的教育和福利需求。接著 Roosevelt 總統於 1935 年制定《社會安全法案》（*Social Security Act*），主張提供所有人民公共福利，它對身心障礙者福利的推展影響深遠。之後於第二次世界大戰期間，如同第一次世界大戰，因士兵的徵召和分類訓練而實施智力測驗，結果發現因智障而免除服兵役者數量頗多；而大戰結束後，因為許多士兵戰後受傷成為障礙者，需要長期醫療照顧，進一步引起社會大眾對身心障礙者的關懷。

在特教團體的設立上，Farell 於 1922 年創立「國際特殊兒童教育委員會」（International Council for the Education of Exceptional Children），即「特殊兒童委員會」（Council for Exceptional Children, CEC）的前身，此會在督促政府發展特殊教育措施和立法有很大的貢獻。

在鑑定工具的發展上，Doll 於 1935 年編製《文蘭社會成熟量表》（*Vineland Social Maturity Scale*），評量智障者的社會能力；Wechsler 於 1949 年發展《魏氏兒童智力量表》（*Wechsler Intelligence Scale for Children, WISC*），這兩個工具在智障的鑑定和分類上，扮演非常重要的角色。

在特教和醫療研究的影響上，愈來愈多的臨床研究發現智障並非單經由家族遺傳而來，還有其他非遺傳因素，例如 1934 年，挪威的醫生 Fölling 發現苯酮尿症的新陳代謝異常機轉；另有一些研究發現頭部外傷、感染和內分泌的失調等因素。而在特教研究上，一些學者指出 Dugdale 和 Goddard 的智障家族遺傳研究有方法學上的缺失；其他在養護機構的調查發現，超過半數的智障者其父母智力正常，更駁斥了遺傳為造成智障唯一因素的論點。

此外，這段期間興起遺傳和教養議題的爭論，很多研究開始強調造成智障的環境因素。例如 Skeels 和 Dye 於 1939 年的早期介入（early intervention）研究，證實智障者幼年期的生活及教育環境，對於其智能的發展有相當密切的關係。換言之，從幼年期就在良好教育環境長大的 13 位智障兒童（實驗組），經過四年後，其平均智商增加 32 分；反之，在教育條件不佳之收容所內的智障兒童（對照組），其平均智商卻降低了 21 分。這項研究又經歷 21 年的追蹤，Skeels 於 1966 年報導實驗組的智障成人仍然要比對照組者有較大的成就。當時尚有若干相似的研究，例如 Kephart 和 Speers 皆於 1940 年發表的兩篇文章，也都

佐證教育及良好文化環境，對智障者的智能發展有重大影響；這些研究對於修正當時若干偏見，即「啟智教育無效論」頗具影響。關於遺傳和教養議題的爭論，雖然亦有學者主張遺傳因素大於環境，例如 Jensen 於 1969 年發表〈對於 IQ 和學業成就我們能促進多少〉一文，強調遺傳在決定 IQ 的重要性，並且暗示社會地位和種族的變異可歸因於遺傳的差異；但是此論點馬上招致很多批評，而且此爭論最後有一個共識：智障受到遺傳和環境兩方面因素的影響，而環境因素是較具影響力的。

三、再復甦期：1950 至 1960 年

延續逐漸啟動期的契機，1950 年代美國「**民權運動**」（civil rights movement）的興起，加上家長團體的倡議、專著的引導、法案的推動，以及法庭判例的影響，促使身心障礙教育的再復甦。在家長團體的倡議上，1930 年代開始有地方層級的父母及家人的互助團體組織；於 1950 年，智障者家長組成「**全國智能不足兒童之家長和朋友協會**」（National Association of Parents and Friends of Mentally Retarded Children），之後更名為「**全國智障兒童協會**」（National Association for Retarded Children, ARC），目前改稱為「**美國智障公民協會**」（Association for Retarded Citizens of the United States, ARC），它在倡議智障者的基本人權和特教服務上，扮演極重要的角色。

在專著的引導上，為導正「啟智教育無望論」的消極觀點，若干學者致力於著書立說，如 Kirk 和 Johnson 於 1951 年出版的《**教育智能不足兒童**》（*Educating the Retarded Child*），Masland、Sarason 和 Gladwin 於 1958 年出版的《**智能異常**》（*Mental Subnormality*），兩本著作均強調社會文化因素與智障有高相關存在，並且主張教育對智障者的重要性。

在法案的推動上，美國國會於 1954 年通過《**合作研究法案**》（*Cooperative Research Act*，即《81-531 公法》），撥款研究智障議題；於 1958 年通過《**智能不足學生的師資訓練法案**》（*Training Provisions for Teachers of Students with Mental Retardation*，即《85-926 公法》），贊助各種機構訓練智障學生的師資。

在法庭判例的影響上，1954 年的《**Brown 和 Board of Education**》判例，成為美國最高法院建立反對隔離的判例，1967 年規定採用雙軌系統的安置是具歧視性的。

總括來說，從 1890 至 1960 年的機構本位取向期，早期認為父母是孩子產生障礙的來源或原因，主張安置身心障礙者於隔離的環境中，包括養護機構、特教學校和特教班，身心障礙者隔離的安置增加，但尚未有個別化計畫。晚期則認為父母是家長組織的成員，批判隔離的適當性。

肆、服務本位取向期：1960 至 1985 年

在 1960 至 1985 年期間，方案和特教團體的倡議、法案的推動、服務傳遞趨勢和轉銜概念的引進、回歸主流和統合運動的促進、法庭判例的影響，以及普通教育改革行動的推展，促使特殊教育從機構本位轉向為服務本位。

一、方案和特教團體的倡議

在方案和特教團體的倡議上，Kennedy 於 1961 年就任美國總統後，由於他有一個妹妹被鑑定為智障，所以設置「**智能不足議題總統諮詢小組**」（President's Panel on Mental Retardation），現在稱為「智障議題總統諮詢小組」（President's Panel on Intellectual Disabilities），研擬有關智障者醫療、心理、教育、復健和就業等問題的政策建言（Beirne-Smith et al., 2006）。該小組於 1962 年在 Mayo 主導下，提出《**戰勝智能不足的全國行動方案**》（*A Proposed Program for National Action to Combat Mental Retardation*），揭示加強智障成因的研究、復健方法的探討、教育方案和職業輔導的研擬、社區化教養設施的普及、專業人員的培訓，以及社會大眾對智障者的正確認識等（Beirne-Smith et al., 2006）。

二、法案的推動

在法案的推動上，延續 1950 年代的「民權運動」和法案，1960 年代末期

和 1970 年代初期，興起「**教育機會均等運動**」（equal educational opportunity movement）（Stainback & Stainback, 1995）。接著，美國的國會於 1963 年通過《**智能不足機構和心理健康中心之建構法案**》（*Mental Retardation Facilities and Mental Health Centers Construction Act*），撥款設立「智能不足研究中心」（Mental Retardation Research Center）；並於 1964 年通過《**民權法案**》（*Civil Rights Act*）（Beirne-Smith et al., 2006）。民權和教育機會均等運動擴及公立學校教育，使得少數種族學生安置在特教班中比例特別多的情形備受批評，而教育界也興起改革的聲浪（Schulz & Carpenter, 1995）。

接著在 Johnson 總統任內，提出《**向貧窮宣戰方案**》（*War of Poverty*），以協助經濟和文化不利的家庭；故於 1964 年通過《**經濟機會法案**》（*Economic Opportunity Act*），並在次年開始《**啟蒙教育計畫**》（*Project Head Start*），為生活在經濟不利和文化差異家庭中的 3 至 5 歲兒童提供教育方案，並且提供他們的家庭各種機會和支持服務；於 1965 年通過《**初等及中等教育法案**》（*Elementary and Secondary Education Act*，簡稱 ESEA，即《89-10 公法》），此法案中的《**第一款**》（*Title I*），是美國規模最大的補救教育方案，乃從州政府到學區提供協助給低成就和社經地位低落的學生；1966 年更成立殘障學生教育局（Bureau of Education for the Handicapped, BEH），為教育部（Office of Education）中的一個次部門（Beirne-Smith et al., 2006），負責推動特殊教育。

之後，1973 年的《**復健法案第 504 條款**》（*Section 504 of the Rehabilitation Act*，即《91-112 公法》），要求接受政府經費補助的方案或活動不得歧視身心障礙者，禁止其享有應有的公民權和使用公共設施，而且應提供「**合理的調整**」（reasonable accommodation）（Miller & Newbill, 1998）。接著，因為不滿意於身心障礙學生受到的教育，許多學者建議學校應該提供身心障礙學生家長合約書，例如 Gallagher 於 1972 年提出的「**特殊教育合約**」，Abeson 等人於 1975 年主張的「**教育服務合約**」，以客觀評量為學生設定的目標是否達成，而對於目標未能達成者擬訂罰則，以確保特殊教育品質（Goodman & Bond, 1993）。除此，聯邦法院要求所有的阿拉巴馬 Partlow 州立學校及醫院，要為安置在其中的身心障礙者，設計一份「**個別復健計畫**」（individual habilitation plan,

IHP），它亦影響 1975 年頒布的《殘障兒童教育法案》（*Education of All Handi-capped Children Act*，簡稱《EHA》或《EAHCA》，以下稱為《EHA 1975》，即《94-142 公法》），將 IEP 納入；IHP 後來納入 1992 年《復健法案修正案》（*The Rehabilitation Act Amendments*，即《102-569 公法》）中，並將之改為「個別化的書面復健計畫」（individualized written rehabilitation plan, IWRP）（Gardner, 2002）。

《EHA 1975》對美國特殊教育之運作提出六項重要原則的規定（Yell, 2005）：一是**零拒絕**（zero reject），提供所有身心障礙學生**免費而適當的公立教育**（free appropriate public education，簡稱 FAPE），不得拒絕他們此權利。二是**非歧視性的評量**（nondiscriminatory evaluation），指身心障礙學生在接受特殊教育安置之前，必須接受一個完全個別化、沒有歧視的評量。三是**免費而適當的公立教育**，必須對每位 3 至 21 歲的身心障礙學生發展及執行**個別化教育計畫**（individualized education program，簡稱 IEP）（有些州未服務 3 至 5 歲兒童），以確保 FAPE。其中「免費」是指，身心障礙學生的教育經費乃由政府提供；「適當」意味，適合身心障礙學生獨特需求的教學設計與服務，以 IEP 來達成，但並不表示是最好的；「公立教育」意指，由政府所設立之學校和機構中的 3 至 21 歲身心障礙學生（Bateman & Linden, 2006; Siegel, 2011）。四是**最少限制的環境**（least restrictive environment），身心障礙學生依其需要，應盡可能在普通班與一般學生一起接受教育，避免在隔離的環境裡接受特殊教育服務。五是**法律正當程序**（procedural due process），是指建立一套法定的程序保障學生和家長的權利，包括四方面：（1）在合理的時間前通知家長評量、鑑定和安置的實施或成效；（2）孩子的評量和特殊教育安置必須經過家長的同意；（3）家長有權閱讀孩子所有的教育紀錄；（4）家長對孩子的評量、鑑定、安置和 IEP 若有意見，有權舉辦聽證會。六是**家長參與**（parental participation），即參與孩子評量和教育（例如 IEP 的擬訂）等。Smith（1990b）指出在《EHA 1975》頒布之後，IEP 之發展進入「**規範階段**」。

在頒布《EHA 1975》之後的八〇年代，許多研究企圖了解 IEP 書面文件的敘寫狀況，此時 IEP 之發展進入 Smith（1990b）所云「**分析階段**」（詳見第二

章）。在分析階段的同時，為提高 IEP 擬訂的效率，許多針對 IEP 設計的電腦軟體應運而生，這些軟體的確省時和省錢；但是也引發一些學者的質疑，使用電腦軟體設計 IEP 是否有助於落實 IEP 在教學中（Hanson, 1985）；Smith（1990b）指出此時 IEP 之發展進入「**科技輔助階段**」。

三、服務傳遞趨勢和轉銜概念的引進

在服務傳遞趨勢的引進上，歐陸「**正常化原則**」（principle of normalization）為身心障礙者的服務提供新的思維（Beirne-Smith et al., 2006）。正常化原則自丹麥 Bank-Mikkelsen 在 1950 年代提出後，再經由瑞典 Nirje 及美國 Wolfensberger 的極力倡導，它包括三方面的意涵：第一是**均等**（equality），亦即身心障礙者的生活形態與條件應與一般人愈相近愈好；第二是**生活品質**（quality of life），意味身心障礙者應該有機會創造與追求好的生活品質；第三是**人權**（human rights），意指身心障礙者應被視為有價值的人，而且與一般人享有相同的人權（Renzaglia, Karvonen, Drasgow, & Stoxen, 2003）。值得注意的是：正常化指的不只是參與的機會，還包括正向的社會態度和期望（Falvey, 1989）。

Nirje（1969）進一步將正常化原則引申為改變服務提供的模式，主張**社區本位服務**（community-based services），這促使專業人員和家長注意到身心障礙者需要社區本位服務。Nirje 還強調環境影響的重要性，他指出正常化原則不應只是提供正常化的環境，更要提供必要的支持系統。Wolfensberger（1983）指出正常化原則的最高目標是發展有價值的社會角色，亦即藉由增進身心障礙者的社會形象和能力，以建立、提升或捍衛他們的社會角色，因此他主張以「**社會角色價值化**」（social role valorization）取而代之。直至最近，Haring 和 McCormick（1986）又將正常化原則的意涵擴展為，身心障礙者的教育、住宿、就業、社交、休閒形態，以及機會與活動應盡可能與一般人相近或相似。

正常化原則的衝擊形成三個走向：（1）**反機構化運動**，即大型教養機構解體，而採社區家園的形態；（2）**支持性就業**（supported employment）取代庇護性就業；（3）**回歸主流與統合運動**的產生（Nirje, 1993）。

另外，Will（1984）提出**轉銜**（transition）的概念，主張提供各種能幫助

學生獲得職業的服務。之後，Halpern（1985）反對 Will 對轉銜狹隘的定義，認為轉銜不應只是從學校到獲得職業的過程，而應是幫助學生從學校到獲得良好社區適應的過程，引導大眾思考如何在 IEP 中強調轉銜的概念。

四、回歸主流和統合運動的促進

Dunn（1968）發表〈輕度智障學生被安置在特教班——是合理的嗎？〉一文，提出了他對當時特教班嚴厲的批評，包括：（1）沒有研究證明學生在特教班學習比在普通班效果好；（2）特教班帶給學生負向的標記；（3）特教班多為少數種族的學生（例如：印第安裔、墨裔、亞裔或文化差異的學生），此現象容易引發政治隔離之聯想。另外，他也指出評量鑑定存在著種族歧視的問題，很多在特教班的智障學生應該可以在普通班學習，普通教育教師也可以提供適當的教育服務。Dunn 是首位積極反對隔離式特教班的學者，他也促成了**回歸主流的運動**。因應回歸主流的趨勢而有「**資源方案**」（resource program）的設立，以協助普通班級中的輕度障礙學生。

早期 Dunn（1968）提出「回歸主流」時，係狹義地指將輕度障礙學生安置到普通班學習。除此，尚有「**統合**」的運動。Zionts（1997）指出：「統合是一個概括的名詞，意味合在一起而成整體。」（p. 5）它是指安排身心障礙學生在有一般同儕參與的情境中，讓他們接觸，此接觸不見得是在教學活動中，可能是在午餐時間、課外活動時間等，而且也不見得是在普通班中，也有可能是在特教班中。由此可知統合是針對全體身心障礙學生，安排與一般學生有接觸和互動的機會。

五、法庭判例的影響

在法庭判例的影響上，1967 年《**Hobson 和 Hansen**》是第一個判例提到禁止誤用或歧視性地使用測驗分數，安置弱勢群體學生於較低的能力分班或分組中（Taylor et al., 2005）。在 1972 年的《**Larry P. 和 Riles**》判例中，規定禁止濫用智力測驗於弱勢群體學生，並且主張非歧視性的測驗，更促使社會大眾重新思考隔離式特殊教育安置的問題，注意到教育機會的均等（Beirne-Smith et al., 2006）。這兩個和之前的《**Brown 和 Board of Education**》判例都質疑了標記來自少數族群、低社經地位家庭的孩子為智障者，並將他們安置於隔離式教育方案之適當性，此種對隔離式教育方案的質疑，事實上可以連結到反種族隔離運動。

另外，1971 年《**賓州智能不足兒童協會和賓州州政府**》（*Pennsylvania Association for Retarded Children [PARC] v. Commonwealth of Pennsylvania*）的判例，法院判決州政府應提供所有智障兒童 FAPE 的機會；1972 年《**Mills 和哥倫比亞特區教育局**》（*Mills v. Board of Education of the District of Columbia*）的判例更指出，不管身心障礙兒童的障礙程度，州政府應提供他們 FAPE 的機會（Beirne-Smith et al., 2006）。在 1971 年的《**Wyatt 和 Stickney**》判例，重度智障者 Wyatt 的家長控告阿拉巴馬州的 Stickney 教養機構，未提供其孩子妥善的服務，初判是原告勝訴；這些判例是 1973 年《復健法案第 504 條款》，以及 1975 年《殘障兒童教育法案》之關鍵推力（Taylor et al., 2005）。在 1983 年的《**Roncker 和 Walker**》判例，提出「**可移動的原則**」，強調身心障礙學生需要的特教服務，在融合安置中提供是可行的（Peterson & Hittie, 2010）。

六、普通教育改革行動的推展

在 1980 年代普通教育改革行動的推展，促進安置身心障礙者在普通教育的行動。全國教育卓越委員會（National Commission on Excellence in Education）於 1983 年出版《國家在危機中》（*A Nation at Risk*）一書，及系列的教育改革報告；這些報告主要針對公立學校普通教育的問題，例如對學生學習成就日漸低落的問題提出改革方案，有很多的改革計畫類似特殊教育之作法，例如小班教學、同儕教導（peer tutoring）和精熟學習（mastery learning）等教學策略，期待學生能達到較高的成就標準，稱作「**標準本位的改革**」（standards-based reform）（Fisher & Kennedy, 2001; Hocutt, Martin, & McKinney, 1991）。教育改革之項目包括提供所有學生平等的教育機會，這些改革措施促進安置身心障礙者在普通教育的行動。

總之，於服務本位取向期，主張提供身心障礙者特教服務，為未來統合於

普通班和社會作準備；此時期的特教服務主要包括特教班、資源方案等，資源方案在 1970 年代之後成長最為快速（Polloway et al., 1996）。接受特殊教育的人數在 1960 至 1970 年代增加最快速，至 1970 年代末期開始逐漸減少，原因一為智障定義的改變，以及在智障鑑定傾向更嚴謹，以避免誤判；二為早期介入對預防輕度智障產生效果（Polloway & Smith, 1983）。此時期對身心障礙者個別化計畫的影響有三：一為促使 IEP 之發展進入「規範階段」，並且進行研究了解 IEP 的運作狀況，同時運用電腦軟體提升 IEP 擬訂的效率，促使 IEP 的發展進入「分析」和「科技輔助」階段。另外，轉銜的概念被提出，引導大眾思考如何在 IEP 中強調轉銜的概念。二為開始重視生活在經濟不利和文化差異家庭中的兒童早期介入，並且提供家庭各種機會和支持服務。三為要求接受政府經費補助的方案或活動不得歧視身心障礙者，並且應提供「合理的調整」。

伍、支持本位取向期：1985 至 1999 年

自 1985 至 1999 年，早期介入服務從兒童中心轉變為提供家庭支持、特殊教育思維的轉變、醫學和輔助科技（assistive technology）的進步、抽離式資源方案服務產生的問題、以普通教育為首（regular education initiative，簡稱 REI）運動的促進、法案的推動，以及法庭判例的影響，促使特殊教育從服務本位轉向為支持本位，詳述如下。

一、早期介入服務從兒童中心轉變為提供家庭支持

綜合文獻（Fox, Benito, & Dunlap, 2002; Panitch, 1993; Volpiansky, 2005; Ysseldyke, Algozzine, & Thurlow, 2000），在介入服務的焦點上，過去的介入主要關注身心障礙者；現在則不只關注身心障礙者，也關注其生態環境中的相關重要他人，包括家庭成員等；而在早期介入上，過去較著重出生後的服務，且採取**兒童中心**（child centered）的模式，介入兒童的缺陷或弱勢；現在則強調提供兒童出生前的服務和新生兒篩檢，採取**家庭中心**（family centered）的模式，介入焦點在家庭的需求、優勢和獨特性。

1986 年的《殘障兒童教育修正法案》（*Education for All Handicapped Children Act Amendments*，簡稱《EHA 1986》，即《99-457 公法》），是《殘障兒童教育法案》的第一次修正，對於出生到 2 歲的身心障礙嬰幼兒則是要求實施「**個別化家庭服務計畫**」（individualized family service plan，簡稱 IFSP），即是根據早期介入的原則，對出生到 2 歲階段身心障礙嬰幼兒本身、家長和其他家庭成員，提供支持服務（Strickland & Turnbull, 1990）。除此，《EHA 1986》規定所有的州必須提供 3 至 5 歲身心障礙兒童 FAPE（Turnbull, Turnbull III, & Wehmeyer, 2010）。Turnbull、Turnbull III、Erwin 和 Soodak（2006）指出《EHA 1975》使用「家長」這個詞；而《EHA 1986》採用「家庭」這個詞，強調還要提供家庭成員支持服務。

二、特殊教育思維的轉變

　　Armstrong（1994）指出特殊教育從「**缺陷派典**」（deficit paradigm）轉為「**成長派典**」（growth paradigm），強調身心障礙者只是部分能力的限制，而不是全面的損傷，而且他們有優勢，若能提供其需要的支持服務，他們是可以成長的。Karayan 和 Gathercoal（2005）則主張特殊教育的服務方式，要從缺陷轉移到「**充權賦能**」模式，讓身心障礙者能展現其能力，主動參與其生活的各層面。另外，Hodapp 和 Dykens（1994）表示特殊教育從「**治療派典**」（remedial paradigm）轉為「**支持派典**」（support paradigm），從以「**異常**」轉變成以「**差異**」的角度看待身心障礙者，如圖 1-2。

　　此派典的轉變也反映在身心障礙教育法案的語言中、第 9 至 11 版的智障定義，以及特殊教育實務中，像是**個人中心計畫**（person-centered planning，簡稱 PCP）、**正向行為支持**（positive behavior support, PBS）、**支持性就業**等。舉例來說，1990 年的《**身心障礙個體教育法案**》（*Individuals with Disabilities Education Act*，簡稱《IDEA 1990》，即《101-476 公法》），是《殘障兒童教育法案》的第二次修正，更動法案名稱，採用「**以人為先的語言**」（也就是將 individuals 放在 disabilities 之前），更強調尊重障礙者為獨立的個體（Peterson & Hittie, 2010）。此外，《IDEA 1990》主張服務應以**家庭導向、社區本位**和重視

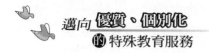

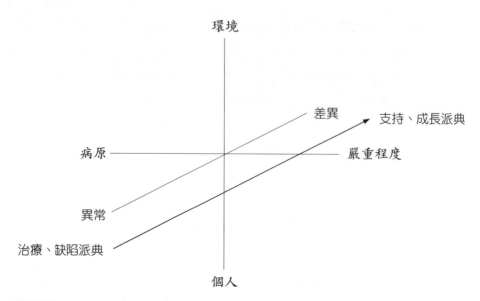

圖 1-2 特殊教育派典的轉變。──表示從治療、缺陷派典轉變至支持、成長派典;綜合整理自 Armstrong（1994）、Jackson 和 Panyan（2002, p. 19）的文獻。

統合,並且延續服務本位時期提出的「**轉銜**」概念,要求學校負責訂定「**個別化轉銜計畫**」（individualized transition plan, ITP）,納入於學生的 IEP 中（National Council on Disability, 1995）,促使 ITP 之發展進入「**規範階段**」。在《IDEA 1990》之後,一些研究延續八〇年代對 IEP 書面文件的分析,更強調探究 IEP 實際運作的品質和相關因素,以及促進 IEP 落實執行的作法,Rodger（1995）稱 IEP 之發展進入「**品質／實施階段**」,這些研究的詳細討論見第二章。

　另外,Mount（1987）提出「**個人未來生活計畫**」（personal futures planning, PFP）的作法,Vandercook、York 和 Forest（1989）發展 **McGill 行動計畫系統**（McGill Action Planning System, MAPS）,以實踐「PCP」的實務,詳見第三章第四節。

三、醫學和輔助科技的進步

　　Beirne-Smith 等人（2006）提出，1985 年之後，遺傳醫學的進步促進了對身心障礙者危險因子預防支持的發展，預防也是一種支持形式。另外，輔助科技促進了對身心障礙者科技的支持與發展；復健醫學的進步提升復健諮商（rehabilitation counseling）的開展。《IDEA 1990》因應醫學和輔助科技的進步，即擴大相關服務的項目，增加了「**復健諮商服務**」，並且界定「**輔助科技**」器具的意涵。

四、抽離式資源方案服務產生的問題

　　因應回歸主流的趨勢設立資源方案，然而資源方案多以抽離的方式提供服務，在特殊教育服務未能融入普通班級，普通班的環境未能調整時，身心障礙學生就像是 Biklen（1992）所云「回歸主流中的孤島」。綜合文獻（Bunch, 1997; Walther-Thomas, Korinek, McLaughlin, & Williams, 2000），抽離式資源方案服務可能會面臨以下問題：（1）學生可能會因為離開原班接受抽離服務，而錯失在普通班的課程學習，減少與原班同儕互動的機會，甚至受到標記的負面影響；（2）若資源教師與普通教育教師使用不同的教學方法，或是彼此未溝通協調，可能會造成學生學習上的混淆，或學習經驗的不連貫；（3）對於學生行為或學習的輔導，可能難以明確劃分普通教育與資源教師的職責；（4）普通教育教師可能將有行為問題或學習問題之學生，皆推給資源教師輔導，而其本身未學到輔導的知能，如此會造成學生接受抽離服務時都沒有問題，而回到原班則問題仍舊存在。

五、「以普通教育為首」運動的促進

　　延續前一時期普通教育改革行動，再加上由於 Reagon 總統任職晚期，以及 Bush 總統任內面臨的國家經濟赤字問題，他們一致的政策是減少教育經費，故主張將較昂貴的特殊教育納入花費較少的普通教育中；因此教育部次長 Will（1986）主張「以普通教育為首」，重新組合特殊和普通教育系統，以配合

Reagon 和 Bush 的經濟政策，降低特殊教育人數及經費支出。

配合 REI，美國 1997 年的《身心障礙個體教育修正法案》（*Individuals with Disabilities Education Act Amendments, IDEA Amendments*，簡稱《IDEA 1997》，即《105-17 公法》），是《殘障兒童教育法案》的第三次修正法案，要求特殊教育經費不能只贊助隔離的教育安置，身心障礙學生應該盡可能與一般同儕一起接受教育，有機會參與普通教育課程，若有需要再做調整（Nolet & McLaughlin, 2005）。

六、法案的推動

在法案的推動上，分成普通和特殊教育兩部分的法案。普通教育有法案持續推動「普通教育改革」；例如 1994 年，《初等及中等教育法案》被重新簽署為《改進美國學校法案》（*Improving America's School Act*，簡稱《IASA》，即《101-382 公法》），它提供了一個促進學校改革，納入多種資源於學校系統中，以邁向融合教育的管道（Kleinhammer-Tramill & Gallagher, 2002）。《IASA》的第一款表示所有孩子都有機會獲得州政府所規定的知識與技能，以及達到這些知識與技能的表現標準（McLaughlin, Nolet, Rhim, & Henderson, 1999）。之後，Clinton 總統於 1994 年，簽署《西元 **2000** 年目標——全美國教育法案》（*Goals 2000: Educate America Act*，即《101-227 公法》），主張所有學生都應有機會參與能達到較高標準、具挑戰性的課程，以及接受學習成效的評量過程，以確保學校達到其教育責任；總之，此法案期待達到「**公平**」又「**卓越**」的教育目標（Kleinhammer-Tramill & Gallagher, 2002）。《全美國教育法案》包含以下八項重要主張（Miller, 2000）：（1）所有學生在入學前皆已準備好求學所需的條件；（2）增加完成高中教育之學生比率，至少要達到 90% 以上；（3）學生能精通具挑戰性的科目，以成為一位負責任、有生產力的公民，並且願意進一步學習；（4）加強師資教育和教師的專業發展；（5）提升學生的數學及科學能力；（6）所有美國成人都能具備基本的讀寫能力，在全球經濟競爭中能與他人相抗衡，並且能終身學習；（7）建立安全、有紀律、無酒精、無毒品的學校；（8）增進家長參與其子女學校教育的機會。

除了上述普通教育的法案外，特殊教育亦有法案推動之；例如前述《EHA 1986》、《IDEA 1990》，以及《IDEA 1997》。此外，1990 年的**《美國身心障礙者法案》**（*Americans with Disabilities Act*，簡稱**《ADA》**，即《101-336 公法》），它是《復健法案第 504 條款》的延伸，規定所有身心障礙者享有參與政府與私人單位之就業、公眾設施、交通和大眾服務系統等無障礙環境的權利，並且應獲得合理的調整；此項法案對身心障礙者的福利服務，做出更進一步的保障（Peterson & Hittie, 2010）。之後在 1992 年**《復健法案修正案》**進一步提出要為身心障礙者擬訂「**個別化的書面復健計畫**」，在擬訂過程中要盡可能讓身心障礙者參與，使他們的願望能夠在復健過程中得以實現。此法案強調自我決策對身心障礙者的重要性，主張不論障礙與否，都有權利享有獨立生活、自我決策、做選擇、貢獻社會、追求有意義生活，以及在社會中完全融合的權利（Wehmeyer, 2000）。

　　普通和特殊教育改革運動，最後結合成單一系統的改革，強調透過普通和特殊教育的共同合作及充權賦能，亦即賦予身心障礙者和其家庭權力及能力，決定服務的內容和提供方式，以實現融合教育（H. R. Turnbull III et al., 2006）。

七、法庭判例的影響

　　在這段期間，雖然有少數法院判例支持隔離安置，但是大多數判例均是支持融合安置的；其中有五個重要判例，即《Daniel R. R. 和 State Board of Education》判例（1989）、《Greer 和 Rome City School》判例（1991）、《Oberti 和 Board of Education of the Borough of Clementon School District》判 例（1993）、《Sacramento City Unified School District 和 Rachel Holland》判例（1994），以及《McLaughlin 和 Board of Education》判例（2001）（Peterson & Hittie, 2010）。美國全國教育重建與融合研究中心（National Center on Educational Restructuring and Inclusion, NCERI）（1994）指出這些判例均主張無論學生的障礙程度多嚴重，學校應該優先考慮融合安置，並且提供學生與教師課程調整和支持服務；若學校沒有調整課程，或是提供輔助和支持策略，就拒絕身心障礙學生是違法的。其中於《Oberti 和 Board of Education of the Borough of

Clementon School District》此判例中，法官提出「融合是一種權利，而非少數人的特權。」（Peterson & Hittie, 2003, p. 26）儘管教育費用、教師投注的時間，以及對其他一般學生的影響可能會被考慮，但都是以高標準來衡量；因此要以這些因素作為拒絕融合安置的理由，是很少被接受的（Lipsky & Gartner, 1997, 1998）。

　　總而言之，在支持本位取向期，主張融合安置，提供身心障礙者支持服務，包括科技支持、正向行為支持、支持性就業、預防支持，以及在早期介入服務中提供家庭支持等，經過一段時間支持後，家庭能展現其優勢和能力協助身心障礙孩子，而身心障礙者之障礙狀況通常會改善（Beirne-Smith et al., 2006）。此時期對身心障礙者個別化計畫的影響有五：一為採用「**以人為先的語言**」，更強調尊重障礙者為獨立的個體。二為擬訂PCP，其中有學者提出PFP，以實踐PCP的實務，提供支持服務。三為促成 IFSP、ITP 和 IWRP 之發展進入「**規範階段**」，強調家庭支持和藉由擬訂 ITP 進行預防。四為在 IEP 中，須描述學生身心障礙狀況對其接受普通教育之影響，以及因應學生所需的支持服務，並邀請普通教育教師參與為身心障礙學生擬訂 IEP 的委員會中。五為所有身心障礙者享有參與政府與私人單位之就業、公眾設施、交通和大眾服務系統等無障礙環境的權利，並且應獲得「**合理的調整**」。

陸、充權賦能與證據本位和自我決策取向期：2000 年之後

　　在2000 年之後進入充權賦能期，延續支持本位取向期「支持」的理念，進一步受到充權賦能和自我決策思潮的引進，以及證據本位實務和績效責任（accountability）的影響，促使特殊教育從支持本位取向轉向為充權賦能與證據本位，詳述如下。

一、充權賦能和自我決策思潮的引進

　　充權賦能是指賦予身心障礙者及其家庭權利和能力，決定服務提供的內容

和方式，Polloway 等人（1996）則表示，充權賦能的成分包含個人控制、自我
效能、樂觀、自尊和隸屬感五項，其模式如圖 1-3。

在 2000 年以後，融合教育進一步將「**充權賦能**」的概念納入。Renzaglia
等人（2003）表示，融合的終極目標是創造身心障礙者滿足與成功的生活；融
合不是地點，而是每個人皆能成為其生活的主動參與者，不只是被動的觀察者
或他人決定的接受者；因此他們強調讓身心障礙者「充權賦能」，提供他們自
我決策的機會。自我決策是充權賦能理念的展現，它對身心障礙者的生涯發展
和轉銜過程尤其重要，更是對他們進行轉銜輔導時應強調的概念；而由學生主
導學習與表現，是自我決策最根本的作法，它能開展學生的能力，幫助他們達
到成功離校後生活的目標（Field, Martin, Miller, Ward, & Wehmeyer, 1998）。

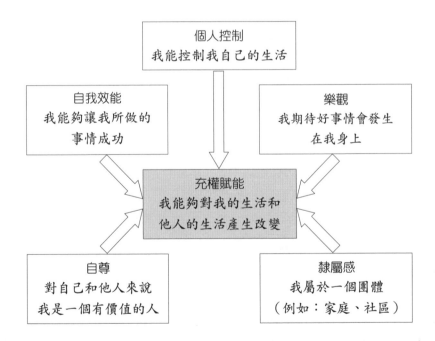

圖 1-3 充權賦能的模式。取自 Polloway 等人（1996, p. 10），經過 *Education and
Training in Mental Retardation and Developmental Disabilities* 期刊同意授權
使用。

自我決策能力的培養無法一蹴可幾，必須融入於身心障礙者學習和生活中長時間培養。Konrad（2008）表示讓身心障礙學生參與 IEP，能增進其自我決策能力。

二、證據本位實務和績效責任的影響

證據本位實務是指，該實務或介入方案「**有實證研究支持**」（empirically supported）（Braden & Shernoff, 2008）。實施證據本位實務的理由有三點（Brown-Chidsey & Steege, 2005）：第一，由於無法保證介入方案對於不同對象和目標都有相同的效果，因此，需要介入方案適用於何種對象和目標的實證資料。選擇有堅固研究基礎的介入方案，嚴謹地實施之，蒐集學生進步表現的有意義資料，就能提高學生正向改變的機會。第二，只根據理論、專家意見和主觀評鑑，尚未經過實證方法驗證的介入方案，有可能是無效的方案。第三，持續實施無效的介入方案會延遲有效方案的實施；若一種介入方案無法對學生有正向結果，就應中止，轉而採用有效的介入方案。學生和其家庭有權要求學校嚴謹地實施有效的介入方案，並且客觀地描述學生的進步情形。Cook 和 Schirmer（2003）即主張，特殊教育的特殊性在於徹底地實施有效、有研究為基礎的實務。

在《IDEA 1997》頒布後，美國最重要的教育智庫 Thomas B. Fordham 基金會，於 1998 年發表《國家仍在危機中》（*A Nation Still at Risk*）的報告書，對當前的教育提出批判與改革意見，建議政府採取兩大重要並行的改革策略，一為**標準、評量和績效責任**；另一為**多元、競爭和選擇**（劉慶仁，2002a、2002b）。此報告書促成 2001 年《不放棄任何一個孩子法案》（*No Child Left Behind Act*，簡稱《NCLB》，即《107-110 公法》）的公布，旨在確保所有的孩子都擁有公正、平等和顯著的機會，獲得高品質的教育，並且至少在基本的學業成就上，要達到精熟的程度。綜合文獻（Turnbull III, 2005; United States Department of Education, 2002），《NCLB》有以下六項重要的原則：（1）建立高品質的師資；（2）對於教育成果具有績效責任；（3）強調教育計畫和實務須以「**科學研究為基礎**」（scientifically-based research, SBR）；（4）給予家長

更多的教育選擇權；（5）賦予州、學區和學校更多的彈性使用經費；（6）建立安全的學校。

之後，Finn、Rotherham 和 Hokanson（2001）編輯之《**重新思考新世紀的特殊教育**》（*Rethinking Special Education for a New Century*），提出對《IDEA》實施的問題與建言。接著，卓越特殊教育的總統委員會（President's Commission on Excellence in Special Education, PCESE）於 2002 年，提出《**新世紀——為孩子和其家庭復甦特殊教育**》（*A New Era: Revitalizing Special Education for Children and Their Families*），提出六點主要的研究發現：第一，特殊教育承受複雜的規定、過多的書面作業、日趨增加的行政要求等方面之壓力，造成較重視過程，而忽略了結果、有效教學和學生的成就表現。第二，特殊教育依據的是「**等待學生失敗**」之模式，較少使用「有科學研究為基礎」之預防、早期介入和處理攻擊行為的策略。第三，教育工作者和政策制定者常常將普通教育和特殊教育視為兩個分立的系統，不將身心障礙學生視為普通教育的學生。第四，來自訴訟的壓力造成一種「順從的文化」，導致學校的「**第一要務——教育每一個孩子**」已不再是關注的焦點。第五，目前很多鑑定身心障礙兒童的方法缺乏效度，造成每年有很多兒童接受錯誤的鑑定。第六，目前的系統並未呈現「**證據本位的實務**」。PCESE 提出三點建議：（1）強調「**結果**」而不是「**過程**」，主張特殊教育不是一個「**地點**」，而是一種「**服務**」，並且是「**有績效責任的服務**」；（2）根據「**預防**」而不是「等待學生失敗」的模式；（3）首先要將身心障礙學生視為「**普通教育**」的學生。

接著，2004 年修正公布之《**身心障礙個體教育增進法案**》（*Individuals with Disabilities Education Improvement Act of 2004*，簡稱《IDEIA 2004》，即《108-446 公法》），乃《殘障兒童教育法案》的第四次修正，它的修訂緣起於《NCLB》（2001），以及 Finn 等人（2001）和 PCESE（2002）的報告，傳達了以下六項原則：**強調績效責任、建立高品質的師資、使用有科學研究為基礎之介入、賦予地方政府使用經費上的彈性空間、建立安全的學校，以及提供父母參與和選擇**（Turnbull III, 2005）。《IDEIA 2004》並且主張減少 IEP 的書面作業。

除了做研究以協助建立證據本位的實務外，Shlonsky 和 Gibbs（2004）還

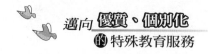

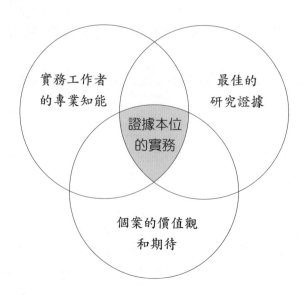

圖 1-4 證據本位實務模式。取自 Shlonsky 和 Gibbs（2004, p. 138），經過 *Brief Treatment and Crisis Intervention* 期刊同意授權使用。

提出實務工作者的專業知能，與個案的價值觀和期待兩項要素，見圖 1-4，亦即實務工作者須具備實施證據本位實務的專業知能，以及任何介入都須以個案的價值觀和期待為基礎。Gambrill（2001）表示即使某項介入符合證據本位，但是實務工作者在決策時都不能忽略個案的價值觀和期待。證據本位實務須重視個案的價值觀和期待，這符合自我決策的概念；筆者認為除了重視個案外，也須看重個案重要他人的價值觀和期待。

總括上述，充權賦能與證據本位取向期強調，提供的服務須具備充權賦能與自我決策的要素，以及是「有實證研究支持」的。此時期對身心障礙者個別化計畫的影響有二：一為提出具體的作法，讓身心障礙者參與 IEP、ITP 等個別化計畫之擬訂，以增進其自我決策能力；二為強調以證據本位的實務和績效責任，以落實個別化計畫的執行。

綜合美國特殊教育發展中的主要教育措施或事件，以及它們對身心障礙者個別化計畫的影響如表 1-1。

表 1-1　美國特殊教育的發展及對身心障礙者個別化計畫的影響

年代	主要的教育措施或事件	對身心障礙者 個別化計畫的影響
古代期（1700 年以前）及曙光期和稍早的幻滅期（1700 至 1890年）：從對身心障礙者的了解極少，轉變到認為他們能夠被治療和訓練，之後又因社會問題而欲隔離他們。	1. 在古代期，對身心障礙者的了解極少。 2. 在歐洲諸多先驅（例如：Itard、Seguin）的努力下，認為身心障礙者能夠被治療和訓練；此觀念帶進美國，Dix 首先於 1843 年為住在養護院、貧民屋的精神疾病和白痴者，倡議較好且人道的介入。Howe 於 1846 年，在美國波士頓成立第一所訓練智障者的公立機構。然而在 1860 年代美國經歷南北戰爭後，開始走向都市和工業化，伴隨而來犯罪、貧窮和疾病等社會問題，而這些問題又和身心障礙者連結在一起，致使一般大眾對身心障礙者更懷偏見，亟欲將他們隔離，造成大型養護機構的增加。	已有治療和訓練身心障礙者的曙光，但尚未有個別化計畫。
機構本位取向期（1890 至 1960年）：早期認為父母是孩子產生障礙的來源或原因，主張將身心障礙者隔離；晚期認為父母是家長組織的成員，批判隔離的適當性。	1. 1890 至 1925 年期間，由於優生學運動之衝擊、智力測驗的發展和移民潮，呈現身心障礙者的眾多問題，讓美國社會頒布禁止移民和絕育的法令，以及設立更多大型的養護機構；除此，特教班也增多。 2. 在 1925 年之後，由於社會、政治和經濟的變化，特教團體的設立，鑑定工具的發展，以及特教和醫療研究的影響，逐漸啟動了對身心障礙者的關注。 3. 1950 年代「民權運動」的興起，加上智障者家長團體的倡議、專著的引導、法案的推動，以及反對隔離判例的影響，促使身心障礙教育的再復甦。	身心障礙者隔離的安置增加，但尚未有個別化計畫。

表 1-1　美國特殊教育的發展及對身心障礙者個別化計畫的影響（續）

年代	主要的教育措施或事件	對身心障礙者 個別化計畫的影響
服務本位取向期（1960 至 1985 年）：主張提供身心障礙者特教服務，為未來統合於普通班和社會做準備；此時期的特教服務主要包括特教班、資源方案等，資源方案在 1970 年代之後成長最為快速。	1. 方案和特教團體的倡議。 2. 法案的推動。 3. 歐陸「正常化原則」服務傳遞趨勢的引進，接著引申為「社區本位服務」和「社會角色價值化」，進而擴展為身心障礙者的教育、住宿、就業、社交、休閒形態，以及機會與活動應盡可能與一般人相近或相似。正常化原則促成反機構化、回歸主流與統合運動，以及支持性就業的產生。 4. 提出轉銜概念。 5. 回歸主流和統合運動的促進。 6. 法庭判例的影響。 7. 普通教育「標準本位改革」行動的推展。	1. 1965 年的《啟蒙教育計畫》為生活在經濟不利和文化差異家庭中的 3 至 5 歲兒童提供教育方案，開始重視早期介入，並且提供他們的家庭各種機會和支持服務。 2. 1973 年的《復健法案第 504 條款》要求接受政府經費補助的方案或活動不得歧視身心障礙者，而且應提供「合理的調整」。 3. 《EHA 1975》促使 IEP 之發展進入「規範階段」。 4. 思考如何在 IEP 中強調轉銜的概念。
支持本位取向期（1985 至 1999 年）：主張融合安置，提供身心障礙者支持服務，包括科技支持、健康照顧方案、正向行為支持、支持性就業，以及在早期介入服務中提供家庭支持。	1. 早期介入服務從兒童中心轉變為提供家庭支持。 2. 特殊教育思維從「治療派典」轉變為「支持派典」。 3. 醫學和輔助科技的進步。 4. 抽離式資源方案服務產生的問題。 5. 以「普通教育為首」運動的促進。 6. 法案的推動。 7. 法庭判例的影響。	1. 《EHA 1986》對於出生到 2 歲的身心障礙兒童要求實施「IFSP」。除此，規定所有州必須提供 3 至 5 歲身心障礙兒童 FAPE。 2. 《IDEA 1990》採用「以人為先的語言」，主張服務應以家庭導向、社區本位和重視統合，並且要求學校負責訂定 ITP，納入學生的 IEP 中。 3. 1990 年的《ADA》規定所有身心障礙者享有無障礙環境的權利，並且應獲得合理的調整。

表 1-1　美國特殊教育的發展及對身心障礙者個別化計畫的影響（續）

年代	主要的教育措施或事件	對身心障礙者 個別化計畫的影響
		4. 1992 年的《復健法案修正案》進一步提出要為身心障礙者擬訂「IWRP」。 5.《IDEA 1997》要求特殊教育經費不能只贊助隔離的教育安置，身心障礙學生應該盡可能與一般同儕一起接受教育，有機會參與普通教育課程，若有需要再做調整。
充權賦能與證據本位取向期（2000 年之後）：強調提供的服務須具備充權賦能與自我決策的要素，以及是「有實證研究證明」的。	1. 充權賦能和自我決策思潮的引進。 2. 證據本位實務和績效責任的影響。	1. 提出具體的作法，讓身心障礙者參與 IEP、ITP 等個別化計畫之擬訂，以增進其自我決策能力。 2.《IDEIA 2004》強調證據本位的實務和績效責任，以落實個別化計畫的執行。

☆第二節 我國身心障礙者個別化計畫 之緣起與發展

　　我國個別化計畫之發展可以分成萌芽期、推廣期、發展期和改進期四個階段，詳細討論如下。

壹、萌芽期：1957 至 1983 年

　　受到國外特殊教育的啟蒙，國內亦開始萌芽；成立於 1957 年的「義光教養院」，是第一所部分收容中重度智障者的私立養護機構。之後於 1962 年，由「臺北市中山國小」試辦啟智班。「臺北市啟智協會」於 1963 年成立，為我國最早成立服務智障者的社會團體。有關特殊教育的法規，最早見於 1968 年公布實施的《九年國民教育實施條例》，其第 10 條規定：「對於體能殘缺、智能不足及天才兒童應施以特殊教育，或予以適當就學機會。」至 1970 年，教育部訂定《特殊教育推行辦法》，其後又相繼訂定了《特殊教育兒童鑑定及就學輔導標準》（1974）、《特殊學校教師登記辦法》（1975）；而 1979 年公布之《國民教育法》第 14 條亦規定：「國民教育階段，對於資賦優異、體能殘障、智能不足、性格或行為異常學生，應施以特殊教育或技藝訓練。」以上法規對臺灣地區特殊教育的制度化，具有深遠的意義。

　　國中特教班發軔於 1970 年，在「臺北市金華、大同、成淵和大直」四所國中成立益智班。「臺北師專」於 1970 年設立智障師資訓練班，為第一個系統訓練智障師資的單位。於 1974 年，國內第一所特殊教育學術機關——「國立臺灣師範大學特殊教育中心」成立。接著於 1975 年，「臺灣省立教育學院」（現為

國立彰化師範大學）成立特殊教育系，培育中等教育特殊教育師資。第一所教導智障學生的特教學校——「臺南啟智學校」於 1976 年設立；同年，「臺北市金華、明倫國中」各試辦一班資源班，針對低成就和智障學生進行補救教學。

再者，為掌握身心障礙學生人數，教育部於 1976 年完成第一次全國特殊兒童普查。1978 年公布《臺灣省國民中學成立資源班之規定事項》，而後各縣市陸續成立資源班。「私立啟智技藝訓練中心」於 1977 年成立，為最早提供智障者就業輔導的機構。之後，我國第一份特殊教育刊物——《特殊教育季刊》，於 1981 年創刊。1984 年，社會福利機構設置啟智班。

美國自《EHA 1975》出現 IEP 字眼四年後，也就是 1979 年，林孟宗即介紹到國內，他將 IEP 譯為「個別化教育方案」。之後《特殊教育季刊》第 7 期專期介紹 IEP（王天苗，1982；吳武典，1982；林貴美，1982；洪有義、許美美，1982；盧台華，1982）；不過在此後的文章中，有作者稱之為「個別化教學方案」、「個別化教學計畫」或「個別化教育計畫」。大致而言，此段時間，國內特殊教育界大多有聽過 IEP，但仍有相當多的老師不十分清楚 IEP 的內涵。

貳、推廣期：1984 至 1996 年

以萌芽期為基礎，加上 1984 年《特殊教育法》、1987 年《特殊教育法施行細則》，以及 1986 年《特殊教育課程、教材及教法實施辦法》的公布，國內特殊教育進入推廣期。雖然在《特殊教育法》中並沒有出現「IEP」的字眼，但在條文中可見 IEP 的精神，如第 6 條：「特殊教育之設施，以適合個別化教學為原則。設置標準，由教育部定之。」其中「個別化教學」乃指 IEP 實施的精神。林美和（1982）為文探討個別化教學。在《特殊教育法》的相關子法——《特殊教育課程、教材及教法實施辦法》中第 10 條亦指出：「各類身心障礙教育教師依據教育部編輯之教材進行教學時，得視實際需要，訂定教學計畫，適應學生之個別差異，彈性運用教學方法，達到個別化教學的目的。」條文中所指之「教學計畫」，加上「個別化教學」其實已包含了 IEP 的主要內容。

　　此期 IEP 在《特殊教育法》（1984）中地位仍曖昧不明，法案中並未強制規定教師為學生設計 IEP，但教育行政部門、特教學術機構著眼於 IEP 的重要性，仍然積極推廣，剛開始大量介紹美國的作法（如：何華國，1988；林美和，1986；林寶貴，1994；許天威、邱明發，1986）；接著發展各式 IEP 的指導手冊、書面格式行為目標、細目和實例（李慶良編譯，1993；何華國，1988；何華國、何東墀編著，1993；吳純純、黃素珍主編，1996；林寶貴主編，1988、1995；洪儷瑜，1987；曾進興、陳靜江譯，1984；國立彰化師範大學特殊教育中心主編，1994；國立臺灣教育學院特殊教育中心主編，1988；張蓓莉、王文科，1986；瑞復益智中心，1991；鄒啟蓉、李寶珍，1994；韓福榮，1984），也有應用在資賦優異學生的說明（王文科，1986a、1986b）。此外，有劉侃、彭日貴（1991）、洪雲庭（1991）等使用電腦軟體管理 IEP，以及黃瑞珍（1993）探討 IEP 在國內之可行方式。

　　黃瑞珍（1993）即指出，IEP 在當時推行困難之原因包括：（1）沒有相關法令要求為每位特殊兒童擬訂 IEP；（2）缺乏足夠的資源、相關專業人員共同參與 IEP 之推行小組；（3）欠缺足夠的評量工具；（4）無完整之課程發展系統；（5）教師素質參差不齊；（6）特教班常按年級採用導師制，而不用輔導教師制；（7）IEP 的內容過於繁雜；（8）教育體制僵化，只奉行特殊教育課程綱要。

　　而後除了再次闡釋 IEP 的理念和實施方式外（如：胡永崇，1992；陳麗君，1995；張英鵬，1998；張蓓莉，1999；詹文宏，1993；蔡阿鶴，1998；鄭麗月，1996），更有實施策略的實驗方案（林幸台、林寶貴、洪儷瑜、盧台華、楊瑛、陳紅錦，1994a）、使用 IEP 電腦軟體之成效及其相關因素研究（張英鵬，1995），以及 IEP 書面內容品質檢核的研究（林千惠，1997；楊佩貞，1996；賴錫安，1996）。

參、發展期：1997 至 2008 年

　　在 1997 年將《殘障福利法》修訂為《身心障礙者保護法》，以及修訂公布

《特殊教育法》（1997）和《特殊教育法施行細則》（1998）之後，國內特殊教育進入發展期。《特殊教育法》主要特色之六為：（1）免費身心障礙教育向下延伸至3歲；（2）家長參與權法制化；（3）個別化教育計畫強制化；（4）強調相關服務的提供；（5）強調專業團隊（disciplinary teamwork）的服務方式（詳見第 135 頁）；（6）規畫在普通班的特殊教育服務，朝向最少限制的環境。

除此，尚有 1998 年修訂發布之《特殊教育課程教材教法實施辦法》，1999年訂定公布之《身心障礙及資賦優異學生鑑定原則鑑定基準》（2001 年修改名稱為《身心障礙及資賦優異學生鑑定標準》，2012 年進一步更動名稱為《身心障礙及資賦優異學生鑑定辦法》）、《高級中等以上學校提供身心障礙學生教育輔助器材及相關支持服務實施辦法》、《各級主管教育行政機關提供普通學校輔導特殊教育學生支援服務辦法》、《特殊教育相關專業人員及助理人員遴用辦法》、《身心障礙教育專業團隊設置與實施辦法》，以及《完成國民教育身心障礙學生升學輔導辦法》等子法，這些法規為特殊教育的實務運作奠定基礎。

接著教育部於 1997 年，修訂公布《特殊教育學校國中教育階段智能障礙類課程綱要》，《高職階段啟智學校（班）課程修訂綱要》；2000 年訂定公布《高級中等學校特殊教育班職業學程課程綱要》，作為擬訂 IEP 的依據。教育部還於 1998 年提出《發展與改進特殊教育六年計畫》，目標在提升特殊教育服務的品質，加強人力資源的開發，並且於 2004 年提出《身心障礙學生十二年就學方案》。

IEP因長期執行效果不彰，我國遂於 1997 年修訂公布《特殊教育法》時，將IEP列為法定強制項目，自此 IEP 有了法源的基礎。接著在 1998 年修訂公布《特殊教育法施行細則》，在此細則中更詳列了 IEP 應包含之內容及實施方式，其中也包含了轉銜服務內容，至此特殊教育教師能據以編擬 IEP 和 ITP。此時配合政策，各縣市教育局特教課（科）相繼成立，在有專責單位的負責之下，各縣市教育局特教課（科）皆將 IEP 列為訪視評鑑項目中重點項目所在。由此可見此時期 IEP 的發展已漸站穩腳步，並且在量和質的表現均較前期出色。在

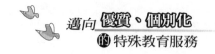
此時期有探討如何發展 IEP 的書籍和論述（李翠玲，1999a；吳淑美，1998；林素貞，1999、2007；國立屏東師範學院特殊教育中心，1998；國立新竹師範學院，2004；張英鵬，1998；張蓓莉、蔡明富，2000；黃瑞珍等，2007）、以學生參與 IEP/ITP 促進自我決策的文章（劉佩嘉，2005），IEP 之相關研究，詳見第二章之探討。

此一時期電腦化 IEP 配合網路與電腦技術持續發展，例如臺東縣特殊教育網路中心（1999）開發之「實用數學 IEP 軟體」，以及林口啟智學校於 2001 年開始投入網路 IEP 的發展。吳東光與孟瑛如（2004）指出他們於 1999 年開始實作「網路本位之電腦化 IEP 系統」，最後修正為單機版電腦化 IEP 系統，推廣重點在資源班的 IEP，其研究證明電腦化 IEP 可以節省擬訂時間。

而在早期介入方面，我國《特殊教育法》（1997）和《**兒童及少年福利與權益保障法**》（2011）雖然提到，早期介入發展遲緩兒童，《**發展遲緩兒童早期療育服務實施方案**》（1997，2009 修正）雖然述及 IFSP，但未說明 IFSP 的內容，而且其概念和實施仍以家庭被動參與居多。然而，2013 年修正的《發展遲緩兒童早期療育服務實施方案》刪除 IFSP 之擬訂。

肆、改進期：2009 年至今

為提升特殊教育之教育品質、保障特殊需求學生受教權益、因應社會發展趨勢及教育精緻化潮流，以及配合《身心障礙者權益保障法》（2007）〔乃將《身心障礙者保護法》（1997）中的「保護」用語，修改為「權益保障」〕之相關規定，2009 年第二次修訂《特殊教育法》，仍將 IEP 和轉銜服務的擬訂列為法定項目，並指出要為資賦優異學生訂定「**個別輔導計畫**」。如此一些身心障礙兼資賦優異雙重特殊的學生，就可獲得除 IEP 外，針對其因資賦優異帶來之特殊需求的輔導。除此，規定高等教育階段之身心障礙教育，應符合學生需求，以「特殊教育方案」實施，協助學生學習及發展。接著，2012 年 11 月頒布《特殊教育法施行細則》，並於 2013 年增修，除說明 IEP 和轉銜服務內容外，還提及訂定「個別化支持計畫」，以落實「特殊教育方案」，它成為擬訂

高等教育階段身心障礙學生個別化支持計畫的法源基礎。此時期延續前一期，學生參與 IEP/ITP，以實踐自我決策的論述有黃雅祺和江俊漢（2009）、鈕文英（2010），以及黃淑婷（2010）。

此外，於 2009 年，為因應融合教育特殊教育須與普通教育接軌之需求，公布《特殊教育課程綱要總綱》。至此，特殊需求學生的 IEP 目標必須以普通教育課程作為首要考量，以**加深**、**加廣**、**重整**、**簡化**、**減量**、**分解**或**替代**等方式彈性調整課程目標，並將課程目標落實學生 IEP 中。

再者，我國身心障礙者離開學校後，為他們擬訂的是「**就業服務計畫**」（或「**職業重建計畫**」）或**個別化服務計畫**（individualized service plan，簡稱 ISP）。勞工委員會職業訓練局發展了「身心障礙者社區化就業服務計畫」（或「職業重建計畫」）的相關表格；賴美智和張文嬿（2010）則撰寫了「ISP 評估與設計使用指南」。

 總結

綜觀美國整個特殊教育的發展，可分為古代期、曙光期和稍早的幻滅期、機構本位取向期、服務本位取向期、支持本位取向期，以及充權賦能與證據本位取向期，身心障礙學生的個別化計畫亦隨著這些時期的發展逐步建基。我國特殊教育之發展可以分成萌芽期、推廣期、發展期和改進期四個階段，為個別化計畫的發展建基。

第 **2** 章

身心障礙者個別化計畫
之研究實況

研究讓我們得以用新的眼光看待曾經做過的事情，
認清途中的阻礙，以及找出待改變的關鍵因素。

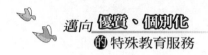

導|讀|問|題

1. 美國身心障礙者個別化計畫之研究議題有哪些？產生什麼影響或啟發？
2. 我國身心障礙者個別化計畫之研究議題有哪些？產生什麼影響或啟發？

本章探討美國和我國身心障礙者個別化計畫之研究實況。

第一節 美國身心障礙者個別化計畫之研究實況

以下探討美國身心障礙者 IEP/ITP、IFSP 和 PFP 之研究實況。

壹、美國身心障礙者 IEP/ITP 之研究實況

在頒布《EHA 1975》和《IDEA 1990》規範 IEP 和 ITP 的擬訂之後，許多研究發展 IEP/ITP 檢核工具，企圖了解 IEP/ITP 運作狀況；探究 IEP/ITP 的實施現況，和如何促進 IEP/ITP 的效能；了解家長、身心障礙學生參與 IEP/ITP 的情況；以及分析教師和行政人員對 IEP/ITP 之觀感，以下詳細討論之。

一、發展 IEP/ITP 檢核工具的研究

在發展 IEP/ITP 檢核工具的研究（Dickson & Costa, 1982; Drasgow, Yell, &

Robinson, 2001; Freasier, 1983; Hayden, Vance, & Irvin, 1982; Hoehle, 1993; Holt, 1980; Illinois State Board, 1981; Twachtman-Cullen & Twachtman-Reilly, 2002）上，可發現檢核向度包括 IEP/ITP 基本內容的完整性、發展過程，以及 IEP/ITP 品質檢核（適宜性、一致性、有效性、均衡性）等。例如 Drasgow 等人針對 IEP/ITP 過程的四大步驟（評量、目標、服務與安置）設計檢核表，供學校檢驗 IEP/ITP 是否合法與符合適性教育之用。

除了上述 IEP 各面向的檢核外，亦有一些學者針對特定項目發展檢核工具。例如 Walsh（2001）針對 IEP 目標敘寫的適切性擬訂標準。Grigal、Test、Beattie 和 Wood（1997）進一步發展工具檢核 IEP 中包含轉銜成分的情形。Cone、Delawyer 和 Wolfe（1985）發展工具檢核家長參與的狀況，其中包含 IEP/ITP 的參與情形。

二、IEP/ITP 實施現況及促進 IEP/ITP 其效能的研究

以下將探討 IEP/ITP 內容、發展、執行和評鑑過程品質檢核，以及促進 IEP/ITP 其效能的研究。

(一) IEP/ITP 內容品質檢核的研究

在 IEP/ITP 的內容上，1975 至 1997 年的研究發現大多數完整、符合規定，少數不符合（Brightman & Archer, 1982; Fiedler & Knight, 1986; Heluk, 1983; Lynch & Beare, 1990; McCollum, 1995; Pyecha et al., 1980; Say, McCollum, & Brightman, 1980; Schenck & Levy, 1979; Smith & Simpson, 1989; Williams, 1984），不符合規定的 IEP/ITP 中，較多欠缺現況描述，少部分欠缺長期或短期目標。

然而，上述研究顯示符合規定的 IEP/ITP 中，在內容之撰寫品質上呈現一些問題，包括：第一，IEP/ITP 長短期目標與學生需求和喜好不搭配，其擬訂較傾向考慮學校或機構可提供哪些服務，有多項診斷建議未能納入 IEP/ITP 的服務和長短期目標中，例如 Williams 評鑑 24 位 6 至 17 歲的學習和情緒行為障礙學生的 IEP 後發現，78.9%學生的需求顯示於評量報告中，但是僅 12%的需求呈現於 IEP 中。而 IEP 的目標大部分設定在學業技能上，其他如職業、休閒、

社會－情緒和與同儕互動等轉銜至成人生活的重要技能則較欠缺。還有一些研究（Agran, Snow, & Swaner, 1999; Thoma, Nathanson, Baker, & Tamura, 2002; Wehmeyer, Agran, & Hughes, 2000; Wehmeyer & Schwartz, 1998a）顯示，大部分的教師沒有將自我決策目標放在學生的 IEP/ITP 中。Janiga 和 Costenbader（2002）訪談大學特殊教育服務的協調者，了解他們對學障學生於高中接受之轉銜服務的看法，他們大多滿意，特別是在提供持續更新的評量資料，但是他們認為「**自我倡議**」（self-advocacy）是最需加強的技能，ITP中應包含此技能的教導。Stodden、Conway 和 Chang（2003）即指出，中學後獲取特殊教育和相關服務的責任在身心障礙者身上，因此教導他們**自我決策**技能是很重要的目標。第二，有些目標寫得太簡略，不夠具體，難以達成和評量；有些則寫得太長與太細；有些則是不夠適齡與功能性，以學科而不是以個別學生為中心。Grigal等人（1997）評鑑 IEP 中的轉銜成分後發現，多設定在就業，較少涵蓋進階教育和社區參與。而在一些轉銜服務資源的運用上，較傾向於機構已有的資源，較少運用朋友和社區資源（Butterworth, Steere, & Whitney-Thomas, 1997）。除此，一些研究（Brauen, O'Reilly, & Moore, 1994; Giangreco, Dennis, Edelman, & Cloninger, 1994）評鑑身心障礙學生的 IEP 後發現，IEP 與普通教育課程沒有關聯。

　　上述研究發現的問題促使《IDEA 1997》和《IDEIA 2004》做了以下改變：《IDEA 1997》強調讓身心障礙學生參與「**普通教育課程**」；學校必須於IEP中描述如何在學生的課程學習中，反映其**轉銜服務需求**。《IDEIA 2004》澄清學年目標為「**學業與功能性目標**」，增加轉銜目標在為「**進階教育**」做準備。

　　《IDEA 1997》之後，Thompson、Thurlow、Quenemoen、Esler 和 Whetstone（2001）的研究則指出，仍有部分州的 IEP 表格未符合《IDEA 1997》規定的所有要素。在 IEP/ITP 內容的研究（Gelzheiser, McLane, Meyers, & Pruzek, 1998; Hasazi, Furney, & DeStefano, 1999; Johnson & Sharpe, 2000; Morningstar & Mutua, 2003; Pretti-Frontczak & Bricker, 2000; Rosas, Winterman, Kroeger, & Jones, 2009; Sopko, 2003; Stodden, Jones, & Chang, 2002; U.S. Department of Education, 2001）發現，內容大多數完整，但部分 IEP 中未包含轉銜服務，且撰寫品質上仍然呈

現上述學生需求與長短期目標符合度低等問題；甚至 Stodden 等人（2002）指出，學校為了能達成 IEP/ITP 目標，設計讓學生容易達成、不符合其需求的目標。除此，Lehmann、Bassett 和 Sands（1999）評鑑 18 至 21 歲學障、輕度和中度智障，以及情緒行為障礙學生的 ITP 後發現，轉銜目標仍然出現多設定在就業，較少涵蓋進階教育和社區參與的問題。Powers 等人（2005）分析 399 個 IEP 中的轉銜成分後發現，部分 IEP 未敘寫轉銜目標；部分敘寫得不具體，而且大多數未將生涯計畫和自我決策能力納入。

再者，國家州層級特殊教育指導者協會（National Association of State Directors of Special Education, NASDSE）（1999）的研究顯示，身心障礙學生的 IEP 與普通教育課程的關聯性提高，但是重度障礙學生的 IEP 要能與普通教育課程相連結是一項挑戰。Johnson、Stodden、Emanuel、Luecking 和 Mack（2002）的研究指出，身心障礙學生仍然缺乏接受廣泛普通教育課程和學習經驗，以及社區本位工作和職業教育的機會。

(二) 發展、執行和評鑑 IEP/ITP 過程品質檢核的研究

在發展 IEP/ITP 的過程上，1975 至 2012 年的研究（Center for Educational Research and Evaluation, 1980; Matthews, 1998; Say et al., 1980; Schenck & Levy, 1979）顯示，多數學校有召開 IEP/ITP 會議，Center for Research and Evaluation（1980）的研究呈現，在 2,657 個樣本中所列的參與人員平均是 4 人，四分之三份 IEP 中至少有一位教師和一位治療師參與。一些研究顯示，雖然有召開 IEP/ITP 會議，但是只是形式上的會議，未達到溝通和合作等實質上的意義（Callicott, 2003; Clark, 2000; Gallagher & Desimone, 1995; Goldberg, 1980; Lake, 2000; Lytle & Bordin, 2001; Mitchell, Morton, & Hornby, 2010; Morningstar & Mutua, 2003; Racino, Walker, O'Connor, & Taylor, 1993; Rodger, Ziviani, & Sigafoos, 1999; Tod, 1999; Williams, 1984），例如 IEP/ITP 在會議前被擬訂，會議的目的只是在記錄相關服務和安置形態。

在 IEP/ITP 委員會的成員方面，1975 至 1997 年的研究顯示普通教育教師參與 IEP 過程的比例不高，他們在教學上有採取課程調整策略，但是未呈現於

IEP 中（Gilliam & Coleman, 1981; Goldstein, Strickland, Turnbull, & Curry, 1980; Nevin, Semmel, & McCann, 1983; Pugach, 1982; Ysseldyke, Algozzine, & Allen, 1982）。

　　上述研究發現的問題促使《IDEA 1997》和《IDEIA 2004》做了以下改變：如果身心障礙學生現在或未來可能安置在普通班，IEP/ITP 委員會中必須包含**普通教育教師**。在《IDEA 1997》之後，Karger（2004）指出，普通教育教師參與 IEP 過程的比例增加。不過，有一些研究呈現：IEP/ITP 委員會的成員未能反映學生的所有需求，例如欠缺成人服務機構代表（Lehmann et al., 1999; Thompson, Fulk, & Piercy, 2000）。

　　在執行和評鑑 IEP/ITP 上，一些研究（Bugaj, 2000; Fisher & Frey, 2001; Gallagher & Desimone, 1995; Huefer, 2000; Sigafoos et al., 1993; Smith & Simpson, 1989; Tymitz-Wolf, 1982）顯現，IEP/ITP 目標與教學相關低，例如 Sigafoos 等人分析兩所學校共 40 份為多重障礙學生設計的 IEP，結果發現僅有 16% IEP 目標被執行；換言之，大部分的教學與 IEP 無關的。除此，Gallagher 和 Desimone 提及沒有追蹤 IEP 的實施狀況；Tymitz-Wolf 指出沒有足夠的評量資料以了解 IEP 的執行成效。Bugaj 提到學校未能有效執行 IEP 的原因包括：IEP 與實際情況不符、不當特殊教學設計，以及未能有效實施行為介入計畫。

(三) 促進 IEP/ITP 效能的研究

　　因應上述 IEP/ITP 內容和實施的問題，一些文獻探討如何增進 IEP/ITP 的內容品質（Arena, 2001; Burns, 2006; Courtade-Little & Browder, 2005; Eason & Whitbread, 2006; Fletcher-Janzen & DePry, 2002; Fouse, 1999; Frey, 1997; Giuliani, 2007; Jones, 2000; Levay, 1998; Massanari, 2002; Nortari-Syverson & Schuster, 1995; Ryan, 2000; School & Cooper, 1999; Schwarz & McKinney, 2005; Sullivan, 2003）。

　　這些文獻將 IEP/ITP 研究的焦點轉移到擬訂 IEP/ITP 目標時，應著重身心障礙學生的特殊需求與獨特興趣，並將其融入於他們能參與之有意義與功能性的教學活動中，希望能打破 IEP 只是理想而不切實際的迷思。例如 Horn、Lieber、Li、Sandall 和 Schwartz（2000）即針對三位身心障礙學生的特殊需求設計 IEP 目標，並實施於教學中，結果發現效果良好。Kohler 和 Strain（1996）針對 IEP 目標設計教學活動，結果發現合併使用自然教學法（naturalistic teaching）和同儕本位策略（peer-based strategies）教導自閉症兒童，其 IEP 目標的達成率較佳。可見只要選對教學策略，IEP 目標的達成情形應是樂觀的。

除了使用適當的教學策略可以促進 IEP 的效能，Goodman 和 Bond（1993）認為 IEP 對評量的要求（即具體、可測量的表現標準，和預定的達成日期），以及結果導向的特質，已限制了課程目標的範圍和彈性，而使 IEP 的精神——符合學生個別需求成為空談。因此，他們建議運用**檔案評量**（portofolio assessment）來評量學生的進步情形，藉由文字敘述評量的結果，而不只是使用數字呈現；並且重視教師努力嘗試各種教學方法的過程，而不僅從有無達成目標來評鑑 IEP 的效能。

三、家長參與 IEP/ITP 的研究

有關家長參與 IEP/ITP 的研究包括：家長參與 IEP/ITP 之現況和觀感、和家長參與 IEP/ITP 有關的因素、家長訓練方案對增進家長參與 IEP/ITP 和其觀感之成效三方面。

(一) 家長參與 IEP/ITP 之現況和觀感的研究

關於家長參與 IEP/ITP 之現況和觀感，1975 至 1997 年對家長的調查研究及觀察和文件分析（Cone et al., 1985; Dickson & DiPaola, 1980; Gallivan-Fenlon, 1994; Goldstein et al., 1980; Haring, Lovett, & Saren, 1991; Harry, Allen, & McLaughlin, 1995; Katsiyannis & Ward, 1992; Katz & Scarpati, 1995; Lichtenstein & Michaelides, 1993; Lynch & Stein, 1982; Salembier & Furney, 1997; Thomson & Rowan, 1995; Vacc et al., 1985; Vaughn, Bos, Harrell, & Lasky, 2001）顯示，家長參與 IEP/ITP 會議的比例不一，有些高，有些低；但是這些研究一致呈現低比例的家長參與討論、提出問題意見和提供訊息；大部分家長參與 IEP/ITP 會議過程只是在簽名，而非主動參與。Katsiyannis 和 Ward 指出，有些家長不知道

他們有哪些權利、不曉得如果不同意評量結果和 IEP 內容可以如何做、未獲得參與 IEP 的邀請和孩子 IEP 的腹案。Harry 等人追蹤 24 個家庭在三年期間參與 IEP 會議的情形，結果發現有 16 至 18 個家庭在第一年會參加 IEP 會議，最後只有 11 個家庭持續在三年內參與 IEP 會議。部分研究（Gerber, Banbury, Miller, & Griffin, 1986; Yoshida, Fenton, Kaufman, & Maxwell, 1978）調查教師對家長參與 IEP/ITP 的觀感亦顯示，家長多為被動參與，Gerber 等人指出有 40%的教師認為 IEP 會議只是一種形式。

另外，Yell 和 Drasgow（2000）分析 45 份 1993 至 1998 年自閉症學生家長提請公聽會及訴訟的案例，73%案例中法院判決學校敗訴，敗訴的主因是 IEP 執行過程或（和）實質的錯誤；其中，IEP 執行過程的錯誤包括：擬訂時沒有把家長當成對等的夥伴；實質的錯誤則是指，擬訂之 IEP 無法滿足學生的個別需求。

上述研究發現的問題促使《IDEA 1997》做了以下改變：加強家長在 IEP 中的角色，並且鼓勵家長和教育人員以非敵對方式，共謀身心障礙者的教育福祉。在《IDEA 1997》之後，家長參與 IEP/ITP 的比例有提高（Collet-Klingenberg, 1998; Garriott, Wandry, & Synder, 2000; Matthews, 1998; Miles-Bonart, 2002; U.S. Department of Education, 2001）。例如 U.S. Department of Education 的研究顯示，66%的家長有參與 IEP 的決策，91%的家長認為孩子的 IEP 目標是適當的，並且有參與普通教育課程。Miles-Bonart 的研究呈現，由於會議中參與人員間能產生有效的溝通，所以家長感到滿意。Geenen、Powers 和 Lopez-Vasquez（2001）指出，雖然家長參與受到重視，但是文化差異仍然在轉銜過程中受到忽視，例如何謂成功的成人生活，它仍然取決於特定文化的觀點，像是就業、社區統合、角色期待和社會功能等，未考慮不同文化對未來成人生活的願景。

雖然《IDEA 1997》之後家長參與 IEP/ITP 的比例有提高，觀感也較正向，但是仍有一些訴訟案件。Etscheidt（2003）分析 68 份 1997 到 2002 年自閉症學生 IEP 的訴訟案件，結果發現判決取決於三方面：IEP 目標是否配合評量資料、IEP 委員會是否有專業能力發展 IEP，以及選用的教學方法是否能幫助學生達成 IEP 的目標。Spann、Kohler 和 Soenksen（2003）亦指出，部分受訪的家長表示

IEP 未能滿足孩子的所有需求。Drasgow 等人（2001）建議學校必須依據 IEP 的法規執行，才不致於違法；除此，IEP 的設計必須使學生達成有意義的進步。Yell、Katsiyannis、Drasgow 和 Herbst（2003）建議學區中的專業人員應該具備以下知能：進行全面和個別化評量、採用證據本位教學策略，以及蒐集有意義的資料，以評量學生在 IEP 目標上的進步狀況。

(二) 和家長參與 IEP/ITP 有關因素的研究

相關研究指出，和家長參與 IEP/ITP 會議有關的因素分成家長、孩子，以及 IEP/ITP 委員會和學校／機構三大方面。在**家長因素**上，包括是否接受過親職教育、有參與 IEP/ITP 會議的經驗；有接受過親職教育，以及有參與 IEP/ITP 會議經驗的家長，愈主動參與 IEP/ITP 會議，而愈主動參與 IEP/ITP 會議的家長，對 IEP/ITP 則愈滿意（Comer, 2009; Friedson, 1989; Gerber et al., 1986; Moulin, 1984; M. O. O'Brien, 1987; Opie, 1984）。至於家長社經地位是否有影響，研究呈現不一致的情形，Zake 和 Wendt（1991）及 Flanagan（2001）認為，社經地位中真正產生影響的因子是「教育程度」。研究發現，家長教育程度會影響其參與孩子各項學習活動與會議；學歷較低的家長對參與和孩子評量、教育相關的會議較不感興趣，且通常對自己的參與能力較無信心，認為在擬訂 IEP 上教師是專業人員，他們沒有專業能力提供意見；而教育程度較高者，參與態度較積極，且投入程度也較高（Caines, 1998; Hoover-Dempsey, Bassler, & Brissie, 1992; Horner, 1986; Shriver & Kramer, 1993; Wiener & Kohler, 1986）。除此，社經地位中職業也是一個影響因子。研究（Lareau & Horvat, 1999; Minke & Anderson, 2005）指出：中產階層以上的家長工作時間較有彈性，也擁有較多的社會網絡，容易獲得教育相關資訊，故其表現較能符合學校的期待；勞工階層的家長除了工作時間較無彈性外，對自己的角色定義也不像中產階層者般清楚，他們通常不會直接表達意見，而是採取一種「警覺性等待」之態度面對孩子的教育議題；雖然勞工階層家長自認為是有參與的，卻不被學校和教師認同，甚至遭到指責。

此外，和家長 IEP/ITP 會議參與率及成效有關的因素還包括：家長對於特

殊教育運作狀況的了解情形，對 IEP/ITP 內容和會議流程的熟悉程度（Flanagan, 2001; Payne, 1988）、是否具備決策過程所需的溝通能力（Flanagan, 2001; Zake & Wendt, 1991）、需要上班造成時間衝突、交通有困難、需要照顧小孩（Dabkowski, 2004; Lynch & Stein, 1987; Rock, 2000），以及因家庭文化／語言差異所帶來溝通問題和教養信念的不同（Bennett, Zhang, & Hojnar, 1998; Fletcher-Carter & Paez, 1997; Gajar & Matuszny, 2002; Kalyanpur, Harry, & Skrtic, 2000; Quiroz, Greenfield, & Alchech, 1999; Sileo, Sileo, & Prater, 1996; Simon, 2006; Trainor, 2010; U.S. Department of Education, 2001; Zetlin, Padron, & Wilson, 1996; Zhang & Bennett, 2003）。例如 U.S. Department of Education 顯示非裔、西班牙裔和亞裔美國人，太平洋群島，以及低收入的家長，對 IEP 發展過程的參與度，相對於其他種族／族群或收入群體，感到較不滿意。

在**孩子的因素**上，包含年齡、障礙類別和程度。就年齡而言，研究結果不一致，有些研究（Harry et al., 1995）顯示年幼孩子的家長，愈主動參與 IEP/ITP 會議；有些研究（Ahlgren, 1989; McKinney & Hocutt, 1982）則呈現沒有差異。以障礙類別觀之，研究結果不一致，Lynch 和 Stein（1982）的研究發現，感官和肢體障礙學生的家長參與 IEP/ITP 會議最少；而 Leyser 和 Cole（1984）則顯示，智能障礙學生的家長參與最少。依障礙程度來說，Friedson（1989）的研究發現，子女障礙程度愈嚴重的家長，愈會主動參與 IEP/ITP 會議。

在 **IEP/ITP 委員會和學校／機構因素**上，涵蓋委員會成員的專業能力和固定性，學校／機構的態度兩方面。委員會成員變動頻率高；委員會成員專業能力不足，與孩子相關的教師和特教服務代表無法參與或離開會議（Miles-Bonart, 2002），Miles-Bonart 即表示，有肢體障礙或健康問題孩子的家長，對 IEP/ITP 委員會成員的組成較不滿意，因為未包含能提供孩子所有需求的人員，進而對 IEP/ITP 的滿意度低。學校／機構未邀請家長參與 IEP/ITP，未以家長能了解的語言解釋 IEP/ITP 的內容；對孩子持負面的觀點，未傾聽家長的談話，和回答家長問題的準備度不足；會議前已決定 IEP/ITP 的內容，完全掌控會議程序及討論，不尊重家長，沒有讓家長表達意見，以及具體和實質參與 IEP/ITP 的機會（Caines, 1998; Dabkowski, 2004; Fish, 2008; Goldberg, 1980; Katsiyannis &

Ward, 1992; Payne, 1988; Rock, 2000; Salembier & Furney, 1997; Soodak & Erwin, 2000）等是阻礙家長參與的因素。IEP/ITP 委員會和學校／機構因素是決定家長參與 IEP/ITP 的層次，以及對 IEP/ITP 滿意程度的最重要變項。上述研究亦提出增加家長參與 IEP/ITP 的方法，於第五章再詳述。

　　由於家長需要上班造成時間衝突、交通有困難、需要照顧小孩等因素，會阻礙家長到校參與 IEP 會議，因此《IDEIA 2004》增加家長參與 IEP 會議的方式，例如可採用視訊會議、電話或其他彈性的方式。

(三) 家長訓練方案對增進家長參與 IEP/ITP 和其觀感的研究

　　家長訓練方案對增進其了解、參與和滿意於 IEP/ITP 有顯著成效（Blietz, 1988; Goldstein, 1980; Hughes & Carpenter, 1991; Humes, 1986; Payne, 1988）。例如 Hughes 和 Carpenter 設計「家長評論表格」，指導家長使用此表格評論 IEP 是否符合其孩子的需求，並且反映出孩子的進步，結果能促進家長在 IEP 評鑑會議上的參與。

四、身心障礙者參與 IEP/ITP 的研究

　　有關身心障礙者參與 IEP/ITP 的研究包括：身心障礙者參與 IEP/ITP 現況，以及促進身心障礙者參與 IEP/ITP 的研究兩方面。

(一) 身心障礙者參與 IEP/ITP 現況的研究

　　雖然身心障礙者參與 IEP/ITP 有其法規和研究基礎，但是現況的研究顯示，他們經常被排拒於 IEP 擬訂過程，即使部分人有參與 IEP/ITP 會議，大多並不是主動參與者（Agran & Hughes, 2008; Andrus, 2010; Collet-Klingenberg, 1998; Grigal et al., 1997; Johnson & Sharpe, 2000; Lehmann et al., 1999; Lovitt, Cushing, & Stump, 1994; Martin & Marshall, 1996; Martin, Marshall, & Sale, 2004; Martin, van Dycke, Greene, et al., 2006; Pawley & Tennant, 2008; Powers, Turner, Matuszew-ski, Wilson, & Loesch, 1999; Thoma, 1999; Thoma, Rogan, & Baker, 2001; Trach & Shelden, 2000; Williams & O'Leary, 2000; Zickel & Arnold, 2001）；Lovitt 等人的

研究顯示，高中身心障礙學生對 IEP 持負向的態度，主要原因為他們很少參與其擬訂和實施。Pawley 和 Tennant 訪談高中學障學生呈現，他們對 IEP 的了解不甚清楚，他們想學習的目標未涵蓋在 IEP 中。

而教師、行政人員和特殊教育相關專業人員對學生參與 IEP/ITP，和自我決策技能的教學並不滿意，並且表示需要更多的訓練和支持（Martin, Greene, & Borland, 2004; Mason, Field, & Sawilowsky, 2004; Menlove, Hudson, & Suter, 2001）。此外，Wehmeyer 等人（2000）調查 1,219 位教師，對教導身心障礙者自我決策技能的觀感發現：三分之一的教師不曾讓學生參與教育計畫和作決定，多數教師認為自我決策並非重度障礙者亟需的技能，他們無法學習較複雜的作決定和問題解決技能，教師也反應需要自我決策技能的教材和教學策略。由此可知，須加強教師對身心障礙者自我決策技能的教學。可能原因為教師不熟悉自我決策的概念，不確定如何藉由讓學生參與 IEP 的過程以發展自我決策技能（Konrad, 2008）。

(二) 促進身心障礙者參與 IEP/ITP 的研究

由於上述身心障礙者參與 IEP/ITP 現況不佳的問題，一些研究（Eisenman, Chamberlin, & McGahee-Kovac, 2005; Martin, van Dycke, Christensen, et al., 2006; Mason et al., 2002; Piastro, 2000; Rose, Fletcher, & Goodwin, 1999; Test et al., 2004; Thomson, Bachor, & Thomson, 2002; Zickel & Arnold, 2001; Wehmeyer, 1998）設計教學方案，促進身心障礙學生參與 IEP/ITP，方案內容包括：教導學生回顧過去的目標和表現，反思自己的優勢和弱勢，向別人表達自己的能力、限制、興趣和需求，設定目標，問問題，尋求回饋，以及如何處理意見不一致的情況、與教師共同檢視設定的目標和共同合作，結果發現能增加學生參與會議時的發言時間、自我倡議技能、對 IEP/ITP 的所有權，以及對 IEP/ITP 設計的貢獻度。綜合這些研究提出促進身心障礙者參與 IEP/ITP 的作法，於第五章再詳述。

五、教師和行政人員對 IEP/ITP 之觀感的研究

以下將探討特殊教育教師和行政人員對 IEP/ITP 之觀感、普通教育教師對

IEP/ITP 之觀感、與教師對 IEP/ITP 觀感有關因素，以及訓練特殊和普通教育教師擬訂 IEP/ITP 的研究四方面。

(一) 特殊教育教師和行政人員對 IEP/ITP 之觀感的研究

特殊教育教師對 IEP/ITP 之觀感有不一致的看法，部分研究指出教師覺得 IEP 花費他們許多紙上作業的時間，又缺乏學校的支持，他們未將 IEP 應用在每日的教學計畫上，IEP 行政上的用途多於教學，即使沒有 IEP，也不會影響他們的教學效能；然而教師亦指出，IEP 可以幫助他們更了解學生、組織教學時間和有更高的工作滿意度（Dudley-Marling, 1985; Gerardi, Grohe, Benedict, & Coolidge, 1984; Goldberg, 1980; Margolis & Truesdell, 1987; Morgan & Rhode, 1983; Quinn, 1982; Rheams, 1989; White & Calhoun, 1987）。

部分研究則指出，特殊教育教師認為 IEP 雖然是一項費時費力的紙上作業，但是它為發展學生學習計畫的有用工具（Dobrose, 2000; French, 1998; Niederer, 1988; Simon, 2006）。之所以會造成教師觀感不一致，Shaddock、MacDonald、Hook、Giorcelli 和 Arthur-Kelly（2009）表示，乃由於 IEP 充當教育、合法、計畫、績效責任和資源分配等多元目的；雖然它一魚多吃，但也產生問題，包括只求符合法律規定，不管是否搭配學生個別的需求。另外，多數教師同意使用電腦化 IEP，他們認為它可以減少書面作業、省時、省錢，而且是一個貯存學生資料的有效工具（Enell, 1984; Hanson, 1985; Jenkins, 1987; Ryan & Rucker, 1986）。McLaughlin 和 Warren（1995）訪談行政人員指出，應著重 IEP 在教學上扮演的功能，而不是強調符合法規的要求。

(二) 普通教育教師對 IEP/ITP 之觀感的研究

普通教育教師對 IEP/ITP 之觀感，一些研究（Collett, 2007; Dobrose, 2000; French, 1998; Lee-Tarver, 2006; Rheams, 1989）顯現，教師認為 IEP/ITP 對課程準備有助益，而且表示主動參與 IEP/ITP 會議，但是他們希望獲得進一步的訓練。部分研究（Martin et al., 2004; Menlove et al., 2001）則指出，教師參與 IEP/ITP 的決策明顯比其他成員少，對 IEP/ITP 不滿意。

(三) 與教師對 IEP/ITP 觀感有關因素的研究

和教師對 IEP/ITP 觀感有關的因素包括：（1）教師是否接受 IEP/ITP 擬訂的訓練；（2）教師是否獲得行政的支持；（3）IEP/ITP 會議時間是否適當；（4）教師的參與和需求是否受到 IEP/ITP 委員會的重視；（5）是否需要做很多會議前的準備工作；（6）教師是否認為 IEP/ITP 與課程有關聯、具可行性、可提升教學效能，以及促進學生在普通班的進步等（Dobrose, 2000; Heluk, 1983; Lovitt et al., 1994; Menlove et al., 2001; Niederer, 1998; Smith, 2000）。除此，Martin 等人（2004）指出，如果學生參與 IEP，普通教育教師參與 IEP 的感受會比較好，會比較自在表達想法。

上述研究發現的問題促使《IDEA 1997》強調，盡量減少教師不必要的書面作業，著重在實際的教學過程；以及《IDEIA 2004》改為，只須訂定長期目標，只有那些要接受「替代評量」（alternate assessment）的學生，才須擬訂短期目標。

(四) 訓練特殊和普通教育教師擬訂 IEP/ITP 的研究

上述研究呈現教師需要擬訂 IEP/ITP 的訓練，於是有一些研究（Flannery et al., 2000; Kamens, 2004; Matlock, Fielder, & Walsh, 2001; Pretti-Frontczak & Bricker, 2000; Shriner & Destefano, 2003; Whiteworth, 1994）發展訓練方案，指導教師如何擬訂適宜、一致和均衡，與普通教育課程相關聯的教育目標，發現成效良好。另有研究（Block, Lieberman, & Connor-Kuntz, 1998; Houston-Wilson & Lieberman, 1999; Yun, Shapiro, & Kennedy, 2000）指導教師如何擬訂適應體育的目標。還有研究（Hoover-Dempsey, Walker, Jones, & Reed, 2002）訓練教師如何促進家長參與 IEP；以及 Jennings（1999）提供行政人員協商 IEP 的指引。

貳、美國身心障礙者 IFSP 之研究實況

以下以《IDEA 1997》的訂定為切截點，探討之前和之後的研究。

一、《IDEA 1997》之前的研究

自從《EHA 1986》訂定以來，研究（Bailey, Winton, Rouse, & Turnbull, 1990; Eck, 1994）分析 IFSP 的內容是否符合法規的要求，結果發現符合度低，尤其較缺乏家長的主動參與和家庭的介入目標。Beckman 和 Bristol（1991）提出，IFSP 的主要議題包括對文化差異的敏感度、家庭評量、IFSP 對家庭的干擾程度，以及建立家庭的成果指標。針對這四個議題，後續還有一些研究進行討論，例如專業人員對家庭文化／語言差異的敏感度和反應力不夠，會影響他們和家長的溝通及合作（Katz & Scarpati, 1995; Zetlin, Padron, & Wilson, 1996）。Slentz（1992）提出，使用家庭導向的評量是建立 IFSP 家庭成果指標的基礎。Summers 等人（1990）及 Andrews 和 Andrews（1993）表示，讓家長充權賦能可以促進家庭的參與，進而提出家庭中心的服務模式，讓他們決定服務的形態，可以減少 IFSP 對家庭的干擾程度。Bailey（1991）指出，今日的特殊教育是讓家長於 IEP 決策過程中扮演「主動」的角色；但是許多專業人員無法接受這個觀點，認為講述可能比對話容易些，家長參與決策過程會減低他們專業的價值。然而，「容易做的事並不一定最好」，專業人員需要將角色從「智慧的施與者」，調整為「未開發土地的引導者」。

除了上述議題，Gallagher 和 Desimone（1995）還提出發展及執行 IFSP 過程當中常見的問題：（1）IFSP 真的是一項「跨專業的服務計畫」嗎？（2）專業人員確實了解兒童及家長透過什麼樣的過程，可以將能力發展至精熟程度嗎？（3）家長是否確實獲得「充權賦能」，接受服務的過程感受愉快嗎？（4）家長與專業人員間的關係是否對等？上述研究發現的問題促使《IDEA 1997》再次強調，**透過多專業團隊模式提供家庭中心取向的早期介入服務**。

二、《IDEA 1997》之後的研究

在《IDEA 1997》之後，Royeen、DeGangi、Poisson、Wietlesbach 和 Cromack（1996）發展工具評量專業人員和家長對 IFSP 設計與執行的態度。一些研究（Boone, McBride, Swann, Moore, & Drew, 1998; Gallagher, 1998; Kochanek,

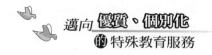
2001; Mahoney & Bella, 1998; Perry, Greer, Goldhammer, & Mackey-Andrews, 2001）分析 IFSP 的成效，結果發現提供服務的比例不高，例如 Perry 等人分析印第安那州超過 6,000 份的 IFSP，結果發現有提供服務的比例是 55%，最常提供的服務包括物理、職能和語言治療及特殊化教學。此外，Boone 等人及 Gallagher 指出，IFSP 多數以兒童為焦點，很少包含家庭的目標；並且 IFSP 目標的陳述方式多用專業人員角度，以嬰幼兒為中心的方式書寫，且多與家庭需求不符合。Bruder（2000a）表示，這是因為美國在 IFSP 的評鑑上，仍強調兒童的學習結果，忽略家庭的影響和支持策略，績效責任制導致專業人員較著重在兒童的技能教導。由此可知，《IDEA 1997》之前的問題仍然存在。上述研究發現的問題促使《IDEIA 2004》持續明示，早期介入的實施以家庭中心取向的哲學為原則，IFSP 為藍圖。《IDEIA 2004》還特別強調，家長是專業人員在服務計畫擬訂和執行過程中平等的合作夥伴，並賦予做教育決定的權利（Bowe, 2007）。

然而，家庭中心取向 IFSP 的實施現況與理想之間有差距，整理文獻中的理由如下。

1. **政府提供的資源和法規不足**：家庭中心取向強調家庭做決定，以及服務應與家庭生態適配，因此，適當的時間、空間、經費和資源對家庭與專業人員發展平等合作關係及適配的 IFSP 是很重要的；然而，政府僅倡導家庭中心取向服務，但提供的資源仍與實務所需相差甚遠，致使專業人員在有限時間下，難以提供完整的家庭中心取向服務（Beverly & Thomas, 1999; Cress, 2004; Hamilton, Roach, & Riley, 2003; Jackson, Traub, & Turnbull, 2008; King et al., 2003; Shannon, 2004）。《IDEIA 2004》並未明確地定義家長如何參與及參與的內容，造成家長參與在實務應用上仍有許多爭議（Turnbull, Zuna, Turnbull, Poston, & Summers, 2007）。除此，Greenwood、Walker、Hornbeck、Hebbeler 和 Spiker（2007）指出，未將「家長參與」視為早期療育服務績效的必要條件，例如美國堪薩斯州規範之幼稚園至 12 年級的績效制度，從正向社會情緒技能、知識與技能、符合需求的適當行為等三個

向度評鑑早期介入的成效，雖然強調跨日常生活情境的功能性結果，但是由專業人員決定目標，提供的早期介入仍以兒童為中心，未考量家庭的需求。

2. **專家人員難以調適專家本位的思維**：專業人員難以放棄專家權威，質疑家庭具備教導孩子的能力，在合作過程中無法將家庭成員視為平等的夥伴，仍希望保有目標決定的最後控制權，如此會使家長有不受尊重的感覺（Crais, Roy, & Free, 2006; Dunst, 2002; Hanna & Rodger, 2002; Shannon, 2004; Sheehey, 2006）。除此，雖然家長被賦予主動參與及服務決定者的角色，然而，實務上家長如何及何時參與的決定權仍由專業人員主導（Dunst, 2002; Hess, Molina, & Kozleski, 2006）。

3. **專業人員在家庭中心取向上的專業知能和經驗不足**：專業人員的職前訓練傾向教導身心障礙兒童的課程和技術，缺乏與家庭成員的合作，對家庭中心取向的相關知識和實務經驗不足，無法提供家長足夠的訊息，協助家長擬訂和執行 IFSP（Hamilton et al., 2003; Ingersoll & Dvortcsak, 2006; King et al., 2003; Shannon, 2004）。而在訓練中欠缺家庭文化的覺察，致使專業人員未能察覺自己文化和價值觀的前見，當家庭感覺其教養形態或價值觀未受到尊重時，亦會影響家長的參與（Hamilton et al., 2003）。另外，專業人員缺乏與家庭合作的經驗，未能與家庭做充足的溝通，無法形成共識（Cress, 2004）。

4. **家庭參與教育子女的知能及支持不足**：家庭成員缺乏自我角色、權利和義務與相關知識的覺知；多數家庭不了解家庭的優勢、需求和資源（King et al., 2003; Leal, 1999; Shannon, 2004）。此外，家長缺乏非正式的支持，尤其經濟狀況較差與單親的家庭，因忙於工作和家務，在缺乏交通、放學後兒童照護資源的情況下，難以撥出時間主動參與子女的教育（Hamilton et al., 2003; Sheehey, 2006）。

5. **專業人員與家庭合作過程造成雙方的挫折**：它包括以下四方面，第一，家庭與專業人員設定的目標順序有衝突，家庭優先著重的目標可能不是身心障礙孩子（Cress, 2004; Shannon, 2004）。第二，家庭成員的人格特質也會

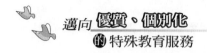

影響其因應服務協調上的困難，有些家庭成員非常固執己見而與服務提供
者對抗；有些則可能不了解自己的權利，或因不想拒絕服務提供者而表現
得過於順從（Shannon, 2004）。第三，雙方未能建立信任感，使家庭無法
自在分享個人觀點，專業人員無法信任家庭擬訂和執行目標的能力（Fox,
Vaughn, Wyatte, & Dunlap, 2002; Shannon, 2004）。第四，在決策過程中，
家庭甚少獲得服務人員的適當支持（Murray et al., 2007）。當擬訂的 IFSP
是家長不感興趣的範疇，或其缺乏執行的承諾，將會影響早期介入的成效
（Dunst, 1999; McWilliam, Snyder, Harbin, Porter, & Munn, 2000）。

6. **家長參與對家庭生態產生的不當影響**：家庭中心取向強調家長參與，專業
   人員最常藉由親職教育促進家長參與的能力。然而，提供親職教育有時也
   改變家庭的自然情境，例如專業人員教導家長如何在遊戲的時間提供學習
   機會；若家長無法適當掌控和調適，則兒童遊戲時間都變成學習時間，甚
   至有些家長會產生教導的壓力（Turnbull, Blue-Banning, Turbivile, & Park,
   1999; A. P. Turnbull et al., 2006）。

7. **研究的支持仍不足**：目前仍缺乏因應家庭獨特性而建立的多元家庭支持與
   服務模式（Sheehey, 2006; Turnbull et al., 2007）；而且實證研究較少，沒有
   充足範例以供實務工作者因應不同對象的需求（Bruder, 2000a）。

　　許多文獻指出，家庭參與是早期療育方案成功的主要因素（Campbell & Sa-
wyer, 2007; Dempsey & Keen, 2008）。如何運用家庭中心取向，促進家庭成為
擬訂 IFSP 的平等合作夥伴，並且考量家庭的需求，建立家庭的成果指標是未來
還需努力的方向。例如 Jung 和 McWilliam（2005）發展家庭中心 IFSP 的品質
量表，可以作為撰寫 IFSP 之參考，以及評鑑 IFSP 品質符合家庭中心原則的情
形。Jung（2009）在 IFSP 實施手冊中，給予家庭中心原則的提示，發現能有效
增進 IFSP 的品質。

參、美國身心障礙者 PFP 之相關研究

關於 PFP 等個人中心計畫的成效，一些研究（Hagner, Butterworth, & Keith, 1995; Hagner, Helm, & Butterworth, 1996; Lucyshyn, Olson, & Horner, 1995; Malette et al., 1992; Malloy, Cheney, Hagner, Cormier, & Bernstein, 1998; Mount, 1987; Nelson, 2005; Pezzarossi, 1993）顯示，它能為身心障礙者建立自然支持來源、增進社會關係、促進社區參與、提升生活滿意度等。Miner 和 Bates（1997a）還指出，個人中心計畫的活動可以促進身心障礙者在 IEP 和 ITP 上的參與度及自我決策的能力。

總括來說，美國自 1975 年立法以來，IEP/ITP 的內容大多數已完整，但是仍須提升撰寫品質，包括提高學生需求與 IEP/ITP 長短期目標間的符合度；於 IEP 中描述如何在學生的課程學習中，反映其轉銜服務需求；增進身心障礙學生的 IEP 與普通教育課程的關聯性；以及依據身心障礙學生和家庭需求擬訂轉銜目標，不受限於就業，能涵蓋進階教育、職業訓練和社區參與等，並且納入生涯計畫和自我決策能力的教導。除此，尚須加強 IEP/ITP 委員會的組成能反映學生的所有需求，以及促進學生和家庭、普通教育教師、特殊教育相關專業團隊人員的參與，成員間的團隊合作。最後，有需要繼續研究如何促進 IEP/ITP 的效能。而在 IFSP 上，如何運用家庭中心取向，促進家庭的參與，並且考量家庭的需求，建立家庭的成果指標是未來還需努力的方向。最後於 PFP 上，相關研究尚不足，未來還需加強具體作法的探究。

☆ 第二節 我國身心障礙者個別化計畫之研究實況

以下從發展 IEP 檢核工具、IEP 實施現況和成效、相關人員對 IEP 觀感，以及促進 IEP/IFSP 效能的研究四方面，探討我國身心障礙者個別化計畫之研究實況。

壹、發展 IEP 檢核工具的研究

國內的 IEP 檢核工具，有林千惠（1997）的「個別化教育方案內容品質檢核表」，以及盧台華和張靖卿（2003）的「IEP 評鑑檢核表」，以檢核 IEP 的一般內容和品質，包括完整、適宜、一致、有效和均衡性等。

貳、IEP 實施現況和成效的研究

國內 IEP 實施現況和成效的研究，以分析國小啟智班（林坤燦、蕭朱亮，2004；張英鵬，1998；楊佩貞，1996；賴錫安，1996）和國中小啟智班（李翠玲，1999b、2006b；林千惠，1997；林雅玲，2003）最多，各有四篇；國中小特教班次之，有三篇（陳淑華、黃麗娟、楊萬教、鄭友泰，2001；臺中縣特殊教育學生鑑定及就學輔導委員會，1999；盧台華，2001）；學前特教班再次之，有兩篇（朱陳淑媛，2012；黃曉嵐，2008）；特教學校高職部（王萬居，2004）和特教學校（班）及機構（林幸台等，1994b）各有一篇。以下根據上述研究和相關人員對 IEP 觀感的部分研究中，從 IEP 的實施比例、IEP 內容的完

整性、IEP 內容的敘寫品質、IEP 的擬訂、IEP 的執行與評鑑，以及 IEP 的實施成效探討之。

一、IEP 的實施比例

在 IEP 的實施比例方面，王振德（1988）調查我國資源教室方案的實施狀況後發現，不少學校認為，IEP 的研擬與實施是資源教室方案亟待改進的事項。林幸台等人（1994b）的研究顯示，使用 IEP 者以社會福利機構教師最多，國小及國中特殊教育班教師僅約半數尚在使用，特教學校則有半數以上目前未使用或從未使用；在學校系統中，有特殊教育專業訓練的教師使用 IEP 比例多於其他未受過者。由於 IEP 的實施比例不佳，促使《特殊教育法》（1997）將 IEP 的擬訂法制化。

之後，IEP 的法令內容就變成訪視評鑑的項目之一，也是評鑑特殊教育品質的一項指標；因此，除了相關研究能夠了解 IEP 法令執行的情形外，訪視評鑑報告也是一窺 IEP 執行狀況的另一途徑。於 1997 年之後的研究（李翠玲，1999b；林坤燦、蕭朱亮，2004；胡永崇，2002；陳淑華等，2001；臺中縣特殊教育學生鑑定及就學輔導委員會，1999）發現 IEP 的實施比例，除李翠玲和胡永崇指出有 80%和 92.5%外，其他皆達 100%。

二、IEP 內容的完整性

研究顯示 IEP 的內容部分不符合規定，以樣本中少於 75%的項目為依據，按研究篇數揭櫫的多寡排序，欠缺的有：（1）評量資料（林千惠，1997、1999；林幸台等人，1994b；林雅玲，2003；張英鵬，1998；楊佩貞，1996；臺中縣特殊教育學生鑑定及就學輔導委員會，1999；賴錫安，1996）；（2）特殊教育相關專業服務（王萬居，2004；林千惠，1997、1999；林幸台等人，1994b；楊佩貞，1996；臺中縣特殊教育學生鑑定及就學輔導委員會，1999；賴錫安，1996）；（3）參與普通班的時間與項目（朱陳淑媛，2012；林幸台等人，1994b；林坤燦、蕭朱亮，2004；陳淑華等人，2001；臺中縣特殊教育學生鑑定及就學輔導委員會，1999；盧台華，2001）；（4）長、短期目標和起訖日

期（李翠玲，1999b、2006b、2006c；林千惠，1997、1999；楊佩貞，1996；賴錫安，1996）；（5）現況描述（林千惠，1997；楊佩貞，1996；賴錫安，1996）；（6）轉銜服務內容（林坤燦、蕭朱亮，2004；林雅玲，2003；龔盈涵，2007）；（7）評量日期和標準（林千惠，1997、1999；楊佩貞，1996；賴錫安，1996）；（8）因行為問題而影響學習者其行政支援及處理方式（王萬居，2004；林坤燦、蕭朱亮，2004）；（9）基本資料中的健康資料（林千惠，1997、1999；楊佩貞，1996）；（10）適合學生的評量方式（龔盈涵，2007）；（11）身心障礙狀況對學生在普通班上課及生活之影響（林坤燦、蕭朱亮，2004）。

　　上述研究中有四篇在 1997 年前執行，檢核的 IEP 內容未包含《特殊教育法》（1997）規定的所有內容；而部分特教學校（班）的研究未檢核參與普通班的時間與項目，以及身心障礙狀況對其在普通班上課及生活之影響。另外，因行為問題而影響學習者其行政支援及處理方式，會視學生有無行為問題決定此項目是否需敘寫，不易檢核。因此，揭櫫這些項目欠缺的研究篇數較少。

三、IEP 內容的敘寫品質

　　IEP 內容的敘寫出現以下 15 項問題：

1. 全班共用一份 IEP，個別化精神無法落實（李翠玲，1999b；張英鵬，1998；陳淑華等人，2001）。

2. 了解現況的評量資料不夠完整或多元（朱陳淑媛，2012；林千惠，1999）；現況描述只用勾選方式，無文字敘述；或是敘述不夠具體和全面，無法深入了解學生真正的能力（李翠玲，2006a、2006b；林千惠，1997；張英鵬，1998；楊佩貞，1996；賴錫安，1996）。

3. 將不必要的資料（例如：各式測驗答案紀錄紙等）放在 IEP 檔案夾中，徒增瑣碎資料（李翠玲，2006b）。

4. 目標的敘寫在配合課程綱要，而不是契合學生的現況（林千惠，1997；翁維鍾，2009；陳淑華等人，2001；楊佩貞，1996；臺中縣特殊教育學生鑑

定及就學輔導委員會，1999；賴錫安，1996；盧台華，2001）。

5. 目標和課程領域不搭配（李翠玲，2006b、2006c）。

6. 目標與教學活動未能配合（陳淑華等人，2001）。

7. 將 IEP 設計成工作分析、教案、教學活動設計，或測驗卷、作業單等（李翠玲，1999b、2006b；張英鵬，1998）。

8. 將目標寫成教學項目；目標描述不夠具體明確，難以評量；以教師而不是以學生的角度敘寫目標；一個目標包含兩個以上學習結果（李翠玲，1999b、2006b、2006c）。

9. 長短期目標不契合或相同（李翠玲，2006b、2006c）。

10. 將短期目標訂得太長，達一學期或一學年；所有短期目標的起訖時間完全相同，有些目標只有起始而無終止時間（李翠玲，2006b、2006c）。

11. 目標欠缺均衡性，未能涵蓋啟智班六大課程領域（李翠玲，2006b、2006c）；特教學校的目標較偏重技能，認知和情意目標較不足（王萬居，2004）；較偏重認知目標之設計，國中又更為明顯，情意目標無論在國中小皆十分欠缺（林千惠，1997；楊佩貞，1996；賴錫安，1996）。

12. 評量標準設定得不夠具體，或是設定過高，學生能力難以達成（李翠玲，2006b、2006c；林千惠，1997；林幸台等人，1994b；楊佩貞，1996；賴錫安，1996）。

13. 評量方式未配合學生的需求（盧台華，2001）；其敘寫未能對應每一個目標，而且不明確（李翠玲，2006b、2006c）。

14. 評量日期寫成全學年或空白，評量次數太少（李翠玲，2006b、2006c）。

15. 轉銜輔導僅限於升學（盧台華，2001）。

四、IEP 的擬訂

IEP 的擬訂出現以下四項問題：第一，未召開 IEP 會議（張英鵬，1998；盧台華，2001）；或是未在規定的時間內召開 IEP 會議（臺中縣特殊教育學生鑑定及就學輔導委員會，1999）。第二，IEP 會議參與的成員代表性不足（盧台華，2001）；或是缺乏下列人員的參與：家長（王萬居，2004；張英鵬，

1998）、學校行政人員（李翠玲，2001；林瑞芬，2008；張英鵬，1998；龔盈涵，2007）、普通教育教師（林瑞芬，2008；臺中縣特殊教育學生鑑定及就學輔導委員會，1999）和特殊教育相關專業人員（王萬居，2004；李翠玲，1999b；林千惠，1997；林坤燦、蕭朱亮，2004；林瑞芬，2008；張英鵬，1998；楊佩貞，1996；臺中縣特殊教育學生鑑定及就學輔導委員會，1999；賴錫安，1996；盧台華，2001；鍾蕙美，2006）。第三，相關行政主管不知道 IEP 內容（張英鵬，1998），設計好的 IEP 未有家長認證（林千惠，1997、1999；張英鵬，1998；楊佩貞，1996；賴錫安，1996）。第四，IEP 成員間的互動較少（盧台華，2001）。

不過，一些研究（王馨怡，2007；李翠玲，1999b；林坤燦、蕭朱亮，2004；林瑞芬，2008；胡永崇，2002）顯示，在《特殊教育法》（1997）之後，召開 IEP 會議的比例增加。例如胡永崇、林坤燦和蕭朱亮表示，召開 IEP 擬訂會議的比例分別為 50.5%和 77.9%；期末召開 IEP 檢討會議的比例為 61%（林坤燦、蕭朱亮，2004）。轉銜服務的研究（林素鳳，2006；許珠芬，2010；楊宜瑾，2011）指出，大多數教師在學生國小畢業前一年會召開一次 ITP 會議。

一些研究（林妙，2005；林坤燦、蕭朱亮，2004；林瑞芬，2008；紀瓊如，2006；張慧美，2007；曾睡蓮，2006；詹沛珊，2006；龔盈涵，2007）顯示，在《特殊教育法》（1997）之後，家長參與 IEP 會議的比例有增加，參與的比例在 40%至 70%之間。值得注意的是，曾睡蓮的研究指出，家長對自身在擬訂 IEP 的重要性並不了解；劉曉娟和林惠芬（2003）的研究表示，多半學校都有做到會前通知的工作，但在促進會議的效能上仍有待改進；家長認為自己在會議中的角色只是旁聽者、建議者、資訊提供者及配合者，而非計畫擬訂者。

另外，一些研究（吳芊宜，2005；林佳靜，2007；林瑞芬，2008）顯示，在《特殊教育法》（1997）之後，普通教育教師參與 IEP 會議的比例有增加，參與的比例在 50%至 80%之間。值得注意的是，林恆嘉（2005）和林佳靜的研究指出，普通教育教師非常需要執行 IEP 之專業成長與協助。

五、IEP 的執行與評鑑

IEP 的執行與評鑑出現以下三項問題：（1）未依 IEP 設計之目標執行，只是文書作業（李翠玲，1999b；胡永崇，2002；張英鵬，1998）；（2）執行後的評鑑未記錄或未評鑑（林千惠，1997；張英鵬，1998；楊佩貞，1996；賴錫安，1996）；（3）行政未能依教學需要配合支援（盧台華，2001）。

不過，林坤燦和蕭朱亮（2004）的研究顯示，在《特殊教育法》（1997）之後，國小特教班 IEP 與教學結合的比例達 94.8%，呈現 IEP 之目標執行有進展。趙靖蕙（2006）的研究表示，多數國小身心障礙類特教班教師具備專業知能執行 IEP。陳傳枝（2003）和王馨怡（2007）的研究指出，國小和國中身心障礙資源班教師執行 IEP「整體執行情形」尚佳。林瑞芬（2008）的研究表示，多數教師會在教學過程中隨時參考 IEP，且評量教學效果。轉銜服務的研究（林素鳳，2006；許珠芬，2010；楊宜瑾，2011）指出，大多數教師有提供轉銜服務，做得最多的是資料的轉銜，最需加強的是將轉銜技能的教導落實於計畫中。

六、IEP 的實施成效

林坤燦和蕭朱亮（2004）及王萬居（2004）的研究顯示，國小啟智班和特教學校學生能達成預定目標的比例為 58.4% 和 51%。

上述研究與 IEP 剛立法的結果比較發現，IEP 整體使用率有明顯成長，但 IEP 的內涵與撰寫專業仍有待改進，教師對撰寫 IEP 專業能力的需求依然十分殷切。教育部（2005）於 2004 年對臺澎金馬 25 縣市進行特殊教育評鑑，在 IEP 的執行部分發現，仍有部分縣市未能積極督導教師適切地擬訂 IEP 與相關課程，評鑑小組建議加強辦理 IEP 撰寫實務相關研習，並督導教師擬訂之 IEP 及課程之適切性。

參、相關人員對 IEP 的觀感和建議

在相關人員對 IEP 的觀感上，調查特殊教育教師觀感的研究有 15 篇（王馨

怡，2007；吳俐俐，2000；林素鳳，2006；林瑞芬，2008；孫孝儀，2006；翁維鍾，2009；許珠芬，2010；陳小娟，2002；陳傳枝，2003；張英鵬，1995；張貽琇，2005；楊宜瑾，2011；趙靖蕙，2006；蔡昆瀛、陳婉逸，2002；鍾蕙美，2006）；調查國小普通教育教師參與的研究有 5 篇（吳芊宜，2005；林佳靜，2007；林恆嘉，2005；湯君穎，2006；龔盈涵，2007）；調查家長參與的研究有 7 篇（王淑姿，2006；林妙，2005；紀瓊如，2006；張慧美，2007；曾睡蓮，2006；詹沛珊，2006；劉曉娟、林惠芬，2003）。以下探討特殊和普通教育教師、家長對 IEP 的觀感，以及相關人員對 IEP 的建議。

一、特殊和普通教育教師對 IEP 的觀感

一些研究（吳俐俐，2000；林坤燦、蕭朱亮，2004）顯示，多數特殊教育教師認為 IEP 有助於教學的進行。不過一些教師表示遭遇以下困難：（1）不同學者或評鑑委員對 IEP 的要求不同，使教師無所適從；（2）編寫 IEP 耗時費力；（3）缺乏專業團隊的協助；（4）IEP 的擬訂缺乏連貫性；（5）擬訂 IEP 有困難的項目包含：因行為問題而影響學習者其行政支援及處理方式、特殊教育及相關專業服務、參與普通班的時間與項目、身心障礙狀況對其在普通班上課及生活之影響，以及轉銜服務內容；（6）易流於書面資料，與教學脫節；（7）家長參與和配合度不高；（8）教學與工作負擔沉重，無法花足夠的心力於 IEP 的擬訂與執行上等（王馨怡，2007；林坤燦、蕭朱亮，2004；胡永崇，2003；孫孝儀，2006）；（9）IEP 研習較缺乏實務之操作演練，使教師較難將研習應用於實務工作之中（胡永崇，2003）。

另有一些研究（張英鵬，1995；張貽琇，2005）了解國小特教班教師，使用 IEP 電腦軟體之現況，結果發現多數教師肯定使用電腦軟體編寫 IEP 的省時性。陳小娟（2002）探究啟智學校高職部教師使用電腦化 IEP 的觀感，多數教師認為「加快網路傳輸速度」、「網路 IEP 資料庫齊全」和「網路 IEP 方便易用」三種方式，可以加強網路 IEP 的使用。然而，胡永崇（2003）訪談啟智班教師指出，電腦化的 IEP 固然有助於減輕文書作業之時間心力，但亦需注意可能忽略學生個別化需求的問題。

在普通教育教師對 IEP 的觀感上，一些研究（吳芊宜，2005；林佳靜，2007；林恆嘉，2005；湯君穎，2006；龔盈涵，2007）顯示，教師大致了解 IEP 的內涵，在參與 IEP 感受大都持正向的看法。然而，這些研究也指出，普通教育教師編擬 IEP 方面的主要挑戰在長短期目標的選擇；執行方面的主要挑戰在 IEP 與課程的結合，如何依據 IEP 內容調整課程目標、內容、教學方法與評量。

二、家長對 IEP 的觀感

一些研究（林妙，2005；紀瓊如，2006）顯示，家長了解 IEP 的意義；另有一些研究（曾睡蓮，2006；張慧美，2007；詹沛珊，2006）表示，大多數家長肯定 IEP 的重要性和效能。除此，王淑姿（2006）指出，特教學校家長大多數有意願以網路化方式，查閱子女相關學習與評量資料，並認為網路化是未來的趨勢，便捷有效，應該逐步推動。

三、相關人員對 IEP 的建議

綜合上述特殊和普通教育教師對 IEP 觀感的研究，特殊教育教師在 IEP 專業知能上需要的協助包含：（1）敘寫 IEP，特別是在因行為問題而影響學習者其行政支援及處理方式、特殊教育及相關專業服務、參與普通班的時間與項目、身心障礙狀況對其在普通班上課及生活之影響，以及轉銜服務內容的擬訂；（2）運用精確的評量方法；（3）和普通教育教師合作編擬 IEP，將 IEP 與課程結合；（4）使用有效的課程和教學方法達到 IEP 目標；（5）處理學生行為問題的策略；（6）與家長溝通擬訂 IEP。

普通教育教師在 IEP 專業知能上需要的協助包含：（1）長短期目標的選擇和敘寫，依據 IEP 內容調整課程目標、內容、教學方法與評量的能力；（2）處理學生行為問題的策略；（3）與家長在教育孩子上的溝通和合作。

普通和特殊教育教師在 IEP 上需要的教學和行政支援包含：（1）在 IEP 的擬訂上提供研習和專家諮詢；（2）行政人員參與及協助 IEP 會議的召開和增進其效能；（3）促進特殊教育相關專業人員參與，將專業團隊的服務目標融入於 IEP 中；（4）提升家長參與 IEP，以及促進親師的溝通及合作；（5）提供診斷

評量工具；（6）減輕行政負擔；（7）提供 IEP 表格、電腦化 IEP 軟體和參考範例；（8）給予豐富的教學資源；（9）編寫 IEP 之資料庫。

　　綜合上述家長對參與 IEP 觀感的研究，家長對於未來召開「IEP 會議」的期待與建議包括：加強 IEP 宣導、改善開會程序、學校主動引導家長做有效之意見溝通。提高家長出席 IEP 會議的建議包括：會議時間要配合家長、在會前對家長說明宣導 IEP 的相關事項、建立良好親師關係、盡量幫助家長解決不能與會的困難，以及讓 IEP 會議發揮實質成效。

肆、促進 IEP/IFSP 效能的研究

　　國內在促進 IEP/IFSP 效能的研究上，主要在促使 IEP 能有效可行地實施，包括小組設計和大單元教學、電腦化 IEP、特殊教育教師支援普通教育教師實施 IEP 融入教學、以貫專業團隊模式介入 IEP 的擬訂與執行，及以自我決策輔導方案協助學生參與 IEP 會議等。例如林幸台等人（1994a）採用小組設計和電腦化 IEP，以及大單元教學的方式，以促使 IEP 能有效可行地實施，結果發現 IEP 電腦化後的確能減少繁瑣的書面工作，增進工作效率。大單元教學可以讓學生有較連貫和完整的學習，而且同時進行相同主題的教學，學生的練習機會因而增加，學習效果較好。以小組設計個別化教育計畫之模式，不但具體可行，且與實際教學需要相符合，又可節省許多書寫時間，而仍能保存 IEP 的精神。

　　陳麗圓（1998）為一所啟智學校國中一年級 24 名學生，依據「重視學生之生態環境」、「輔導家長參與子女的教育」，以及「運用團隊合作推展教育方案」之精神，發展適性的 IEP 運作模式。陳麗圓的研究發現，此 IEP 運作模式能充分掌握學生生態與需求，擬訂適性的教育方案；輔導家長參與有助建立親師間的良好關係；團隊合作能增加教學工作士氣，有助於教師在專業倫理與知能的成長。

　　四篇研究（柳健玫，2006；陳宜伶，2006；傅思維，2007；蕭佼虹，2011）中，特殊教育教師或巡迴輔導教師採合作諮詢方式，支援學前融合班和國小普通教育教師實施 IEP 融入教學，結果能增進普通教育教師 IEP 的專業知

能，以及輔導身心障礙學生的自信心，並提升 IEP 撰寫的完整與適宜性。黃意清（2010）透過專業團隊合作設計和實施 IEP；彭美綾（2010）運用活動本位介入法，在幼稚園普通班為一位發展遲緩幼兒執行 IEP，結果能提升 IEP 的有效性。

陳采緹（2003）以貫專業團隊模式，介入重度障礙兒童 IEP 的擬訂與執行，結果發現能提升特教教師與職能治療師的專業知能、教學目標的適當性、目標和教學內容的連結，以及教學成效。

李俊甫、邱妤芳、張瓊文和林千惠（2009）的研究以自我決策輔導方案，提升高職階段綜合職能科輕度智能障礙學生參與 IEP 會議，結果發現能讓他們習得參與 IEP 會議的技能。

蘇俊鴻（2001）建構網路化 IEP 系統；歐洋龍（2004）發展以安全的 Web Services 為基礎之 IEP 資訊系統；湯長裕（2005）探討有愛無礙電腦化 IEP 之功能性，以作為後續改進之依據。

國內在 IFSP 的研究不多，主要由專業人員協助家庭參與 IFSP 的擬訂與執行。例如劉士伶（2011）以早期療育個案管理員協助家庭參與 IFSP；胡淑雅（2008）對低社經家長參與身心障礙子女教育實施 IFSP，初步嘗試設計和執行 IFSP，發現能增進家長參與身心障礙子女教養的態度與知能。陳采緹（2010）採取家庭中心取向，與家長合作，共同為兩位發展遲緩兒童擬訂教育方案，結果發現兩位家長皆能在協助下參與發展與執行教育方案，且能掌控與應用家庭教育子女的內外資源、自我覺察教育子女的能力，以及子女的能力現況、學習特質與需求，而且皆對自己能力提升的情形感到滿意。而兩位子女皆達到預定的教育目標，且能類化至家庭日常情境及其他家庭成員。

總括而言，由上述研究可發現，國內 IEP 整體使用率有明顯成長，但 IEP 的撰寫品質仍然有待改進，教師對撰寫 IEP 專業能力和支持系統的需求仍然十分殷切。除此，須鼓勵學校與教師發展有效可行的 IEP/ITP 運作模式和實施策略；辦理親職教育，讓家長了解有關 IEP/ITP 的權益和功能。在 IFSP 方面，未來須努力在法令中規範，早期介入的實施以 IFSP 為藍圖，並且探究以家庭中心取向設計與執行 IFSP 有效可行的作法。

總結

　　美國自 1975 年立法以來，IEP/ITP 的內容大多數已完整，但是仍須提升撰寫品質，包括提高學生需求與 IEP/ITP 長短期目標間的符合度；於 IEP 中描述如何在學生的課程學習中，反映其轉銜服務需求；增進身心障礙學生的 IEP 與普通教育課程的關聯性；以及依據身心障礙學生和家庭需求擬訂轉銜目標，不受限於就業，能涵蓋進階教育、職業訓練和社區參與等，並且納入生涯計畫和自我決策能力的教導。除此，尚須加強 IEP/ITP 委員會的組成能反映身心障礙學生的所有需求，以及促進學生和家庭、普通教育教師、特殊教育相關專業團隊人員的參與，成員間的團隊合作。最後，有需要繼續研究如何促進 IEP/ITP 的效能。而在 IFSP 上，如何運用家庭中心取向，促進家庭的參與，並且考量家庭的需求，建立家庭的成果指標是未來還需努力的方向。國內自《特殊教育法》（1997）以來，IEP 整體使用率有明顯成長，但 IEP 的撰寫品質仍然有待改進，教師依舊需要撰寫 IEP 的專業訓練和支持系統。除此，須鼓勵學校與教師發展有效可行的 IEP/ITP 運作模式和實施策略，以及辦理親職教育促進家長的參與。在 IFSP 方面，未來須努力規範早期介入的實施以 IFSP 為藍圖，並且探究以家庭中心取向設計與執行 IFSP 有效、可行的作法。

第 3 章

身心障礙者個別化計畫
之意義與功能

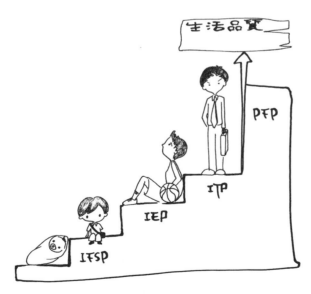

藉由優質、個別化特殊教育服務的提供，讓身心障礙者成為有喜樂
（happiness）、價值（helpfulness）和希望（hopefulness）「三 H」的人。

1. 兒童中心、家庭焦點和家庭中心三種早期介入模式有何異同？
2. 個別化家庭服務計畫的意義與功能為何？
3. 個別化教育計畫的意義與功能為何？
4. 個別化轉銜計畫的意義與功能為何？
5. 個人中心計畫對身心障礙者的支持服務有哪些影響？
6. 個人未來生活計畫的意義與功能為何？

　　本章討論個別化家庭服務計畫（IFSP）、個別化教育計畫（IEP）、個別化轉銜計畫（ITP）和個人未來生活計畫（PFP）的意義與功能，以作為後續探究其執行的基礎。

第一節　個別化家庭服務計畫之意義與功能

　　IFSP 是符應「**早期介入**」的思維，藉由提早介入，達到預防的功能，增進家庭功能，進而促進發展遲緩兒童的發展（Erickson & Kurz-Riemer, 2002）。綜合文獻（Crais, 1991; Fox, Benito, & Dunlap, 2002; Panitch, 1993; Volpiansky, 2005; Ysseldyke et al., 2000），在早期介入上，過去較著重出生後的服務，且採取「**兒童中心**」的模式，將兒童視為與家庭分開的介入焦點，強調其弱勢、缺陷和發展遲緩；現在則採取「**家庭中心**」的模式，強調專業人員和家長為平等的夥伴關係，介入焦點在家庭的需求、優勢和獨特性，為身心障礙兒童和其家庭，建立和維持一個協調、多專業、跨機構的早期介入服務系統，其發展過程如圖 3-1。

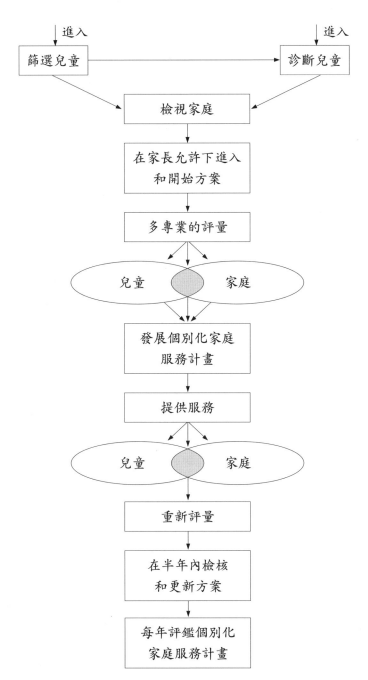

圖 3-1 個別化家庭服務計畫的發展過程。取自 Raver（1991, p. 365）。

　　Panitch（1993）提及在這之前還有「**家庭焦點**」（family focused）模式，其介入的焦點在兒童與家庭，促進親子間的互動；而家庭中心模式介入的焦點也在兒童與家庭，只是強調在介入兒童與家庭時，要考慮社會文化脈絡，重視家庭的需求、優勢和獨特性，並且讓家庭充權賦能，是指在專業人員的支持下，家庭能夠參與決定服務目標與內容，並且提升家庭處理目前與未來需求的能力。Panitch 比較兒童中心、家庭焦點和家庭中心三種模式如表 3-1。

表 3-1　兒童中心、家庭焦點和家庭中心三種早期介入模式之比較

項目	兒童中心的介入服務模式	家庭焦點的介入服務模式	家庭中心的介入服務模式
方案的焦點	將兒童視為與家庭分開的介入焦點，強調其弱勢、缺陷和發展遲緩。	兒童與家庭，介入的焦點在親子間的互動。	在社會脈絡下的兒童與家庭，強調家庭的需求、優勢和獨特性。
方案的設計	依據評量資料為兒童調整方案。	專業人員發展 IFSP。	透過家長和專業人員的合作發展 IFSP。
方案提供的活動／服務	強調嬰兒的發展需求。	教導家長技能，活動融入於家庭的作息中，提供經濟或情緒的支持。	強調讓家庭充權賦能，尊重家庭的自主性，培養家庭獲得和掌控資源所需的技能、知識與能力。
家長參與	沒有特別安排家長的角色，家長的參與是非常有限的。	家長參與從志願至完全不參與。	家長參與方案的設計與實施過程。
專業人員的角色	專業人員介入兒童。	專業人員針對家長的需求，建議、教導和協助他們。	專業人員和家長是平等的合作夥伴關係，家長依據所需的支持形態和資源，決定個案管理員扮演的角色。

註：取自 Panitch（1993, p. 14）。

既然近年來早期介入採取家庭中心，那麼何謂家庭呢？最早的家庭定義
為，Burgess、Locke 和 Thomas（1963）界定家庭有四個特質，一為由有血緣、
婚姻和收養關係的人們所組成；二為住在一個屋簷下，即使沒有住在一起，也
視那一間房子為自己的家；三為家庭成員扮演他們的社會角色，像是父親、母
親、丈夫、妻子、兒子、女兒、兄弟和姊妹等；四為分享共同的文化，此家庭
文化主要來自於大的社會文化，但是包含此家庭獨特的特徵。Kaakinen、Gedaly-
Duff、Hanson 和 Coehlo（2009）提及，家庭是兩位以上的個體，彼此依賴對方
情感、身體和（或）經濟上的支持，家庭成員是自我界定的。《IDEA 1997》中
對父母的定義為「法定監護人」和「代理父母」；《IDEIA 2004》則擴展對
「父母」的定義，包括領養或寄養父母、監護人、與孩子住在一起的人，或是
合法負責孩子相關福利的人。我國《國民教育階段家長參與學校教育事務辦法》
（2012）第 2 條所稱家長是指，國民教育階段學生之父母、養父母或監護人。

　　IFSP 是由多專業團隊、跨機構及家庭共同發展的服務計畫，作為早期介入
的基石和指引，促進家庭系統功能，以支持發展遲緩嬰幼兒的需求、增加其能
力，以擴充其在各種情境的學習機會（Cash, Garland, & Osborne, 1991）。因
此，有效的 IFSP 能嘉惠整個家庭，而非僅止於促進發展遲緩嬰幼兒的發展，其
結果能因應家庭和孩子的需求、具實用性，且可延伸至其他人和自然情境（Bru-
der, 2000b; Jung & Grisham-Brown, 2006; Raver, 1999）。

　　在學齡前階段，家庭扮演相當重要的角色，若單憑教育單位的服務與醫療
單位的治療，而家庭無法配合的話，則成效是有限的，所以加入家庭所需的服
務，便發展成 IFSP。IFSP 和 IEP 的差異包含兩方面：一為 IFSP 是以「家庭」
為整個計畫的核心，不只針對發展遲緩嬰幼兒；而 IEP 則是以兒童為中心。二
為 IFSP 主張在自然環境中提供服務，強調家長扮演的角色；而 IEP 並沒有強調
在自然環境中提供服務，它是以教師為主要的計畫擬訂和執行者。

　　綜合文獻（Bruder, 2000b; DeGangi, Royeen, & Wietlisbach, 1992; Jung &
Grisham-Brown, 2006; Raver, 1999），IFSP 包括以下四個特點：第一，包含多
重領域的評量，例如生理、語言、認知、社會行為、生活自理等方面。第二，
IFSP 是由多專業團隊、跨機構及家庭共同發展的服務計畫，作為早期介入的基

石和指引，它既是一個達到服務目標的過程文件，也是一個了解達成結果的產品文件，可促進家庭系統功能，以支持發展遲緩嬰幼兒的需求。第三，提供的早期介入服務是治療與教育並重，重視其實用性，並且經常、嚴謹地執行。第四，涵蓋各個領域，訂定具體的服務目標，明白指出對家庭與發展遲緩嬰幼兒的預期成果；因此，有效的 IFSP 能嘉惠整個家庭，而非僅止於促進發展遲緩嬰幼兒的發展，其結果能因應家庭和孩子的需求。

第二節 個別化教育計畫之意義與功能

　　IEP 在《特殊教育法》（1997）頒布之前，尚有其他譯名，包括將「education」譯成「教學」，「program」譯成「方案」，而有「個別化教學計畫」、「個別化教學方案」、「個別化教育方案」這些譯名。IEP 是針對身心障礙學生個別特性擬訂之特殊教育及相關服務計畫，它是提供身心障礙學生適當教育的大方向，而非精細的課程計畫或教學計畫，所以不適合使用「個別化教學計畫」和「個別化教學方案」兩個名稱。至於是「計畫」或「方案」，筆者較喜歡「方案」，因為它具有「動態」的特性，強調它不只是「靜態的書面計畫」，而是要實際運作，付諸實施的。

　　IEP 是為每一位身心障礙學生擬訂之文件，旨在根據身心障礙學生之學習特質與需要，提供最適當之教育服務，一方面可作為教學之方向，另一方面可作為教學成效評鑑之依據。因此，IEP 不僅是「教育計畫」，更是「**教學管理的工具**」，以確保身心障礙學生都能接受適切的特殊教育和相關服務（Pijl, De Graf, & Emanuelsson, 1998）。IEP 是特殊教育的奠基石，透過 IEP 的實施來確保身心障礙學生獲得適性教育，以及掌控特殊教育的品質（Drasgow et al., 2001; McLaughlin & Warren, 1995）。Johns、Crowley 和 Guetzloe（2002b）進一步指出，IEP 為**特殊教育系統之心臟**。IEP 之擬訂有助於達成以下三項功能：第一，

促進有效率、有組織的教學，使教學活動不致散漫無結構。第二，作為教學管理的工具，以自我評鑑或被評鑑。第三，促使家長成為與教師平行的計畫參與和監督者，整合教師及家長對學生之評量和期望，擬訂統整及全面性的教育計畫，促進彼此的溝通（何華國、何東墀，1993）。依據 Bateman 和 Linden（2006），IEP 具備適當、合法和有效性三大特徵，如圖 3-2。Burns（2001）提出 IEP 具有合法、承諾、溝通、解決、管理、評鑑六項功能，意味：一是符合法律的規定；二是確保身心障礙學生獲得適當的特殊教育和相關服務。三是促使家長成為與教師平行的計畫參與者，整合教師及家長對學生之評量和期望，擬訂統整及全面性的教育計畫，促進彼此的溝通，IEP 亦可以作為不同教師或教育階段間，溝通學生表現之客觀依據。四是透過 IEP 解決教師與家長間對學生需求和目標的差異。五是作為教學管理的工具，促進有效率、有組織的教學，使教學活動不致散漫無結構；Choate、Enright、Miller、Poteet 和 Rakes（1995）即指出：「IEP 是特殊教育課程發展的核心。」（p. 29）見筆者建構的圖 3-3。六是扮演品質監控的角色，以評鑑是否有效地實施特殊教育和相關服務。

圖 3-2 個別化教育計畫的三大特徵。修改自 Bateman 和 Linden（2006, p. 12）。

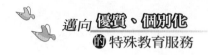
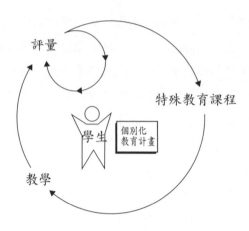

（圖 3-3） 個別化教育計畫與課程、教學和評量間的關係。

　　林千惠（1997）提出「**品質管理**」的概念來評鑑 IEP，包括品質規畫在決定誰是學生、學生的學習需求、研擬適合學生學習需求與特質的 IEP；品質控制在比較學生的學習表現與 IEP 目標符合的程度，以評鑑 IEP 的執行成效，若不符合，則改變教學方法以達成目標；品質改善在成立專案小組、負責建立檢核 IEP 改善情形的標準，找出需改善處提出改進計畫。上述 IEP 的功能強調，協助計畫與管理課程和教學的「**過程**」，Kaye 和 Aseline（1979）進一步指出IEP 不只是「**過程**」，也是「**產品**」，以過程的向度觀之，IEP 可以確保整個教學過程是以目標為導向。以產品的角度而言，IEP 具備「**證據**」的功能，舉凡學生入學甄試、教育安置都能提供有用的線索，甚至是不同教師或不同教育階段間，轉銜學生資料之客觀依據。

　　Bateman 和 Linden（2006）表示，IEP 應介於評量與鑑定和安置之間，這才是正確的方式；評量與鑑定、安置後才擬訂 IEP 是錯誤的方式，它會變成讓學生受限於目前的安置去規畫 IEP，而不是因應學生 IEP 中的需求規畫安置形態，甚至創造服務模式，見圖 3-4。

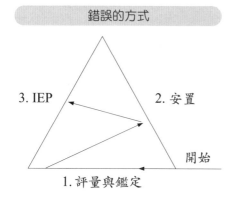
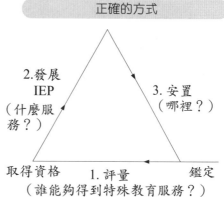

圖 3-4 個別化教育計畫擬訂之錯誤和正確方式。

左圖取自 Batesman（1992, p. 22）；右圖取自 Bateman 和 Linden（2006, p. 19）。

我國 IEP 是在評量與鑑定安置後擬訂，並且作為發展和調整課程的基礎。特教學校（特教班）課程與教學設計的流程包括，教學前評量、課程計畫、教學和教學後評量四大階段（鈕文英，2003），見圖 3-5。IEP 是指運用專業團隊合作方式，針對身心障礙學生個別特性擬訂之特殊教育及相關服務計畫；透過它，教師為每一位學生擬訂學年和學期教育目標，而後依據學生的 IEP 設計課程。

教學前評量階段		評量學生和環境的需要

	為何教	決定教育目標

	每位學生要學什麼	擬訂個別化教育計畫

課程計畫階段

規畫─
教什麼
如何教
何時教
被誰教
在哪裡教
如何評量

發展與調整課程

1. 設計課程目標 2. 發展和組織課程內容 3. 擬訂教學方法與策略 4. 選擇或設計教具 5. 安排教學時間 6. 規畫教學地點和情境 7. 決定教學人員 8. 訂定評量方式與內容	衡量個別學生狀況調整現有對多數學生實施的課程,或是調整九年一貫課程能力指標

形成課程計畫

教學階段

教學

1. 營造支持與鼓勵的心理環境
2. 運用有效的行為管理策略
3. 保持彈性和隨機應變的態度實施課程
4. 使用清晰明確的語言
5. 引發學生的注意力
6. 提升學生的動機和參與度
7. 有效管理教學時間
8. 掌握不同教學形態的實施原則
9. 設計不同學習階段的教學策略

教學後評量階段

評量

1. 評量學生學習成效
2. 評鑑課程與教學成效

圖 3-5 特教學校(特教班)課程與教學設計之流程圖。□ 代表執行步驟;→ 表示步驟的進程;⇢ 表示回饋或檢視前一步驟的進程。修改自鈕文英(2003,第 84 頁),修改處為調整課程的部分。

☆第三節 個別化轉銜計畫之意義與功能

　　從生涯發展的觀點來看，轉銜有「**轉換**」和「**銜接**」的意思，意味「從一種狀態轉換並銜接到另一種狀態，這可能是生活角色、形態及環境的轉銜」。每個人的一生經歷很多轉銜的階段，這可能是從國小到國中，從國中到高中（職），或是工作的轉換等。除了個人的轉銜外，Cimera（2003）指出家庭的轉銜（例如：父親失業）和社會的轉銜（例如：就業市場的需求產生變化）均會與個人的轉銜產生互動；在此轉換過程中，會面臨許多議題，因此，教師須了解學生的轉銜需求，以為其擬訂轉銜計畫。

　　綜合文獻（Cimera, 2003; Clark & Patton, 1997; Patton & Dunn, 1998; Ysseldyke et al., 2000），整理出人生各階段的轉銜和面臨的議題如圖 3-6，這當中包括了垂直和水平的轉銜狀態，這些轉銜狀態有些是在預期中，已做過詳盡計畫的；有些則超乎預期，無法控制的，甚至還有其他無法預期的事件，造成生涯狀態的改變，例如個體因車禍造成從就業轉換成被照顧的狀態。

　　由圖 3-6 可發現，人生各階段的轉銜主要包括了以下兩部分：第一是**學習形態或學習環境的轉換**，這當中可能包括了從幼兒園轉換到國小，從國小轉換到國中，從國中轉換到高中（職）或五專，從高中（職）或五專轉換到大專院校；從輟學／延遲入學轉換到學校；特殊教育和普通教育環境，特殊學校和普通學校特教班，學校形態的特殊／普通教育和其他教育形態（在家教育、醫院附設的特教班或方案）的相互轉換；以及國小普通班低、中、高三個年段班級的轉換等。第二是**角色或生活形態的轉換**，一般人在生涯中可能扮演的角色有兒女、學生、就業者、男／女性、婚姻伴侶、父母、公民等角色，這當中可能包括了從非學生的角色轉換到學生的角色；小男生／小女生轉換到生理漸趨成熟的男性／女性；從學生的角色轉換到就業者或公民的角色；從單身的角色轉

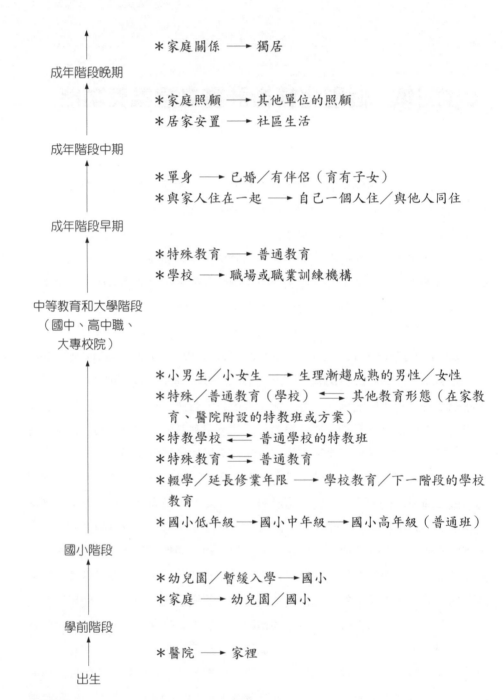

成年階段晚期

＊家庭關係 ──▶ 獨居

成年階段中期

＊家庭照顧 ──▶ 其他單位的照顧
＊居家安置 ──▶ 社區生活

成年階段早期

＊單身 ──▶ 已婚／有伴侶（育有子女）
＊與家人住在一起 ──▶ 自己一個人住／與他人同住

中等教育和大學階段
（國中、高中職、
大專校院）

＊特殊教育 ──▶ 普通教育
＊學校 ──▶ 職場或職業訓練機構

＊小男生／小女生 ──▶ 生理漸趨成熟的男性／女性
＊特殊／普通教育（學校）◀──▶ 其他教育形態（在家教
育、醫院附設的特教班或方案）
＊特教學校 ◀──▶ 普通學校的特教班
＊特殊教育 ◀──▶ 普通教育
＊輟學／延長修業年限 ──▶ 學校教育／下一階段的學校
教育
＊國小低年級──▶國小中年級──▶國小高年級（普通班）

國小階段

＊幼兒園／暫緩入學──▶國小
＊家庭 ──▶ 幼兒園／國小

學前階段

＊醫院 ──▶ 家裡

出生

圖 3-6 人生各階段的轉銜和面臨的議題。

換到婚姻伴侶的角色；從婚姻伴侶的角色轉換到為人父母的角色；從被照顧者到照顧父母的兒女角色，隨著這些角色的轉換，生活形態會跟著產生變化，其中生活形態最大的轉變是從兒童到成人的生活。

總括來說，轉銜不只是**就業的轉銜**，它更寬廣地包含了**生活角色、形態及環境的轉銜**；它不只是不同階段間**垂直的轉銜**，也含括了同一階段內**水平的轉銜**；它不只是轉銜至**單一狀態**，也可能是**多重狀態**，例如從學生轉銜至就業者的角色，這當中不只角色轉換，生活形態和環境也有變化。另外，部分的轉銜是可以預期的，部分則無法預期。

由上述轉銜的意涵可發現，每個人的生涯歷經許多生活角色、形態及環境的轉銜，平穩的轉銜將降臨在素有準備的人身上。對身心障礙學生而言，往往因其身心障礙帶來的限制，在面對不同教育階段的轉銜時，比一般學生更須系統地評量其生涯轉銜的需求，以及重要轉銜能力的表現情形，以便針對其未來生活的需求與能力的不足，結合有關資源及早在其 IEP 中，規畫適切的轉銜教育與服務，並且提供資料給他們下一個階段擬轉銜之環境。對於身心障礙學生預期中的轉銜狀態，學校若能做詳盡的規畫與準備，則能減少他們適應上的問題，對於一些適應新環境有困難的學生尤其需要，它可以達到讓身心障礙學生「平穩地轉銜至下一個環境」的目標（Salisbury & Vincent, 1990; York, Doyle, & Krongerg, 1992）。

其中，對於即將邁入成人生活的高中職畢業生，轉銜服務更形重要。生涯轉銜對高中職身心障礙學生具有下列三方面之意涵：一為生涯轉銜是以個人為中心之規畫，因此須先透過有系統的評量，蒐集學生目前與未來生活所需之轉銜能力與需求資料，必要時須以團隊合作為之，並且包含家長與學生之參與。二為生涯轉銜是目標取向，應納入學生之 IEP 中，且須經由轉銜會議來討論與規畫轉銜輔導與服務內容。三為高中職階段之生涯轉銜往往會涉及邁入成人生活有關資源的整合，包括社政、勞工、衛生主管機關或後續高等教育單位，以銜接提供福利服務、職業重建、醫療／復健、特殊教育支持等服務。

除了預期中的轉銜狀態外，對於超乎預期、無法控制的轉銜狀態，特殊教育人員也可以提供身心障礙者及其家庭「社會服務與資源」的相關資訊，在其

遇到困難時,知道從哪裡獲得資源與協助。

☆第四節 個人未來生活計畫之意義與功能

　　PFP 乃針對身心障礙成人,規畫未來生活,其規畫理念乃依據「個人中心計畫」(PCP)(Butterworth et al., 1997)。PCP 提供方法深入了解個體特質、能力、優勢、喜好、成長史、目前處境和喜愛之生活形態,目標在發展個體的願景和夢想,以及達到這些願景和夢想的行動計畫(Artesani & Mallar, 1998; Mercer, 2003)。以 Vandercook 等人(1989)發展的 **McGill 行動計畫系統**為例,在設計 PCP 的過程中,會了解:(1)個體的成長史;(2)個體的夢想;(3)個體的夢魘;(4)個體是怎麼樣的一個人;(5)個體的優勢、稟賦和才能;(6)個體和其重要他人面臨什麼樣的挑戰;(7)個體目前的需求;以及(8)發展行動計畫,如圖 3-7。

　　另外,Pearpoint、Forest 和 O'Brian(1996)提出「計畫有希望的另一個明天」(Planning Alternative Tomorrows with Hope, PATH),以設計 PCP,包含:(1)到達夢想;(2)認清目標;(3)根基於現在;(4)確認參與的人;(5)確認建立優勢的方法;(6)詳細計畫接下來幾個月的行動;(7)計畫下個月的工作內容;(8)承諾執行第一步驟,如圖 3-8。

　　PCP 為身心障礙者的支持服務,提供了價值觀和發展過程的基礎,在價值觀上,PCP 對於身心障礙者的支持服務有以下四方面的影響(Butterworth et al., 1997; Carr, 1993; Carr et al., 2002; Rasheed, Fore Ⅲ, & Miller, 2006):

1. PCP 將服務人員的思維從**方案中心的支持**,轉變為**個人中心的支持**,亦即以個體的需求和喜好為基礎,設計出強調社區參與、有意義之社交關係、增進選擇機會、獲得他人尊重、持續發展個人能力的介入計畫。Carr

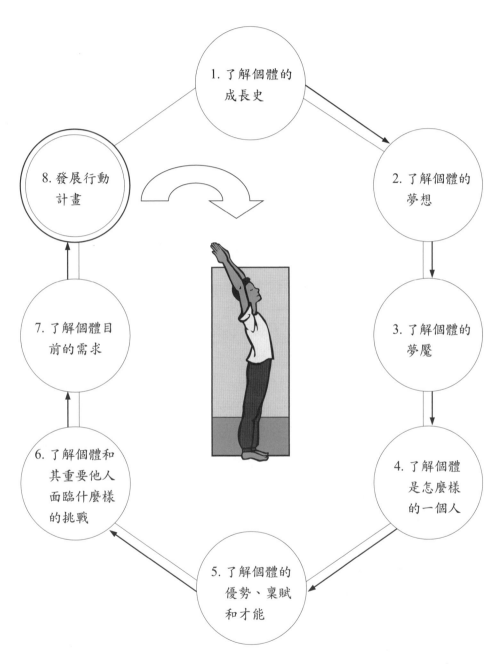

圖 3-7 行動計畫系統的步驟。綜合整理自 Vandercook 等人（1989），以及 Forest 和 Pearpoint（1992）的文獻。

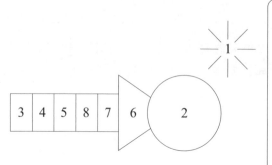

1. 到達夢想——「北極星」
2. 認清目標
3. 根基於現在
4. 確認參與的人
5. 確認建立優勢的方法
6. 詳細計畫接下來幾個月的行動
7. 計畫下個月的工作內容
8. 承諾執行第一步驟

圖 3-8 PATH 的八個步驟。取自 Pearpoint 等人（1996, p. 80）。

（1993）比較個人中心和系統中心計畫如表 3-2，由此可知系統中心計畫的焦點在障礙的標記，強調缺陷和需求，因為強調個體間的差異，所以人們之間產生了距離；而服務人員投入許多時間在做標準化的測驗和評量，在人類服務系統的情境脈絡中了解個體，產生書面的報告，並且依賴專業人員做判斷。相對地，PCP 以人為先，尋求個體的能力和優勢，發現個體間的共同經驗；而服務人員投入許多時間在個體居住社區的情境脈絡中了解他，從非常了解個體的人們那裡得知他的生活習慣，並且依賴個體、家庭成員和直接服務的工作人員的描述（Carr, 1993）。

2. PCP 強調個體**生活形態的改變**，以及**生活品質的提升**，包含增進身體和心理的健康、學習和社區的參與度、與同儕的互動和關係，擴展社會關係和支持網絡，擁有更多的自主權等。

3. PCP 影響服務人員對身心障礙者的觀點，強調**以人為先**，視身心障礙者有其**優勢和能力**，他們與一般人是同多於異的；因此，介入計畫著重在提升個體的生活品質，而不是改變或補救個體的缺陷。

4. PCP 強調**團隊合作**的重要性，而且不只是專業人員間的合作，還包括與身心障礙者家人和朋友的合作，並且引進自然支持。

表 3-2　個人中心和系統中心計畫之比較

系統中心	個人中心
● 焦點在障礙的標記。	● 以人為先。
● 強調缺陷和需求。	● 尋求能力和優勢。
● 投入許多時間在做標準化的測驗和評量。	● 投入許多時間在了解這位個體。
● 依賴專業人員做判斷。	● 依賴個體、家庭成員和直接服務的工作人員的描述。
● 產生書面的報告。	● 從非常了解個體的人們那裡得知他的生活習慣。
● 在人類服務系統的情境脈絡中了解個體。	● 在居住社區的情境脈絡中了解個體。
● 因為強調個體間的差異，所以人們之間產生了距離。	● 發現個體間的共同經驗。

註：取自 Carr（1993, p. 4）。

　　Cronin 和 Patton（1993）指出，成人生活的指標包括身體／情緒健康、居家生活、休閒生活、個人責任與社會關係、社區參與、職業／教育六大方面，如圖 3-9。而 PFP 強調在規畫成人生活時應涵括**尊重**、**選擇**和**優勢**（Kate & Wiley, 1995; Mount & Zwernik, 1990）。

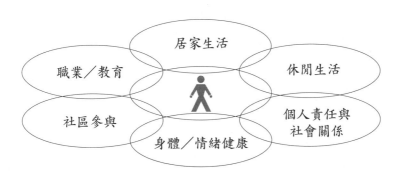

圖 3-9　成人生活的指標。修改自 Cronin 和 Patton（1993, p. 13），修改處為加入「人」的圖案。

　　國內身心障礙者離開學校後，有些進入職業重建或就業服務系統，服務單位為身心障礙者擬訂「就業服務計畫」（或「職業重建計畫」）；有些進入身心障礙機構，機構為身心障礙者擬訂「個別化服務計畫」（ISP）。二者都有為身心障礙者規畫未來生活的意義，只是前者僅局限於就業的計畫，未包含居家、社區等其他生活層面的規畫；後者則涵蓋全面生活的安排，與國外 PFP 的概念較接近。

　　ISP 對相關人員具有以下的意義：對身心障礙者而言，透過 ISP 可確保他們獲得適當的服務。就身心障礙者重要他人來說，透過 ISP 及 ISP 會議之參與，他們可以了解機構提供身心障礙者的服務，進而與機構合作支持身心障礙者。自服務人員的立場來看，ISP 成為檢視自我服務效能，和給予自我回饋的最佳工具。從機構主管觀之，可透過 ISP 的執行過程和達成效果，監測和管理機構服務品質，進而改善服務內容。以政府的角度視之，透過評鑑機構 ISP 的擬訂和執行狀況，可以檢驗機構服務身心障礙者的品質。對捐款者來說，機構可以將 ISP 成果告知捐款者，達到為績效負責和取信他們的功能。

　　從 IEP 轉向為 ISP，其思維有以下的改變：服務核心價值由「教育或訓練」，轉為「支持或服務」；服務主體從「機構本位」，易為「服務使用者本位」；服務方向自「培養、提升服務對象的能力」，改為「支持服務使用者滿足良好生活品質的需求」；服務對象由「個案」轉變成「服務使用者」；服務人員的角色由「訓練者」，更動為「支持服務者」。

　　總之，藉由 IFSP、IEP、ITP 和 PFP 的擬訂，確保身心障礙者生活品質，亦即達成社區參與和完全公民權（Full Citizenship Inc., 1995），如圖 3-10。

 總結

　　IFSP 是由多專業團隊、跨機構及家庭共同發展服務計畫的過程與書面文件，作為早期介入的基石和指引，促進家庭系統功能，以支持發展遲緩兒童的需求；增加其能力，以擴充其在各種情境的學習機會，近年來以「家庭中心模式」為擬訂的基礎。IEP 是為每一位身心障礙學生擬訂之文件，旨在根

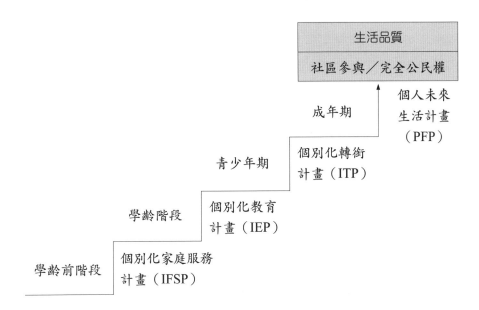

圖 3-10　達成身心障礙者生活品質的服務計畫。修改自 Full Citizenship Inc.（1995, p. 2）。

據身心障礙學生之學習特質與需要，提供最適當之教育服務，一方面可作為教學之方向，另一方面可作為教學成效評鑑之依據。ITP 乃系統地評量身心障礙學生生涯轉銜的需求，以及重要轉銜能力的表現情形，以便針對其未來生活的需求與能力的不足，結合有關資源及早在其 IEP 中，規畫適切的轉銜教育與服務，並且提供資料給他們下一個階段擬轉銜之環境。PFP 乃針對身心障礙成人，規畫未來生活，其規畫理念乃依據「PCP」。藉由這些計畫的擬訂，確保身心障礙者的生活品質。

身心障礙者個別化計畫
之法規依據

法規是確保優質、個別化特殊教育服務的利器。

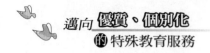

導│讀│問│題

1. 美國和我國身心障礙者個別化教育計畫之法規依據為何？
2. 美國和我國身心障礙者個別化轉銜計畫之法規依據為何？
3. 美國和我國身心障礙者個別化家庭服務計畫之法規依據為何？

本章討論美國和我國個別化計畫之法規依據。

☆ 第一節　美國身心障礙者個別化計畫之法規依據

以下從個別化教育計畫（IEP）、個別化轉銜計畫（ITP）、個別化家庭服務計畫（IFSP）三方面的法規，探討美國身心障礙者個別化計畫之法規依據。

壹、美國身心障礙者個別化教育計畫之法規

一、《殘障兒童教育法案》（1975）

美國 1975 年頒布的《殘障兒童教育法案》（《EHA 1975》），IEP 乃在「免費而適當的公立教育」（FAPE）中，為確保提供適合身心障礙學生需求的教育，要求學校必須為每位身心障礙學生發展（H. R. Turnbull III et al., 2006）。關於 IEP，此法規定，凡 3 到 21 歲之身心障礙學生（有些州未服務 3 至 5 歲兒童），政府均應提供 FAPE，在鑑定後 30 天內，由 IEP 委員會共同研擬 IEP，

經由家長同意簽字後實施，IEP 至少一年檢查一次，必要時亦可隨時修正（H. R. Turnbull III et al., 2006）。

由此可知，IEP 是一項經由 IEP 會議協商擬訂，以符合身心障礙學生需求之教育計畫，其內容包括兩部分，一是 IEP 委員會召開會議，另一是 IEP 的書面資料。IEP 委員會包含公立機構代表、執行 IEP 的教師、學生的家長（必要時學生本人也可參與）、評量小組代表、其他由公立機構或家長要求出席的人員等。IEP 書面資料的內容則包括：（1）身心障礙學生的**現況描述**（present level of performance）和基本資料；（2）**特殊教育與相關服務**，和在「**最少限制環境**」的原則下，能**接受普通教育的最大範圍**；（3）**實施教育與服務的起訖日期和進度**；（4）**年度和短期教育目標**（annual goals and short-term objectives）；（5）此計畫的**評量方式、標準和結果**（林素貞，1999；Turnbull III et al., 2006）。其中在相關服務方面，《EHA 1975》是指：

> 交通及發展、矯正或支持性服務，包括說話病理和聽力服務、心理服務、物理和職能治療服務、休閒服務、除了做診斷或評量的醫學服務與諮商服務等，它們能協助身心障礙學生能從特殊教育中獲益，並且包括早期鑑定和評量。

二、《身心障礙個體教育法案》（1990）

美國 1990 年的《身心障礙個體教育法案》（《IDEA 1990》），是《EHA 1975》的第二次修正法案，更動法案名稱，採用「**以人為先的語言**」，更強調尊重身心障礙者為獨立的個體（Peterson & Hittie, 2010）。在相關服務方面，增加「**學校社會工作服務**」；界定「**輔助科技器具**」的意涵；補充諮商服務中包含「**復健諮商服務**」，休閒服務中包括「**治療性的休閒服務**」（H. R. Turnbull III et al., 2006）；補述此相關服務包括**學校健康服務、社會工作服務**，以及**家長諮商和訓練**（Bateman & Linden, 2006）。

三、《復健法案第 504 條款》（1973）和《美國身心障礙者法案》（1990）

　　美國 1973 年的《復健法案第 504 條款》，要求接受政府經費補助的方案或活動不得歧視身心障礙者，禁止其享有應有的公民權和使用公共設施，而且應提供「合理的調整」，這些調整包括了物理環境和教學的調整，並將之擬訂成「**調整計畫**」（Miller & Newbill, 1998）；還主張所有身心障礙者，應該在「**最少限制的環境**」中接受教育（Peterson & Hittie, 2010）。至 1990 年的《美國身心障礙者法案》（《ADA》），它是《復健法案第 504 條款》的延伸，主要規定所有身心障礙者享有參與政府與私人單位之就業、公眾設施、交通和大眾服務系統等無障礙環境的權利，並且應獲得合理的調整；此項法案對身心障礙者的福利服務，做出更進一步的保障（Peterson & Hittie, 2010）。由於《復健法案第 504 條款》和《ADA》對身心障礙的定義較《IDEA 1990》寬廣，亦即只要有限制個人主要生活和活動的身體或心理損傷者都定義為障礙；所以有些不被納入《IDEA 1990》的特殊需求學生，例如**注意力缺陷過動症**（attention deficit/hyper-activity disorder, ADHD）、有學習上的困難但未達智力和成就間顯著差異、適應欠佳、有酒精或藥物濫用歷史、有健康需求和其他疾病（像是 AIDS）的學生，他們能夠獲得《復健法案第 504 條款》和《ADA》規定的服務（Smith, 2001）。

　　由上述的討論可知：《IDEA 1990》和《復健法案第 504 條款》充分將融合教育中「**正常化**」的理念，落實在身心障礙者的各種服務措施中，並且透過「**IEP**」和「**調整計畫**」的擬訂，保障身心障礙學生接受 FAPE（Smith, Polloway, Patton, & Dowdy, 2004），如圖 4-1 所示。

四、《身心障礙個體教育修正法案》（1997）

　　美國 1997 年的《身心障礙個體教育修正法案》（《IDEA 1997》），是《殘障兒童教育法案》的第三次修正法案，IEP 在此次修訂中有以下九點主要改變：

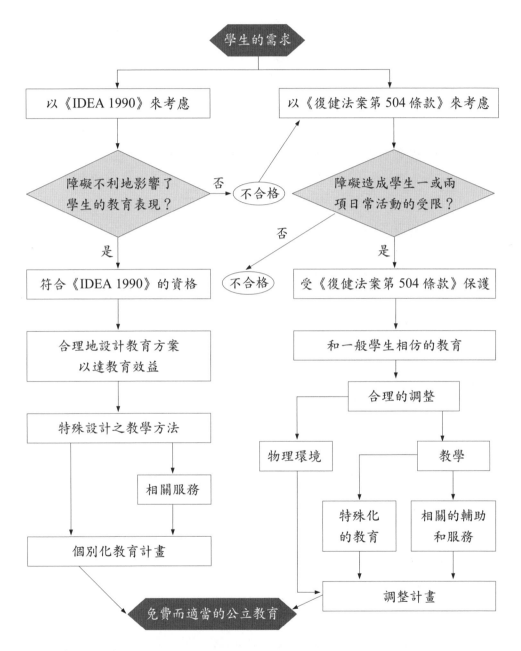

圖 4-1 《IDEA 1990》和《復健法案第 504 條款》提供學生「免費而適當的公立教育」之過程。修改自 Smith 等人（2004, p. 134），修改處為調整部分圖框的形式。

1. 要求特殊教育經費不能只贊助隔離的教育安置，身心障礙學生應該盡可能與一般同儕一起接受教育，有機會參與**普通教育課程**，若有需要再進行調整（King-Sears, 1997b）。

2. 在 IEP 中須描述，學生或兒童身心障礙狀況對其接受普通教育之影響，包括學齡學生障礙狀況如何影響其參與「**普通班課程**」和「**進步幅度**」，以及學前兒童障礙情況如何影響他們參與「**日常活動**」，導致學生未全時接受普通教育的比例和理由敘述學齡學生的障礙狀況（Burns, 2001）。針對學齡學生，Burns 表示可以從以下三方面說明理由：（1）學生無法在普通班中達到 IEP 的目標；（2）學生在普通班中接受教學會干擾其他人的學習；（3）學生由於能力的困難，無法參與普通班中的教學活動。針對障礙對學生接受普通教育之影響，須進一步描述因應此需求應提供的支持服務，並邀請普通教育教師參與身心障礙學生的 IEP 團隊中（Lipsky & Gartner, 1998）。

3. 加強預防由於種族、語言差異造成不當之鑑定和標記（H. R. Turnbull III et al., 2006）。

4. IEP 除了提供特殊教育和相關服務外，還增加能促進普通班課程參與的「**補充性輔助和服務**」（supplemental aids and services）；而在相關服務方面，增加了「**定向行動服務**」（orientation and mobility services），並且擴大「說話病理服務」為「**說話語言病理服務**」（Burns, 2001）。

5. 提出設計學生之 IEP 時須考量以下五方面：（1）學生之優勢和家長對他的期望；（2）學生最初或近期內做過的教育評量結果；（3）若學生的行為問題嚴重妨礙其學習，則 IEP 中須納入以「**功能評量**」（functional assessment，簡稱 FA）為基礎設計的「**行為介入計畫**」（behavioral intervention planning，簡稱 BIP）；（4）若學生的母語不是英語，而影響其使用英語的能力，則**英語的語文訓練**也必須列入 IEP 中；（5）對於視覺障礙、全盲或聽覺障礙的學生，IEP 應盡量提供他們與一般學生互動的機會，還應評量該生是否需要**輔助科技或他人的協助**（林素貞，2007；Bateman, 2010; Gartin & Murdick, 2001）。

6. 明示學校不能擅自對學生做出「停學」或「退學」的處分，除非學生的行為問題嚴重；如果身心障礙學生違反「學生行為規範」，學校人員可以提出將學生暫時安置到適合之「**中介替代的教育單位**」（interim alternative educational setting），另一個環境，或是提出「停學」的處分，但以不超過 10 天（日曆天數，後來《IDEIA 2004》改為「**學校日**」，因扣除了假日故較長，並且加入「**此決定會考慮身心障礙學生個別的狀況**」）為原則，而且此處理方式也同樣運用在一般學生身上；另外在學生停學的期間，學校仍應繼續提供服務，讓他們仍能達成 IEP 的目標，並且須以 FA 為基礎設計 BIP，或檢視和調整之前的計畫處理其行為問題（Gartin & Murdick, 2005; Turnbull III, 2005）。

7. 強調「**家長應定期收到其身心障礙孩子進步狀況的通知書**」（Bateman & Linden, 2006）。

8. 強調身心障礙學生的教育成果應該與一般學生近似，並且盡量讓他們也接受各州或學區內，一般學生必須接受的學科評量，但是必須做**評量調整**，亦即所有學生都參與「**標準本位的改革**」中，達到既公平又卓越的目標（Nolet & McLaughlin, 2005; Thurlow, Lazarus, Thompson, & Morse, 2005）。此外，倘若 IEP 委員會決定該生不需要參加此類評量，則必須提出不克參加的理由或其他替代方案（Thurlow et al., 2005）。

9. 加強家長在 IEP 中的角色，並且鼓勵家長和教育人員以非敵對方式，共謀身心障礙者的教育福祉（Bateman & Linden, 2006）。除此，加強行政支持，以促成學生教育目標的達成（Texas Education Agency, 1999）。

五、《身心障礙個體教育增進法案》（2004）

美國 2004 年修正公布之《身心障礙個體教育增進法案》（《IDEIA 2004》），乃《殘障兒童教育法案》的第四次修正法案，共包含（1）《**第一款**》（Title I），裡面有四個部分：《**A 部分**》（Part A）是一般條款，《**B 部分**》（Part B）是對全體身心障礙兒童的教育協助，《**C 部分**》（Part C）是身心障礙嬰幼兒，《**D 部分**》（Part D）是改進身心障礙兒童教育的全國性活動；

（2）《第二款》（*Title II*）：國家特殊教育研究中心；（3）《第三款》（*Title III*）：生效日期（Smith et al., 2004）。IEP 在此次修訂中有以下 12 點主要改變：

1. 在 IEP 成員方面，《IDEIA 2004》規定包括：（1）身心障礙學生的家長；（2）不少於一位的普通教育教師（如果身心障礙學生現在或未來可能安置在普通班）；（3）不少於一位的特殊教育教師或是特殊教育服務提供者；（4）一位地方教育機構代表；（5）一位能解釋評量結果和如何應用此結果在教學上的人員；（6）其他家長或地方教育機構認為了解該位身心障礙學生，或是能符合他特殊需求的專家，包括提供特殊教育和相關服務的人員；（7）身心障礙學生（若適合的話）。它僅做了少部分的修正，比較大的不同是：將《IDEA 1997》中「**至少一位**」的描述改成「**不少於一位**」，亦即若該生有多位普通或特殊教育教師，不要求所有的教師都要參與 IEP 會議。另外，《IDEIA 2004》指出，之前接受《C 部分》服務的發展遲緩嬰幼兒，在轉銜至學前教育機構接受《B 部分》服務時，在家長的要求下，《C 部分》服務協調者可以受邀參與第一次 IEP 會議，以確保服務能順利地轉銜。

2. 在參加 IEP 會議方面，《IDEIA 2004》指出於家長和地方教育機構同意的情況下，IEP 小組的成員可以不參加 IEP 會議，由於此次會議不會討論到該成員負責的課程或相關服務。即使此次會議會討論到該成員負責的課程或相關服務，在家長和地方教育機構同意的情況下，並且於 IEP 會議之前該成員繳交書面的意見，他得以不參加會議，值得注意的是，家長的同意必須以書面的方式呈現。同樣地，在家長和地方教育機構同意的情況下，IEP 的修正內容亦可以不用召開 IEP 會議，以書面的方式呈現。另外，《IDEIA 2004》還增加家長參與 IEP 會議的方式，例如可採用視訊會議、電話或其他彈性的方式。

3. 《IDEIA 2004》對 IEP「**現況描述**」的規定稍有改變，《IDEA 1997》中強調將學生的現況描述聚焦於「**教育表現**」；而在《IDEIA 2004》中則改為

「**學業成就與功能性表現**」，此改變是為了更清楚界定與擴大原本只有「教育」焦點的現況描述。

4. 原本在《IDEA 1997》中要求敘述，學齡學生的障礙狀況如何影響他們參與「普通班課程」和「進步幅度」，以及學前兒童的障礙狀況如何影響他們參與「日常活動」；《IDEIA 2004》則改為「**普通教育課程**」，此修正凸顯《NCLB》（2001）強調者——以「學業」為課程的焦點，並且擴大其實施的範圍，不局限於在普通班實施的課程；學前兒童的部分則沒有改變。

5. 在學年和短期目標方面，原本《IDEA 1997》要求須為所有學生訂定學年和短期目標；《IDEIA 2004》則改為只須訂定學年目標，學年目標的擬訂須參照《NCLB》，其對各年級學生要求的成就標準或替代成就標準。只有那些要接受「**替代評量**」的學生，才須擬訂短期目標，通常是重度障礙學生。縱使如此，如果家長認為列出短期目標有助於其了解孩子學習進步狀況，則仍然可以訂定短期目標。另外，《IDEIA 2004》已澄清學年目標為「**學業與功能性目標**」，此目標要能促進學生參與普通教育課程和提升其進步幅度，以及因應他們源自於障礙的其他教育需求。此修正反映「**減少書面作業**」的需求，並且凸顯《NCLB》（2001）強調者——以「**學業**」為課程的焦點。

6. 《IDEA 1997》提到 IEP 中須載明服務和調整的開始日期、次數和地點；而《IDEIA 2004》增加了須說明「**服務和調整的持續時間**」。

7. 針對 18 至 21 歲的學生，《IDEIA 2004》增加「**多年期的 IEP**」，但不超過三年，而且每一個學年必須檢核一次；除外，發展此種 IEP 時，必須經過家長的知情同意。《IDEIA 2004》已在 15 個州進行多年期 IEP 的試探性方案，以研究此種作法的效果。

8. 在報導學生進步狀況方面，原本《IDEA 1997》要求在學年結束前，描述學生充分達到預定目標的進步狀況；《IDEIA 2004》則拿掉「**充分**」一詞，僅要求定期檢核 IEP，但不超過一個學年必須檢核一次，並且在學年結束前，描述學生達到學年目標的進步狀況，學校可以透過一季或其他的

定期學習表現報告，呈現 IEP 達成情形的資料給家長，它可以與成績單同時使用。若學生的學習表現未達到預定的目標，則須修改 IEP。

9. 在相關服務方面，《IDEIA 2004》增加「**學校護士服務**」和「**翻譯服務**」（Smith et al., 2004）。另外，《IDEIA 2004》在輔助科技器具的提供上，增加「**它不包括手術植入的醫療器具，或是這類醫療器具之更換**」的條文；這是源自於在許多合法程序中，家長提出學校要為其聽覺障礙子女負擔電子耳植入的醫療服務，於是立法說明並不包括此服務。《IDEIA 2004》還提及特殊教育、相關服務與輔助科技器具和服務必須有「**同儕檢核的研究**」為基礎，此規定的加入反映《NCLB》（2001）「**證據本位實務**」的精神。

10. 《IDEIA 2004》主張所有的身心障礙學生，與一般學生一樣，都必須定期接受「**全州或全學區的評量**」，以了解他們在普通教育學科上的基本學力；它亦提到 IEP 必須描述身心障礙學生在接受全州或全學區的評量時，需要的評量調整；對於障礙程度較重度者，若他們的 IEP 決定其需要接受「**替代評量**」，則須敘述做此決定的理由（Thurlow et al., 2005）。州政府應提供全國性的研究數據，以設計具有信效度、合適之替代評量系統（Briggs, 2005）。Shriner 和 Ganguly（2007）指出為因應法規的要求，教育單位應擬訂評量調整和替代評量的決策流程。

11. 《IDEIA 2004》增加學生轉學到同州的其他學校時，新的地方教育機構必須提供 FAPE，並且依據之前擬訂的 IEP 給予服務；同時諮詢家長，直到新的地方教育機構採用原來的 IEP，抑或發展和實施新的 IEP 為止。同樣地，學生轉學到不同州的學校，新的地方教育機構也必須提供 FAPE，並且依據之前擬訂的 IEP 給予服務，同時諮詢家長，必要時重新評量，直到發展新的 IEP 為止。新學校有責任立即向原學校取得 IEP 和其他紀錄，原學校必須立即回應此要求。在教育決策中執行《IDEIA 2004》六項原則的過程如圖 4-2。

12. 假如家長認為公立機構無法提供適當的教育方案，則可將孩子安置於有適當教育方案之私立學校或機構，並且向學區申請全部學費的補償。然而，

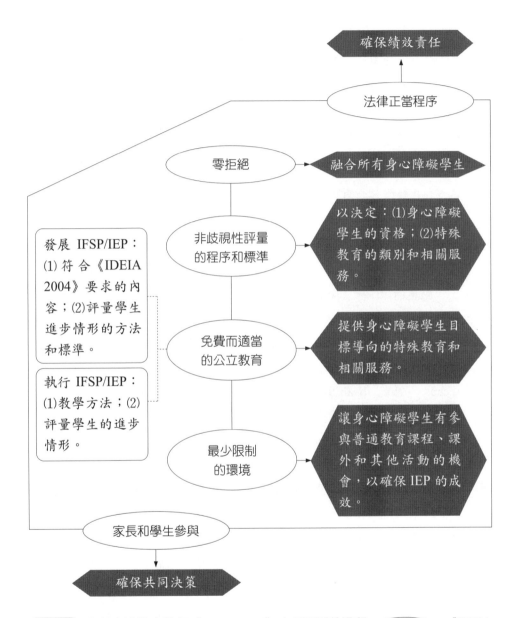

圖 4-2 在教育決策中執行《IDEIA 2004》六項原則的過程。⬭ =《IDEIA 2004》的原則，◆▬▬▶ = 原則的目的，▭ = 原則的要素，→ 表示達到。

修改自 Zuna、Turnbull 和 Turnbull（2011, p. 34），修改處為將----改 成→。

前提是公立機構確實未提供適當的教育方案，以及確實能從私立學校或機構獲得，並且家長必須事先告知 IEP 委員會此決定；如果家長未依程序告知，則補償將會減少。但是假如公立機構阻止家長提出通知、家長未被告知此程序，或是提出此要求有可能使孩子受到身體傷害，則補償將不會減少。《IDEIA 2004》也允許，公立機構與私立學校或機構簽約教育身心障礙學生，此時學生也享有 FAPE（包含 IEP）的權利（Heura, 2008）。

至於 IEP 針對哪些身心障礙學生，美國《EHA 1975》指出包括以下 10 個類別：全盲／全聾（blindness/deafness）、重聽和全聾（hard-of-hearing and deaf）、智能障礙（mental retardation）、多重殘障（multiple handicaps）、形體損傷（orthopedic impairments）、其他健康損傷（other health impairments）、嚴重情緒困擾（seriously emotional disturbance, SED）、特殊學習障礙（specific learning disabilities）、說話損傷（speech impairment）、視覺損傷（visual impairment）（Ysseldyke et al., 2000）。《IDEA 1986》加入了「**發展遲緩**」（developmental delay）；《IDEA 1990》除了將《EHA 1975》中的「handicaps」改成「**disabilities**」，還增加了「**自閉症**」（autism）和「**頭部外傷**」（traumatic brain injury）兩類；另將「說話損傷」改成「**說話或語言損傷**」（speech or language impairments），刪除「全盲／全聾」，將「重聽和聾」改成「**包含全聾的聽覺損傷**」（hearing impairments including deafness），將「視覺損傷」改成「**包含全盲的視覺損傷**」。《IDEIA 2004》則指出，身心障礙包括了以下 14 個類別：特殊學習障礙、智能障礙、情緒困擾、說話或語言損傷、廣泛性自閉症（autism spectrum disorders）、發展遲緩、形體損傷、其他健康損傷、聽覺損傷、聾、視覺損傷（包含全盲）、全盲／全聾、多重障礙（multiple disabilities）和頭部外傷；其中前四類障礙出現率較高，後十項出現率較低。《IDEIA 2004》除了去掉「嚴重情緒困擾」中的「嚴重」二字，將「自閉症」改成「**廣泛性自閉症**」，還將「包含全聾的聽覺損傷」分開成「聽覺損傷」和「全聾」兩個類別，再次加入「**全盲／全聾**」。

貳、美國身心障礙者個別化轉銜計畫之法規

一、《身心障礙個體教育法案》（1990）

《IDEA 1990》要求學校負責訂定「ITP」，納入學生的 IEP 中（National Council on Disability, 1995）。ITP 必須在學生 16 歲前被決定，且每年訂定如下：

> 最遲在身心障礙學生 16 歲時，學校必須於 IEP 中描述其需要的「**轉銜服務**」（transition services）；若合適的話，還可以提早在學生 14 歲時，或是更早為其擬訂。轉銜服務包括多方面的結果，如職業訓練、就業、社區參與、升學和其他成人生活的目標。教師可與學生、家長、學校其他行政人員、雇主，以及校外其他輔導機構的人員共同合作，且必須考慮學生的需要和興趣，學生和其家長對未來的期待，以訂定和實施 ITP（H. R. Turnbull III et al., 2006）。

二、《復健法案修正案》（1992）

之後在 1992 年《復健法案修正案》，進一步提出要為身心障礙者擬訂「**個別化的書面復健計畫**」（IWRP），在擬訂過程中要盡可能讓身心障礙者參與，使他們的願望能夠在復健過程中實現。

三、《身心障礙個體教育修正法案》（1997）

《IDEA 1997》規定從 14 歲開始，IEP 就必須開始列入轉銜服務的規畫，促使 16 歲以後的轉銜服務更易見成效：

> 轉銜的目標是在確保所有的身心障礙學生，能獲得符合其獨特需求，

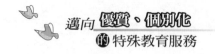
以及為其未來就業和獨立生活做準備的特殊教育和相關服務。

當身心障礙學生 14 歲時，學校必須於 IEP 中描述如何在學生的課程學習中，反映其轉銜服務需求，例如參與進階安置課程或職業教育方案，並且每年更新；而在學生 16 歲時（或是若 IEP 委員會決定適合的話能夠更早），還須描述學生所需要的轉銜服務。若合適的話，包括陳述跨機構的職責或是機構間任何必需的聯繫。而轉銜服務是為身心障礙學生安排的一組協調性活動，此活動是在成果導向的過程內設計的，此過程能促進學生從學校轉銜到學校後的活動，包括中學後的教育、職業訓練、統合的就業（包含支持性就業）、持續和成人教育、成人服務、獨立生活或社區參與；它的發展須依據學生的需求，並且須考量其喜好和興趣。

如果轉銜服務的規畫中，非教育體系的其他機構無法配合，導致無法達成轉銜服務目標時，地方教育機構須重新召開 IEP 會議，尋求替代方案以達到相同目標。

四、《身心障礙個體教育增進法案》（2004）

《IDEIA 2004》指出：轉銜目標是在確保所有的身心障礙兒童，能獲得符合其獨特需求，以及為其未來進階教育、就業和獨立生活做準備的特殊教育和相關服務。

最遲在兒童 16 歲時，IEP 中必須包括「適當、可評量的中學後目標」，此目標是依據適齡之「轉銜評量」（transition assessment）訂定的，而轉銜評量乃評量兒童訓練、教育、就業和獨立生活技能等方面的能力和需求；除此，還必須包括能協助兒童達到上述目標的「轉銜服務」（涵蓋課程學習），並且每年更新。轉銜服務是為身心障礙兒童安排的一組協調性活動，此活動是在「結果導向」的過程內設計

的，此過程必須聚焦在改善「學業和功能性的成就」，以促進兒童從學校轉銜到學校後的活動，包括中學後的進階教育、職業教育、統合的就業（包含支持性就業）、持續和成人教育、成人服務、獨立生活或社區參與；它的發展須依據兒童的「需求」，並且須考量其「優勢、喜好和興趣」。

相較於《IDEA 1997》，《IDEIA 2004》有以下七點主要改變：（1）將「身心障礙學生」改成「**身心障礙兒童**」，由此可看出轉銜服務應更早開始提供；（2）增加轉銜目標在為「**進階教育**」做準備；（3）指出最遲在兒童 16 歲時，IEP 中必須包括適當、可評量的中學後目標，刪除《IDEA 1997》中「當身心障礙學生 14 歲時，學校必須於 IEP 中反映其轉銜服務需求」這段文字；（4）增加轉銜服務必須要聚焦在改善「**學業和功能性的成就**」；（5）學生從中學轉銜到中學後的活動中，《IDEIA 2004》將「職業訓練」改成「**職業教育**」；（6）增加轉銜服務的發展還必須考量兒童的「**優勢**」；（7）將轉銜服務是在「成果（outcome）導向」的過程內設計，改成「**結果（result）導向**」，「結果」比「成果」更為正式和具體，強調要有明確、訴諸文字的轉銜結果為導向。《IDEIA 2004》中轉銜的基本理念和其間的關聯性見圖 4-3。

參、美國身心障礙者個別化家庭服務計畫之法規

一、《殘障兒童教育修正法案》（1986）

美國 1986 年的《殘障兒童教育修正法案》（《EHA 1986》），是《殘障兒童教育法案》的第一次修正法案，增加《**H 部分**》（*Part H*）旨在向下延伸法案中定義之特殊教育受益年齡，對於出生到 2 歲的身心障礙嬰幼兒，要求實施 IFSP，即是根據「**早期介入**」的原則，對出生到 2 歲的身心障礙嬰幼兒本身、家長和其他家庭成員，提供支持服務（Strickland & Turnbull, 1990）。除此，《EHA 1986》規定所有的州必須提供 3 至 5 歲身心障礙兒童 FAPE（H. R.

1. 兒童的需求、優勢、喜好和興趣：這組協調性活動乃依據兒童的需求，並且須考量兒童的優勢、喜好和興趣。

2. IEP：最遲在兒童 16 歲時，IEP 中必須包括適當、可評量的中學後的目標，此目標是依據適齡之轉銜評量所定的，此轉銜評量是評量兒童訓練、教育、就業和獨立生活技能等方面的能力和需求；除此，還必須包括轉銜服務。

3. 協調的服務：轉銜服務是指為一個身心障礙孩子安排的一組協調性活動。

4. 社區本位：這一組協調性的活動包括了教學、相關服務、社區經驗、就業和其他中學後成人生活目標的發展；而且若適合的話，獲得日常生活的技能，以及功能性職業評量。

5. 中學後的結果：轉銜服務聚焦在改善學業和功能性的成就，以促進兒童從學校轉銜到學校後的活動，包括中學後的進階教育、職業教育、統合的就業（包含支持性就業）、持續和成人教育、成人服務、獨立生活或社區參與。

6. 結果導向：轉銜服務是指為一個身心障礙兒童安排的一組協調性活動，此活動是在結果導向的過程內設計的。

圖 4-3 《IDEIA 2004》中轉銜的基本理念和其間的關聯性。以 Wehman（2001, p. 43）的概念為基礎，再依據《IDEIA 2004》的內容修改。

Turnbull III et al., 2006）。《EHA 1986》規定由家長、符合家庭和兒童需求的專業人員組成**多專業團隊**進行評量，IFSP 應在評量結束後 **45 天**內完成；並且應**一年評鑑一次**，視家庭的需求，**至少半年檢討一次**。《EHA 1986》提及 IFSP 的內容包括以下七項：

1. 孩子在生理、認知、溝通、心理社會及自助能力等發展現況。

2. 以專業人員可接受的客觀標準為基礎。

3. 期待孩子和其家庭達到的主要成果，以及達到此成果的標準、程序和時間，以決定成果達成的程度，與成果或服務是否需要修改或調整。

4. 符合孩子和家庭個別需求的早期介入服務，包括：（1）頻率、密度、地點和服務提供方法；（2）如果有的話，費用如何安排；（3）在《H 部分》未要求，但孩子需要的醫療或其他服務；（4）如果需要，透過什麼樣的公共或私人資源以確保服務已被提供。

5. 服務起始日期、服務的預定長度、持續時間和頻率等。

6. 負責的個案管理員。

7. 支持孩子轉銜至學前或其他服務的步驟，包括與家長討論和訓練家長有關孩子未來的安置和轉銜的相關事務。

在特殊教育領域中，IEP 已廣為所有特殊教育教師，以及家長所熟悉；但是在學齡前階段，家庭扮演相當重要的角色，若單憑教育單位的服務與醫療單位的治療，而家庭無法配合的話，那麼其成效是有限的，所以在原有的 IEP 之中加入家庭所需的服務，便發展成 IFSP。Bruder（2000b）指出 IFSP 包括以下特點：（1）多重領域的評量，包含語言、認知、社會行為、生活自理等，並且訂出最適當的服務方式；（2）由多重領域的專業人員，例如語言治療師、職能治療師、特教教師、物理治療師等共同編寫，並經家長的同意；（3）提供的早期介入服務是治療與教育並重，重視其實用與價值性，並且經常、嚴謹地執行；（4）涵蓋各個領域，訂定具體教育目標，明白指出對家庭與幼兒的預期成果；（5）時間明確，包括指出計畫預定實施日期、開始與持續時間；（6）指出由學前轉銜至國小階段所需注意事項。

二、《身心障礙個體教育修正法案》（1997）

《IDEA 1997》提出，透過多專業團隊模式提供家庭中心取向早期介入服務，強調家長主動參與及做決定的權利，以促進身心障礙兒童的發展及其家庭的教養能力。《IDEA 1997》仍然保留《EHA 1986》的精神：透過跨領域的專業團隊進行評量，以及提供早期介入服務，強調家長主動參與及做決定的權利，以服務發展遲緩嬰幼兒及其家庭。主要的改變是在IFSP的內容中加入：家庭的優勢與資源，以及對促進孩子發展關注的議題。

三、《身心障礙個體教育增進法案》（2004）

《IDEIA 2004》指出早期介入的實施「**以家庭中心取向**」的哲學為原則、IFSP 為藍圖，並再次調整 IFSP 的內容使之更臻完整。IDEIA（2004）《C 部分》第 636 款對 IFSP 的評量、檢核、發展、內容及家長的權利皆有詳細說明。在評量方面，由家長、符合家庭和嬰幼兒需求的專業人員組成多專業團隊，評量嬰幼兒的需求和優勢，並確認提供的服務符合其需求，以及進行家庭導向的評量，以了解家庭的資源、需求優先順序和關注的議題，並確認提供的支持和服務可以促進家庭因應其孩子需求的能力。在檢核方面，IFSP 應一年評鑑一次，視家庭的需求，至少半年須檢討一次。在發展方面，與前面法規相同的是：IFSP 應在評量結束後 45 天內完成；不同的是加入：但若取得家長同意，早期介入服務可以在評量完成前即開始。《IDEIA 2004》規定 IFSP 的內容應包含以下八項，相較於《IDEA 1997》，主要的改變是強調：（1）早期介入必須基於同儕檢核的研究，並且是可執行的；（2）在自然環境中提供早期介入服務。

1. 發展遲緩嬰幼兒在客觀評量工具上呈現之生理、認知、溝通、社會或情緒及適應行為等方面的發展現況。

2. 家庭的資源，以及對促進發展遲緩嬰幼兒發展關注的議題和優先順序等。

3. 期待發展遲緩嬰幼兒和其家庭達成的可測量目標，例如一般嬰幼兒具備的語言和讀寫先備技能。此外須陳述達成標準、歷程和時間，以決定進步情

形，與目標是否需要調整。

4. 早期介入須基於同儕檢核的研究，是可執行的，並且在頻率、密度、地點和服務提供方法上符合家庭的獨特需求。

5. 應在自然環境中提供早期介入服務；若無法在自然環境提供服務，則須提出合理的理由。

6. 服務起始日期、服務的預定長度、持續時間和頻率等。

7. 由與發展遲緩嬰幼兒或其家庭需求最直接相關的人員擔任服務協調者，以及與其他機構（包括轉銜服務）實施 IFSP 和協調其運作，載明這個人員的名字。

8. 支持發展遲緩嬰幼兒轉銜至學前或其他適當服務的計畫。

　　在家長權利方面，《IDEIA 2004》規定應對家長充分說明 IFSP 的內容，書面文件須詳述提供服務前家長已知情同意；若家長並未完全同意早期介入服務的項目，則僅能提供家長已同意的服務。

　　《IDEIA 2004》強調**早期鑑定和介入**，包括透過**早期鑑定**（例如：全面篩選）、**及早預防**（例如：教室本位的介入）、**早期介入**（例如：證據本位的介入）來達成。舉例來說，《IDEIA 2004》增加下列幾項條文來促進早期介入服務：第一，來自吸毒、虐待、暴力家庭等高危險群的嬰幼兒，應盡早接受早期介入服務。第二，強調「**預防失敗**」的觀點，法規中增加了對英語能力受限、州照護和無家可歸兒童的定義；其中州照護的兒童是指由州，或是公立兒童福利機構收養和照護的兒童。另外，法規增加，州教育機構要發現可能是身心障礙之無家可歸和州照護兒童；地方教育機構需要建立跨州、傳遞移民兒童健康和教育資訊的電子交換系統。第三，地方教育機構可以運用上至 15%之聯邦補助的教育經費，再結合其他的經費，替在普通班內、未被鑑定為需接受特殊教育和相關服務，但需要額外學業與行為支持的幼稚園至十二年級的學生（特別聚焦於幼稚園至三年級），即處於高危險群的學生，發展和實施整合的早期介入服務，以協助他們成功適應普通教育環境。

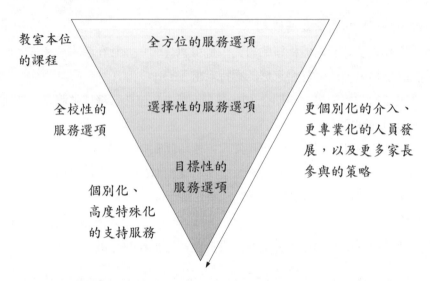

教室本位
的課程

全校性的
服務選項

個別化、
高度特殊化
的支持服務

全方位的服務選項

選擇性的服務選項

目標性的
服務選項

更個別化的介入、
更專業化的人員發
展,以及更多家長
參與的策略

圖 4-4 美國威斯康辛州早期和持續合作與協助的啟始計畫。修改自 Volpiansky
（2005, para. 24），修改處為加入網底。

　　早期介入服務是「**全學校的取向**」,包括了有科學研究為基礎之早期閱讀
方案、正向行為支持等（Turnbull III, 2005）。美國威斯康辛州「**早期和持續合
作與協助的起始計畫**」（Wisconsin Early Ongoing Collaboration and Assistance
Initiative）為一個早期介入教育支持系統（Volpiansky, 2005）,如圖 4-4。

　　《IDEIA 2004》指出《C 部分》的經費主要在協助州政府,為身心障礙嬰
幼兒和其家庭,建立和維持一個**協調、多專業、跨機構**的早期介入服務系統。
州政府在建立身心障礙嬰幼兒的服務系統時,必須包括以下四方面:第一,在
實際運用的範圍上,服務乃以有科學證據的研究為基礎,讓身心障礙嬰幼兒,
包含無家可歸者能夠受惠。第二,採用嚴謹的標準做鑑定,發現需要接受服務
的兒童,以減少對未來服務的需求。第三,促進大眾了解早產兒的父母,或是
家中有其他生理危險因子兒童的父母,這些生理危險因子容易造成兒童學習或
發展的問題。第四,提供服務人員有關「**嬰幼兒社會和情緒發展**」的訓練課程。
此外,《IDEIA 2004》補充在兒童鑑定的過程中,仍然可以接受 IFSP。
《IDEIA 2004》還強調服務的彈性,主張在父母的書面同意下,州教育機構和

《C 部分》的負責機構可以發展聯合系統，讓已達 3 歲，可以接受《B 部分》服務的兒童，持續接受《C 部分》的學前服務，直到他們進入幼稚園。州教育機構和《C 部分》的負責機構必須每年告知父母，他們有權選擇讓其孩子接受《B 或 C 部分》的服務，並且解釋二者的差異處，以及接受《C 部分》服務可能需負擔的費用。

肆、美國個人未來生活計畫之法規

身心障礙者離開學校後，1992 年《復健法案修正案》提出要為身心障礙者擬訂「個別化的書面復健計畫」（IWRP），在擬訂過程中要盡可能讓身心障礙者參與，使他們的願望能夠在復健過程中能夠被實現（Wehmeyer, 2000）。而後在 1998 年《復健法案修正案》進一步擴展 IWRP 的概念，包括「**個別化復健就業計畫**」（individualized rehabilitation employment plan, IREP）的標準，亦即盡可能提供能讓身心障礙者獲得「**統合性就業**」的特定服務（Burns, 2001）。

至於 PFP，Moss 和 Wiley（1995）提及它和其他計畫（例如：IEP）不同處在於，參與人員是自發，而不是法令規定的。

☆ 第二節　我國身心障礙者個別化計畫之法規依據

以下從 IEP、ITP、IFSP、PFP 四方面的法規，探討我國身心障礙者個別化計畫之法規依據。

壹、我國身心障礙者個別化教育計畫之法規

一、《特殊教育法》（1997）和《特殊教育法施行細則》（1998）

我國 1997 年修正通過的《特殊教育法》，第 27 條規定：「各級學校應對每位身心障礙學生擬定個別化教育計畫，並應邀請身心障礙學生家長參與其擬定與教育安置。」之後，1998 年修正通過的《特殊教育法施行細則》第 18、19 條，都在規定 IEP 的撰寫如下：

個別化教育計畫指運用專業團隊合作方式，針對身心障礙學生個別特性擬定之特殊教育及相關服務計畫，其內容應包括下列事項：

1. 學生認知能力、溝通能力、行動能力、情緒、人際關係、感官功能、健康狀況、生活自理能力、國文、數學等學業能力之現況。
2. 學生家庭狀況。
3. 學生身心障礙狀況對其在普通班上課及生活之影響。
4. 適合學生的評量方式。
5. 學生因行為問題而影響學習，其行政支持及處理方式。
6. 學年教育目標及學期教育目標。
7. 學生需要的特殊教育及相關專業服務。
8. 參與普通學校（班）之時間及項目。
9. 學期教育目標是否達成之評量日期與標準。
10. 學前教育大班、國小六年級、國中三年級，以及高中（職）三年級學生之轉銜服務內容。

　　參與擬訂個別化教育計畫之人員，應包括學校行政人員、教師、學生家長、相關專業人員等，並得邀請學生參與；必要時，學生家長得邀請相關人員陪同。

前條個別化教育計畫，學校應於身心障礙學生開學後 1 個月內訂定，
每學期至少檢討一次。

《特殊教育法》（1997）和《特殊教育法施行細則》（1998）有關 IEP 之
規定，均針對「身心障礙學生」，是否應對資賦優異學生擬訂 IEP 則未規範。
唯《特殊教育法施行細則》第 14 條指出：「資賦優異學生入學後，學校應予有
計畫之個別輔導；其輔導項目，應視學生需要而定。」

二、《特殊教育法》（2009，2013 和 2014 增修）和《特殊教育法施行細則》（2012，2013 增修）

在 2009 年新修訂的《特殊教育法》，於第 18 條明確指出：「特殊教育與
相關服務措施之提供及設施之設置，應符合適性化、個別化、社區化、無障礙
及融合之精神。」《特殊教育法》（2009）第 27 條進一步表示，輔導融合於普
通班之身心障礙學生如下：

高級中等以下各教育階段學校，對於就讀普通班之身心障礙學生，應
予適當教學及輔導；其教學原則及輔導方式之辦法，由各級主管機關
定之。為使普通班教師得以兼顧身心障礙學生及其他學生之需要，前
項學校應減少身心障礙學生就讀之普通班學生人數，或提供所需人力
資源及協助。

《特殊教育法》（2009）第 28 條呈現：「高級中等以下各教育階段學校，
應以團隊合作方式對身心障礙學生訂定個別化教育計畫，訂定時應邀請身心障
礙學生家長參與，必要時家長得邀請相關人員陪同參與。」《特殊教育法施行
細則》（2012）則合併原 IEP 之 10 項內容為 5 項，其中強調擬訂行為功能介入
方案，以處理情緒與行為問題。第 9 條顯示：

本法第 28 條所稱個別化教育計畫，指運用團隊合作方式，針對身心障

礙學生個別特性所訂定之特殊教育及相關服務計畫,其內容包括下列
事項:

1. 學生能力現況、家庭狀況及需求評估。
2. 學生所需特殊教育、相關服務與支持策略。
3. 學年與學期教育目標達成學期教育目標之評量方式、日期與標準。
4. 具情緒與行為問題學生所需之行為功能介入方案與行政支援。
5. 學生之轉銜輔導及服務內容。

　　參與擬訂個別化教育計畫之人員,應包括學校行政人員、特殊教育
及相關教師、學生家長,必要時得邀請相關專業人員及學生本人參與,
學生家長亦得邀請相關人員陪同。

　　針對資賦優異學生,《特殊教育法》(2009)則於第 36 條明確指出,要訂
定「**個別輔導計畫**」;如此一些身心障礙兼資賦優異雙重特殊的學生,就可獲
得除 IEP 外,針對其因資賦優異帶來之特殊需求的輔導。

　　高級中等以下各教育階段學校應以協同教學方式,考量資賦優異學生
性向、優勢能力、學習特質及特殊教育需求,訂定資賦優異學生個別
輔導計畫,必要時得邀請資賦優異學生家長參與。

　　另外,《特殊教育法施行細則》(2013)還規範,身心障礙學生 IEP 之訂
定時間,將原開學後 1 個月訂定之規定,區分為新舊生之別。第 10 條指出:

　　身心障礙學生個別化教育計畫,學校應於新生及轉學生入學後 1 個月
　　內訂定;其餘在學學生之個別化教育計畫,應於開學前訂定。
　　前項計畫每學期應至少檢討一次。

　　上述身心障礙學生 IEP,以及資賦優異學生個別輔導計畫的法規,是針對
高級中等以下各教育階段學校。至於高等教育階段,《特殊教育法》(2009)

第 30 條指陳：

> 高等教育階段學校為協助身心障礙學生學習及發展，應訂定特殊教育
> 方案實施，並得設置專責單位及專責人員，依實際需要遴聘及進用相
> 關專責人員；其專責單位之職責、設置與人員編制、進用及其他相關
> 事項之辦法，由中央主管機關定之。
> 高等教育階段之身心障礙教育，應符合學生需求，訂定個別化支持計
> 畫，協助學生學習及發展；訂定時應邀請相關教學人員、身心障礙學
> 生或家長參與。

《特殊教育法施行細則》（2013）第 11 和 12 條則說明高等教育特殊教育
方案之內容及辦理單位：

> 本法第 30 條第一項所稱高等教育階段特殊教育方案，指學校應依特殊
> 教育學生特性及學習需求，規畫辦理在校學習、生活輔導及支持服務
> 等；其內容應載明下列事項：
> 一、依據。
> 二、目的。
> 三、實施對象及其特殊教育與支持服務。
> 四、人力支援及行政支持。
> 五、空間及環境規畫。
> 六、辦理期程。
> 七、經費概算及來源。
> 八、預期成效。
> 　　前項第三款特殊教育與支持服務，包括學習輔導、生活輔導、支
> 持協助及諮詢服務等。
> 　　前條特殊教育方案，學校應運用團隊合作方式，整合相關資源，
> 針對身心障礙學生個別特性及需求，訂定個別化支持計畫；其內容包

括下列事項:

一、學生能力現況、家庭狀況及需求評估。

二、學生所需特殊教育、支持服務及策略。

三、學生之轉銜輔導及服務內容。

至於 IEP 針對哪些身心障礙學生,我國最早教育部制定的《特殊教育法》
(1984),將身心障礙分成 11 個類別,包括智能不足、視覺障礙、聽覺障礙、
語言障礙、肢體障礙、身體病弱、性格異常、行為異常、學習障礙、多重障礙、
其他顯著障礙。而教育部修正的《特殊教育法》(1997)將「性格異常和行為
異常」合併稱為「**嚴重情緒障礙**」;將智能不足改成「**智能障礙**」;增加「**自
閉症**」和「**發展遲緩**」兩個類別,成為 12 類。而修正的《特殊教育法》
(2009)將「**嚴重情緒障礙**」改成「**情緒行為障礙**」;「其他顯著障礙」改為
「**其他障礙**」。再於 2013 年修正部分條文中,將「**腦性麻痺**」從「肢體障礙」
中獨立出來,成為 13 類。

三、 《特殊教育法》(2009,2013 和 2014 增修)相關子法

《特殊教育法》(2009)的子法亦進一步提及 IEP 或個別輔導計畫應包括
的內容,例如《特殊教育課程教材教法及評量方式實施辦法》(2010)根據
《特殊教育法》(2009)第 19 條訂定,於第 2 和 8 條指出課程、教材、教法及
評量方式應融入 IEP 或個別輔導計畫中:

高級中等以下學校實施特殊教育,應設計適合之課程、教材、教法及
評量方式,融入特殊教育學生(以下簡稱學生)個別化教育計畫或個
別輔導計畫實施。

學校實施多元評量,應考量科目或領域性質、教學目標與內容、學生
學習優勢及特殊教育需求。學校定期評量之調整措施,應參照個別化
教育計畫,經學校特殊教育推行委員會審議通過後實施。

又例如《身心障礙學生支持服務辦法》（2013）第 12 條，以及《身心障礙學生考試服務辦法》（2012）第 10 條指陳，相關支持和學習評量服務應於身心障礙學生的 IEP 或個別化支持計畫中被載明。

學校（園）及機構提供本法第 33 條第 1 項各款之相關支持服務，應於身心障礙學生個別化教育計畫或個別化支持計畫中載明。
身心障礙學生參加校內學習評量，學校提供本辦法之各項服務，應載明於個別化教育計畫或個別化支持計畫。

除此，特殊教育課程及符應課程採用的教材教法乃依據 IEP 設計，《特殊教育課程教材教法及評量方式實施辦法》（2010）第 3、4、6 和 7 條提及如何保持特殊教育課程、教材及教法的彈性如下：

高級中等以下學校實施特殊教育課程，應考量系統性、銜接性與統整性，以團隊合作方式設計因應學生個別差異之適性課程，促進不同能力、不同需求學生有效學習。身心障礙教育之適性課程，除學業學習外，包括生活管理、自我效能、社會技巧、情緒管理、學習策略、職業教育、輔助科技應用、動作機能訓練、溝通訓練、定向行動及點字等特殊教育課程。
高級中等以下學校實施特殊教育課程，應依學生之個別需求，彈性調整課程及學習時數，經學校特殊教育推行委員會審議通過後為之。前項課程之調整，包括學習內容、歷程、環境及評量方式。
實施特殊教育之教材編選應保持彈性，依據學生特質與需求，考量文化差異，結合學校特性及社區生態，充分運用各項教學設備、科技資訊及社區教學資源，啟發學生多元潛能。
特殊教育之教法，應依下列原則為之：一、運用各種輔助器材、無障礙設施、相關支持服務與環境佈置等措施，提供最少限制之學習環境。二、教學目標明確、活動設計多樣，提供學生學習策略與技巧，

適時檢視教學效能及學習成果。三、透過各種教學與班級經營策略，提供學生充分參與機會及成功經驗。四、進行跨專業、跨專長、跨領域或科目之協同、合作教學或合作諮詢。

另外，因應《特殊教育法》（2009）第 27 條第 1 項，訂定《高級中等以下學校身心障礙學生就讀普通班之教學原則及輔導辦法》（2011），其中第 3 條指陳：

學校對就讀普通班之身心障礙學生，應依下列教學原則辦理：
一、提供身心障礙學生得與普通班學生共同接受融合且適性之教育。
二、提供身心障礙學生充分參與校內外學習機會，提升學習成效。
三、以團隊合作方式為身心障礙學生訂定個別化教育計畫、編選適當
　　教材、採取有效教學策略及實施多元評量方式。

貳、我國身心障礙者個別化轉銜計畫之法規

一、《特殊教育法》（1997）和《特殊教育法施行細則》（1998）

《特殊教育法》（1997）提出：「身心障礙教育之診斷與教學工作，應以專業團隊合作進行為原則，集合衛生醫療、教育、社會福利、就業服務等專業，共同提供課業學習、生活、就業轉銜等協助。」基於對身心障礙學生的生涯轉銜之重視，前述我國《特殊教育法施行細則》（1998）第 18 條規定：「各級學校對於學前教育大班、國小六年級、國中三年級，以及高中（職）三年級之身心障礙學生，其個別化教育計畫中應包含『轉銜服務』。」其中轉銜服務是指：「應依據各教育階段之需要，包括升學輔導、生活、就業、心理輔導、福利服務及其他相關專業服務等項目。」

二、《特殊教育法》（2009，2013 和 2014 增修）和《特殊教育法施行細則》（2012，2013 增修）

而在 2009 年新修訂的《特殊教育法》，則維持《特殊教育法》（1997）所提身心障礙學生之評量、教學及輔導工作，應以「**專業團隊合作**」進行為原則；不同之處為將「**就業轉銜**」擴大為「**轉銜輔導與服務**」。除此，強調「**升學輔導和成人教育**」，於第 24、29、30 和 31 條明確指出：

> 各級學校對於身心障礙學生之評量、教學及輔導工作，應以專業團隊合作進行為原則，並得視需要結合衛生醫療、教育、社會工作、獨立生活、職業重建相關等專業人員，共同提供學習、生活、心理、復健訓練、職業輔導評量及轉銜輔導與服務等協助。

> 高級中等以下各教育階段學校，應考量身心障礙學生之優勢能力、性向及特殊教育需求及生涯規畫，提供適當之升學輔導。

> 政府應實施身心障礙成人教育，並鼓勵身心障礙者參與終身學習活動；其辦理機關、方式、內容及其他相關事項之辦法，由中央主管機關定之。

> 為使各教育階段身心障礙學生服務需求得以銜接，各級學校應提供整體性與持續性轉銜輔導及服務。

《特殊教育法施行細則》（2013）第 9 條則說明，IEP 的內容包括學生之轉銜輔導及服務內容，且刪除《特殊教育法施行細則》（1998）中「學前教育大班、國小六年級、國中三年級及高中（職）三年級學生」的文字，以避免將轉銜輔導限定於垂直的轉銜。至於轉銜輔導的內容，則維持包含「升學輔導、生活、就業、心理輔導、福利服務及其他相關專業服務」等項目。此外，《特殊教育法施行細則》第 12 條說明：高等教育特殊教育方案之內容包含「**轉銜輔**

導及服務內容」。另外，《特殊教育法施行細則》（2012）第 14 條指出：「特殊教育學生已重新安置於其他學校原就讀學校應將個案資料隨同移轉，以利持續輔導。」

三、《身心障礙者生涯轉銜服務整合服務方案》（2002，2006 修正）

內政部訂定之《身心障礙者生涯轉銜服務整合服務方案》（2006）提及，第一，結合社會福利、教育、衛生、勞工等相關單位及人員，以科際整合之專業團隊合作方式，提供身心障礙者整體而持續性的個別化專業服務。第二，建置身心障礙者個案管理系統，以促進各主辦單位服務銜接、資源整合及專業服務間之有效轉銜。第三，建立身心障礙者生涯轉銜服務流程，確立各相關單位分工權責。身心障礙者生涯轉銜服務的實施原則包括：

1. 主辦單位應邀集相關人員組成專案小組，定期召開轉銜服務聯繫會報，俾利克服瓶頸並促進身心障礙者生涯轉銜服務。
2. 策畫單位應規畫訂定轉銜服務統一資料格式，建置整合式身心障礙者個案管理系統（含福利、教育、衛生、就業等服務），俾利服務資料轉銜。
3. 主辦單位接受其他單位服務轉銜時，應先查閱個案管理系統，以了解個案服務史；辦理服務移轉時，亦應繳交相關轉銜資料。
4. 社政部門應設置個案管理中心，全程掌握個案需求，並轉請各主辦單位之專責人員，辦理身心障礙者生涯轉銜服務工作。
5. 對身心障礙者於不同生涯階段，設計個別化的轉銜服務，該項服務之規畫應邀請本人及其家人共同參與。
6. 生涯轉銜計畫應包括身心障礙者基本資料、轉銜原因及需求評估、個案能力現況分析及優弱勢分析、整體評估、受理轉銜單位及未來服務建議等事項。

7. 轉銜資料應包括身心障礙者基本資料、各階段專業服務資料、家庭支持計畫、身心狀況評估、未來服務提供協助建議方案及轉銜準備服務事項。

8. 本方案各年齡階段劃分係利轉銜服務入口之價值判別，不為提供轉銜服務之限制。

四、《各教育階段身心障礙學生轉銜輔導及服務辦法》（2010）

接著，2010 年訂定之《各教育階段身心障礙學生轉銜輔導及服務辦法》，其前身為教育部《各教育階段身心障礙學生轉銜服務實施要點》（2000），於第 2 至 4 條亦明白規定，各級學校及其他實施特殊教育之場所，應評量學生個別能力與轉銜需求，並召開轉銜會議，訂定適切之「**生涯轉銜計畫**」，且將它納入學生 IEP；專科以上學校則應納入學生之「特殊教育方案」中，且依學生需求提供學習、生活必要之教育輔助器材及相關支持服務。必要時應協調社政、勞工及衛生主管機關，提供學生整體與持續性轉銜輔導及服務，協助學生達成獨立生活、社會適應與參與、升學或就業等轉銜目標。此外，在第 10 條，針對就讀高職及特殊教育學校高職部之身心障礙學生，學校應於學生就讀第一年辦理「**職能評估**」，並於學生畢業前兩年，結合勞工主管機關，加強其**職業教育**、**就業技能養成**及**未來擬就業職場之實習**等。學生於畢業前一年仍無法依其學習紀錄、行為觀察與晤談結果，判斷其職業方向及適合之職場者，應由學校轉介至勞工主管機關辦理職業輔導評量。

至於跨教育階段及離開學校教育階段之轉銜，此法規定：就國小以上階段的身心障礙學生而言，原就讀學校應於安置前 1 個月（學生升學高中或特教學校高職部、專科以上學校，以及國中以上表達畢業後無升學意願學生之轉銜，則要更早於學生畢業前一學期）召開轉銜會議，邀請擬安置學校、家長及相關人員參加，討論訂定生涯轉銜計畫，以及依個案需求建議提供學習、生活必要之教育輔助器材及相關支持服務，並依會議決議內容至教育部特殊教育通報網填寫轉銜服務資料（包括學生基本資料、目前能力分析、學生學習紀錄摘要、

評量資料、學生與家庭輔導紀錄、專業服務紀錄、福利服務紀錄及未來進路所需協助與輔導建議等），並於安置確定後 2 週內填寫安置學校，完成通報，轉銜服務資料得依家長需求提供家長參考。安置學校應於學生報到後 2 週內至通報網接收轉銜服務資料，於開學後 1 個月內，召開訂定 IEP 會議，邀請學校相關人員及家長參加，並視需要邀請學生原安置場所或就讀學校相關人員參加。安置學校，應於開學後 2 週內對已安置而未就學學生，造冊通報學校主管機關，依《強迫入學條例》規定處理。而發展遲緩兒童進入學前教育場所之轉銜，直轄市、縣（市）主管機關應依發展遲緩兒童通報轉介中心通報之人數，規畫安置場所，並且通報轉介中心應於轉介前 1 個月召開轉銜會議，邀請擬安置場所及相關人員參加，依會議決議內容至通報網填寫轉銜服務資料，並於安置確定後 2 週內，將轉銜服務資料移送安置場所。對於國中以上表達畢業後無升學意願或因故離校者，應由通報網將轉銜服務資料通報至社政、勞工或其他相關主管機關銜接提供福利服務、職業重建、醫療或復健等服務，並由學生原就讀學校追蹤輔導 6 個月。

五、《身心障礙者權益保障法》（2007，歷經 2009、2011 至 2015 的修正）和《身心障礙者生涯轉銜計畫實施辦法》（2013）

《身心障礙者權益保障法》（2011）第 48 條指出，為使身心障礙者不同之生涯福利需求得以銜接，直轄市、縣（市）主管機關相關部門，應積極溝通、協調和制定生涯轉銜計畫，以提供身心障礙者整體性及持續性服務。《身心障礙者生涯轉銜計畫實施辦法》（2013）則進一步依據《身心障礙者權益保障法》第 48 條，參考《身心障礙者生涯轉銜服務整合實施方案》（2006）訂定，於第 2 至 6 條提及辦理的原則、單位、時間，以及轉銜服務計畫內容和追蹤如下：

> 主管機關、各目的事業主管機關及相關機關（構）依本辦法規定辦理身心障礙者生涯轉銜服務時，應尊重身心障礙者意願及以其最佳利益為優先考量。

直轄市、縣（市）主管機關及各目的事業主管機關，為受理轉銜服務計畫之通報及提供轉銜服務，應設身心障礙者生涯轉銜通報及服務窗口（以下簡稱轉銜窗口）。前項轉銜窗口得委託公私立學校、機構、財團法人或社團法人辦理。

主管機關及各目的事業主管機關、相關機關（構）、學校或其他場所（以下簡稱轉出單位），除另有規定外，應於身心障礙者生涯階段轉銜前 1 個月邀請轉銜後生涯階段之機關（構）、學校或其他場所（以下簡稱轉入單位）、身心障礙者本人、其家人及相關人員，召開轉銜會議確定轉銜服務計畫，並填具轉銜通報表通報所屬轉銜窗口。前項轉銜服務計畫內容應包括下列項目：一、身心障礙者基本資料。二、轉銜原因。三、各階段專業服務資料。四、家庭輔導計畫。五、個案身心狀況及需求評估。六、個案能力分析。七、未來服務建議方案。八、轉銜服務準備事項。九、受理轉銜單位。十、其他特殊記載事項。

轉出單位依前條規定辦理轉銜服務，應將轉銜服務計畫，於轉銜會議後 14 日內送達轉入單位。轉入單位應於轉銜後 14 日內，將受案情況填具轉銜通報回覆表，通報所屬轉銜窗口，該轉銜窗口並應即通知轉出單位轉銜服務結果。

身心障礙者經轉銜服務完成後，轉出單位應持續追蹤 6 個月。

六、《發展遲緩兒童早期療育服務實施方案》（1997 頒布、2009 和 2016 修正）

《發展遲緩兒童早期療育服務實施方案》（2016）強調發展遲緩兒童進入學前教育場所，以及學前進入國民教育之轉銜，提出建構發展遲緩兒童學前與國民教育之融合與轉銜服務。融合與轉銜服務包括三部分：一為辦理發展遲緩兒童之特殊教育需求鑑定，並完成含教育安置建議及所需相關服務之評估報告。二為協調通報轉介中心、個案管理中心等單位，辦理發展遲緩兒童進入學前教

育場所之轉銜，並提供安置場所規畫、轉銜會議召開及轉銜服務資料填寫等服務。三為協調發展遲緩兒童學前教育原安置場所，辦理發展遲緩兒童進入國民小學、特殊教育學校國小部之轉銜，並提供安置學校規劃、轉銜會議召開及轉銜服務資料填寫等服務。

參、我國身心障礙者個別化家庭服務計畫之法規

一、《特殊教育法》（1997、2009、2013）

　　我國《特殊教育法》（1997）第 25 條指出早期療育：「為提供身心障礙兒童及早接受療育之機會，各級政府應由醫療主管機關召集，結合醫療、教育、社政主管機關，共同規畫及辦理早期療育工作。對於就讀幼兒教育機構者，得發給教育補助費。」之後，《特殊教育法》（2009）明確指出，特殊教育的服務對象為 3 歲以上兒童，第 23 條規定：「身心障礙教育之實施，各級主管機關應依專業評估之結果，結合醫療相關資源，對身心障礙學生進行有關復健、訓練治療。為推展身心障礙兒童之早期療育，其特殊教育之實施，應自 3 歲開始。」在《特殊教育法》（2013）的修訂中，為配合《幼兒教育及照顧法》（2011），早期療育的服務對象改成自 2 歲開始。

二、《發展遲緩兒童早期療育服務實施方案》（1997 頒布、2009和 2013 修訂）

　　內政部修正之《發展遲緩兒童早期療育服務實施方案》（2013），修改2009 年法規中「發展遲緩兒童早期發現、早期介入」的目標為，結合社政、衛生、教育、警政等相關單位資源，落實推動「兒童發展早期發現與篩檢、通報轉介、聯合評估、療育服務、追蹤輔導及家庭支持服務等相關工作，並促進早期療育跨單位聯繫合作功能之發揮，以提供發展遲緩兒童及其家庭整合介入之服務」。《發展遲緩兒童早期療育服務實施方案》指出工作項目包括：綜合規畫、發現與篩檢、通報轉介與個案管理、聯合評估、療育與服務，以及宣導與

訓練。其中在療育與服務方面，在發展遲緩兒童方面，包括於幼兒園或其他適當場所實施發展遲緩兒童特殊教育，並補助其教育費用；以及提供到宅、到社區療育據點、居家托育或其他定點之療育服務。在發展遲緩兒童家庭方面，包括落實家庭支持系統及家庭充權服務措施，推展發展遲緩兒童及其手足之臨托、喘息或輔導等服務及家長親職教育技巧課程訓練，提升家庭功能；以及編印資源手冊提供家長參考運用，協助發展遲緩兒童家庭提升使用資源能力。

《發展遲緩兒童早期療育服務實施方案》（1997 頒布、2009 修正）原本規定：早期療育服務工作程序自發現初篩至療育安置等項目中，規畫應於評估之後召開個案療育會議，進而擬訂發展遲緩兒童家庭之 IFSP，以作為銜接安排療育安置之依據；然而在 2013 年的修正中刪除了 IFSP 的擬訂。

三、《兒童及少年福利與權益保障法》（2011，歷經 2012 至 2015 的修正）和《兒童及少年福利與權益保障法施行細則》 （2012，2015 修正）

出生至 2 歲嬰幼兒早期介入服務歸屬於內政部，於 2003 年內政部將《兒童福利法》及《少年福利法》合併修正為《兒童及少年福利法》，於 2011 年再將名稱修改為《兒童及少年福利與權益保障法》，隨後頒布《兒童及少年福利與權益保障法施行細則》（2012）。其中《兒童及少年福利與權益保障法》第 31 和 32 條指出，政府應建立 6 歲以下兒童發展之評估機制，對發展遲緩兒童，應按其需要，給予早期療育、醫療、就學及家庭支持方面之特殊照顧。各類社會福利、教育及醫療機構，發現有疑似發展遲緩兒童，應通報直轄市、縣（市）主管機關。直轄市、縣（市）主管機關應將接獲資料，建立檔案管理，並視其需要提供、轉介適當之服務。法規並明示衛生及教育等主管機關、相關機構或團體的職責。

《兒童及少年福利與權益保障法施行細則》（2012）第 8 條說明早期療育為：「社會福利、衛生、教育等專業人員以團隊合作方式，依未滿 6 歲之發展遲緩兒童及其家庭之個別需求，提供必要之治療、教育、諮詢、轉介、安置與其他服務及照顧。」《兒童及少年福利與權益保障法施行細則》（2012）第 9

條界定發展遲緩兒童如下：

> 在認知發展、生理發展、語言及溝通發展、心理社會發展或生活自理
> 技能等方面，有疑似異常或可預期有發展異常情形，並經衛生主管機
> 關認可之醫院評估確認，發給證明之兒童。發展遲緩兒童再評估之時
> 間，得由專業醫師視個案發展狀況建議之。

　　由上可知，國內相關法規皆未提及 IFSP，雖然早期介入強調家庭參與和支持及團隊合作，但目前的實施仍以 IEP 為主，早期介入團隊專業人員對 IFSP 較陌生，實務上常流於形式或是嘗試調整階段。因此，須藉由他國的實施經驗以作為發展和執行 IFSP 之參考。

肆、我國個人未來生活計畫之法規

　　我國身心障礙者離開學校後，並沒有像美國的 PFP，為他們擬訂的是「**就業服務計畫**」（或「**職業重建計畫**」），抑或「**ISP**」。就業服務計畫是源自於行政院勞工委員會（2008 頒布、2011 修訂）《補助地方政府辦理身心障礙者支持性就業服務計畫》，它是為了對具有就業意願及就業能力，但尚不足以獨立在競爭性就業市場工作之身心障礙者，提供個別化就業安置、訓練及其他工作協助等支持性就業服務而擬訂。而 ISP 出現在身心障礙福利機構中，政府將機構與服務對象的定型化契約增加 ISP 相關條文，機構服務依據《機構服務身心障礙者契約書》第 4 條：「機構應依案主身心特性及需要，訂定個別化服務計畫，提供妥適之服務，並建立個案資料及紀錄。案主或家長（屬）應與機構保持聯繫，並參與個別化服務計畫之訂定。」

總結

　　法規是確保優質、個別化特殊教育服務的利器。美國 IEP 源自於《EHA 1975》中，為確保身心障礙學生獲得免費而適當的公立教育，要求學校必須為他們擬訂。ITP 緣起於《IDEA 1990》，最遲在身心障礙學生 16 歲時，學校必須於 IEP 中描述其需要的轉銜服務；若合適的話，還可以提早在學生 14 歲時，或是更早為其擬訂。IFSP 起源於《EHA 1986》，旨在根據「早期介入」的原則，對出生到 2 歲的身心障礙嬰幼兒本身、家長和其他家庭成員，提供支持服務。我國 IEP 和 ITP 源自於《特殊教育法》（1997）和《特殊教育法施行細則》（1998），各級學校應對每位身心障礙學生擬訂 IEP，並應邀請身心障礙學生家長參與其擬訂與教育安置。而我國《特殊教育法》（1997，2009）和《兒童及少年福利與權益保障法》（2011）雖然提到，早期介入發展遲緩兒童，早期介入強調家庭參與和支持及團隊合作，但法規未述及 IFSP。我國身心障礙者離開學校後，為他們擬訂的是「就業服務計畫」（或「職業重建計畫」）或 ISP，就業服務計畫是在《補助地方政府辦理身心障礙者支持性就業服務計畫》，而 ISP 是在《機構服務身心障礙者契約書》提及。

第 5 章

身心障礙者個別化計畫之執行

個別化計畫就像專業團隊合作建構的一座橋，
填補身心障礙者「現況」與「目標」間的差距。

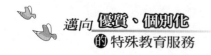

導|讀|問|題

1. 個別化計畫之執行過程包括哪些步驟？
2. 專業團隊合作的意涵為何？如何以專業團隊合作執行個別化計畫？
3. IFSP、IEP、ITP，以及 PFP 委員會包含哪些成員，其職責為何？
4. 如何召開個別化計畫會議？宜注意哪些事項？

　　前面四章的內容乃擬訂個別化計畫之基礎，本章即進一步描述個別化計畫之執行。首先綜觀個別化計畫之執行過程，接著說明此過程中之基本和共同要素，包括組織個別化計畫委員會、以專業團隊合作執行個別化計畫，以及召開個別化計畫會議。

☆第一節 個別化計畫之執行過程

　　個別化計畫之執行過程包括組織個別化計畫委員會、擬訂個別化計畫之腹案、召開個別化計畫會議、確認個別化計畫的內容是否適當、修改個別化計畫、實施個別化計畫，以及評鑑個別化計畫之實施成效七個步驟，另外，以「專業團隊合作」執行個別化計畫是所有步驟的基礎，見圖 5-1。本章於第二至四節詳細探討個別化計畫委員會之組織、個別化計畫會議之召開，以及個別化計畫之專業團隊運作三大部分，而後在接下來四章探討 IFSP、IEP、ITP 及 PFP 之執行。

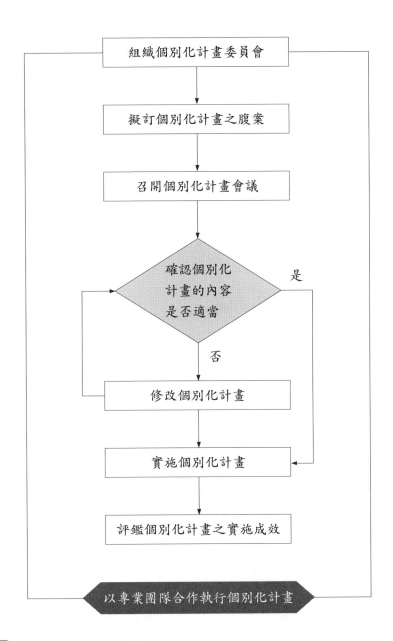

圖 5-1 個別化計畫之執行流程。

壹、組織個別化計畫委員會

組織個別化計畫委員會包括:確定委員會的成員和其職責。個別化計畫委員會的成員視個體獨特之考量而組合,所以即使是安置在同一班級的學生,甲生和乙生的委員會成員也不一定相同。

貳、擬訂個別化計畫之腹案

自本流程開始進入個別化計畫之擬訂工作,個別化計畫通常須透過會議之形式擬訂。為達會議之效率,委員會可事先根據評量結果擬訂腹案,提請討論。

參、召開個別化計畫會議

個別化計畫會議是個別化計畫執行成效的一項投資,它是整合個別化計畫委員會成員意見的機會。在正式實施個體個別化計畫之前,如能透過會議,充分討論個別化計畫之腹案,將有助個別化計畫的實施。

肆、確認個別化計畫的內容是否適當

藉由個別化計畫會議的討論,確認個別化計畫的內容是否適當;如果不適當,則修改個別化計畫;如果適當,則實施個別化計畫。

伍、修改個別化計畫

個別化計畫的內容如果不適當,則須修改;修改後再次確認個別化計畫的內容是否適當,一直修改至完全適當,個別化計畫委員會簽名認可為止,最後才付諸實施。

至於是否給予家長 IEP 的副本，我國的法令並未明示；僅在《各教育階段身心障礙學生轉銜輔導及服務辦法》（2010）中提及，轉銜服務資料得依家長需求提供家長參考。美國《IDEA 2004》則明確規定，公立教育機構應免費提供家長 IEP 的副本（Bateman & Linden, 2006），如此家長可以根據 IEP 的內容，在家配合實施，亦可以藉此了解孩子的進步情形。

陸、實施個別化計畫

個別化計畫具有「動態」的特性，強調它不只是「靜態的書面計畫」，而是要實際運作，付諸實施的。唯有透過實際的「行動」，個別化計畫的理想才得以實現。因此，「實施」所產生的功能主要有二：一為實現個別化計畫；二為驗證個別化計畫的可行性，使未來的「個別化計畫」得以更臻完美。

柒、評鑑個別化計畫之實施成效

個別化計畫設計完成付諸實施之後，即進入了評鑑的階段。評鑑是對身心障礙個體學習表現情形做有系統的評量，同時對整個個別化計畫做全面的檢討。因此評鑑的階段具有考核的性質，期能使個別化計畫與執行連貫起來。個別化計畫實施成效的評鑑可從**過程和成果**兩方面做評鑑，過程是從實施過程的完整和適切性做評鑑；成果是從個體和（或）家庭達成個別化計畫目標的情形進行評鑑。至於評鑑的方法則包括**形成和總結性評鑑**兩種，使用形成性評鑑於個別化計畫成果上，會呈現個體和家庭目標達成的進步狀況，並且持續地回饋給個體和家庭。總結性評鑑可以檢視年度個別化計畫目標達成情形，以及課程與教學或服務方案實施過程，見圖 5-2。若身心障礙者和家庭無法達到個別化計畫中的目標，則因為它並非履行契約，所以執行者不必負擔法律責任。然而，相關人員應確實執行個別化計畫，並且適時檢討與修改。

	評鑑的時間	
	形成性評鑑	總結性評鑑
個別化計畫的成果	• 身心障礙個體和家庭進步和成長狀況的報告 • 持續的回饋	• 年度個別化計畫目標達成情形的評鑑
個別化計畫的過程	• 內容和擬訂過程合法情形的評鑑 • 實施過程完整和適切性的評鑑	• 課程與教學或服務方案實施過程的檢核

（左側直排標示：評鑑的內容）

圖 5-2 個別化計畫的評鑑內容和時間。

☆第二節 個別化計畫委員會之組織

　　組織個別化計畫委員會包括：界定個別化計畫委員會的成員、確定委員會成員的職責兩大部分，筆者整理美國和我國 IFSP、IEP/ITP，以及 PFP/ISP 中的團隊成員和其職責如表 5-1。

　　由表 5-1 可知，美國和我國的所有個別化計畫委員會皆包含家長、其他由家長要求或邀請陪同出席的人員（例如：其他家庭成員）；其他人員則有些微差異，例如除了 IFSP 外，其他個別化計畫委員會皆包含身心障礙者本人。Cooper（1996）即指出，IEP 要有身心障礙者與家長的充分參與才有意義，IEP 的擬訂應該考量家長對孩子的期望，以及身心障礙者對自己想學什麼的看法，並且定期向家長報告孩子的進步情形，以及讓身心障礙者自我檢核學習狀況。又例如 IEP/ITP 則會包含公立機構（包含州教育機構、學區教育機構、介於州和學區間的中間教育單位，和其他辦理特殊教育的政府機構）代表或學校行政人員，美國指的是前者，因為正確的 IEP 擬訂是介於評量與鑑定和安置之間，因應學生 IEP 中的需求規畫安置形態，甚至創造服務模式；而我國指的是後者，

表 5-1　美國和臺灣個別化計畫委員會成員和其職責

個別化計畫委員會成員	職責	美國 [a]				臺灣 [b]		
		IFSP	IEP	ITP	PFP	IEP/ITP	ISP	IFSP
家長	1. 提供孩子之學習和發展資料 2. 提供孩子接受其他服務的資料 3. 協助擬訂教育目標、轉銜目標或服務目標	✓	✓	✓	✓	✓	✓	✓
其他由家長邀請或要求陪同出席的人員（例如：其他家庭成員）	1. 協助家長提供孩子之學習和發展資料 2. 協助家長提供孩子接受其他服務的資料 3. 協助擬訂教育目標、轉銜目標或服務目標	✓	✓	✓	✓	✓	✓	✓
身心障礙者本人（若適合的話）	1. 提供自己在課程及教室表現之資料 2. 提供自己生涯目標或興趣的資料 3. 分享自己在過去計畫中所訂目標的表現資料 4. 協助確認適合自己學習的教育目標、轉銜目標或服務目標		✓	✓	✓	✓	✓	✓
跨專業評量小組成員	1. 解釋鑑定和評量結果的資料 2. 解釋評量結果如何應用在教學上	✓	✓ (一位)	✓ (一位)				✓

表 5-1　美國和臺灣個別化計畫委員會成員和其職責（續）

個別化計畫委員會成員	職責	美國[a]				臺灣[b]		
		IFSP	IEP	ITP	PFP	IEP/ITP	ISP	IFSP
公立機構代表或學校行政人員	1. 安排特殊教育相關服務或轉銜服務 2. 促成不同學校或機構間的聯繫與合作 3. 提供與協調個體安置學校或機構內的各項資源		✓ （一位）	✓ （一位）		✓		
特殊教育教師	1. 提供個體障礙狀況資料 2. 界定個體的能力現況 3. 指明個體的特殊教育需求 4. 參與鑑定和評量資料的解釋 5. 協助擬訂教育目標或轉銜目標		✓ (不少於一位)	✓ (不少於一位)		✓		
相關教師（若身心障礙學生現在或未來可能安置在普通班）	1. 提供個體班級表現資料 2. 提供課程設計的資料 3. 協助擬訂教育目標或轉銜目標 4. 指明個體接受普通教育的能力和需求		✓ (不少於一位)	✓ (不少於一位)		✓[c]		
服務協調者（或個案管理員）	協調和整合個體和其家庭所需的服務	✓	✓[c]		✓		✓	✓

表 5-1 美國和臺灣個別化計畫委員會成員和其職責（續）

個別化計畫 委員會成員	職責	美國 [a]				臺灣 [b]		
		IFSP	IEP	ITP	PFP	IEP/ ITP	ISP	IFSP
專業服務提供者（例如：提供身心障礙者家庭照顧者服務的人員、提供家庭教育和支持的人員、教保服務人員）	提供個體或其家庭所需的服務	✓			✓		✓	✓
除上述人員外，其他家長或公立機構認為了解該位身心障礙者，或是能符合他特殊需求的專家，例如語言治療師、社會工作師等特殊教育相關專業人員（視狀況需要）	1. 解釋相關評量資料 2. 提供個體獨特需求的建議 3. 提供特殊教育相關或其他服務之建議	✓	✓	✓	✓	✓	✓	✓
轉銜服務機構代表（視狀況需要）	視學生需要可以邀請下一階段的轉銜服務機構代表參加會議，提供意見以做良好轉銜的準備。			✓		✓		

註：[a] 美國 IEP/ITP 和 IFSP 委員會成員是依據《IDEIA 2004》的規定，PFP 是依據 Moss 和 Wiley（1995）的文獻。

　　[b] 我國 IEP/ITP 則依據《特殊教育法施行細則》（2013）；而由於國內沒有法規明確規定 IFSP 和 ISP 的成員，所以乃依據筆者的觀點。

　　[c]《IDEIA 2004》指出，發展遲緩嬰幼兒在轉銜至學前教育機構接受《B 部分》服務時，於家長的要求下，《C 部分》服務協調者可以受邀參與第一次 IEP 會議，以確保服務能獲得順利的轉銜。

因為 IEP 是在評量與鑑定安置後擬訂，詳見第三章圖 3-1。有些人員則視需要納入，例如普通教育教師是當身心障礙學生現在或未來可能安置在普通班時，轉銜服務機構代表是當學生要進行轉銜時會加進來。文獻（Clark, 2000; Katsiyannis & Zhang, 2001; Morningstar & Mutua, 2003）指出，有效的轉銜計畫除了包含個別化計畫和轉銜焦點的教學外，還涵括學生和家庭成員的主動參與和跨機構的合作，因此 ITP 委員會加入了轉銜服務機構人員，以促進跨機構的合作。

　　舉例來說，擬訂 IEP 首先須組織 IEP 委員會，而且在 IEP 封面應詳細註明這是哪一位學生的 IEP，就讀學校和班級，哪一個學年和學期的 IEP，以及其 IEP 委員會的成員，和 IEP 擬訂完成日期，在完成後，須經過委員會成員的簽名認可，見示例 5-1。「IEP 委員會之組織表」見 ⊙附錄一。

示例 5-1 個別化教育計畫基本資料之撰寫

學生姓名	林○○		學校／班級	高雄市○○國中一年十六班
學年／學期	九十七學年第一學期		擬訂完成日期	2008 年 9 月 30 日
個別化教育計畫委員會				
參與人員	職稱或與學生之關係		簽　名	意　見
學校行政人員	校長		○○○	
	輔導主任		○○○	
	特殊教育組長		○○○	
教師	特殊教育教師		○○○	
	特殊教育教師		○○○	
	特殊教育教師		○○○	
特殊教育相關專業人員	職能治療師		○○○	
	語言治療師		○○○	
家長或監護人	媽媽		○○○	
其他	嬸嬸		○○○	

☆第三節 個別化計畫之專業團隊運作

　　本節首先探討專業團隊之意涵，接著討論如何促進身心障礙者和其家長，以及普通教育教師參與擬訂個別化計畫；最後呈現如何與特殊教育專業人員合作擬訂個別化計畫。Kroeger、Leibold 和 Ryan（1999）提及，IEP 執行的成功有賴於全體團隊成員的主動參與和合作，而非只是聽聽看、簽簽名而已。不僅是 IEP，其他個別化計畫亦是如此。

壹、專業團隊合作之意涵

　　專業團隊（disciplinary teamwork），有些文獻以「專業整合」、「科際整合」或「合作團隊」（collaborative teamwork）稱之；專業團隊係指接受過不同專業訓練的人員組成的團隊，以合作的方式協調彼此間的專業，提供身心障礙者整體性服務，和解決其面臨的問題。**諮詢**（團隊成員分享彼此的專業知能）、**合作**（團隊成員共同參與和努力），以及**以團隊意見為基礎的決策**為專業團隊的三項要素。

　　專業團隊的成員會因個體需求而有所不同，個體的需求改變，成員的性質和組成就跟著改變。依據 Rainforth 和 York-Barr（1997），專業團隊的成員依參與的程度，通常可包括**核心成員**和**支持成員**兩種。核心成員必須提供深入而經常性或每日的服務，支持成員只須提供偶爾和巡迴的服務。

　　Bambara、Nonnemacher 和 Koger（2005）指出，合作團隊具備分享願景和目標、地位平等、正向的團隊關係、分享參與和決策權，以及分擔績效責任五項必要的特徵，如圖 5-3。

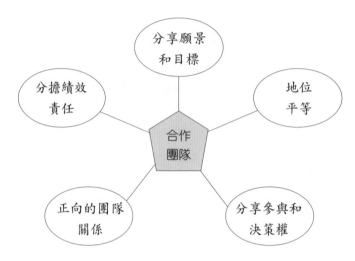

圖 5-3 合作團隊的必要特徵。修改自 Bambara 等人（2005, p. 75），修改圖框和線條形式。

　　一個有效的團隊特徵是創造開放和坦誠的氣氛，團隊成員能夠說出他們的觀感，不會批評別人，也不會擔心被批評。綜合文獻（Correa, Jones, & Thomas, 2004; Friend & Cook, 2000; Ogletree, Bull, Drew, & Lunnen, 2001），有效團隊運作的要素包括以下六項：（1）正向的互賴關係；（2）經常面對面的互動；（3）發展團隊人際溝通技能，例如傾聽、溝通、提供和接受回饋、創造性的問題解決和解決衝突的技能等；（4）經常評鑑團隊功能發揮的情形；（5）每位團隊成員貢獻自己的專業知能；（6）團隊成員承諾跨越專業界限，相互學習和共同合作。Ogletree 等人（2001）還提及，成功的團隊在做決策時是以家庭中心。有效和無效團隊的特徵如表 5-2。

　　Bambara 等人（2005）綜合文獻指出，團隊領導者可採取以下作法，創造開放和坦誠的氣氛：（1）鼓勵團隊成員依循團隊基本原則；（2）引導團隊成員傾聽他人說話，鼓勵他們設身處地了解他人的觀點；（3）協助團隊成員看到他人表達內容之價值，即使他們和自己的想法不同；（4）在衝突發生時，協助團隊成員使用問題解決策略因應問題，而不是責罵他人；（5）示範和鼓勵有效的溝通技巧。

表 5-2　有效和無效團隊的特徵

有效的團隊特徵	無效的團隊特徵
1. 有向心力的團隊成員，為達到目標，共同解決問題。	1. 團隊成員向心力不足，對工作的認同感不夠，因此無法共同解決問題。
2. 所有團隊成員皆有參與和領導權。	2. 團隊成員的參與是不平等的。
3. 目標在團隊共識下形成。	3. 目標並非在團隊共識下形成。
4. 能力和資訊決定影響力和權力。	4. 地位決定影響力，強調順從權威。
5. 雙向的溝通和正向的互賴關係。	5. 單向溝通，忽視團隊成員的感受。
6. 團隊成員共同做決策。	6. 團隊領導者作決策，其他團隊成員極少參與。
7. 正視和解決衝突。	7. 忽視、避免和否定衝突。

註：綜合整理自 Friend 和 Cook（2000），Correa 等人（2004），以及 Thousand 和 Villa（2000）的文獻。

貳、如何促進身心障礙者參與擬訂個別化計畫

　　自我決策對身心障礙者的生涯發展和轉銜過程尤其重要，更是對他們進行轉銜輔導時應強調的概念；而由身心障礙者主導學習與表現，是自我決策最根本的作法，它能開展他們的能力，幫助他們達到成功離校後生活的目標（Field et al., 1998）。

　　自我決策能力的培養無法一蹴可幾，必須融入於身心障礙者學習和生活中長時間培養。Held、Thoma 和 Thomas（2004）指出有三種方式培養學生的自我決策能力，一為**直接教導特定的核心技能**；二為**使用特定的課程**；三為**在會議或評量過程促進自我決策**（p. 178）。而 Konrad（2008）表示讓身心障礙學生參與 IEP，能增進其自我決策能力。國外近年來有許多文獻探討自我引導，或學生引導之 IEP 的擬訂（例如：Kupper & McGahee-Kovac, 2002; Martin, Marshall, Maxson, & Jerman, 1997; McGahee, Mason, Wallace, & Jones, 2001）。以下探究在 IEP/ITP 中實踐自我決策之理念與現況，以及可採取的作法，不只可讓

身心障礙個體參與 IEP，亦可參與 ITP 和 PFP。

一、在 IEP 中實踐自我決策之理念

Wehmeyer（2003, 2007）指出可藉由讓身心障礙學生參與IEP，以及課程、教學和評量之設計與實施過程，實踐自我決策之理念。Wehmeyer 和 Field（2007）更進一步表示，自我決策的品質指標包含：（1）在課程、家庭支持方案和人員發展中揭示自我決策的知識、技能和態度；（2）學生、家長和教育人員參與個別化教育的決策和計畫中；（3）提供學生、家長和教育人員選擇的機會；（4）鼓勵學生、家長和教育人員冒適當的風險做新的嘗試；（5）促進支持的關係；（6）給予符合個別需求的調整與支持；（7）學生、家長和教育人員擁有表達自我的機會並且被了解；（8）可預測行動的結果；（9）在遍及所有的環境中示範自我決策。

相關研究指出，讓身心障礙學生參與 IEP/ITP/PFP，能協助他們了解其優勢、障礙狀況和法定權利（Barrie & McDonald, 2002; Mason et al., 2002），促進自信心、自我決策和自我倡議能力（Konrad, 2008, Martin, van Dycke, Christensen, et al., 2006; Mason et al., 2002; Torgerson, Miner, & Shen, 2006; Wood, Karvonen, Test, Browder, & Algozzine, 2004），認識 IEP/ITP 過程、覺察生涯轉銜、提高學生對 IEP/ITP 的所有權和充權賦能感、參與 IEP/ITP 會議的意願和品質（包含參與的時間、溝通自我的觀感、主動程度等）、選擇適合自己學習的目標（Allen, Smith, Test, Flowers, & Wood, 2001; Arndt, Konrad, & Test, 2006; Danneker & Bottge, 2009; Kroeger, Leibold, & Ryan, 1999; Martin, van Dycke, Chistensen et al., 2006; Mason et al., 2002; Moyers, 2007; Powers et al., 2001; Rose, McNamara, & O'Neil, 1996; Snyder, 2000, 2002; Stroggilos, & Xanthacou, 2006; Sugai, 1985; Sweeney, 1997; Torgerson, Miner, & Shen, 2006;Van Dycke, 2005; Van Dycke, Martin, & Lovett, 2006），進一步提升中學畢業率（Benz, Lindstrom, & Yovanoff, 2000）、增進就業率和生活品質（Furney & Salembier, 2000; Halpern, Yovanoff, Doren, & Benz, 1995; Wehmeyer, Agran, & Hughes, 2000），以及增加家長參與 IEP 會議（Mason, McGahee-Kovac, & Johnson, 2004）。

Martin、Van Dycke 和 Christensen 等人（2006）更進一步指出自我引導，教導學生主導 IEP，在增進學生參與 IEP 上是證據本位的實務作法；教師應教導學生參與 IEP，作為學習關鍵自我決策技能（包括自我倡議、目標設定和自我評鑑）的方式，而且宜盡早在小學低年級即開始實施。

二、在 IEP/ITP/PFP 中實踐自我決策之作法

　　Konrad 和 Test（2004）指出一般 IEP 的過程包含計畫 IEP、草擬 IEP 腹案、召開會議發展 IEP，以及實施 IEP 四個階段。當要讓學生參與 IEP 的過程時，則須在初始加入「建立背景知識」階段；其中第二至第五階段是循環的過程，實施 IEP 後做的評鑑，可以作為計畫學生下一個 IEP 的基礎（Konrad, 2008），如圖 5-4。以下討論如何在這五個階段中實踐自我決策的理念，這些階段亦可運用於 ITP/PFP 中。

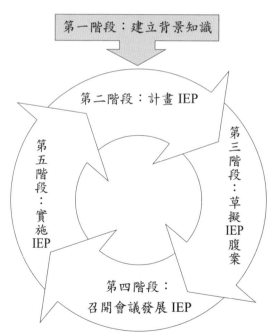

圖 5-4　增進身心障礙學生參與個別化教育計畫擬訂的五個步驟。修改自 Konrad（2008, p. 236），修改處為加入網底。

(一) 建立背景知識階段

在發展背景知識階段，教師旨在協助學生了解自己的障礙，以及能力現況的優勢和需求，認識他所接受的特殊教育服務和 IEP 過程，以及明瞭個人在 IEP 中扮演的角色和重要性（Konrad, 2008; Kupper & McGahee-Kovac, 2002）。McGahee 等人（2001）撰寫的《學生引導之 IEP——學生參與的指引》，以及 McGahee-Kovac（2002）著述的《學生之 IEP 導引》，可協助學生認識 IEP 過程。Konrad 和 Test（2004）發展「IEP 尋寶活動」，要學生從其 IEP 中找到特定的資訊，例如找到簽名頁，命名兩位參加他上學期 IEP 會議的人；計算有多少長期目標和 IEP 有多少頁；活動的內容和難度可視學生的年齡、能力和先前經驗作調整。Konrad（2008）提出引導學生閱讀「描述身心障礙者的故事」，而後要學生界定該身心障礙者的優勢和需求，並進一步討論其 IEP 的內容。

(二) 計畫 IEP 階段

在計畫 IEP 階段，Konrad（2008）提出首先**引導學生說出自己的願景**，可藉由以下語句完成的方式：「中學畢業後，我計畫過 ＿＿＿＿＿＿ 的生活，學習 ＿＿＿＿＿＿，做 ＿＿＿＿＿＿ 工作，和從事 ＿＿＿＿＿＿ 休閒活動」，以協助學生表達畢業後的生活規畫。除此，Konrad（2008）建議可透過**讓學生參與評量過程**，例如為學生施測興趣或性向測驗，協助他們表達願景和轉銜目標。陳靜江和鈕文英（2008）編製《高中職身心障礙學生轉銜能力量表》學校、家庭和學生三種版本，其中在學生版本的施測上，作者建議融進課程中，由教師讀題目，分成數節課讓學生自我評量其能力表現，而後將需要教導之轉銜能力納入課程中實施。

再者，為增進學生參與 IEP/ITP，文獻建議**教導學生自我決策的能力**（Mason et al., 2002）；**自我倡議的能力**，輔助學生發現自己的需求，提出符合自己需求的目標、服務和調整方案（Hammer, 2004; Van Reusen & Bos, 1990, 1994; Van Reusen, Bos, Schumaker, & Deshler, 1994）；**目標設定，發展、監控和調整計畫的能力**（Eisenman & Chamberlin, 2001）；以及**參與 IEP/ITP 會議的能力**，

例如可讓學生**寫邀請函**，邀請相關人員參與他們的 IEP /ITP 會議；或是**寫提醒信**，提醒參與人員 IEP/ITP 會議的相關事項；此教學可融入於語文課中實施（Konrad, 2008; Martin, van Dycke, Christsen et al., 2006）。而對於書寫能力有困難的學生，Konrad（2008）建議教師可設計邀請函或提醒信的樣板，學生只須在空白處填入自己所需的資料即可。

(三) 草擬 IEP 腹案階段

在草擬 IEP 腹案階段，Konrad（2008）提出，首先教導學生寫出自己的優勢和需求，教師可以用如下主題句：「我有很多優點……」，引導學生寫下自己的優勢。接著，教師採取如下主題句：「我需要學習很多事情……」，協助學生寫出自己的需求；之後引導學生將需求的敘述，轉換成「我要……」的語句，此語句就可成為學生 IEP 的目標（Konrad & Test, 2007; Konrad, Treal, & Test, 2006）。完成 IEP 腹案之後，教師可以要求學生與家長共同檢視此腹案，了解家長的想法，以提升 IEP 正式會議的順暢性和效率（Konrad, 2008）。

(四) 召開會議發展 IEP 階段

在召開會議發展 IEP 階段，Konrad（2008）表示學生參與 IEP 會議的方式可以多樣，包括對年紀較小的學生，他們只是學習 IEP 會議的召開過程，涵蓋出席會議、介紹與會人員和表現適當的傾聽技能；對年紀較大的學生，他們的參與量會增加，涵蓋在會議中分享他們的願景和目標，甚至是由學生主持會議。Mason 等人（2004）亦指出學生參與 IEP 會議，從少至多包含三個層次：第一個層次是學生呈現有關他未來轉銜計畫的少量資訊；第二個層次是學生解釋他的障礙，分享其能力現況的優弱勢，以及說明他所需的調整；第三個層次是學生帶領 IEP 會議。

Martin 等人（1997）撰寫的《自我導向的 IEP》（*Self-directed IEP*），呈現學生帶領 IEP 會議的步驟，包括：（1）藉由描述會議的目標以展開會議；（2）介紹與會人員；（3）回顧過去的目標和表現；（4）尋求其他人的回饋；（5）表達自己的學校和轉銜目標；（6）詢問不了解的問題；（7）處理歧見；

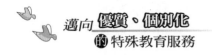

（8）陳述需要什麼支持；（9）歸納 IEP 目標；（10）透過感謝與會人員以結束會議；（11）學習 IEP 的目標。Test 等人（2004）運用口語複誦、角色扮演和提示等策略，教導學生參與 IEP 會議。Mason 等人（2004）還提出：教師可以安排曾主持 IEP 會議的學生充當楷模，示範帶領會議的步驟和技巧。

(五) 實施 IEP 階段

在實施 IEP 階段，Konrad（2008）表示可以教導學生自我問答以下問題，以檢視 IEP 執行情形：我是否獲得在 IEP 目標上的教學，必需的課程與評量調整？需要修改 IEP 目標嗎？如果學生在普通班未獲得 IEP 目標上的教學，或必需的課程與評量調整，特殊教育教師可以教導學生「**自我倡議技能**」，為自己爭取學習上的權益。另外，Alber 和 Heward（2000）提出還可以教導學生「**自我爭取技能**」（self-recruitment skills），尋求教師和同儕讚美與注意的策略。

之後，Konrad（2008）指出，可以教導學生自我監控和評鑑其進步狀況，並且以第一人稱的方式，整理自己進步狀況的報告，在 IEP 檢討會議中，與教師和家長分享自己的學習成果。

筆者認為上述學生參與 IEP 過程須學習的內容，亦可列為 IEP 目標之一，例如：「能說出擬訂 IEP 的功能」、「在提供樣板的協助下，能書寫邀請函邀請參與 IEP 會議的人員」等。為了增進學生參與 IEP 的擬訂和實施，Wehmeyer、Sands、Knowlton 和 Kozleski（2002）提出「**適用於教學的自我決策學習模式**」（self-determined learning model of instruction），包括設定目標、採取行動，以及調整目標或計畫三個階段，每一個階段涵蓋教師提供的「教育支持」，以促進學生自我導向的學習；而這些教育支持主要在引導學生解決其問題，在教育支持下，教師針對學生的每一項問題，提出因應的「教師目標」，如圖 5-5。

總之，讓身心障礙學生參與 IEP/ITP，具有法規基礎，並且有實證資料證明它能增進其自我決策能力。配合建立背景知識、計畫 IEP、草擬 IEP 腹案、召開會議發展 IEP，以及實施 IEP 五個階段，加上運用「教學的自我決策學習模式」，學校可盡量及早發展學生的自我決策能力，促進學生參與 IEP/ITP 過

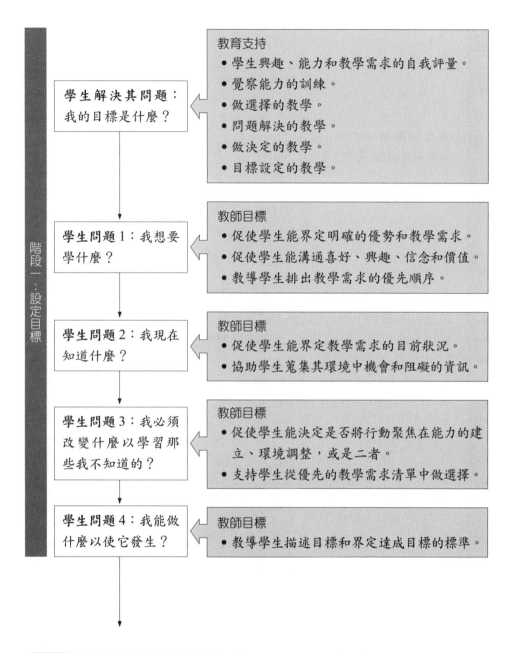

教育支持
- 學生興趣、能力和教學需求的自我評量。
- 覺察能力的訓練。
- 做選擇的教學。
- 問題解決的教學。
- 做決定的教學。
- 目標設定的教學。

學生解決其問題：我的目標是什麼？

教師目標
- 促使學生能界定明確的優勢和教學需求。
- 促使學生能溝通喜好、興趣、信念和價值。
- 教導學生排出教學需求的優先順序。

學生問題1：我想要學什麼？

教師目標
- 促使學生能界定教學需求的目前狀況。
- 協助學生蒐集其環境中機會和阻礙的資訊。

學生問題2：我現在知道什麼？

教師目標
- 促使學生能決定是否將行動聚焦在能力的建立、環境調整，或是二者。
- 支持學生從優先的教學需求清單中做選擇。

學生問題3：我必須改變什麼以學習那些我不知道的？

教師目標
- 教導學生描述目標和界定達成目標的標準。

學生問題4：我能做什麼以使它發生？

階段一：設定目標

圖 5-5 教學的自我決策學習模式。修改自 Wehmeyer 等人（2002, pp. 246-248）。

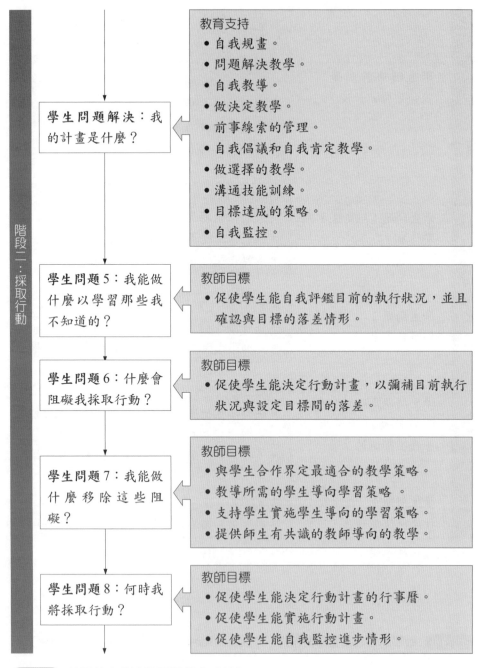

圖 5-5 教學的自我決策學習模式（續）。

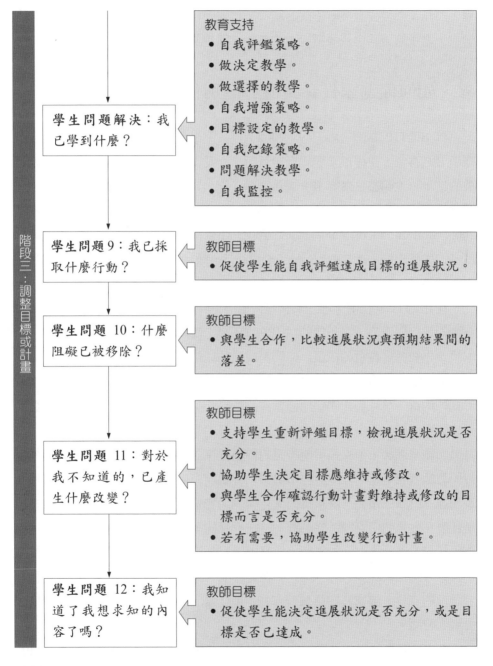

階段三：調整目標或計畫

教育支持
- 自我評鑑策略。
- 做決定教學。
- 做選擇的教學。
- 自我增強策略。
- 目標設定的教學。
- 自我紀錄策略。
- 問題解決教學。
- 自我監控。

學生問題解決：我已學到什麼？

學生問題 9：我已採取什麼行動？

教師目標
- 促使學生能自我評鑑達成目標的進展狀況。

學生問題 10：什麼阻礙已被移除？

教師目標
- 與學生合作，比較進展狀況與預期結果間的落差。

學生問題 11：對於我不知道的，已產生什麼改變？

教師目標
- 支持學生重新評鑑目標，檢視進展狀況是否充分。
- 協助學生決定目標應維持或修改。
- 與學生合作確認行動計畫對維持或修改的目標而言是否充分。
- 若有需要，協助學生改變行動計畫。

學生問題 12：我知道了我想求知的內容了嗎？

教師目標
- 促使學生能決定進展狀況是否充分，或是目標是否已達成。

圖 5-5 教學的自我決策學習模式（續）。

程，而此參與從少至多有不同的層次，可視學生的年齡和能力選擇適合參與的層次，之後隨著其自我決策能力的進展，逐步調整參與的層次。

參、如何促進家長參與擬訂個別化計畫

以 IEP/ITP 為例，McCoy（2000）以一位學習障礙高中生為例，說明家長參與 IEP 會議，並提供多種訊息給教師，以及與教師合作、溝通，且持續觀察他的進步，說明家長參與 IEP 的重要性。至於增加家長參與 IEP/ITP 的方法，綜合文獻（Chen & Miles, 2004; Goldstein, 1980; Green, 1988; Herr & Bateman, 2006; Moltzen, 2000; Muhlenhaupt, 2002; Muscott, 2002; Pruitt & Wandry, 1998; Rock, 2000; Seligman, 2000; Simpson, 1996; Soffer, 1980），從會議前、中和後三方面討論。

在 IEP/ITP 會議前，增加家長參與的方法包括：第一，讓家長了解 IEP/ITP 會議的意義與價值，以及他們在 IEP/ITP 中扮演的角色和其重要性。第二，讓家長預先知道委員會的成員，他們對成員的期待；並且告知他們如果有必要，可以邀請其他人員陪同出席會議。第三，預先了解家長對 IEP/ITP 會議內容和形式的期待，並且告知需要他們準備的資料；另外，在開會前先了解家長的訴求或問題，例如國中（或高中職）即將畢業的學生，教師可能擬訂的轉銜目標為參加職業訓練，但家長可能設定的轉銜目標為留在家裡，由此可知家長的期待與教師者有落差，教師應在 IEP/ITP 會議前充分掌握，以便做充分準備與家長溝通。第四，預先了解家長的文化與溝通方式，以及參與會議的障礙和需求是什麼，省思如何克服這些障礙，符合家長的需求，例如家長是否需要交通、孩子托育、溝通等方面的協助，像是聽障家長應該考慮提供手語翻譯員，外籍家長應考慮提供翻譯者等。第五，在開會前，先讓家長收到其孩子學習目標相關狀況的資料，讓家長在會議前有初步的了解。第六，配合家長安排 IEP/ITP 會議的時間。

在 IEP/ITP 會議中，增加家長參與的方法包含：第一，讓家長覺得在 IEP/ITP 會議中獲得尊重，被視為擬訂 IEP/ITP 的核心成員，是受歡迎與有價值的

人，而且是計畫擬訂者，能參與決定長短期目標的優先順序。第二，使家長充分獲知其孩子的資訊，傾聽和記錄他們關注的問題。第三，提供家長 IEP/ITP 資料或與家長溝通時，宜使用他們能理解的語言，避免使用過多的專業術語，讓彼此的互動更具親和力。第四，掌握有效溝通的原則，包括：（1）接納；（2）積極地聆聽；（3）藉由提問探詢家長的想法；（4）鼓勵家長表達觀點；（5）與家長發展成合作的夥伴關係（Wilson, 1995）。第五，只要家長有參與，不管其參與度如何，皆給予肯定。

在IEP會議後，增加家長參與的方法包括：（1）頻繁地會晤家長，討論孩子的學習方案；（2）鼓勵家長與學校配合，在家延續對孩子的教育。除此，有一些給家長的 IEP 指引（Rebhorn, 2002; Siegel, 2011; Taylor, 2001），可協助他們了解和參與擬訂 IEP。

在促進家長參與 IFSP 的擬訂上，Koegel、Koegel、Boettcher 和 Brookman-Frazef（2005）舉例比較親職教育中，「專家導向」與「家長—專家夥伴關係」的互動差異，見表 5-3。

肆、如何促進普通教育教師參與擬訂個別化計畫

綜合文獻（Collett, 2007; Martin et al., 2004; Menlove et al., 2001; Weishaar, 1997），從會議前、中和後三方面討論促進普通教育教師參與擬訂 IEP/ITP 的方法。

在 IEP/ITP 會議前，增加普通教育教師參與的方法包括：第一，讓他們了解IEP/ITP 會議的意義與價值，以及他們在 IEP/ITP 中扮演的角色和其重要性。第二，安排會議地點在他們所任教的普通班，讓他們感覺親切和自在，而且方便獲取相關文件。第三，預先了解他們對 IEP/ITP 會議內容和形式的期待，並且告知需要他們準備的資料；另外，在開會前先了解其訴求或問題。第四，預先了解他們參與會議的障礙和需求是什麼，省思如何克服這些障礙，符合其需求。第五，在開會前，先讓他們收到身心障礙學生學習目標相關狀況的資料，讓其在會議前有初步的了解。第六，配合他們安排 IEP/ITP 會議的時間。

表 5-3　親職教育中「專家導向」與「家長─專家夥伴關係」互動的比較

目標	專家導向的互動示例	家長─專家夥伴關係的互動示例
界定語言自然出現的機會	看來偉偉對玩球有興趣，我們試著在您丟球給他時教他說「球」。	看來偉偉對玩球有興趣，在玩球活動中，您會安排什麼樣的機會以教導偉偉語言？如果家長需要更具體的建議，專家可以補充說：「有一些選擇，例如……您要嘗試想想看嗎？」
在家庭每日生活作息中界定語言自然出現的機會	您可以在家使用相同的技巧，當小英表示想喝果汁，在給她果汁之前，讓她試著說「果汁」。	找出一整天中可以讓小英嘗試說話的機會，這對您建立她的語言很有幫助。您能找出任何融入您生活作息的機會嗎？
親職教育課程的地點	我認為如果能有幾次在家裡進行親職教育課程，這對我們將有幫助，畢竟家裡是您與孩子相處最久的地方。	您覺得在哪裡上課會最有幫助？或我們對親職教育課程的地點有一些建議，例如……哪個地點對您最有幫助？
界定目標行為	我認為我們應該選定您孩子最喜愛的活動為目標，例如……。	您們家人認為孩子最需要學習的是什麼？或我們通常將……設定為優先的目標。這些目標中，哪些對您們家和生活作息是最適合且有用的？
設定對親職教育課程回饋的重點	讓我們今天著重在「保持身體清潔」這些項目上。	親職教育手冊中我們已討論的哪些項目，是您今天想做的重點？

註：修改自 Koegel 等人（2005, p. 341），修改處為將示例中的小孩名字改成中文語彙。

　　在 IEP/ITP 會議中，增加普通教育教師參與的方法包含：第一，讓他們覺得在 IEP/ITP 會議中獲得尊重，被視為擬訂 IEP/ITP 的核心成員，是受歡迎與有價值的人，而且是計畫擬訂者，能參與決定長短期目標的優先順序。第二，

使他們充分獲知其身心障礙學生的資訊，傾聽和記錄他們關注的問題。第三，提供 IEP/ITP 資料或和他們溝通時，宜使用其能理解的語言，避免使用過多的專業術語，讓彼此的互動更具親和力。第四，維持會議討論的方向和焦點，不要岔開話題，使會議的進行有效率。第五，只要他們有參與，不管其參與度如何，皆給予肯定。

在 IEP/ITP 會議後，增加普通教育教師參與的方法包括：（1）頻繁地與他們討論身心障礙學生的學習方案；（2）與他們形成合作的夥伴關係，鼓勵他們在普通班運用 IEP 中提及的策略，達到 IEP 的目標。

伍、如何與特殊教育相關專業人員合作擬訂個別化計畫

《特殊教育法》（2009）第 24 條指出：「各級學校對於身心障礙學生之評量、教學及輔導工作，應以專業團隊合作進行為原則，並得視需要結合衛生醫療、教育、社會工作、獨立生活、職業重建相關等專業人員，共同提供學習、生活、心理、復健訓練、職業輔導評量及轉銜輔導與服務等協助。」《特殊教育支援服務與專業團隊設置及實施辦法》（2012 頒布，2013 修正）進一步依據《特殊教育法》第 24 條訂定，第 4 條規範：

> 各級學校對於身心障礙學生之評量、教學及輔導工作，應以專業團隊合作進行為原則，並得視需要結合衛生醫療、教育、社會工作、獨立生活、職業重建相關等專業人員，共同提供學習、生活、心理、復健訓練、職業輔導評量及轉銜輔導與服務等協助。
>
> 前項專業團隊，以由特殊教育教師、普通教育教師、特殊教育相關專業人員及學校行政人員等共同參與為原則，並得依學生之需要彈性調整之。
>
> 前項所稱特殊教育相關專業人員，指醫師、物理治療師、職能治療師、臨床心理師、諮商心理師、語言治療師、聽力師、社會工作師及職業輔導、定向行動等專業人員。

《特殊教育支援服務與專業團隊設置及實施辦法》（2013）第5和6條規範專業團隊之合作方式、運作程序及原則如下：

一、由專業團隊成員共同先就個案討論後再進行個案評估，或由各專業團隊成員分別實施個案評估後再共同進行個案討論，做成評估結果。

二、專業團隊依前款評估結果，確定教育及相關支持服務之重點及目標，完成個別化教育計畫之擬訂。

三、個別化教育計畫經核定後，由專業團隊執行及追蹤。

　　專業團隊提供身心障礙學生專業服務前，應告知學生或其法定代理人提供服務之目的、預期成果及配合措施，並徵詢其同意；實施專業服務時，應主動邀請其參與；服務後並應通知其結果，且作成紀錄，建檔保存。

　　《特殊教育支援服務與專業團隊設置及實施辦法》（2012）呈現了特殊教育教師與特殊教育相關專業人員的合作方式可採取專業間團隊模式（interdisciplinary team model）或貫專業團隊模式（transdisciplinary team model），分別敘述如下。

一、專業間團隊模式

　　專業間團隊模式旨在因應多專業團隊模式（multidisciplinary team model）的問題，多專業團隊模式是由多領域專業人員分別對學生評量和提供服務；雖有小組之名，但仍如單一專業模式一般，成員各做各的，少有關聯或互動（Orelove & Sobsey, 1996），見圖5-6。而專業間團隊模式由專業人員分享各自評量的結果和發展的計畫；若有可能再彼此合作，但仍與多專業團隊模式一樣，將學生從原班教室中抽離，接受直接服務，隔離於自然環境之外（Ogletree et al., 2001; Strickland & Turnbull, 1990），見圖5-7。

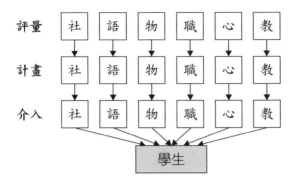

圖 5-6 多專業團隊運作模式。語＝語言治療師；教＝教師；職＝職能治療師；社＝社會工作師；物＝物理治療師；心＝臨床心理師。修改自 Woodruff 和 McGonigel（1988, p. 169），修改處為調整專業團隊人員的順序。

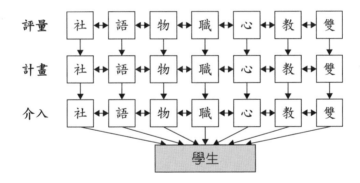

圖 5-7 專業間團隊運作模式。雙＝父母親；語＝語言治療師；教＝教師；職＝職能治療師；社＝社會工作師；物＝物理治療師；心＝臨床心理師。修改自 Woodruff 和 McGonigel（1988, p. 169），修改處為調整專業團隊人員的順序。

　　McLean 和 Crais（1996）指出，專業間團隊模式仍有溝通上的問題，因為人員間對其他成員的專業了解不夠；此外，由於成員是分開工作的，所以可能會發生彼此的評量結果有落差。

二、貫專業團隊模式

Strickland 和 Turnbull（1990）表示，貫專業團隊模式是一種以學生的主障礙為主，副障礙為輔的整合模式，先找出學生亟需某方面服務的專業人員為負責人，由他視學生在主障礙以外的副障礙之需要，尋求各方面專業人員的協助，共同提供學生需要的服務（見圖 5-8）。此一方式在學校內運作時，教師往往是提供直接服務的角色，而其他相關專業人員則是提供教師諮詢或支持的角色（Beninghof & Singer, 1992）。它和多專業、專業間團隊模式最大的差異在於：專業人員主要是對教師及家長提供示範、諮詢、檢視等服務，將服務的內容融入生活情境，以學生的需求為導向，由家長或教師執行計畫，期待能提供統整的服務（Cloninger, 2004; Ogletree et al., 2001）。McWilliam 和 Strain（1993）指出，貫專業團隊模式是小組成員最高的互動層次，其特徵為服務完全統整，它被視為最佳的專業整合模式；但是貫專業團隊模式在實施上因為專業人員間要互相配合的事項很多，執行上常常有其困難存在。

Carpenter、King-Sears 和 Keys（1998）從評量、計畫、執行和評鑑四個層面，比較三種專業團隊運作模式功能如表 5-4。

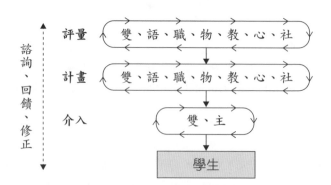

圖 5-8　**貫專業團隊運作模式。**雙＝父母親；語＝語言治療師；教＝教師；職＝職能治療師；社＝社會工作師；物＝物理治療師；主＝主要提供服務者；心＝臨床心理師。修改自 Woodruff 和 McGonigel（1988, p. 169），修改處為調整專業團隊人員的順序。

表 5-4　三種專業團隊運作模式的比較

功能	團隊運作模式		
	多專業	專業間	貫專業
評量	獨立（independent）	協調（coordinated）	合作（cooperative）
計畫	獨立	合作	整合（collaborative）
執行	獨立	獨立	整合
評鑑	獨立	獨立	整合

註：取自 Carpenter 等人（1998, p. 3）。

☆ 第四節　個別化計畫會議之召開

　　個別化計畫包括擬訂和評鑑會議兩個部分。綜合文獻（李翠玲，2007；Herr & Bateman, 2006; Simpson, 1996），召開個別化計畫會議在會議前、中和後須注意的事項如下。

壹、個別化計畫會議前的準備事項

　　個別化計畫會議前的準備事項包括以下十項：

1. 決定參與個別化計畫會議的成員。
2. 徵詢個別化計畫委員會成員召開會議的時間，須考慮何時召開個別化計畫會議較為恰當，家長最有可能參與，並且宜保持會議時間的彈性，提早徵詢和決定會議時間。
3. 決定召開會議的地點。
4. 決定會議的主席，主席的職責包括：（1）主持會議；（2）協調 IEP 委員

會活動的進行；（3）與家長溝通；（4）在委員會擬訂計畫和做決定的過程中給予協助；（5）督導會議決議事項的執行；（6）確認申訴的執行程序。林素貞（2007）主張在我國目前的環境下，負責 IEP 委員會的籌畫與召開之單位，在普通學校應該是「輔導室」，特殊學校則由「教務處」統籌規畫，因此，IEP 會議之主席應分別是「輔導或教務主任」；李翠玲（2007）則主張由「校長」擔任主席。

5. 決定召開會議的形式和程序。

6. 準備相關資料，如鑑定評量報告、個別化計畫之腹案、個別化計畫之評量紀錄，以及會議議程等。

7. 發出會議通知和提供相關資料。

8. 確認能參與個別化計畫會議的成員，以及對於不能出席者事先溝通的必要事項。

9. 準備與布置會議場地。

10. 積極鼓勵家長參與個別化計畫會議。

貳、 個別化計畫會議中的注意事項

個別化計畫會議中的注意事項包括以下三項：

1. 個別化計畫會議討論的內容應以學生為焦點，而非學校整體特殊教育業務的宣導。

2. 維持會議討論的方向和焦點，不要岔開話題。

3. 總結會議的結論，並且確認與會人員了解個別化計畫的內容，並且知道自己扮演的角色和擔負的職責。

參、個別化計畫會議後的執行事項

個別化計畫會議後的執行事項包括以下四項：

1. 整理個別化計畫會議紀錄，並且評鑑會議是否達到預期的成效。
2. 根據個別化計畫委員會成員的意見修改個別化計畫，修改後給委員會成員簽名。
3. 完成個別化計畫會議中提出之其他待完成事項。
4. 針對未能參加個別化計畫會議的團隊成員和家長，告知會議結果，並且詢問其意見。

舉例言之，在 IEP 擬訂過程中，須召開 IEP 會議，並且做會議紀錄，如示例 5-2。而評鑑 IEP 的會議示例見第七章，個別化計畫擬訂和檢討會議的表格見 ●附錄二和附錄三。

示例 5-2　個別化教育計畫擬訂會議紀錄之撰寫

會議日期	2008/9/15	會議地點	學校會議室
參與人員	職稱或與學生之關係	簽　名	備　註
○○○	校長	○○○	
○○○	家長	○○○	
○○○	輔導主任	○○○	
○○○	特教組長	○○○	
○○○	特教教師	○○○	
……（以下省略）	……（以下省略）	……（以下省略）	
會議摘要			
一、介紹與會人員 二、說明會議議程 三、報告學生的評量資料 四、說明 IEP 之腹案 五、詢問家長的意見 六、決議 IEP 之內容和相關事項 （省略每一項的詳細敘述）			

 總結

　　個別化計畫之執行過程包括組織個別化計畫委員會、擬訂個別化計畫之腹案、召開個別化計畫會議、確認個別化計畫的內容是否適當、修改個別化計畫、實施個別化計畫，以及評鑑個別化計畫之實施成效七個步驟；另外，以專業團隊合作執行個別化計畫是所有步驟的基礎。組織個別化計畫委員會包括：界定個別化計畫委員會的成員、確定委員會成員的職責；個別化計畫委員會的成員視個體獨特之考量而組合，其成員亦會因個體需求而有所不同，個體的需求改變，成員的性質和組成就跟著改變。

第 6 章

個別化家庭服務計畫之擬訂與評鑑

（陳采緹、鈕文英）

對家庭而言，專業人員就像是一面鏡子，反映家庭的優勢、資源和需求；而服務計畫就像是賦予權能的藍圖，讓家庭能夠參與決定服務目標與內容，並且提升家庭因應目前與未來需求的能力。

導|讀|問|題

1. 家庭中心模式的理論基礎是什麼？
2. 家庭中心模式的實施原則為何？
3. 家庭中心 IFSP 發展與實施的基礎為何？
4. 家庭中心 IFSP 發展與實施的步驟？
5. 在家庭中心 IFSP 發展與實施過程中，專業人員與家長應如何調整其角色和態度？

從美國特殊教育法規可知，早期介入實施以家庭中心個別化家庭服務計畫（IFSP）為服務的藍圖，協助家庭建立優勢和資源以符合兒童和家庭的需求。因此，本章從家庭中心模式之理論基礎、家庭中心模式之意涵、家庭中心 IFSP 之發展、家庭中心 IFSP 之示例，以及家庭中心 IFSP 實施之檢討等五節敘述。

第一節　家庭中心模式之理論基礎

　　家庭中心模式源於**家庭系統理論和生態系統理論**（Leal, 1999; McWilliam, Winton, & Crais, 1996; Wehman, 1998），以及**發展和社會支持理論互動的模式**（transactional model）。服務人員從家庭和生態系統的觀點，與家庭合作擬訂和執行與家庭適配的 IFSP，以下分別說明這兩個理論。至於發展和社會支持理論互動的模式是指，透過社會支持可以促進個體和家庭的發展（Wehman, 1998）。

壹、家庭系統理論

　　家庭系統理論所稱的家庭是指，兩人以上的個體經由血緣、婚姻或各種其他關係，認同彼此，共同組成的單位（Leal, 1999; Turnbull & Turnbull, 2006）。家庭系統是社會系統中的次系統，A. P. Turnbull 等人（2006）提出家庭系統概念架構圖，包含家庭特徵、家庭互動、家庭功能和家庭生活週期等要素，見圖6-1。

　　在此家庭系統中，**家庭特徵**是輸入變項，包括整個家庭的特徵（例如：是大家庭或核心家庭、家庭的社經地位）、家庭中個別成員的特徵（例如：家庭中個別成員的健康狀況），以及特殊的挑戰（例如：搬家、貧窮、家庭成員換工作或變動、家中有一位身心障礙孩子會帶來的特殊挑戰）。家庭特徵輸入於「**家庭互動歷程**」中，而「**凝聚力**」和「**適應力**」是此互動歷程中兩個要素，包括延伸家庭（亦即爺爺、奶奶、叔伯等）、親子、婚姻和手足關係的凝聚力及適應力；經過家庭互動歷程後形成「**家庭功能**」的輸出結果，包括在經濟、日常生活照顧、休閒、社會化、情感、自尊、教育和心靈等功能的表現。另外，在此家庭系統中，還有「**家庭生活週期**」會影響整個系統的運作，包括發展的階段（例如：家中身心障礙孩子處於何種發展階段）和轉銜（例如：家中身心障礙孩子面臨什麼轉銜議題，像是從學生邁向成人的角色）兩個要素。

　　家庭的各項功能是個別發展，但亦會相互影響，例如經濟功能匱乏時，會影響家庭休閒和社會化的功能；也可能因家庭生活週期的轉變，在家庭內次系統中發生家庭功能轉移的現象，例如經濟功能隨著父母退休轉移至子女（Beirne-Smith et al., 2006; A. P. Turnbull et al., 2006）。此外，家庭是社會系統的次系統，家庭各項要素皆受社會系統影響，例如家庭的功能非單一核心家庭所能扮演，須結合社會系統的其他次系統（例如：醫療、職場、社會福利機構、社區、學校等）才能達成；社會對種族、宗教、社經地位等方面的態度會影響家庭的信仰，以及處理事件的態度和方式（Leal, 1999; A. P. Turnbull et al., 2006）。

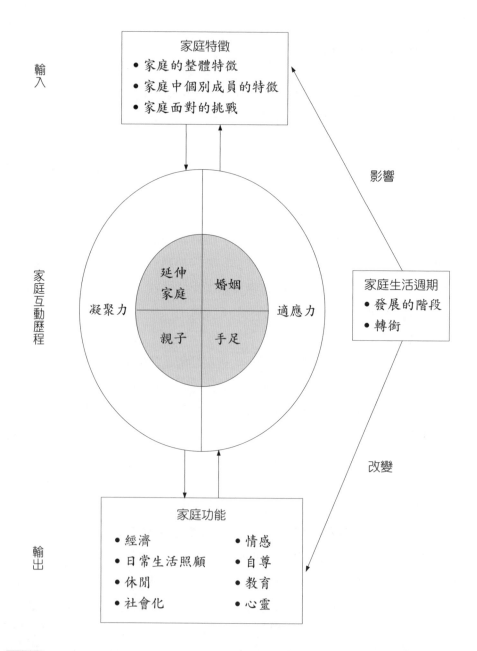

圖 6-1 家庭系統圖。修改自 A. P. Turnbull 等人（2006, p. 6），修改處為在家庭生活週期和家庭特徵的箭頭上加入「影響」。

貳、生態系統理論

　　根據生態系統理論，每個人都是人類賴以生存之生態體系中的一部分，環境因素會影響個人，個人因素也會影響環境（Bronfenbrenner, 1979）。總括文獻（Leal, 1999; Shea & Bauer, 2012; Turnbull et al., 1999），生態體系中有四個重要向度，包含：第一，**個體的特質與觀點**，特質是指個體的生理狀況、智力水準、情緒／人格特質、學習能力與動機、先前經驗等，觀點是指個體本身對學習目標的看法與態度等。第二，**生態體系的特性與重要他人的觀點**，生態體系由內而外，層層相扣，包括**微視體系**（microsystem）、**居間體系**（mesosystem）、**外圍體系**（exosystem）和**鉅視體系**（macrosystem）四種。微視體系是最接近個體之體系，每位個體都隸屬於幾個微視體系，如家庭、學校等。居間體系是指個體所處微視體系之間的關聯性，如學校－家庭、家長－教師之間的關係等，其間之連結愈強，對個體的影響力愈大。外圍體系是微視和居間體系存在的較大體系，如鄰里、社區和其中的設施（例如：交通、休閒等設施），它會影響微視和居間體系，進而影響個體。鉅視體系是指外圍體系存在的較大體系，如社會和交織於其中的制度、文化、價值、信念等，會間接影響個體，如社會對智障者的態度會影響其生活和社會角色。此外，這些體系中重要他人（例如：家長、教師及同儕）對個體的期待與態度也是需要了解的。

　　接著，第三是**個體與生態體系間互動的特性與品質**，包括個體在上述生態體系中**扮演的角色和其範圍**，例如在家中扮演的角色為子女，他的角色功能範圍有做部分家事、給予家人情感支持；**個體與生態體系中重要他人的互動關係**，例如在家庭中的親子和手足關係、學校中的師生和同儕關係如何；以及**個體特質和觀點與生態體系的適配情形**，在這些生態體系中的**適應狀況**。第四，**不同生態體系間互動的特性與品質**，如學校—家庭、家庭—社區之間的關係，這四個生態向度都是在設計生態課程時須了解的，生態體系的向度圖見圖 6-2（其中雙向箭頭代表個體與生態體系互動，交互影響）。除了上述四種生態體系外，Bronfenbrenner（1989）還提到「時間體系」（chronosystem），亦即個體和四

個生態體系並非固定的，它們會隨著時間體系的影響，隨著時間的演進，會因環境事件和生涯轉銜議題，而產生變化。

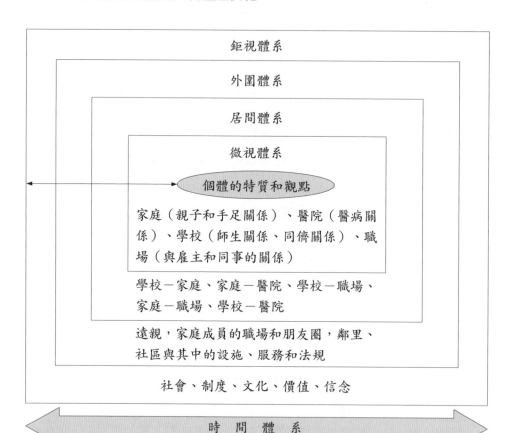

圖 6-2 生態系統圖。

☆第二節　家庭中心模式之意涵

　　從生態系統與家庭系統理論可知，家庭及其組成成員各自和外在環境互動，因而產生文化、信仰、價值觀的差異，經由平衡的過程，形成每個家庭獨有的特徵，而個體的發展除了本身的特徵外，亦受家庭和外在環境直接與間接的影響。此外，雖然家庭的特徵、功能、生活週期會隨著時間和個體的成長而轉變，個體在原生家庭的生活比例也會隨之改變，但是家庭始終是個體恆存的環境，提供終生持續的支持，尤其對身心障礙者而言，多數在成年後仍與家人同住，因而更凸顯家庭支持能力的重要性（Bruder, 2000a; Dempsey & Keen, 2008; Leal, 1999; Pearl, 1993）。家庭中心模式源於此二理論，將家庭視為一個小型的社會支持系統，尊重家庭的個別性，強調運用家庭的優勢和資源，將家庭視為平等的合作夥伴，專業人員分享各自的評量結果，並且提供相關知識，支持家庭主動、平等參與決策過程，達到讓家庭充權賦能的目標，使其能於專業人員褪除服務後，因應發展遲緩孩子和家庭未來可能面對的挑戰（Bagdi, 1997; Leal, 1999; McWilliam et al., 1996）。

　　家庭中心模式所指的充權是，在服務人員的支持下，家庭對其生活、接受的服務、兒童和家庭的現況等有掌控感，可以決定 IFSP 的目標與服務資源，並對正向的改變有貢獻，充權表現於過程和結果，不同家庭有不同的形式；賦能則是藉由提供機會，讓家庭應用現有的技能獲得新的技能，以因應家庭和發展遲緩孩子的需求（Bagdi, 1997; Chai, Zhang, & Bisberg, 2006; Leal, 1999; Raab & Dunst, 2004; Turnbull et al., 2007）。服務人員應採充權賦能的態度與家庭合作，以下為家庭中心模式的實施原則。

壹、將家庭視為一個單位

　　家庭是家庭成員間，以及成員與外在環境持續互動的一個動態系統，隨著時間、家庭生活週期的轉變，而產生不同的議題和關注重點，家庭可能因此必須重新調整家庭需求的順序及資源分配；因此，服務人員應將家庭視為一個單位，協助解決家庭的優先需求，才能讓其將焦點轉至參與其身心障礙孩子的教育（Carpenter, 2000; Kaczmarek, Goldstein, Florey, Carter, & Canon, 2004）。

貳、了解並尊重家庭獨特的背景

　　家庭的文化、傳統和價值觀會影響家庭成員在家庭中扮演的角色與責任、成員間的互動關係，以及家庭因應壓力事件的方式，例如當父親被裁員須另覓新職時，母親須延長工作時間以負擔家庭經濟，祖父母須扮演孫子的主要照顧者，家庭也會跟著調整對子女的教育決定和期待等（Carpenter, 2000; Dunbar, 1999; Fox, Dunlap, & Cushing, 2002; Kaczmarek et al., 2004; Sylva, 2005; Vaughn, White, Johnston, & Dunlap, 2005）。

　　因此，服務人員在擬訂IFSP之前，必須了解家庭各個成員的角色和相對關係，家庭的文化、傳統和價值觀，並隨時追蹤影響家庭的事件和因應策略，才能尊重家庭的選擇（Dunbar, 1999; Fox, Dunlap, et al., 2002; Kaczmarek et al., 2004; Leal, 1999; Vaughn et al., 2005; Zhang & Bennett, 2003）。此外，服務人員也須了解自身的文化、傳統和價值觀，接受與個案家庭的差異，在擬訂IFSP及與家庭互動時，尊重其獨特的背景，接受家庭的選擇（Kaczmarek et al., 2004; Leal, 1999; Zhang & Bennett, 2003）。

參、了解孩子的背景資料、能力現況與需求及家庭對孩子的期待

　　家庭中心模式強調從孩子的能力現況、家庭自然情境的需求，去探究其適應困難的情境脈絡，再參考家庭的期待以界定學習需求（Lucyshyn, Kayser, Irvin, & Blumberg, 2002）。服務人員可透過正式評量蒐集孩子生理、認知、溝通、社會情緒與適應行為等五大領域的發展現況，並經由非正式評量，訪談家庭成員了解孩子的喜好和個人特徵、完整醫療史、日常生活表現與所需的協助、家庭成員和孩子的互動方式與困難、教養經驗和任何可能有效的方法、家庭的期待等，服務人員應重視且相信家庭成員提供的資料是有價值的，建立彼此的信任感，這些將有助於後續家庭定義自身的需求、優勢和優先順序（Albin, Dunlap, & Lucyshyn, 2002; Bruder, 2000a; Crais et al., 2006; Fox, Dunlap, et al., 2002; Gallagher, Rhodes, & Darling, 2004; Kaczmarek et al., 2004; Lowman, 2004; McWilliam et al., 1996; Mirenda, MacGregor, & Kelly-Keough, 2002; Pearl, 1993; Rocco, Metzger, Zangerle, & Skouge, 2002）。

肆、協助家庭定義其優勢和資源

　　家庭中心模式認為，每個家庭都有其獨特的優勢和可用資源，然而，多數家庭成員都不太了解家庭的優勢和資源，陳述時多是負向的描述家庭問題（Leal, 1999）。服務人員可以透過傾聽和觀察，以了解家庭和每個成員的專長、人際網絡、教育子女的態度、願意投注的時間和心力等，透過討論或共同參與活動等方式協助家庭覺察其優勢和資源，以及將負向的陳述轉為正向（Bagdi, 1997; Campbell & Sawyer, 2007; Kaczmarek et al., 2004; Leal, 1999; McWilliam et al., 1996; Turnbull et al., 2007）。

　　家庭的資源包括正式與非正式資源，前者主要是指社會福利和社區資源；後者包括鄰居、朋友、延伸家庭、宗教團體、同事、其他家長等，而家庭信仰

和價值觀會影響使用資源的優先順序和意願；因此，服務人員應多方確認家庭對尋求資源的感覺，同理家庭的感受及尊重家庭對資源使用的信仰和選擇（Kaczmarek et al., 2004; Leal, 1999; McWilliam et al., 1996; Xu, 2008; Zhang & Bennett, 2003）。此外，服務人員應鼓勵家庭使用自己的支持網絡，以強化家庭功能，以及減少其過度依賴服務系統的可能性（McGonigel, Kaufmann, & Johnson, 1991a）。

伍、協助家庭定義其需求和優先順序

多數家庭都能陳述其關心的議題，但卻無法明確地說出其需求，服務人員應提供訊息，協助其將關注的議題轉換為具體的需求或目標（Leal, 1999; Turnbull et al., 2007）。例如母親陳述其長年獨自一人照顧孩子沒得休息，則其需求可能是喘息照護。家庭陳述看不到孩子的未來，則其需求可能是，藉由相同背景和經驗的家庭提供支持網絡和相關訊息。

服務人員應協助家庭定義需求的優先順序，並且避免專業主導，尊重家庭的選擇，因為唯有介入方案是家庭真正想要達到的目標，才能有好的執行成效（Dempsey & Keen, 2008; Espe-Sherwindt, 2008; Hanna & Rodger, 2002; Kaczmarek et al., 2004）。此外，由於家庭生態會隨事件或時間變動，其目標或需求的優先順序也會隨之改變；再者，家庭成員也可能改變心意，因此，介入方案應保持彈性，以因應家庭需求和目標優先順序改變所需之調整（Carpenter, 2000; Chen & Miles, 2004; Dunst, 2002; Hanna & Rodger, 2002; Zhang & Bennett, 2003）。

陸、支持家庭原有的生活形態

多數家庭在接受早期介入的同時，也正在重新統整其價值觀和信仰，以尋求改變後的平衡，家庭中心模式的介入是期望能協助家庭達到其想要的平衡，而不是為擴充孩子的學習機會以致於破壞其原有的平衡（Jackson et al., 2008;

McWilliam et al., 1996; Pearl, 1993）。此外，家長是家庭中心模式 IFSP 的主要執行者，其參與程度受可運用時間影響（Bailey, Parette, Stoner, Angell, & Carrol, 2006; Fox, Dunlap, et al., 2002; Ingersoll & Dvortcsak, 2006）。因此，掌握家庭的作息和活動、協助家庭組織分散的資源、強化家庭現有支持系統等方式，以及支持家庭在原有的生活形態下執行介入方案，可促進家庭參與及兒童在自然情境的功能表現（Campbell & Sawyer, 2007; Chai et al., 2006; Coots, 1998; McWilliam et al., 1996; Sylva, 2005）。

柒、建立家庭和服務人員間平等的合作關係

　　家庭中心模式顛覆傳統的服務方式，將家庭視為服務的消費者，因此其有權利選擇參與程度、角色及想要的服務，並且從參與的過程中，學習掌控服務資源及做決定的能力；因此服務人員必須放棄專家權威，從傳統服務的角色——教育方案的主要決定者，轉變成「**參與的服務人員**」、「**給予諮詢者**」（consultant），提供相關資訊、情緒支持，以協助家庭發展其所需的技能（Beverly & Thomas, 1999; Dempsey & Keen, 2008; Hanna & Rodger, 2002; Hess et al., 2006; Leal, 1999; McGonigel et al., 1991a; Turnbull et al., 2007; Zhang & Bennett, 2003）。此外，家庭中心模式亦強調家庭主動參與及平等的合作關係；因此，服務人員與家庭可藉由發展和執行 IFSP 的過程澄清和適應彼此的角色，透過互相尊重、開放性溝通、分享責任等合作方式建立平等的夥伴關係（Bagdi, 1997; Beverly & Thomas, 1999; Raver, 1999; Zhang & Bennett, 2003）。

　　綜合上述，家庭中心模式以家庭為主，服務人員應深入了解家庭的文化、價值觀、信仰和習慣，並隨時保持對文化的敏感度，尊重家庭參與的選擇和喜好，顛覆專業權威的服務方式，將家庭視為平等的合作夥伴，一起發展和執行家庭中心模式 IFSP，並在過程中提供家庭做決定的機會、支持家庭發展教養孩子的能力、強化家庭支持系統，以達成充權賦能的最終目標。

　　家庭中心 IFSP 的發展從接案即啟動,整理文獻所列出的 IFSP 執行流程如圖 6-3,其中「與家庭建立平等合作的關係」是家庭中心 IFSP 的基礎;而進入早療系統,多專業團隊接案;與家庭做第一次接觸;擬訂與實施評量計畫;擬訂、執行和評鑑 IFSP;以及結案與追蹤/轉銜是其步驟,詳述如下。

壹、家庭中心個別化家庭服務計畫的基礎

　　家庭中心 IFSP 強調家庭和專業團隊是平等的合作夥伴,服務人員應支持家長成為有準備的參與者和知情的決定者,平等合作關係的經營始於專業團隊接案,貫穿整個合作過程(Beverly & Thomas, 1999; Crais et al., 2006; Dempsey & Keen, 2008; Jung & Grisham-Brown, 2006; Leal, 1999; Shannon, 2004; Woods & McCormick, 2002)。文獻提到服務人員與家庭建立平等合作關係的建議,包括:

1. 使用家庭能理解的語言,了解家庭文化背景的非口語溝通方式,例如肢體語言、安靜的時機、說話的速度、語調等,藉由開放且雙向溝通、傾聽和尊重的態度,長時間的互動,經營和家庭的信任關係。此外,善用會面結束後的時間進行閒聊式的對話,可以促使家長在放鬆的狀態下,自然地分享家庭較為隱私的資訊,可促進彼此的信任關係,且獲得的訊息可作為策略調整的背景知識(陳采緹,2010;Espe-Sherwindt, 1991; Keilty, 2008; Peterander, 2000; Pogolff, 2004; Zhang & Bennett, 2003)。

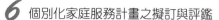

進入早療系統，多專業團隊接案

與家庭做第一次接觸

擬訂與實施評量計畫
1. 兒童評量
2. 家庭評量
3. 摘要評量資料

擬訂 IFSP
1. 統整評量資料並協助家長定義關注的議題及優先順序
2. 撰寫 IFSP 目標
 • 定義 IFSP 具體目標
 • 定義目標融入的作息和活動情境
 • 定義達成目標所應用的策略
 • 定義評量方式
 • 定義相關人員的職責
3. 召開 IFSP 會議

實施 IFSP
調整目標或策略　　　　　實施 IFSP 的內容
形成性評量　　　　　　服務人員
　　　　　　　　　　支持家長執行策略

評鑑 IFSP 成效

是否達到 IFSP 設定的目標，以及家庭的需求？
是 → 結案與追蹤或轉銜
否 → 調整 IFSP 目標或策略

與家庭建立平等合作的關係

圖 6-3 個別化家庭服務計畫流程圖。

2. 邀請家長參與 IFSP 進程的規畫並尊重其決定，會面的時間和地點保持彈性，配合家長的時間和需求，以支持家長對合作過程的掌控感（陳采緹，2010；Beverly & Thomas, 1999; Leal, 1999; Ridgely & O'Kelley, 2008）。

3. 正如家庭有不同的文化價值觀，家庭參與 IFSP 過程也有興趣、能力和期待的差異，家庭對是否願意參與、由誰參與、參與的程度應保有掌控權，服務人員必須尊重家庭的決定（陳采緹，2010；Beverly & Thomas, 1999; Leal, 1999; McGonigel, Kaufmann, & Johnson, 1991b; Ridgely & O'Kelley, 2008; Woods & McCormick, 2002）。

4. 依據家庭的喜好和期待，善用多元的溝通管道，例如電話、筆記、會議、焦點式訪談、直接觀察、家訪等，因應家庭各種情境需求做有效率的溝通；當家長臨時有事無法見面時，可透過簡訊告知；家長執行能力穩定後可透過電話進行例行檢核（陳采緹，2010；Beverly & Thomas, 1999; Leal, 1999; McGonigel et al., 1991a）。

5. 依據家長特徵，提供書面資料，或以口述分享資訊的方式，建立家長對家庭中心模式及 IFSP 的相關知識，介紹相似經驗的家庭，使家長能預先了解 IFSP 流程和意義、服務選項的利弊和自身的權利，促進家庭以對等的地位與服務人員合作，使其在 IFSP 發展與執行的過程扮演知情的參與者和決定者（陳采緹，2010；Beverly & Thomas, 1999; Crais et al., 2006; Dempsey & Keen, 2008; Jarrett, Browne, & Wallin, 2006; Jung & Grisham-Brown, 2006; Ridgely & O'Kelley, 2008; Shannon, 2004; Turnbull et al., 2007; Woods & McCormick, 2002）。

6. 透過 IFSP 發展和執行的過程，建立有效的合作知能及互相支持的關係，包括互相分享教育孩子相關資訊、技能和經驗的方式，服務人員對家長的需求和參與程度維持正向的態度，適時分享實務經驗及和家庭相似的私人經驗，以團隊討論方式解決問題、達成共識和解決衝突等（Beverly & Thomas, 1999; Gallagher & Desimone, 1995; Rainforth & York-Barr, 1997; Zhang & Bennett, 2003）。

7. 肯定家長的付出和具體肯定兒童的學習成效，建立家長參與 IFSP 的信心與成就感（陳采緹，2010；Campbell, Strickland, & LaForme, 1992; McGonigel et al., 1991a）。

貳、家庭中心個別化家庭服務計畫的執行步驟

家庭中心 IFSP 的執行包含以下七個步驟：

一、進入早療系統，多專業團隊接案

首先，兒童和家庭進入早療系統，多專業團隊接案，啟動家庭中心 IFSP。

二、與家庭做第一次接觸

與家庭的第一次接觸是雙向溝通、了解的開始，也是建立信任、合作關係的關鍵，雙方互動的許多細微之處如專業術語、肢體語言、沉默的時機、說話的速度、語調等都會影響溝通和解讀（Zhang & Bennett, 2003）。雖然為了有效安排時間，服務人員會希望能在第一次接觸就建立信任合作關係、了解家庭訊息，以及傳達參與 IFSP 的相關資訊；然而，IFSP 是一個複雜的過程，涉及家庭的隱私，若太過執著於在法定時間內完成 IFSP，則所擬計畫可能無法符合兒童和家庭的需求，而成效大減；因此，文獻建議將第一次接觸所應完成的事務分配成多次進行，多花一些時間了解家庭、取得家庭的信任、協助家庭做好準備，並讓家庭有時間消化接收的資訊，及和家庭其他成員溝通，將有助於 IFSP 發展（陳采緹，2010; Espe-Sherwindt, 1991; Zhang & Bennett, 2003）。在與家庭溝通方面，服務人員應運用傾聽和觀察技巧，敏銳地覺知接受家庭對資訊和支持的準備度、了解其對身心障礙子女的情緒反應和期待，才能以與家庭適切的方式提供資訊和協助、規畫 IFSP 進程，避免造成家庭過多的壓力（Espe-Sherwindt, 1991; Jung & Grisham-Brown, 2006; Zhang & Bennett, 2003）。

此外，「家庭主動參與」是家庭中心 IFSP 的重要元素，因此，在和家庭第一次接觸即應了解其具備的 IFSP 相關知識，包括：身心障礙子女的診斷與相關

服務、家庭中心模式、IFSP等，並誠實說明IFSP流程、服務人員及家庭的角色、雙方合作關係，以及立即回應家庭對參與IFSP的困難或疑問，以協助家庭成為知情的參與者（陳采緹，2010；Jung & Grisham-Brown, 2006; Zhang & Bennett, 2003）。

在最初的接觸後，即開始一系列的評量，為能讓家長成為平等的合作夥伴，服務人員應事先告知評量的目的，以及家長可提供的資訊，例如兒童過去的資料、喜好和日常活動表現、家庭曾用過的策略和有效的管教方式等，讓其能事先準備，扮演知情的參與者，建立其在團隊的價值感（陳采緹，2010；Gallagher & Desimone, 1995; Knoblauch & McLane, 1999）。

三、擬訂與實施評量計畫

IFSP評量是持續、動態的過程，由多專業團隊成員和家庭共同規畫，強調家庭參與，提供有關家庭和兒童的多元資訊，專業團隊應尊重和應用家庭對兒童的認識，例如哪些事物能引起兒童的動機、兒童對不同活動的注意力、兒童的行為實例，以及不同情境的表現等，建立家庭成員對參與評量活動的信心，肯定其貢獻，並且團隊可依據蒐集的資料提供適切的建議（Woods & McCormick, 2002）。家庭可能因一些阻力而影響其參與程度和意願，專業團隊可規畫替代方案以鼓勵家庭參與（Woods & McCormick, 2002）。評量包含家庭和兒童兩部分，文獻建議採取「功能—生態評量」（functional-ecological assessment）的方式（鈕文英，2015；Downing & Demchak, 2002），結合功能評量和生態評量的優點，透過觀察以及訪談重要他人，了解兒童的個人特徵、學習需求及其在自然情境中的活動表現，同時了解家庭的生態環境、特徵和需求，分析兒童和自然環境間的差異或不適配之處，與造成其適應困難的情境脈絡，以界定教學的目標和情境，發展和家庭適配的IFSP。以下分述家庭和兒童評量兩部分。

(一) 兒童評量

家庭中心模式兒童評量包括兒童在生理、認知、溝通、社會情緒與適應行

為等五大領域的能力發展現況、興趣、優勢和需求,以及兒童在家庭、社區和早期介入方案(例如:早療機構、醫療中心)等三種情境的日常活動表現、兒童和人物互動的情形、生活經驗等(Dunst, Raab, Trivette, & Swanson, 2010; McWilliam et al., 1996; Mirenda et al., 2002; Wilson, Mott, & Batman, 2004)。家庭中心模式兒童評量主要元素是分別從家庭、專業人員的觀點,定義兒童的優勢和需求、分享評量結果和解釋其意義,以及協助家庭覺知兒童的能力與需求並認同其優勢(陳采緹,2010;McGonigel et al., 1991a)。

McGonigel 等人(1991a, 1991b)建議家庭評量之規畫除了專業判斷外,同時須考量家庭的選擇,評量原則包括:(1)依據兒童的特徵和診斷、家庭需求和對兒童的期待,決定評量工具和程序、參與的專業人員;(2)依據家庭的喜好規畫其在評量中扮演的角色和參與程度;(3)基於家庭中心理念,家庭應有機會參與評量過程中所有資訊交流的過程,儘管家庭可能選擇僅參加評量總結會議,但是為了確保其參與的權利及機會,仍應通知家長會議的時間和地點,並以家庭方便參加為考量;(4)評量過程必須依家庭價值觀和喜好的改變而調整;(5)家庭有權利參與規畫評量的進程,如時間、地點和評量結果彙整的方式等;(6)所有評量活動須獲得家長的知情同意;(7)評量過程所用的語言應盡量能配合家庭的喜好,避免使用專業術語,以免危及合作關係。另外,兒童的日常活動大多是包含在成人的日常活動內;因此,規畫兒童評量時須同時考量家長的日常作息和活動,透過評量工具、訪談、與家長對話、與兒童互動,以及自然情境觀察等正式和非正式評量方式蒐集資料(Dunst et al., 2010; Wilson et al., 2004)。

服務人員可藉由各種標準化評量工具蒐集兒童在各領域的能力資料,如《學前特殊教育課程目標檢核手冊》、《嬰幼兒評量、評鑑及課程計畫系統第一冊——出生至三歲的 AEPS 測量》,然而這些工具難以蒐集兒童每日與人互動情形、可運用於學習的機會、能力在日常生活的功能表現等資訊(Wilson et al., 2004)。因此,基於五大領域的能力多統整於日常活動、社會情緒及溝通表現上,尚須蒐集兒童此三方面的相關訊息,以了解兒童發展現況,以及此能力在家庭情境脈絡下的功能表現,例如在日常活動方面,可深入了解兒童是否已

經準備好要學習、該項活動目前的表現狀況、完成該活動的相關技能表現、家庭成員協助方式，以及執行此活動的情境等（Lowman, 2004; Westling & Fox, 2009）。例如在社會情緒方面，可廣泛了解家庭成員關心的行為問題或想建立的新技能、行為問題發生的情境、引起行為問題的前事、維持行為問題持續發生的後果，以及家庭對行為問題的看法和反應等（Horner, Albin, Todd, & Sparague, 2006; Rocco et al., 2002）。在溝通方面，則涵蓋與溝通相關的動作、語言表達和接收能力、日常生活的溝通情境和機會、家庭成員對兒童溝通形式與功能的期待，以及他們與兒童溝通互動的方式和困難（Cress, 2004; Downing, 2004; Kaiser & Grim, 2006; Mirenda et al., 2002）。

(二) 家庭評量

Horn（1997）提出發展 IFSP 時須注意的四個向度，分別是**家庭的資源、環境、互動關係和技能**，也就是團隊應思考的是：期待的成果為何？在達到成果上，家庭有什麼優勢和資源？家庭成員的互動關係如何？為了達到成果，孩子和家庭需要的技能有哪些？生態環境中有哪些需要改變，可允許的改變是什麼？有哪些需求？因此，家庭評量蒐集的資料也須包含這四個向度，其中孩子需要的技能已於上一點中敘述，其他評量的項目可包括：家庭的資源和優勢、需求、家庭成員的互動關係、家長需要的技能；除此，還可涵蓋家長的價值觀和教養規則等。服務人員雖然可使用評量工具，卻很難在短暫的時間內蒐集完整；再者，家庭情境會隨時間不斷變化，因此，服務人員應將家庭評量視為一個持續的過程，長時間和家庭建立信任關係，才能使其願意分享真實、重要的訊息，同時在整個介入過程持續蒐集相關訊息，並敏銳地覺察家庭隨時間變化產生的需求，作為調整方案的依據（Beverly & Thomas, 1999; Espe-Sherwindt, 1991; Seligman & Darling, 1989）。

家庭評量施行的方式包括正式與非正式評量，前者為透過標準化的評量工具和程序蒐集資料，例如結構式訪談、問卷、檢核表、調查表等；後者則是透過訪談、對話、說故事、腦力激盪等（Gallagher & Desimone, 1995; McGonigel et al., 1991a）。研究發現非正式的資料蒐集方式優於結構式訪談，能夠全面、

深入地了解家庭的生活作息、事件、文化與價值觀（Gallagher & Desimone, 1995; McGonigel et al., 1991b）。

　　家庭評量的實施是在互信、平等的合作關係下，蒐集多元資料，以協助家庭定義其家庭的優勢和資源、需求與優先順序、教養風格及可介入的情境和活動，作為擬訂 IFSP 之參考。以下整理國內外文獻實施家庭評量常用的工具和蒐集資料的方式。

1. 家庭背景

　　家庭評量之初，須先掌握家庭成員、家庭教育子女的價值觀和規則，以作為往後訪談蒐集其他資料之參考。在家庭成員方面，筆者綜合文獻（陳采緹，2010；Leal, 1999）設計「家庭成員調查問卷」（ 📀 附錄四），表格內容包括家庭成員與兒童的關係、教養態度，以及在家庭中扮演的角色等。

　　在家庭教育子女的價值觀和規則方面，Couchenour 和 Chrisman 於 2000 年定義家庭的規則為全家共同遵守的原則，也就是家庭運作的規則，以營造家庭獨特的氣氛，例如家庭成員角色職責定位、生活作息、日常活動的形式等；家庭價值觀則是家庭主觀認為生命中重視的是什麼，反映出個人需求、決定行動與未來方向的指標（吳百祿譯，2005）。陳采緹（2010）統整上述和其他文獻（Hidecker, Jones, Imig, & Villarruel, 2009）提出，家庭教育子女的規則可反映在父母於教養上扮演的角色，如獎懲如何實施、命令或指令的完成要求度、教養風格和信念、各種日常活動表現的規範等；家庭教育子女價值觀則是反映在子女教育目標和優先順序的決定、參與子女教育的程度、家庭資源分配等，採半結構式訪談蒐集相關資料。

2. 家庭資源和優勢

　　家庭中心模式認為每個家庭都有其獨特的優勢和可用的資源（Leal, 1999），家庭優勢除家庭內在特徵外，亦包括家庭可用的資源。Dunst、Trivette 和 Deal（1988）將之歸類為關係、結構、基本和功能性支持，以及支持滿意度。Jung（2010）將支持分為正式和非正式兩類，另細分為情感、物質和資訊

支持三類。文獻應用**生態地圖**（ecomap），透過開放式對話，由專業人員與家庭合作繪出，呈現家庭與其社會支持網絡，並以不同的線條表示兩者在支持度、資源和壓力等不同程度的連結，文獻進一步將支持類別劃分成核心家庭、延伸家庭、非正式網絡（朋友、鄰居、雇主、娛樂、社區支持等）、社會組織、一般醫療人員、特殊專業人員、政策擬訂者等，再透過圖表整理家庭和這些其他系統的關係、資源和支持（Jung, 2010; Kochanek & Friedman, 1988; McCorrnick, Stricklin, Nowak, & Rous, 2008; McGonigel et al., 1991a），建議生態地圖可配合Maslow的需求論，了解家庭的需求和支持來源，以發覺家庭的需求及優先順序。

　　此外，亦有文獻定義和分析「家庭優勢」設計成檢核表，以開放訪談的方式蒐集資料，如張秀玉（2006）將家庭優勢界定為，家庭在面對困境時所具有的問題解決能力以及運用資源處理困境的能力，提出家庭優勢評量包括家庭本身具有的能力、社會網絡，及其與社會網絡互動的能力，並建議以開放訪談的方式蒐集**家庭復原力**（family resilence）、**成員關係**與**文化取向**等向度的資料。Dunst等人（1988）將家庭優勢歸類為：（1）**家庭認同**，家庭成員對家庭生活的方向有共同的承諾和價值觀，且肯定和感謝彼此對家庭的貢獻，願意投注時間和精力一起從事活動、面對挑戰與需求；（2）**訊息分享**，意指人際互動的能力，強調正向的互動，有明確的家庭規則、價值觀和期待，以建立家庭對家庭成員角色和行為的期待；（3）**因應策略與資源運用**，意指家庭以正向觀點處理生活或突發事件的能力，包括因應策略、問題解決能力、樂觀、彈性和適應力以及平衡使用家庭內外資源的能力。

　　Walsh（2002, 2003）根據家庭系統理論提出家庭復原力架構，從生態和發展觀點看待家庭的功能和優勢，認為每個家庭都有其獨特的觀點、資源和因應挑戰的有效策略，形成個別的優勢。此外，陳采緹（2010）分析家庭教育發展遲緩子女的優勢包括：（1）家庭信念，家庭在教育發展遲緩子女上有明確的態度、規則、價值觀和目標，願意共同為達成教育目標努力；（2）正向溝通，家庭成員能夠傾聽，且可自由表達參與發展遲緩孩子教育的感受和看法，能夠接受彼此的差異、同理挫折和互相鼓勵；（3）因應策略與資源使用，家庭成員能保持彈性，以因應發展遲緩孩子教育的需求和突發事件、尋求符合需求的資源、

平衡使用家庭內外資源，設計家庭參與發展遲緩孩子教育之優勢調查表，以開放訪談的方式蒐集資料。筆者統整這些文獻，設計「家庭優勢量表」（見 ◎ 附錄五）。

3. 家庭需求

　　需求是現況與理想之間的差距，家庭評量所定義的需求必須是，家庭認同且願意投注時間、心力和資源去減緩的差距，服務人員可綜合家庭對各種情況的敘述，協助家庭定義需求，以作為擬訂 IFSP 功能性目標之參考（Banks, Santos, & Roof, 2003; Leal, 1999; McWilliam, 2010）。然而，家庭是由許多人共同組成，每位成員都有其不同的需求及優先順序，因此，A. P. Turnbull 等人（2006）提出，發展遲緩孩子的需求不是家庭唯一需要滿足的，服務人員應避免一廂情願地以自己的價值觀和投入心力的向度，要求家長也應理所當然地投入和配合。因此，McWilliam（2010）統整「**作息本位訪談**」（routines-based interview, RBI）相關評量工具，以兒童的例行活動為主軸，設計「作息本位報告表」，包含開放及結構的表格，前者提供家長直接提出希望能改變的作息活動；後者依據兒童一日的作息活動編製，並於表格中列出結構的訪談問題以協助資料蒐集，表格內容包括作息活動、兒童在該作息活動的參與情況、獨立性和社會關係、家長對孩子在家庭表現的滿意度、教師對孩子在學校表現的滿意度、孩子需介入的領域，藉此表格彙整的資料確認 IFSP 擬訂的功能性目標，可以反映家庭的需求及改善孩子在自然情境的表現。

　　再者，亦有文獻從社會系統理論分析需求的類別，依此發展需求調查表，家長標示家庭在各項需求需要的協助程度，以引導家庭確認家庭需求和優先順序，例如：Dunst 等人（1988）將家庭需求歸類為經濟、衣食、物理環境、醫療、職業、溝通／通訊與交通、成人教育、子女教育、兒童照護、娛樂、情感、社會和文化支持等 12 類；Seligman 和 Darling（1989）將家庭需求分為六大類，包括資訊、兒童所需的介入、正式的支持、非正式的支持、物質支持，以及競爭性的家庭需求等；許素彬、王文瑛、張耐和張菁芬（2003）發展「特殊需求嬰幼兒父母之親職教育需求問卷」，包括基本資料、家長的身心狀況、教養嬰

幼兒的狀況、家庭互動狀況、資源與獲得使用狀況等向度；陳采緹（2010）設計「家庭參與發展遲緩孩子教育之需求調查表」，包括家長參與教育子女的資訊需求、策略需求和支持需求，採個別訪談方式蒐集資料。筆者統整上述文獻，設計「家長養育特殊需求子女之需求調查問卷」（見 ● 附錄六）。

4. 家庭與家長的例行作息和活動情境

Lucyshyn、Horner 等人（2002）和 Singer 等人（2002）皆提及，日常作息和活動情境是家庭生態文化理論的基石，包括家庭平日、假日或特殊日子的作息與活動如用餐、早晨時間、購物活動、慶生等，這些日常作息和活動情境建構了家庭的功能與生活，家庭藉由建構或修改家庭作息與活動情境，以因應家庭成員的需求。因此，可蒐集一般日常情境中家庭和孩子表現的資料，藉由結構式的討論進一步了解：（1）家庭關注的議題、家庭願意將時間花在哪裡以及如何運用，以規畫家庭能接受的人力資源應用方式；（2）家庭平日作息中其他家庭成員與孩子互動的方式、態度及同時段的活動內涵，以了解家庭文化、教養態度、成員間的互動關係、家庭面對孩子表現有障礙時所使用的策略；（3）家庭日常活動環境的相關資料，包括活動進行的空間、動線、家具相對位置、玩具或日常活動工具或材料擺放的位置等，以作為擬訂和執行教學策略及環境調整之參考；（4）透過觀察了解家長和孩子在日常活動的互動方式及困難，例如家長覺得很難幫孩子洗澡，可藉由觀察了解原因如擺位、能力、器具等問題；（5）從家庭日常作息中整理孩子喜歡參與的作息或活動，分析其願意持續參與的因素以創造學習機會（Bruder, 2000a; Downing & Demchak, 2002; Jung & Grisham-Brown, 2006; Keilty, 2008; Woods & McCormick, 2002）。

陳采緹（2010）將家庭的日常作息和活動情境視為評量的分析單位，以及發展IFSP的介入情境，編製「參與家長與家庭日常作息表」，筆者修改成「家庭日常生活作息調查問卷」（見 ● 附錄七）。服務人員可以透過個別訪談方式蒐集資料，表格內容包括時間、地點、活動或內容、參與家庭成員、孩子在該活動的表現、針對該活動與孩子表現家庭成員的態度和處理方式，以及備註欄記錄特例或進一步說明實際情況，用以了解家庭的作息、家庭其他成員在各活

動的參與情形、參與家長可運用的時間。

(三) 摘要評量資料

　　家庭中心模式強調家長是知情的決定者，服務人員應分享蒐集的訊息，考量家庭可能因知識不足或缺乏自我覺知，而無法適當解讀評量資料，故可藉由評量摘要，協助家長了解評量結果及覺知家庭獨有的特徵，進而以此摘要為基礎，與家庭共同發展 IFSP（Horner et al., 2006; Lucyshyn, Kayser, et al., 2002）。此外，家庭中心模式評量涵蓋兒童和家庭的多元面向，而各項評量彼此之間皆有關聯，故服務人員撰寫評量摘要時應交叉參考各項評量蒐集的資訊，以做較全面、客觀、適切的陳述，同時也可確認家庭提供資料的正確性；若有矛盾之處，可以提出向家庭驗證（陳采緹，2010）。

　　在兒童評量摘要方面，McGonigel 等人（1991a）建議評量結果彙整的原則為：（1）優勢和需求同時陳述且篇幅應相當；（2）強調功能性能力而非測驗分數；（3）說明能力的發展現況、和其他領域能力發展的相對關係、對功能性之生活技能表現的影響；（4）說明孩子感官功能或健康所造成的功能限制，作為發展 IFSP 之參考。此外，為能確保家庭可以理解評量結果，進而覺知孩子的能力、優勢和需求，服務人員應準備書面文件，討論孩子日常生活相關的功能技能，如此家庭較能了解兒童的發展現況（陳采緹，2010；Beverly & Thomas, 1999; Jung & Grisham-Brown, 2006）。若家庭和服務人員對孩子的能力、行為意圖、與環境互動情形的解釋有衝突時，基於家庭成員與孩子相處的時間最久，且行為會受家庭文化和生態影響等理由，服務人員應尊重和信任家庭成員的判斷（Bailey et al., 2006; Carpenter, 2000; Cohn, Miller, & Tickle-Degnen, 2000; Cress, 2004; Rocco et al., 2002）。倘若服務人員發現家庭成員的解讀錯誤時，宜避免因直接否決或爭執，使他們產生挫折或失去自信；建議於資料分析過程中，藉由在發生行為問題的情境中實際觀察，使家長察覺和接受（Cress, 2004）。

　　在家庭評量摘要方面，家庭評量是一個主觀的過程，受評量者的文化、種族、經驗所影響；因此，服務人員須以中立的態度撰寫評量摘要，並確認評量

資料的解釋能反映家庭的觀點,而非服務人員或多專業團隊的觀點(Beverly & Thomas, 1999)。若家庭對其優勢和需求的覺知與服務人員有落差,服務人員應尊重家庭的觀點,因為唯有家庭認同的需求,才是IFSP應介入的目標;也唯有家庭認同的優勢和資源,才能有效地被使用(McGonigel et al., 1991b; Xu, 2008)。對於家庭潛在的資源,可藉由討論及提供書面資料,讓家長有時間考慮資源應用的可行性;此外,家庭是一個動態系統,會因各種事件而重新尋求平衡,服務人員應掌握家庭事件和因應策略,適時提醒家長潛在資源的存在,協助其應用以建立家庭各項資源的認同感和使用能力(陳采緹,2010;Xu, 2008)。

四、 擬訂 IFSP

文獻建議 IFSP 目標形成的過程如圖 6-4,彙整兒童和家庭評量蒐集的資料,形成家庭關注的議題和優先順序,以擬訂家庭導向的目標,並依據目標決定主要服務人員,以及團隊其他人員需提供的支持(Jung, 2005; Jung & Grisham-Brown, 2006)。參考相關文獻(Bennett, 1999; Cripe, Woods, & Graffeo, 1995; Turbiville, Lee, Turnbull, & Murphy, 1992),筆者設計IFSP的表格見 ◉ 附錄八。

由於家庭中心模式強調,家庭導向及家長執行 IFSP 目標,因此 IFSP 目標應與家庭情境及家庭成員的能力適配,亦即能反映家庭的需求和價值觀、建立

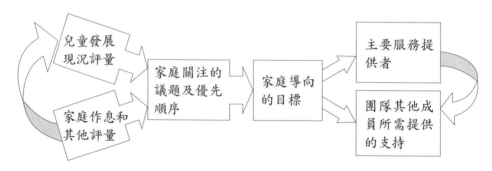

圖 6-4 個別化家庭服務計畫中家庭導向目標之形成圖。綜合整理自 Jung(2005, p. 7),以及 Jung 和 Grisham-Brown(2006, p. 25)的文獻。

家庭的優勢和技能、利用家庭資源和社會支持將目標嵌入日常生活作息中,以家庭可接受、易執行的方式進行(Chen & Miles, 2004; Dunbar, 1999; Hanna & Rodger, 2002)。IFSP 的目標對象可能是家庭或兒童,家庭關注的議題可能和兒童無直接相關,例如家庭需要情感支持、獲得資訊、其他醫療服務等,基於家庭中心模式的哲學,家庭的需求與兒童的需求是相等的,服務人員團隊仍應滿足家庭的需求(Ridgely & O'Kelley, 2008)。

在和兒童發展相關的目標方面,文獻建議家庭中心 IFSP 發展的內涵與步驟包括:統整評量資料確認目標及優先順序、定義具體行為目標、透過活動分析與差異分析決定目標能力、決定介入策略與實施方式、介入情境與執行者、設計教學紀錄表、規畫與 IFSP 目標適配的親職教育的內涵(陳采緹,2010;Bailey et al., 2006; Campbell, 2004; Cress, 2004; Dunbar, 1999; Dunst, Trivette, Raab, & Hasiello, 2008; Farlow & Snell, 2006; Fox, Dunlap, et al., 2002; Kashinath, Woods, & Goldstein, 2006; Keilty & Galvin, 2006; Roper & Dunst, 2003; Singer et al., 2002; Woods & Kashinath, 2007)。分述各步驟內涵和實施如下。

(一) 統整評量資料並協助家長定義關注的議題及優先順序

擬訂家庭中心 IFSP 首須統整家庭評量結果,界定家庭關注議題和優先順序,以形成 IFSP 目標(Jung, 2005; Jung & Grisham-Brown, 2006; Woods & McCormick, 2002; Xu, 2008)。雖然家庭中心模式強調家庭主導 IFSP 目標的決定;然而,服務人員仍應持續和家庭溝通,陳述專業的觀點和分享經驗,促使家長做知情的決定(McGonigel et al., 1991a)。

家庭中心模式的評量資料非常龐雜,縱有評量摘要,也難以從中整理出家庭關注的議題和適切的優先順序。因此,服務人員可先協助家長聚焦於目前家庭關注的議題、最希望能改善的孩子生活表現、希望藉由早期介入對兩者造成什麼影響,列出優先服務的目標,筆者設計「個別化家庭服務成果指標優先順序調查表」,見 ● 附錄九。其次,藉由此問卷,引導家長逐一分析各議題,或目標執行時家庭可運用的資源,介入的情境和策略,家長執行策略的能力和可投入的時間,綜合比較各目標的可行性,以初步確定個別化家庭服務目標優先

順序。之後,透過「個別化家庭服務成果指標差異分析表」(●附錄十),引導家長分析兒童在該目標的能力現況,再藉由家長在家庭試做,以了解家長在家執行的策略、情境、需調整之處,以確認目標是否可行、是否需調整優先順序,最後再具體擬訂 IFSP 目標,並發展相關內涵(陳采緹,2010;Bruder, 2000a; Horner et al., 2006; McGonigel et al., 1991a; Ridgely & O'Kelley, 2008; Woods & McCormick, 2002; Xu, 2008)。

(二) 撰寫 IFSP 目標

目標的陳述是 IFSP 的核心,是由團隊成員協調各自的觀點後達成共識;若家庭和專業團隊的觀點有差異時,則協調更顯重要,服務人員須認同協調的概念,包括:(1)家庭的價值觀是無法協調的,可以協調的是策略、活動情境、服務選項和方式;(2)協調不是說服,而是創造一個雙方可以討論的情境,透過資訊分享(包括達成目標可用的策略和資源、早期介入資源,以及服務選項潛在的負向結果)、傾聽、開放家庭其他人員參與,以澄清資訊和獲得理解等方式,支持家庭確認合理的目標、選擇合適的替代方案(McGonigel et al., 1991a; Rosenkoetter & Parent, 2000)。此外,決定的方案應保持彈性和個別性,以適當回應家庭需求的改變,使介入能持續融入於家庭的作息和活動中(陳采緹,2010;Zhang & Bennett, 2003)。

IFSP 目標包括具體的行為目標、介入地點、活動和情境、策略、執行者、支持執行者方式、評量的方式等,須清楚描述,並以可理解的形式呈現,讓參與成員確實了解各自的責任及如何執行(Krauss, 1990; McGonigel et al., 1991a; Ridgely & O'Kelley, 2008)。以下分述 IFSP 敘寫原則,以及其內涵之形成:

1. 定義 IFSP 具體目標

IFSP 目標可能涵蓋家庭和兒童兩個向度,家庭部分包括和孩子無直接相關的目標,以及影響兒童發展的家庭目標,以建立家長參與的能力為主,如獲得相關資訊,以協助家長做知情的決定;建構家庭作息,使孩子的目標能融入於生活作息中執行;學習相關策略以執行 IFSP;建立家庭資源,以支持家庭執行

IFSP 等（Espe-Sherwindt, 1991; Rosenkoetter & Parent, 2000）。

孩子部分包括：（1）學習關鍵技能，根據孩子在五大領域的發展現況，訂定影響孩子和家庭現在及未來生活的關鍵技能，可應用於不同的作息，以作息本位的目標呈現，例如能在點心時間拿小餅乾吃、出門前可以穿有鈕扣的外套等（Jung, 2009; Jung & Grisham-Brown, 2006; Jung & McWilliam, 2005; McWilliam et al., 1998; Rosenkoetter & Parent, 2000）；（2）建立特定生活技能，依據兒童生理年齡、家庭期待兒童行為能改善的活動，例如訂定用餐、如廁、盥洗等生活技能為目標（Farlow & Snell, 2006; Roper & Dunst, 2003; Woods & Kashinath, 2007）；（3）建立正向行為，針對家長提出欲改變的行為問題，參考家庭作息與活動情境、家庭的文化、價值觀、教養風格等，訂定符合家庭期待的正向行為，例如建立使用圖卡溝通的能力以替代哭鬧（Dunbar, 1999; Fox et al., 2002; Lucyshyn, Horner, et al., 2002; Lucyshyn, Kayser, et al., 2002）。

IFSP目標應以家庭可以理解的語言敘寫，且需具體，符合功能性和可測量的標準，目標達成的期限以 4 至 6 個月內可完成為佳，可藉由目標的達成，以建立家長的成就感和執行的信心；若家庭優先考量的目標所需時間較長，則服務人員可與家庭討論，分析該目標的步驟，設定4至6個小目標逐步完成（Espe-Sherwindt, 1991; Hyun & Fowler, 1995; Jung, 2009; Jung & Grisham-Brown, 2006; Jung & McWilliam, 2005; McGonigel et al., 1991a; McWilliam et al., 1998）。

2. 定義目標融入的作息和活動情境

透過前述目標優先順序的討論過程，已經分析IFSP目標可融入的作息和活動情境。為能協助家長確實在預定的作息中執行IFSP目標，需清楚敘寫執行目標的作息或活動情境；此外，在家長剛開始參與IFSP時，為避免因可介入的作息太多，卻無法一一執行的挫折或罪惡感，以及家庭和兒童的生活作息都被教學填滿的壓力，可和家長討論，選擇一個其沒有壓力，且有把握可確實執行的情境開始，待家長能力精熟或兒童目標表現較穩定後，再逐步增加其他作息或活動情境（陳采緹，2010；Jung & Grisham-Brown, 2006; Ridgely & O'Kelley, 2008; Zhang & Bennett, 2003）。

3. 定義達成目標所需應用的策略

　　達成目標所需運用的策略因目標而有所不同，策略選擇的考量原則包括：
（1）家長有能力執行的策略；（2）家長原已使用的策略，符合家庭獨特背
景、減少家長學習新技能的時間，以及運用家長的優勢；（3）有實證研究成效
的策略；（4）可自然融入於家庭生活作息的策略，如欲增加自我選擇的能力，
可於用餐時準備至少兩種飲料供兒童選擇；（5）策略和結果有明確的連結，如
調整食材的黏稠度，可使兒童較易用湯匙舀起食物，達成獨立用餐的目標；
（6）統整不同專業建議的策略應用於功能性活動，如對於肢體障礙兒童的獨立
用餐目標，物理治療師負責正確擺位，職能治療師負責湯匙調整或輔具使用，
特教教師負責用餐流程教學，則須將這些統整於三餐情境中，以達成獨立用餐
的目標（陳采緹，2010；Bruder, 2000a; Jung, 2005, 2007; Jung & Grisham-Brown,
2006; Keilty, 2008）。

　　教學策略甚少獨自使用，大多視孩子和家庭的特徵，以包裹的形式應用於
IFSP的執行，例如自然情境教學、功能性溝通訓練、擴大與替代溝通系統、通
例課程方案、提示策略等，皆是透過建構家庭作息，以將兒童學習融入於日常
作息和活動中，調整社會或物理環境符合孩子獨特的特徵，並且將所學類化至
其他自然情境（Campbell, 2004; Cress, 2004; Dunst et al., 2008; Kashinath et al.,
2006; Keilty & Galvin, 2006; Roper & Dunst, 2003; Woods & Kashinath, 2007）。

　　此外，家長是家庭中心IFSP的主要執行者，其可能需要教導才有能力執行
策略；因此，服務人員須規畫親職教育方案，以支持家長執行 IFSP 的能力
（Bailey et al., 2006; Cress, 2004; Dunbar, 1999; Fox et al., 2002; Mirenda et al.,
2002; Rock, 2000）。親職教育方案的內涵須呼應 IFSP 目標，透過教導策略應
用與類化，以及提供家長教學機會等方式，建立家長執行IFSP目標所需具備的
能力（Dinnebell, 1999; Mahoney et al., 1999）。Dinnebell（1999）建議專業人員
透過示範、演練和提供回饋等方式，協助家長使用特定技能，或是更直接地應
用訓練策略，並提供和其他家庭合作的不同經驗，以協助家長經歷學習過程的
各階段。

最後，服務人員須使用家長能理解的語言，清楚定義達成 IFSP 目標的策略、策略使用方式，以使家庭成員皆能理解如何教導兒童，以擴充學習機會（陳采緹，2010；Jung, 2007）。

4. 定義評量方式

家長是IFSP的主要執行者，服務人員須確實了解家長的執行狀況，包括策略應用的適當性、困難或挑戰、親子互動、環境與使用的材料等，以及有效監控目標的進程和表現，才能提供有效的諮詢和適時調整策略；因此，撰寫IFSP須同時規畫與IFSP目標適配，且家長能主動參與並勝任的評量方式（陳采緹，2010；Jarrett et al., 2006）。

文獻建議家庭中心IFSP可用的評量方式包括檔案評量、課程本位評量、家庭訪視等，三者皆強調家長主動參與，以及在家庭生活作息中蒐集評量資料（陳采緹，2010；Jarrett et al., 2006; Keilty, 2008; Macy & Bricker, 2006; Ridgely & O'Kelley, 2008; Woods & McCormick, 2002）。檔案評量方面，Jarrett 等人（2006）建議依據IFSP所列的目標，一一標示相關技能及其可能出現的作息和活動，聚焦於自然作息中的功能性技能，服務人員和家庭透過討論確認蒐集資料的情境、方法及各自負責的範疇；此外，由於檔案評量非常耗時、繁雜，故須尊重家長能參與的程度和方式。

課程本位評量方面，它是標準本位評量，縱貫地蒐集目標技能的進步狀況，能讓家長清楚理解兒童的進展和比較介入前後的差異，文獻建議結合課程本位評量和將目標融入家庭作息的策略，以創造學習機會，其步驟為：（1）彙整家長的資訊和觀察兒童在自然情境的表現，分析IFSP目標中可列為短期目標的技能，設計教學紀錄表；（2）規畫目標技能可融入的作息和活動，並執行與記錄；（3）依據評量紀錄分析兒童的表現，據此調整目標、策略或擴充可融入的作息和活動（陳采緹，2010；Macy & Bricker, 2006）。此外，檔案和課程本位評量可以結合家庭訪視，透過實地觀察，確認家長蒐集資料的真實性和正確性，釐清評量資料模糊不清之處，並提供家長執行策略所需的適性支持（陳采緹，2010；Keilty, 2008; Ridgely & O'Kelley, 2008）。

家庭訪視是一個評量和提供支持的過程，由家庭選擇家庭訪視的作息和活動情境，透過觀察、對話及與家長和孩子一起參與作息活動，了解作息活動如何進行、孩子在作息中的表現、家長運用策略的情況，並依訪視結果提供協助家長執行的支持，例如應用示範、演練與回饋、書面指引、錄影、雙向對話和討論等適合成人學習的策略，建立家長執行策略的能力和自信；此外，支持的程度、形式和頻率因人而異，服務人員和家長應共同決定支持的強度和頻率、策略的數量和種類，以使家長在舒適的狀態下運用策略（陳采緹，2010；Keilty, 2008; Ridgely & O'Kelley, 2008）。

5. 定義相關人員的職責

相關人員職責分配可從專業團隊和家庭兩個向度來看，在專業團隊方面，家庭中心模式強調多專業團隊服務模式；然而，當團隊成員愈多時，家庭感受到的支持卻愈少。因此，文獻（Jung, 2005; Rainforth & York-Barr, 1997）提出「貫專業團隊運作方式」，在IFSP目標決定後才依據目標決定主要服務人員，其他專業人員則透過分享專業知識和技術轉移等方式，支持主要服務人員服務家庭。在家庭方面，尊重家庭所選擇的主要執行者、家庭成員參與程度和方式等。確認專業團隊與家庭的參與人員後，統整家庭可用的資源，分配相關人員的職責，例如主要服務人員負責教導家長策略，協助家長向家庭成員解釋IFSP目標、融入家庭作息的方式和必要性，以及家庭成員的職責分配等（陳采緹，2010；Bruder, 2000a; Dunbar, 1999; Jung & Grisham-Brown, 2006; Keilty & Galvin, 2006）。

(三) 召開 IFSP 會議

IFSP 會議主要在確認 IFSP 的內涵、確認相關人員的職責、IFSP 執行進程等。IFSP 會議召開的時間、地點和形式以家庭便於參加為主，並提供其所需的相關支持如交通或兒童托育等；此外，以家庭主要語言告知會議訊息，以協助家長在IFSP 會前做好準備，包括教導家長參與會議扮演的角色、邀請家長熟識或信任的人參與 IFSP 會議、提供 IFSP 書面資料，讓家長可以再次確認 IFSP 的

內涵等（Espe-Sherwindt, 1991; Gallagher & Desimone, 1995; Hyun & Fowler, 1995; Jung & Grisham-Brown, 2006; Knoblauch & McLane, 1999）。

五、實施 IFSP

接下來是家長實施IFSP、服務人員支持家長、形成性評量（兒童目標的形成性評量與家庭評量），以及調整目標或策略的一個循環過程（陳采緹，2010；McGonigel et al., 1991b; Stremel, 1992）。家庭成員在家庭自然情境中實施IFSP，服務人員藉由評量兒童目標進展與家長執行策略的狀況，以及持續追蹤家庭近期發生的事件、關注議題的優先順序、家庭資源等是否有改變，決定是否需調整策略、親職教育的內涵和執行方式，以及目標是否需調整，或安排類化等（陳采緹，2010；Leal, 1999; McGonigel et al., 1991a; McWilliam et al., 1996; Stremel, 1992）。

六、評鑑 IFSP 成效

Bruder（2000a）和 Jarrett 等人（2006）建議，從和家庭初次對話即開始持續、週期地蒐集IFSP評鑑的資料。整理家庭中心IFSP的評鑑包括：（1）使用形成性評量評鑑兒童目標的進展和成效；（2）從形成性評量家長執行策略的情形，了解家長或家庭成員充權與賦能的成效，例如家長是否了解兒童的發展現況、優勢和需求、在家庭自然情境執行IFSP的能力、因應突發家庭事件而能適時調整目標和尋求可用的資源、參與團隊合作等能力；（3）IFSP執行策略的適當性；（4）IFSP是否保持彈性，以因應家庭優勢和需求的轉變；（5）IFSP目標達成對兒童和家庭生活品質的影響，包括家庭日常生活、家庭互動、經濟、教養技能、家庭倡導、情緒、健康、物理環境以及參與生活各種活動的能力和機會；（6）IFSP 與家庭的適配性；（7）服務人員與家庭互動的過程和關係等（Albin et al., 2002; McGonigel et al., 1991b; Raab & Dunst, 2004; Rosenkoetter & Parent, 2000; Singer et al., 2002）。評鑑結果若未達到設定的服務目標，則調整IFSP。

IFSP 在美國已實施多年，茲將文獻提出的 IFSP 品質指標及其意義整理於表 6-1，並設計 IFSP 評鑑表如 ◉ 附錄十一。

表 6-1 個別化家庭服務計畫的品質指標、意義與示例

指標	意義	示例	
		非家庭中心	家庭中心
一、整體 IFSP 的敘寫			
採用家庭能理解的書寫語言	應使用清楚、簡單、家庭能理解的語言書寫 IFSP，避免專業術語、模稜兩可，以促使家庭成員可以完全掌握文件內容。	○○將參與 PECS[a] 方案，以加強溝通能力。	○○將透過其兄姊的協助，使用圖片兌換的方式表達他的溝通意圖。
二、發展遲緩嬰幼兒和家庭現況的描述			
1. 運用正向用語	使用正向的用語，強調發展遲緩嬰幼兒和家庭的優勢，而非僅描述缺陷或限制。	○○會表現兩歲的動作技能。	○○會以步行器在社區中行走。
2. 採取無評價式的敘述	使用無評價式的敘述描述家庭的需求。	家裡環境亂七八糟，父母有很大的經濟壓力，父母的教養技能差，父母需要教養技能的教育和支持，以及工作。	母親表示：「我想要有固定的工作，我很想幫助○○，但是不知道如何做。」
3. 描述功能性能力的現況	描述發展遲緩嬰幼兒目前的功能性技能，非僅是從評量工具所得的發展現況。	○○在知覺動作量表上的表現大約在 3 歲的程度。	○○無法用手握湯匙舀飯菜和湯入口。
三、IFSP 服務目標的敘寫			
1. 擬訂的目標符合家庭關注的議題	擬訂的目標符合家庭關注的議題，亦即 IFSP 能回應家庭的需求，提供其充分的支持。	家庭關注的議題是如廁，而擬訂的目標是加強溝通能力。	家庭關注的議題是如廁，擬訂的目標是，能獨立坐在馬桶上大小便，且能擦拭乾淨。

表 6-1　個別化家庭服務計畫的品質指標、意義與示例（續）

指標	意義	示例	
		非家庭中心	家庭中心
2. 達到的結果符合家庭關注的議題	IFSP 達到的結果符合家庭關注的議題，亦即 IFSP 的結果能達到家庭的需求。	○○會減少對同儕的攻擊；方法是職能治療師對兒童實施放鬆方案，或是服務提供者教導家長整理用藥紀錄。	○○能以適當的溝通行為表達希望同儕停止對他的嘲笑；方法是服務提供者與家人討論表現何種適當的溝通行為，以及如何教導。
3. 擬訂短時間可達成的目標	家庭中心的 IFSP 目標最好是 3 個月可達成的短期目標，讓家庭看到孩子漸增的進步，而不是訂定超過 3 個月以上的長期目標，其中 1 年以上才能達成的目標最不符合家庭中心的原則。	對一位 6 個月大的幼兒，擬訂 2 歲 9 個月幼兒的發展能力作為目標。	對一位 6 個月大的幼兒，擬訂 9 個月幼兒的發展能力作為目標。
4. 使用主動性用語	以主動性用語（例如：誰要做什麼），而不是誰要接受什麼治療等被動性用語。	○○將接受語言治療。	○○會正確命名圖片，5 個中說對 4 個。
5. 擬訂具體的目標	目標應是具體、可測量的，最終應是發展遲緩嬰幼兒和家庭在真實情境可以表現的行為或活動，而不是只描述技能。	習得指尖抓握能力。	使用指尖抓握的方式拿食物吃。

表 6-1　個別化家庭服務計畫的品質指標、意義與示例（續）

指標	意義	示例	
		非家庭中心	家庭中心
6. 擬訂必要的目標	長短期目標應是功能性的，可應用於日常生活，促進兒童發展，支持家庭生活作息，或者是適合生理年齡的。此外，應避免須執行超過 1 年以上的目標，難以理解或沒有意義的介入。	○○會嗅出 75% 物品的氣味；方法是讓他聞各種物品的氣味，並且指出戶內和戶外的不同氣味。	○○在學校時會使用吸管喝 100cc 的飲料。
7. 使用的介入策略符合服務目標	使用的介入策略必須和服務目標相符，以促進服務目標的達成。	服務目標是○○能獨立坐在馬桶上大小便，且能擦拭乾淨；而介入策略是進行移動訓練。	服務目標是○○能獨立坐在馬桶上大小便，且能擦拭乾淨；而介入策略是與家長討論如廁訓練的情境、時間表和策略。
8. 擬訂的策略和介入情境符合家庭需求的優先順序	擬訂的策略和介入情境符合家庭需求的優先順序，能支持家庭成員在自然情境中執行。使用的策略須和服務目標相符，介入方案應與家庭需求適配，能支持家庭成員在自然情境中執行。此外，介入方案應是彈性、可行，且可回應不同家庭的特殊需求。	○○能玩槌球的活動，用槌子將球推進球洞。	○○能用手抓握物品，運用手腕和手指從事居家生活中需要抓握物品的活動。

表 6-1　個別化家庭服務計畫的品質指標、意義與示例（續）

指標	意義	示例	
		非家庭中心	家庭中心
9. 在自然情境介入	IFSP 目標應在家庭自然情境中執行。	○○能在職能治療室中接受抓握物品的訓練。	在家中需要梳頭的情境，○○能抓握梳子梳頭髮。
10. 擬訂的目標和策略與介入情境適配	IFSP 的目標和策略應整合在家庭生活作息中，從家庭作息中找出介入情境，包括地點、時間、人、物等。	○○能在治療室中與治療師玩拋接球的活動。	○○能在果園中與家人拋接收成後的柳橙。
11. 描述家庭扮演的角色	清楚描述家庭成員在執行介入方案中扮演的角色，而不是僅描述家庭參與孩子的某個教育方案。	家庭參與○○的溝通技能教學方案。	父母扮演○○以圖片表達溝通意圖之溝通夥伴和提示者的角色。

註：指標和意義綜合整理自 Jung（2009）、Jung 和 McWilliam（2005）、
　　McWilliam（1993），以及 McWilliam 等人（1998）的文獻，並且加上筆者舉
　　的示例。
[a] PECS 是圖片兌換溝通系統。

七、 結案與追蹤／轉銜

　　結案是依據 IFSP 定義的目標，以及家庭自覺服務是否已能終止（Jung &
Grisham-Brown, 2006），並由家庭決定結案的方式，例如完全終止服務；或將
專業團隊週期性的服務改為，家庭有需求時自行提出諮詢需求、追蹤服務、持
續進行轉銜服務等（陳采緹，2010；McGonigel et al., 1991a）。

　　最後，為因應家庭可能改變 IFSP 目標或優先順序，故 IFSP 應保持彈性，
專業團隊持開放態度，提供持續的協助，以支持家庭建立能力和改善孩子發展
（Rosenkoetter & Parent, 2000）。

☆第四節 家庭中心個別化家庭服務計畫之示例

依據前述 IFSP 發展與擬訂流程，以筆者指導陳采緹（2010）之博士論文中，一位發展遲緩兒童（化名為維德）及其母親（德媽）參與家庭中心 IFSP 的過程為例，說明實務運作。

壹、維德的接案背景

維德自 1 歲半接受肝臟移植後即通報早療系統，由社會工作師（簡稱社工師）定期追蹤。由於維德的父母皆是執業物理治療師，因此，早療團隊期望家長發揮其專業能力於維德的復健和教育，在 3 歲半之前僅由社工師及早療機構的專業人員提供在家諮詢。然而，維德的父母無法有效運用物療治療專業於日常活動教導維德生活技能，維德的發展與早療團隊預期的進度差距極大，故社工師積極協調維德進入早療機構就讀。維德進入早療機構後，教師積極與母親溝通家長參與的重要性；然而，家長配合度極低。因此，教師將德媽轉介至家庭中心模式的家長團體，該團體提供家庭中心模式相關知識和支持家長在家實際操作。德媽參與家長團體後，認同家庭中心模式與家長參與的理念，進而參與發展和執行 IFSP。

貳、與維德家庭做第一次接觸

和德媽的第一次接觸始於家長團體，德媽與有相似經驗的家長一起參與，

服務人員採家庭中心模式，引導建構家長支持網絡，支持家長的選擇和在家實際執行，在過程中和德媽建立初步信任關係與互動模式，了解德媽是維德接受教育的主要執行者和對外協調者，也發現德媽執著於維德的動作限制，以及認為完全能獨立完成日常活動才是具備該能力，而低估維德能力及限制其探索環境的機會。

德媽參與發展 IFSP 之初，服務人員即告知家庭中心 IFSP 發展的相關資訊，家長扮演知情決定者和執行者的角色等，並初擬及說明發展和執行 IFSP 的步驟，以作為德媽參與規畫 IFSP 進程之參考。在確認德媽確實了解後，才開始規畫 IFSP 進程及逐步執行。

參、擬訂與實施評量計畫

為了擬訂和家庭適配的 IFSP，評量包括家庭和兒童現況的資料蒐集，評量實施配合評量工具，採觀察和半結構訪談方式進行，交替蒐集資料，如圖 6-5。評量過程同時進行資料交叉比對，以確認資料蒐集已充分，可作為解釋評量結果的參考資料。

兒童評量方面，採用目前多數早療階段使用的評量工具——王天苗主編（2000）家長用《學前特殊教育課程目標檢核手冊》，由於評量題項極多，且須兼顧維德在家自然情境的表現，故德媽須對維德在各題項的行為表現有深入的觀察與覺知，才能在有限的時間內提供維德在各題項的具體事例。因此，為了讓德媽能勝任有準備的資料提供者，服務人員於正式評量前兩週先提供檢核手冊並介紹內涵和舉例評量方式，讓德媽有足夠的時間閱讀題項內涵與觀察維德在家表現，同時，服務人員依據德媽認為方便至家中觀察其與維德互動情況的時間，安排家訪，以了解德媽和維德的親子互動方式、觀察維德日常生活表現。

進行檢核手冊題項評量時，服務人員與德媽就各大領域的細項逐一討論，對有明顯行為且有共識的題項由德媽直接評比，模糊或沒有共識的題項則由服務人員釐清題項的目的，或德媽舉具體事例說明；若仍未達成共識，則另擇時

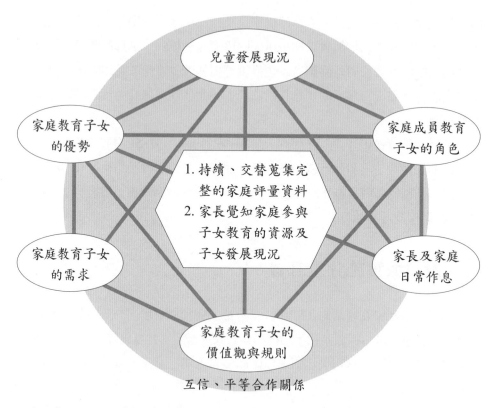

兒童發展現況

家庭教育子女
的優勢

家庭成員教育
子女的角色

1. 持續、交替蒐集完
整的家庭評量資料
2. 家長覺知家庭參與
子女教育的資源及
子女發展現況

家庭教育子女
的需求

家長及家庭
日常作息

家庭教育子女的
價值觀與規則

互信、平等合作關係

圖 6-5 家庭評量之實施架構。

間實際操作、觀察確認。由於德媽是物理治療師,較能掌握檢核手冊的題項內
涵和目的,多能立即回應和舉例,服務人員需進一步說明的題項甚少。因此,
兒童評量有效率地在一次服務(2 小時 30 分鐘)內完成,維德的個人背景資
料、評量資料和現況描述整理於示例 6-1、6-2 和 6-3。

示例 6-1 孩子個人背景資料之撰寫

基本資料	姓　　名	略	照片
	性　　別	略	
	生　　日	略	
	實　　齡	略	
	身心障礙鑑定類別	略	
	身心障礙手冊	略	
	戶籍地址	略	
	通訊地址	略	
	聯絡電話	略　　　　聯絡人　　　　略	
生長史		因先天代謝疾病無法分解蛋白質，引起一氧化碳中毒導致腦部損傷，於 1 歲半接受肝臟移植，目前每日早晚需口服抗排斥藥物，代謝問題已解決，但已造成生理、認知、溝通、社會情緒和適應行為等發展遲緩⋯⋯。	
療育史		⋯⋯維德自 1 歲半接受肝臟移植後即通報早療系統，由社工師定期追蹤。由於維德的父母皆是執業物理治療師，因此，早療團隊期望家長發揮其專業能力於維德的復健和教育，在 3 歲半之前僅由社工師及早療機構的專業人員提供在家諮詢⋯⋯。	

示例 6-2 孩子評量資料之撰寫

評量工具	實施者	資料提供者	評量日期	評量結果
學前特殊教育課程目標檢核手冊	略	略	略	略
家庭訪談問卷	略	略	略	略
略	略	略	略	略

示例6-3 孩子現況描述之撰寫

能力項目	現況描述	
	優勢	需求
身體發展狀況	略	略
認知發展狀況	略	略
語言發展狀況	1. 飲食：在學校可自行使用湯匙進食，這方面的發展大約2歲。 2. 穿著衣物：在校可自行穿戴帽子、脫鞋襪。穿脫衣物會配合指令，可拉上拉下拉鍊，這方面的發展大約1歲至1歲6個月。 3. 如廁：可以表達想上廁所，大小便時間規律，這方面的發展大約2歲6個月。 4. 清潔衛生：會自己洗手、刷牙和洗臉等，這方面的發展大約3至4歲。	1. 飲食：在家是家人餵食，咀嚼、吞嚥等能力未精熟，遇稍堅硬實物或喝水常會嗆到。湯匙使用未純熟，無使用叉子和筷子的經驗。 2. 穿著衣物：在校可自行穿戴帽子、脫鞋襪，在家則視情緒而定，且無鈕釦概念，穿脫衣物雖會配合指令，但動作仍需協助。 3. 如廁：受限於移動（只能扶著欄杆上下樓梯或自己用爬的方式上樓，但多由家人抱著上下樓梯）與穿著衣物能力，如廁的表現受影響。
生活自理能力	略	略
人際關係和情緒行為狀況	略	略
其他	略	略

　　家庭評量包括家庭的教育價值觀與規則、家長及家庭日常作息、教育子女的優勢和需求、家庭成員參與教育子女的角色等，評量結果整理於IFSP中，如示例6-4、6-5和6-6。

示例 6-4　家庭基本資料之撰寫

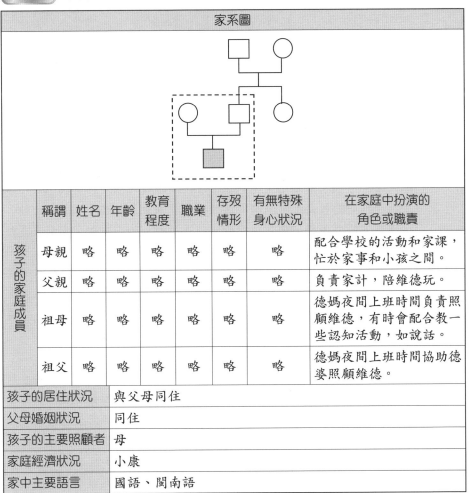

	稱謂	姓名	年齡	教育程度	職業	存歿情形	有無特殊身心狀況	在家庭中扮演的角色或職責
孩子的家庭成員	母親	略	略	略	略	略	略	配合學校的活動和家課，忙於家事和小孩之間。
	父親	略	略	略	略	略	略	負責家計，陪維德玩。
	祖母	略	略	略	略	略	略	德媽夜間上班時間負責照顧維德，有時會配合教一些認知活動，如說話。
	祖父	略	略	略	略	略	略	德媽夜間上班時間協助德婆照顧維德。

孩子的居住狀況	與父母同住
父母婚姻狀況	同住
孩子的主要照顧者	母
家庭經濟狀況	小康
家中主要語言	國語、閩南語

示例 6-5　家庭評量資料之撰寫

評量工具	實施者	資料提供者	評量日期	評量結果
家庭優勢量表	略	略	略	略
家長養育發展遲緩嬰幼兒之需求調查問卷	略	略	略	略
家庭訪談問卷	略	略	略	略
略	略	略	略	略

示例 6-6　家庭現況之撰寫

家庭現況項目	家庭現況描述
家長對孩子的教養信念、態度和作法	自維德發病後，家庭成員採取逃避的態度，未正式討論過維德的身心障礙狀況、未來的教育期待和學習需求。德媽負責和早療機構接觸，包括參與教學活動、執行家課，以及和教師溝通等；其他家庭成員皆未參與過學校活動，德媽也認同教育維德是其責任，不應麻煩家人。家庭成員對教育維德的角色職責有共識，德媽負責和教師溝通、執行家課、準備教材等；德婆和德爺在晚上德媽和德爸上班時間陪伴維德；德爸在下班後和假日時間陪維德玩，決定維德接受教育服務的選項。家庭的教養風格是開放自由的，在獎懲方面，獎勵時會拍手鼓勵或給小點心；處罰多是終止當下喜歡的活動，嚴重時才會稍打屁股。德爸甚少處罰維德，多由德媽扮黑臉執行處罰，但常因時間有限而妥協。在日常活動表現和指令完成度的要求方面，家人缺乏堅持和共識，常因維德的配合度、反抗的激烈程度、家庭成員可用的時間有限、對日常活動表現或指令的共識不同等因素而妥協。 　　此外，家庭不願面對他人異樣的眼光和詢問，甚少親友知道維德的狀況，幾乎不帶維德參與社交活動，使維德的生活經驗極受限。然而，家庭成員皆願意投注時間和心力陪伴和照顧維德，只是教學和復健的配合則較為隨興，視個人意願、可用的時間、維德的喜好和反應而定。家庭期待維德可以和一般孩子一樣，不需輔具達到生活獨立；但是無法具體陳述對維德教育上的期待及釐清教學目標的先後順序。
家庭的生活作息（包含從事的休閒活動）	21:40 至 22:30 是德媽和德爸下班後，一家人相處分享維德一天生活的時間，主要活動是陪公婆看電視和聊天。另外，公婆角色除了晚上陪伴維德外，也涵蓋公婆和德爸輪流晚上帶維德去醫院做復健，而其照顧維德的態度和方式也會影響德媽規畫如何執行教育目標，例如：（1）公婆讓

示例 6-6　家庭現況之撰寫（續）

家庭現況項目	家庭現況描述
	維德在傍晚睡覺，使維德晚上不睡覺、隔天賴床不上學，作息不規律；（2）德媽僅能利用公婆不在的時間才能訓練維德肢體動作，以免造成不愉快；（3）假日全家會一起參與居家活動，影響目標融入日常作息的機會，如無法要求維德獨立用餐、如廁和走路等生活技能。
家庭的優勢	家庭成員皆願意投注心力和時間陪伴維德，每日有固定的時間分享維德一天在學校和家裡的表現，且家庭作息固定有利於維德規律學習。在正式支持方面，維德目前就讀早療機構，除了特殊教育服務外，接受每週一次物理治療，機構的教師、治療師和社工師皆可提供諮詢。在非正式支持方面，德媽和德爸皆為執業物理治療師，其專業可運用於將復健融入日常作息，德婆和德爺可在父母上班時間幫忙照顧維德，此外，德媽和德爸的背景也使其有豐富的潛在支持網絡，例如專業上的同學和同事，能夠提供最新的相關資訊和策略，可以是家庭討論和諮詢的對象與支持來源，而同業之間的討論更能適當地將教育和治療的焦點聚焦，提供適切的治療。綜合上述，德媽和德爸的專業能力是家庭最大的優勢，從專業的觀點主動和教師及治療師討論，有助於發展和家庭適配的教育方案。
家庭的需求	德媽對維德的發展現況、所需的復健醫療、未來教育安置及先備技能準備等的資訊需求極高，此外，德媽亟需有效的策略支持其在家教導維德。在支持需求方面，德媽認為家庭內的資源足以應付維德教育現況，但是隨著評量過程的討論和釐清，德媽認同維德接受社區復健治療的必要性，但因其他家庭成員仍未能坦誠面對維德的身心障礙狀況和後續相關療育服務，因此，德媽認為需要專業人員支持其協調家庭成員形成共識，及分配人力接送維德至社區診所復健。

　　服務人員在撰寫評量摘要時，要提醒自己避免受自身文化和經驗影響，批判家庭的價值觀和決定。例如早療團隊很想扭轉維德家庭不願意讓外人知道維德障礙狀況，以致於無法找到一間診所其治療師和他們互不相識，且不願意應用其物理治療專業教導維德等。因此，除了提醒自己避免批判家庭外，請第三者（如團隊其他成員或專家）檢核摘要的中立和適當性，避免讓德媽閱讀時有被批判的感覺。此外，以討論的方式傳達評量摘要，以確認資訊解讀的正確和適當性，並協助德媽覺知其家庭的優勢和潛在可用資源。

　　在評量過程中，除了蒐集資料外，服務人員也以討論的方式，引導德媽覺察維德發展現況，和家庭參與維德教育的優勢，包括：（1）從維德全面的發展評量中，顛覆過去從動作限制看維德能力的觀點，發覺維德的學習優勢，以及了解造成發展落後的原因；（2）從家庭與個人作息中確認可用以執行教育目標的時間、情境和人力資源；（3）正視家庭成員面對維德障礙狀況的態度，願意主動與家庭成員討論維德障礙狀況及療育的需求；（4）覺察自身物理治療專業優勢可應用於日常活動的教學，以及在物理治療專業領域的人脈，可用以尋求更多的復健資訊和治療支持，例如詢問同業符合家庭需求的醫療診所；（5）認同維德接受社區復健醫療的需求，分析符合家庭需求之醫療診所的條件、家庭接送方面的困難及可能的解決方式。

肆、擬訂 IFSP

　　擬訂 IFSP 的過程包括：引導德媽統整評量資料、決定目標和介入優先順序，以及擬訂各目標的介入方案。

　　為能支持德媽成為有準備的參與者，在決定目標之前，引導其統整評量資料，以及提供選擇目標所需的訊息是必要的。首先，評量期間即發現德媽一覺察維德缺乏的能力或需學習的生活技能，就會立刻想著手進行，因此為避免學習目標太多，無法一一羅列和決定順序的困境，建議德媽重複閱讀各項評量摘要，全盤考量維德目前和未來安置需要學習的目標，以及家庭可應用的優勢，以決定IFSP目標。其次，為支持德媽成為知情的決定者，根據德媽在評量過程

中所傳達的訊息——希望維德小學能就讀普通班、希望自己可以像老師一樣在家教維德。得知她有獲得發展遲緩兒童未來相關安置等資訊的需求，及其偏好藉由閱讀接受資訊的方式，提供林秀錦和王天苗（2004）所著《幼兒入學能力準備之研究》讓她參考，並在其閱讀後與之討論維德就讀國小普通班可能遭遇的問題和解決策略，歸納維德就讀普通班的先備技能是生活自理和獨立移動。最後，介紹統整評量資料和決定目標優先順序的工具，請德媽在家先行思考。

此外，德媽曾提出辭去工作以配合 IFSP 的執行，考量德媽曾說過家庭經濟需要雙薪才能較無壓力，以及家庭中心 IFSP 並非要改變家庭原有的生活方式和作息，以配合孩子自然環境學習；因此，建議德媽先在個人及家庭作息改變最小的情況中執行 IFSP。之後，若真的覺得必要，且獲得家庭成員支持後才調整工作。

統整評量資料及決定目標和優先順序的過程前，德媽已事先決定 IFSP 目標為如廁、規律的睡眠作息，以及吃飯三個方向，她對於服務人員建議可從規律確實執行的角度思考目標，如在其下班後 9:40 至 11:30 的時段配合學校進行認知教學或移動訓練等。德媽認為維德的配合度不高，希望這些目標先由學校負責執行，因此，尊重德媽決定的介入方向。依此方向，透過目標優先順序列表，討論如廁和睡眠兩個目標的介入情境、可用策略和可應用的優勢，例如如廁部分：第一，維德在家幾乎是包尿布，排斥坐馬桶，僅於洗澡後至德婆接手前 30 分鐘空檔不包尿布；在學校則是不包尿布，小便時間規律，有時會以手勢告知要如廁，但不會主動去廁所。第二，德媽考慮維德不包尿布的時間有限，需徵詢德婆能否配合如廁訓練；此外，早上到學校時先坐馬桶的例行作息亦可作為訓練情境，德媽可以確實執行。第三，如廁訓練的優勢包括：維德在德婆照顧時的如廁時間規律、德婆識字，可協助記錄如廁時間和教學紀錄表。第四，使用「月份如廁紀錄表」以確認維德夜間如廁的規律時段；和德婆協調夜間不包尿布，訓練坐馬桶持續 3 分鐘以上；類化至不同時段、情境和家庭其他成員。服務成果指標如示例 6-7。

示例 6-7　服務成果指標之撰寫

孩子的服務成果指標		
介入順序	服務成果指標	起訖日期
1	維德睡覺前能主動獨立到廁所小便	2009/3/1~2010/3/31
2	在最少協助下從二樓走樓梯到三樓廁所洗澡	2009/3/1~2010/3/31
家庭的服務成果指標		
介入順序	服務成果指標	起訖日期
1	德媽能在生活作息中例行如廁的介入程序，讓維德能達到「睡覺前能主動獨立到廁所小便」的服務目標。	2009/3/1~2010/3/31
2	德媽能在生活作息中例行如廁的介入程序，讓維德能達到「在最少協助下從二樓走樓梯到三樓廁所洗澡」的服務目標。	2009/3/1~2010/3/31

　　依據德媽決定的目標，引導德媽完成目標差異分析表，了解維德在該目標的能力現況，以及需列入教學的能力，以作為後續發展教學紀錄的依據。

　　在完成目標優先順序表和目標差異分析，並確認德媽理解執行策略後，請德媽先在家試行一週後，了解其在家執行的情況和困難，以確認目標和策略可行性及需調整處。例如德媽試做一週後，決定僅請德婆觀察維德夜間如廁時間，下班後再自行記錄於「月份如廁紀錄表」，其他時間的記錄和執行皆由德媽負責。此外，她對「月份如廁紀錄表」和坐馬桶訓練皆提出執行上遭遇的問題，例如：

德　　媽：如廁時間需持續記錄多久？

服務人員：直到可從紀錄中找出規律如廁的時段，才能有效訓練如　　　　　　廁。

德　　媽：半夜如何記錄？

服務人員：晚上睡覺先包尿布，不須記錄，待白天可規律如廁後再訓　　　　　　練晚上睡覺時不包尿布。

德　　媽：維德坐馬桶一定要玩玩具，不然坐不住。

服務人員：可以試著不要玩玩具嗎？

德　　媽：他一定要玩，……。

　　德媽很堅持維德一定要玩玩具才願意坐馬桶，基於家長應該是最了解兒童的習慣、不要改變太多元素以致模糊焦點（避免德媽要處理維德哭鬧而模糊訓練坐馬桶的焦點）、尊重家長的決定等考量，因而採取德媽習慣的方式延長坐馬桶時間至 5 分鐘；若維德無法專心如廁，則移除玩具，採取其他策略，如數數、使用馬表提醒等，但不可分散其如廁的注意力。

　　最後，彙整德媽試做的問題和達成共識的解決策略，擬訂目標執行方案如下：（1）教育目標為在最少協助下，晚上睡前主動到廁所小便；（2）教學執行者與檢核表記錄者為德媽；（3）介入策略包含系統提示策略、環境與教材調整、視教學情況保持教學策略調整的彈性、使用教學紀錄表作為檢核和監督之用；（4）介入時段為週一至週五晚上睡前如廁、彈性擴充至其他可行時段；（5）使用教學紀錄表，包括目標能力（口語表達我要尿尿、自己爬去廁所、前傾坐在馬桶等待尿尿）、協助程度和配合度。

　　IFSP執行過程因德婆椎間盤突出需長期復健，以及不能抱重物，無法配合執行原訂的介入方案及帶維德去復健，故德媽在第一個目標介入結束後調整目標。德媽認為睡覺和吃飯的目標可自行在生活中慢慢嘗試，如執行上有問題可以諮詢方式提出討論，希望將目標調整為，如廁也需具備的移動能力，由自己負責執行。孩子和家庭的服務計畫如示例 6-8 和 6-9。

示例 6-8 孩子的服務計畫

服務成果指標	短期目標	起訖日期	介入情境	提供的介入程序和服務	服務人員扮演的角色	家長扮演的角色	評鑑日期／評鑑結果	介入決定
1	1. 在部分身體提示下，維德睡覺前能主動到廁所小便，1週連續7天能做到。 2. 在語言提示下，維德睡覺前能主動到廁所小便，1週連續7天能做到。 3. 在姿勢或表情提示下，維德睡覺前能主動到廁所小便，1週連續7天能做到。 4. 維德睡覺前能獨立主動到廁所小便，1週連續7天能做到。	2009/3/1~5/31 2009/6/1~8/31 2009/9/1~12/31 2010/1/1~3/31	週一至週五晚上睡前，如德媽由德媽彈性擴充至其他可行時段。	1. 根據德媽原來的教導方式，教導其使用系統提示策略，視維德褪除能力適時調整協助程度。 2. 調整廁所環境，整理馬桶周圍會分散維德如廁注意力的物品，以及準備訓練和便盆。 3. 使用每月份如廁規律的紀錄表，歸納如廁坐馬桶時段。 4. 使用坐馬桶訓練紀錄表，記錄維德坐馬桶所需的協助和持續時間。 5. 使用如廁訓練每日記錄表，監督德媽至少進行一次與專業人員討論，並作為專業人員討論的依據。 6. 保持執行策略的彈性，以因應德媽教學能力和維德學習表現。	專業人員具備特教與職能治療的專業，擔任服務諮詢者，對德媽執行IFSP過程遭遇的問題提供策略諮詢與示範。	德媽在生活作息中例行此介入程序，讓維德達到服務目標。	略	略
2	略	略	略	略	略	略	略	略

| 示例 6-9 | 家庭的服務計畫 |

服務成果指標	提供的服務	服務人員扮演的角色	評鑑日期／評鑑結果	介入決定
1	1. 與德媽討論維德如廁訓練的目標、情境、策略和程序。 2. 根據德媽原來的教導方式，教導其使用系統提示和褪除策略。 3. 協助德媽調整廁所環境。 4. 與德媽討論紀錄表的內容和記錄方式。	協助德媽每日確實於介入情境至少進行一次教學，並作為與服務人員討論的依據。	略	略

伍、執行 IFSP

由於德媽甫開始扮演目標執行者，且其須同時兼顧工作和家務，可運用的時間有限；因此，初執行時先以一個目標和單一情境開始，待其能在家庭日常作息中規律執行後，才開始下一個目標。德媽執行 IFSP 的過程整理如下：

一、保持目標執行方案的彈性

目標執行方案須經過試做後確定，但仍須維持彈性，以因應德媽執行過程的挑戰或家庭突發事件，例如德媽執行如廁訓練的目標之一——口語表達「我要尿尿」，維德主動口語表達的能力不穩定，從會回應「是」且成功如廁在馬桶，變成以「不要尿尿」或「不要上廁所」拒絕如廁，但仍可成功在馬桶如廁。因此，提供功能性溝通策略書面資料，並提供如廁圖卡及教導德媽使用方式，維德在一段時間教導後，可以看著圖卡說要「尿尿」或「嗯嗯」；再持續一段時間後，可以跟德婆、德爺和德爸表示要上廁所，並類化到家庭以外的環境。

此外，在執行過程中發現，德媽由於工作和家務繁忙，平日甚少和維德對

話，以免維德黏上媽媽就無法做其他事情，造成親子互動生疏，會影響德媽執行 IFSP 目標時維德的配合度。因此，提供親子互動技巧，並引導德媽思考適合自己執行的方式，德媽執行一段時間後表示，和維德的互動已不再有壓力且享受和維德對話的過程，維德的口語也進步許多，例如如廁後會自己說：「維德好棒，媽媽，我尿好了，請幫我擦屁股。」圖 6-6 整理德媽執行如廁和移動兩個目標的策略運作。

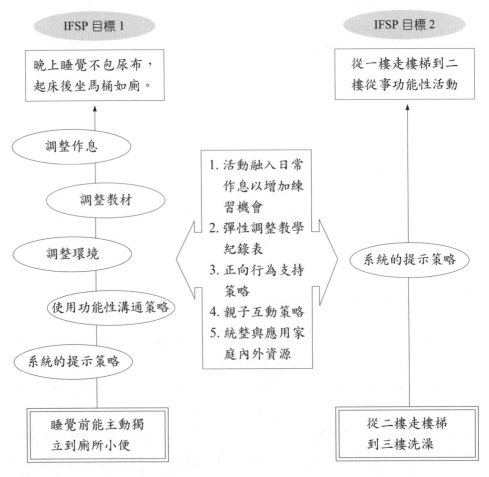

圖 6-6 德媽執行維德如廁與移動之目標策略運作圖。⟨⟩目標共用的策略；⇕各目標使用的策略；▭ IFSP 的介入目標；▭ 類化的目標。

二、善用教學紀錄表

德媽是 IFSP 目標的執行者，為能在執行之初，支持德媽確實在選定的生活作息中例行目標，使用教學紀錄表是必要的。每日須記錄維德在目標能力的表現，且服務人員會每週檢核教學紀錄，使德媽有執行的壓力，可幫助其建立將目標融入作息的習慣，教學紀錄表也可以讓服務人員了解德媽在家執行狀況並作為討論的依據，以調整和德媽適配的執行策略。此外，依德媽執行的情況及維德表現穩定後，適時調整教學紀錄表的內容或終止紀錄，例如坐馬桶訓練紀錄表在維德習慣坐馬桶後即停止做紀錄，避免與如廁訓練紀錄表重複，造成過多紙筆作業的情形。如廁訓練紀錄表也在德媽可以執行，且德爸也能配合執行後停止記錄。

三、依據德媽執行情況及維德反應決定類化目標

依據德媽執行情況、維德的學習反應以及家庭狀況，決定類化目標，如維德的如廁類化目標原只設定於德媽可以在維德於白天表示要上廁所時協助他去如廁，但隨著維德成功如廁在馬桶的經驗，建立德媽在教育維德的自信和成就感，促使其積極的擴展如廁訓練情境。此外，維德成功如廁經驗類化至家庭其他成員及家庭以外的環境，使德媽主動提出將如廁類化目標定在晚上睡覺不穿尿布，並於起床後在馬桶如廁，而維德也因此有機會完全成功擺脫尿布。再者，德媽執行如廁目標的成功經驗，也促使其將調整獨立移動為第二順位目標，並願意將物理治療專業運用於在家教育維德，希望維德能在家自行移動，逐步達成完全獨立如廁的目標。

陸、評鑑 IFSP 成效

德媽 IFSP 成效評鑑的向度包括，維德 IFSP 目標的學習成效、德媽執行目標的能力，以及德媽參與 IFSP 執行過程的滿意度。維德 IFSP 目標的學習成效和德媽執行目標的能力可從教學紀錄表、與德媽例行性討論，以及家訪觀察等

資料進行評鑑。德媽對 IFSP 執行過程的滿意度則可從例行討論，以及結案時的討論中蒐集資料。

☆第五節　家庭中心個別化家庭服務計畫實施之檢討

　　家庭中心 IFSP 的執行對專業人員與家長而言，皆是顛覆傳統的服務方式，二者都需調整過去的經驗，學習重新定位彼此的角色和職責，以及採取平等的合作方式，以下整理對專業人員與家長的建議。

壹、對專業人員的建議

一、調整提供服務的角色和思維

　　傳統的服務方式是由專業主導，專業人員常陷於家長是否有能力決定和執行目標的困惑中。然而，家庭中心 IFSP 強調家長是知情的決定者和執行者，所謂的「知情」是需要專業人員提供資訊，引導其參與 IFSP 發展和執行的過程，才能建立家長決定和執行的能力及角色自覺。因此，專業人員應將自己的角色定位在參與的服務人員，以開放、尊重的態度，與家長討論教育選項的利弊和在其家庭的可行性，發展和其家庭情境適配的教育方案與教學策略，並支持其執行。

二、進修家庭中心 IFSP 的專業知能與合作知能

　　專業人員在提供家庭中心服務前宜建立相關知識，作為協助家長參與和執

行 IFSP 的背景知識，在專業知能方面包括：了解家庭中心模式的理論、內涵與實施原則，釐清家庭中心教育方案的服務範疇是開放彈性的，精熟常用的教學策略，建立同時教育家長與兒童的概念，促使自己成為有能力的成人教育者等。在合作知能方面包括：覺知自身與服務家庭文化和價值觀的差異、與家長分享教育選項的相關資訊並尊重家長的決定、建立自省和自我監控的機制、學習協調合作的能力等。此外，專業人員需自我統整專業與合作知能，以適當拿捏引導家長做決定與主導家長做決定之間的差別。

三、調整服務行程規畫

傳統專業人員接案方式以每週接案個數為績效，且為求公平，每位個案服務的時間和次數都相同。然而，家庭中心服務需要較彈性的服務規畫，以符合評量和執行 IFSP 不同階段的需求。因此，建議專業人員在接案時可在家庭評量安排較密集的討論，以建立和家長的正向互動，且可在較短時間將資料蒐集飽和，盡快擬訂和實施 IFSP，以讓家長可以在短時間即建立對子女學習的適當期待，維持其參與的動機，避免將家庭評量時間拉得太長，家長花太多時間等待資料蒐集，且無法明確知道參與的目的，因而澆熄參與的興趣和動力。

四、適時尋求其他專業資源以滿足家庭教育子女所需的相關服務

雖然家庭中心 IFSP 為貫專業團隊服務模式，然而，目前國內在專業團隊的運作上仍多屬多專業團隊模式。因此，建議專業人員廣泛涉獵其他相關領域的基本知識（如服務範疇、服務機構等），或結交相關專業同儕形成支持網絡，在面對無法以自身專業因應家庭教育子女所需的支持時，才能尋求適當的資源支持自己的專業。此外，統整不同專業所需花費的時間極長，建議專業人員先與家長協調，待對問題有一致的解決方向後，再尋求其他專業支持已經確知的目標，能夠減少整合多種專業不同目標所需的時間。

貳、對家長的建議

家長在家庭中心 IFSP 中扮演主導的角色,然而,不僅專業人員質疑家長的能力,家長對自己扮演的角色和職責有更大的質疑。因此,家長宜調整過去被動接受教育決定的參與方式,覺知自己是 IFSP 的決定者和執行者,有責任了解子女的發展現況、家庭的優勢和需求、決定 IFSP 目標和執行 IFSP,使 IFSP 更能與家庭情境適配,在施行上更為順暢、持續和有成效。

再者,家長應調整過去教學工作由教師負責的觀念,或僅是遵從指令執行教學策略,宜在子女的教育目標或能力改變時,跟著學習適配的教學策略,以在家庭自然情境中提供子女學習機會,如此將有助於教育目標的達成與類化。

最後,家長宜學習適應從傳統服務的接受者,轉變為教育決定者和主要教學執行者,在教學過程中敏銳地觀察子女學習情況,提供專業人員相關資訊、主動提問、表達對教育選項的觀點、與專業人員協調和溝通教學策略,以建立有效的合作模式。

 總結

家庭中心模式源於家庭系統和生態系統理論,它以家庭為主,服務人員應深入了解家庭的文化、價值觀、信仰和習慣,並隨時保持對文化的敏感度,尊重家庭參與的選擇和喜好,顛覆傳統專業權威的服務方式,將家庭視為平等的合作夥伴,一起執行家庭中心 IFSP,並在過程中提供家庭做決定的機會、支持家庭發展教養子女的能力、強化家庭支持系統,以達成充權賦能的最終目標。與家庭建立平等的合作關係是家庭中心 IFSP 執行的基礎,而進入早療系統,多專業團隊接案;與家庭做第一次接觸;擬訂與實施評量計畫;擬訂、實施和評鑑 IFSP,以及結案與追蹤／轉銜是其步驟。

第 7 章

身心障礙者個別化教育計畫之執行

個別化教育計畫是教導身心障礙學生的路線圖，它所定的目標宜具體明確、可測量、可達成、與學生能力現況相關，以及有達成時間的描述。

導|讀|問|題

> 1. 在學生能力之現況（和對其在普通班學習及生活之影響）與需求上，要敘寫哪些內容和掌握哪些原則？
>
> 2. 學生家庭狀況上，要敘寫哪些內容和掌握哪些原則？
>
> 3. 為普通班接受特殊教育方案之身心障礙學生敘寫的個別化支持計畫，可包括哪些內容？
>
> 4. 在適合學生的評量方式上，要敘寫哪些內容和掌握哪些原則？
>
> 5. 在具情緒與行為問題學生所需之行為功能介入方案與行政支援上，要敘寫哪些內容和掌握哪些原則？
>
> 6. 在學年及學期教育目標上，要敘寫哪些內容和掌握哪些原則？
>
> 7. 在學生需要的特殊教育、相關服務及支持策略上，要敘寫哪些內容和掌握哪些原則？
>
> 8. 在參與普通學校（班）之時間及項目上，要敘寫哪些內容和掌握哪些原則？
>
> 9. 在學期教育目標是否達成之評量日期與標準上，要敘寫哪些內容和掌握哪些原則？

　　本章探討學生背景資料、能力現況與特殊教育和相關服務，學年與學期教育目標，適合學生的評量方式之撰寫，以及個別化教育計畫之評鑑。至於轉銜服務之撰寫可參見第八章。

第一節　學生背景資料、能力現況與特殊教育和相關服務之撰寫

以下依據我國《特殊教育法施行細則》（1998、2013）的 IEP 內容，探討學生能力現況（和對其在普通班學習及生活之影響）與需求，學生家庭狀況，具情緒與行為問題學生所需之行為功能介入方案與行政支援，學生需要的特殊教育、相關服務與支持策略，參與普通學校（班）之時間及項目的意義與撰寫，另增加學生個人背景資料的敘寫。

壹、學生個人背景資料

在討論 IEP 的內容之前，須呈現學生個人背景資料，包含入班日期、基本資料、生長史、醫療史和教育史等，見示例 7-1。撰寫時要注意：（1）統整描述學生教育史、生長史和醫療史等背景資料對其學習的影響，或是教師教學上須注意的事項，避免流於表格的勾選，而未加以統整；（2）如果學生個人背景資料有變動，則應隨時更新。

示例 7-1　學生個人背景資料之撰寫

基本資料	姓　名	林○○	照片
	性　別	男	
	生　日	85 年 6 月 2 日	
	實　齡	13 歲 3 月	
	身心障礙鑑定類別	智能障礙	
	身心障礙手冊	中度智能障礙，字號：○○○○○	
	戶籍地址	高雄市○○○○○○○○○○○	
	通訊地址	高雄市○○○○○○○○○○○	
	聯絡電話	○○○○○○○　聯絡人　林◎◎	
生長史		母親在 34 歲時生該生，懷孕的過程中有吸菸的習慣，生該生時難產。出生時體重正常，嬰幼兒期動作和語言發展都較落後。	
醫療史和服藥狀況		家人曾帶該生至眼科檢查，測得有近視的現象，左眼 0.4，右眼 0.7，配戴眼鏡，但該生不太喜歡戴眼鏡。目前該生未服用任何藥物。	
教育史		該生學前就讀普通幼兒園，至國小一年級才由普通班科任老師轉介接受鑑定，而後就讀國小特教班，並且接受語言和職能治療的相關服務。國小的 IEP 顯示他的生活自理能力已有進步，能夠使用餐具進食，但由於精細動作能力的限制，舀或夾起食物入口時，會掉落部分食物，須加強……。（省略部分內容）	

貳、學生家庭狀況資料

　　教師可以藉著訪談了解學生家庭狀況，包括家庭成員、居住狀況、父母婚姻狀況、該生的主要照顧者、家庭經濟狀況、家中主要語言、家人主要休閒活動、家長的教養態度和作法、誰指導該生做功課、對於學校和教師的期待、家庭需求等，舉例如示例 7-2。如果家庭狀況資料有變動，則應隨時更新。

學生家庭狀況資料之撰寫

	稱謂	姓名	年齡	教育程度	職業	存歿情形	有無特殊身心狀況
學生的家庭成員	父	林◎◎	42	國中	工	存	無
	母	林王□□	43	國小	家管	存	智障
	姊	林△△	15	國三	學生	存	輕度智障，讀資源班

學生的居住狀況	與父母同住
父母婚姻狀況	同住
學生的主要照顧者	父
家庭經濟狀況	清寒
家中主要語言	閩南語
家人主要休閒活動	看電視
對學生的教養態度和作法	父：工作較忙碌，但願意與老師配合，對聯絡簿聯絡的事項能有回應。 母：願意指導孩子的課業和行為，但是孩子拗脾氣時，不知道用什麼方法因應。
誰指導學生做功課	安親班
家長對於學校和教師的期待	希望該生能有機會讀普通班
家庭需求	教養方法、經濟補助、福利服務、輔助科技

參、學生能力現況（和對其在普通班學習及生活之影響）與需求

以下說明學生能力現況和需求、學生身心障礙狀況對其在普通班學習及生活之影響，以及學生障礙狀況影響層面的介入三大部分。

一、學生能力現況和需求

IEP之擬訂是根據學生的現況，因此深入了解學生有絕對的必要，否則IEP

之設計就不切實際了，也會成為教師的負擔。了解的層面包括學生的感官功能、健康狀況，以及認知、溝通、行動、情緒、人際關係、生活自理和國文、數學等學業能力之現況。了解的方法為運用正式和非正式評量方法，非正式評量方法中，有家長訪談、**生態評量**（ecological assessment）等。Smith、Slattery 和 Knopp（1993）主張生態評量是了解學生現況的重要方法，它可以了解學生、環境，以及學生與環境互動的情形，以設計符合學生和其所處環境需求的**生態課程**（ecological curriculum）。生態評量的詳細作法請參見鈕文英（2003）。家長訪談的內容，以及「學生家庭和社區生態評量問卷」見 ◎ 附錄十二和附錄十三。所得的資料可以整理在「評量資料」此項目中，舉例如示例 7-3。值得注意的是：（1）蒐集的評量資料要和最初轉介的原因有關；（2）說明評量資料的評量日期、實施者（即評量者）和資料提供者（即受評者），以及評量結果；（3）評量結果的敘述宜具體明確。

撰寫學生能力現況和需求時要注意：（1）統整各種方法和來源（如果有的話，包含特殊教育專業團隊）的評量資料；（2）現況描述必須和最初轉介的原

示例 7-3　學生評量資料之撰寫

評量工具	實施者	資料提供者	評量日期	評量結果
魏氏智力測驗	陳○○	學生	略	略
中華適應行為量表	陳○○	學生	略	略
視力檢查	張○○	學生	略	略
畢保德圖畫詞彙測驗	林○○	學生	略	略
語言障礙量表	林○○	學生	略	略
家庭訪談問卷	王○○	學生的母親	略	略
居家生態量表	王○○	學生的母親	略	略
社區生態量表	王○○	學生的母親	略	略
增強物調查問卷	王○○	學生的母親	略	略
溝通行為檢核表	王○○	學生的母親	略	略
學生行為觀察紀錄工具	王○○	學生	略	略
過去的檔案紀錄	○○國小	學生和其家長、教師	略	略

因有關,例如普通班教師轉介該生接受特殊教育鑑定的理由是,閱讀流暢度不佳、有跳字跳行的情形,因此在現況描述上,就須描述該生閱讀能力的狀況;(3)描述的內容宜和項目名稱相符合,例如視覺和聽覺接收能力應放在「感官能力」,而不是「健康狀況」此項目中;(4)包括優勢或已具備的能力(以個體內在能力比較下所得的資料),以及弱勢或需求(以個體內在能力比較,或是以同年齡一般學生之表現為參照標準下尚未具備的能力);(5)敘述宜具體明確,具備「邏輯線索」的特性,能反映在學生特殊教育和相關服務的安排,以及教育目標的擬訂;(6)客觀描述現況,避免使用價值評斷性、性別歧視和種族偏見的字眼;(7)如果學生現況資料有變動,則隨時更新。舉例如示例7-4和問題討論7-1。

示例 7-4　學生能力現況和需求之撰寫

能力項目	現況描述	
	優勢	需求
身體健康狀況	略	略
感官、知覺動作與行動能力	略	略
生活自理和居家生活能力	略	略
社區和休閒生活能力	略	略
注意力	略	略
記憶力	略	略
認知或理解能力	略	略
溝通能力	略	略
語文能力	略	略
數學能力	1. 會 10 以內之加減法。 2. 可以辨認大、中、小,以及正方形、三角形和圓形等基本形狀。	1. 不會看時鐘。 2. 不會 10 以上之加減法。 3. 無法辨識矩形和梯形。 4. 不會使用磅秤測重量。 5. 無法辨識錢幣和使用金錢。
人際關係和情緒行為狀況	略	略
學習態度和行為	略	略
其他	略	略

問題討論 **7-1** 現況描述的撰寫

以下現況描述是否適當？

項目	現況描述
認知能力	認知能力尚可。 近視 500 度。
生活自理能力	懶惰。
社會情緒能力	輕微自閉。
學業能力	由於智能障礙，所以閱讀的材料對他來說太困難。 數學能力待加強。
溝通能力	口語表達能力缺陷。

此現況描述有以下問題：（1）不具體明確；（2）每個項目未包括優勢或已具備的能力；（3）使用價值評斷性的敘述，例如懶惰；（4）視覺和聽覺接收能力應放在「感官能力」，而不是「認知能力」此項目中。

筆者建議修改如下：

項目	現況描述	
	優勢	需求
感官能力	聽覺接收能力良好。	近視 500 度，雖有配戴眼鏡，但不喜歡戴。
認知能力	能區辨大小；在顏色上，能看得出哪些東西的顏色相同，哪些不同，且能命名紅色。	除紅色外之其他顏色的命名會混淆。
生活自理能力	生活自理能力佳，具備基本的個人清潔衛生技能。	不會視天氣和場合調整衣著，例如天冷未穿保暖衣物便出門，到正式場合卻穿拖鞋。
社會情緒能力	情緒好時，能適時且適當地回應別人對他說的話。	情緒不佳時，會用不當言詞罵同儕和師長，和家人互動時亦有相同問題。
學業能力	1. 能認讀出 30 以內的數字。 2. 能認讀 20 個小學一年級程度的常用字詞，以及自己的名字。	1. 不會認讀 30 以上的數字，無法從 30 以內數字中比較出大小。 2. 無法認讀小學二年級以上的字詞。
溝通能力	能說出 10 個字以內的完整句子。	與人溝通時，眼神會注視，但有時會與人靠太近。

二、學生身心障礙狀況對其在普通班學習及生活之影響

對於安置在分散式資源班,在得知學生的能力現況後,可以進一步了解此現況會對其在普通班學習及生活,包括在各課程領域的學習和評量、生活作息、參與班級事務和活動、人際關係和互動上產生什麼樣的影響,而後針對影響的層面,即學生的特殊需求提供介入和調整建議。舉例如示例 7-5。

示例 7-5　學生能力現況和對其在普通班學習及生活影響之撰寫

能力項目	現況描述		對於在普通班學習和生活的影響		介入與調整建議
	優勢	需求	無影響（打✓）	有影響 [a]	
身體健康狀況	身體健康狀況良好,無特殊疾病。	無	✓		
感官、知覺動作與行動能力	略	略	略	略	略
生活自理和居家生活能力	會獨立進食和穿脫衣服。	1. 個人衛生習慣不佳,無法保持衣服乾淨。 2. 無法自行整理書包及抽屜。 3. 座位凌亂有垃圾,且早餐沒吃完,塞在抽屜。		由於他的衛生習慣不佳,造成班上的同學嫌他髒,不喜歡跟他玩。	1. 資源教師協助教導他衛生習慣,保持衣服乾淨。 2. 資源教師協助教導他整理書包及抽屜。 3. 導師安排同儕提醒他丟垃圾,以及整理書包和抽屜。
社區和休閒生活能力	略	略	略	略	略
注意力	略	略	略	略	略

示例 7-5　學生能力現況和對其在普通班學習及生活影響之撰寫（續）

能力項目	現況描述		對於在普通班學習和生活的影響		介入與調整建議
	優勢	需求	無影響（打✓）	有影響 a	
記憶力	視覺記憶優於聽覺記憶，尤其是扯鈴、蜘蛛結網，教過一次就記住了。	聽覺記憶不佳，常忘記口語交代的事情（例如：請把鉛筆盒帶回教室）。		聽覺記憶不佳會影響該生對於口述指令的接收和記憶。	1. 由於他的聽覺記憶不佳，教師在下達口述指令時，例如要學生圈詞時，最好能提供視覺線索，像是詞卡協助他圈出，或是要他複述一遍。 2. 教師口語交代他事情時，最好先拉回其注意力，並且交代後要他複述一遍。
認知／理解能力	略	略	略	略	略
溝通能力	略	略	略	略	略
語文能力	略	略	略	略	略
數學能力	略	略	略	略	略
人際關係和情緒行為狀況	1.能遵守班規。……（略）	1.活動（遊戲）規則需一再練習和提醒才會遵守。 2. 不會處理與他人衝突，會尋求老師協助，但同學討厭他告狀的行為。		由於他不會處理與他人衝突，愛告狀，造成人緣不佳的問題。	1. 資源教師協助教導他與同學玩遊戲的規則。 2. 導師安排同儕提醒他活動（遊戲）規則。 3. 資源教師協助教導他避免和處理衝突的能力。
學習態度和行為	略	略	略	略	略
其他	略	略	略	略	略

註：a 請說明在各課程領域的學習和評量、生活作息、參與班級事務和活動、人際關係和互動上產生什麼樣的影響。

即使學生目前安置在特教學校（班），仍可配合第五項「**參與普通學校（班）之時間及項目**」，載明學生身心障礙狀況對參與普通學校（班）之項目的影響，以及針對此影響，將提供之協助或調整，舉例如示例 7-6。

示例 7-6　學生身心障礙狀況對其在普通班上課及生活影響之撰寫

學生身心障礙狀況對其在 普通班學習及生活之影響層面	介入與調整建議
計畫安排參與一週兩節、七年級的藝術與人文課程；而由於該生智能障礙，認知、理解和記憶能力較差，加上較容易分心，在普通班上課時會跟不上進度。	建議將該生座位安排在教師容易監控與指導，或同學容易協助，以及不易分心或受干擾的位置。另外，在課程方面，建議提供完成活動或作業的具體步驟，並且給予圖片的視覺線索，讓他容易遵循。

三、學生障礙狀況影響層面的介入

對安置於分散式資源班的學生，除了解學生身心障礙狀況對其在普通班學習及生活之影響，還可針對此影響提供介入服務，如前面示例 7-5 所示。

至於在普通班接受特殊教育方案之身心障礙學生，他們並未全學期抽離至資源班上課；雖然如此，仍然需要擬訂 IEP，或是依《特殊教育法》（2014）擬訂個別化支持計畫。依照 DeBoer 和 Fister（1995），普通班身心障礙學生的服務形態乃建立在，特殊與普通教育教師共同計畫（collaborative planning）的基礎上，採取三種模式：第一種是**抽離方案**，由特殊教育教師執行，即抽離式資源方案；第二種是**諮詢方案**（consulting），由普通教育教師執行，Idol（1997）稱呼特殊教育教師扮演的角色為諮詢教師；第三種是**合作教學**（cooperative teaching），特殊和普通教育教師共同執行，Idol 表示特殊教育教師扮演的角色為合作教師。Elliott 和 McKenney（1998）還提出第四種模式，即**輔助服務**（aided services），乃由特殊教育助理員（簡稱特教助理員）在特殊教育教師的訓練和指導下，提供普通班教師教學上的協助。筆者整合 DeBoer 及 Fister、Elliott 和 McKenney 的模式成圖 7-1，這四種模式的詳細敘述請參見鈕文英（2015）。在普通班接受特殊教育方案之身心障礙學生獲得的特殊教育服務形

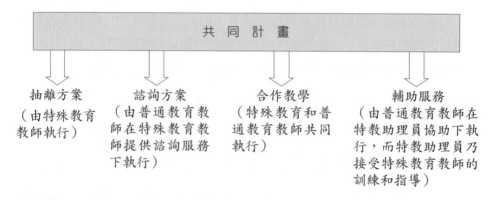

抽離方案
（由特殊教育
教師執行）

諮詢方案
（由普通教育教
師在特殊教育教
師提供諮詢服務
下執行）

合作教學
（特殊教育和普
通教育教師共同
執行）

輔助服務
（由普通教育教師在
特教助理員協助下執
行，而特教助理員乃
接受特殊教育教師的
訓練和指導）

圖 7-1 特殊教育與普通教育教師合作的模式。綜合整理自 DeBoer 和 Fister（1995），Elliott 和 McKenney（1998）的文獻。

態包括：諮詢方案、合作教學和輔助服務，其中接受諮詢方案的學生最多。

除此，由於在普通班接受特殊教育方案之身心障礙學生未抽離至資源班上課，不須為他們敘寫學年和學期教育目標，目標是否達成之評量日期與標準，改成敘寫個別化支持計畫中的一個項目——「**學生需要之特殊教育、支持服務及策略**」，亦即由特殊教育教師與普通教育教師合作擬訂，根據示例 7-5「學生能力現況和其對普通班學習及生活之影響」，視學生之需求，可從與相關人員溝通尋求了解或協助（包含家長、一般學生和其他人員三方面）、營造心理環境、規畫物理環境、調整課程與教學、設計教學評量方式和調整成績的計算方式、安排生活作息，以及輔導情緒與行為等向度著手，如示例 7-7。正如 Tod（1999）所認為的，把融合教育方案的措施反映在 IEP 中，將有利融合教育的實施。若學生有部分時間抽離至資源班上課做個別介入，如示例 7-7 中資源教師個別介入清潔衛生技能、整理書包的能力、社會技能等，得撰寫學年和學期教育目標，例如：能獨立且正確按類別（分課本、習作、作業簿、文具四類）整理自己的書包，100%做到。學生需要之特殊教育、支持服務及策略的背後設計理念詳見鈕文英（2015），策略之參考建議如 ●附錄十四，教師擬訂時，可依據學生的需求，選擇適合的建議再做增修後填入。

示例 7-7　學生需要之特殊教育、支持服務及策略撰寫

學生需求的界定與描述
由於該生在視力的問題，以及記憶、理解、溝通、閱讀、書寫、數學等方面能力的部分限制，加上學習態度和行為不佳，造成其在學科學習上的困難，與同儕的差距大，其中尤以國語和數學的困難最明顯；因此須協助其國語和數學的學習，而且在教學和評量上須特別注意視覺訊息的呈現是否能讓他接收。另外，該生的優勢能力在視覺記憶和粗大動作，可以多提供視覺線索，尤其是圖片和動作，以及藉由多感官和操作的方式來協助其學習。另外，由於他的生活自理能力不佳，造成班上的同學排斥他，因此須建立其良好的衛生習慣，以及調整同學對他的負面觀感。

向度	作法	負責人員
與相關人員溝通尋求了解或協助（包含家長、一般學生和其他人員三方面）	1. 與一般學生家長溝通融合教育的意義，增進他們對於該生的了解和接納度。 2. 該生的父親國中畢業，職業為打零工；母親國小畢業，是學校清潔媽媽。父母較不知如何教導該生課業，與保持清潔衛生；因此須與該生家長溝通教養孩子的方法，以及如何與學校合作。 3. 班上的同學排斥他，因此須調整同學對他的負面觀感，包括協助一般同儕了解該生，教導一般同儕如何正確而適當地提醒他注意衛生，以及協助他課業。 4. 與科任教師溝通學生的特質與能力，增進他們的了解和接納度。	1. 普通班導師。 2. 資源教師：協助導師設計同儕介入課程，與該生家長溝通教養孩子的方法，以及如何與學校合作。
營造心理環境	1. 該生的優勢能力在視覺記憶和粗大動作，多注意他的優點，鼓勵他的進步處。 2. 提供該生參與課堂活動和表現的機會，並且提供其成功的經驗。	普通班導師

示例 7-7　學生需要之特殊教育、支持服務及策略撰寫（續）

向度		作法	負責人員
營造心理環境		3. 增加該生與一般同儕有更多互動和共同學習的機會。	普通班導師
規畫物理環境		1. 安排該生坐在老師容易監控與協助、不易分心或受干擾、靠近黑板、容易看到和聽到的位置。 2. 提供回饋的教室環境，例如張貼學生優良或進步的表現一覽表於公布欄中。	普通班導師
調整課程與教學	針對全班學生實施基本的課程與教學調整策略	1. 針對全班學生教導學習行為與策略，包括教導改述策略，用自己的話說出語詞的意思；教導視覺想像策略，將語詞變成視覺的圖象，來增進理解；教導字彙分析策略，教導國字部件組合，以及介紹字型結構；教導寫句子策略；教導數學問題解決策略。 2. 提供清楚的作業說明給全班學生，甚至讓學生在課堂中敘寫部分作業，並給予指導，確認大家都已了解。 3. 針對全班採用多元的教學方法。 4. 採用合作學習。 5. 使用全班性同儕教導。 6. 針對全班定期複習已學習過的內容。 7. 針對全班使用不同的語言和語彙（例如閩南語），讓學生容易接收和理解。	1. 普通班導師。 2. 資源教師提供課程與教學調整的諮詢服務。

示例 7-7 學生需要之特殊教育、支持服務及策略撰寫（續）

向度		作法	負責人員
調整課程與教學	針對個別學生的課程與教學調整策略	1. 教導他回家後的時間管理，例如回到家馬上寫功課，請爸爸簽聯絡簿。 2. 提醒他要戴眼鏡，並且注意他是否能看清楚。 3. 該生的優勢能力在視覺記憶和粗大動作，可以多提供視覺線索，尤其是圖片和動作，以及藉由多感官和操作的方式來協助其學習。因此，在國語方面，挑選常用的國字讓他學，甚至由他挑選出他想學的國字；部分筆畫較多的國字，從書寫調整成認讀和說出，至於造句，則在教師口語或手勢提示下，口頭造句。另外，調整部分習作題目中，他的反應方式由書寫改為口述，再由同學或老師協助書寫；提供視覺提示給部分習作題目，例如答案範本，以讓他找答案填寫完成習作。教材上以課文情境圖的方式呈現課文的結構與重點，多增加語詞的圖片，以利於學生的吸收，並且加強課程內容與學生生活經驗間的連結，將文本和造句的內容與學生生活經驗作連結；以及提供課文朗讀CD讓該生帶回家協助其閱讀。 4. 在數學方面，超過兩位數以上的加減乘除讓他以計算機運算；給予公式和作答程序的提示，來協助該生完成題目；另外，加入課程單元中他尚不足之先備概念的學習內容。	1. 普通班導師。 2. 資源教師提供課程與教學調整的諮詢服務。

示例 7-7　學生需要之特殊教育、支持服務及策略撰寫（續）

<table>
<tr><th colspan="2">向度</th><th>作法</th><th>負責人員</th></tr>
<tr>
<td rowspan="4">調整課程與教學</td>
<td>針對個別學生的課程與教學調整策略</td>
<td>5. 該生沒有寫回家作業的習慣，故先建立該生寫回家作業的習慣；作法是刪除部分作業，只寫部分要他學習的常用目標字，並且減少作業的字數，提供較大寫字方格的作業簿。另外，調整部分書寫的作業成口頭和實作的方式。如果該生有完成指定功課，資源教師陪他下棋。</td>
<td>1. 普通班導師。
2. 資源教師提供課程與教學調整的諮詢服務。</td>
</tr>
<tr><td></td><td>6. 在課堂中，如果該生來不及完成前面的活動，而已進行下一個活動，老師適時提醒他跟著活動轉移，沒完成的等一下再做。</td><td></td></tr>
<tr><td></td><td>7. 提供較粗的鉛筆或是易於抓握的筆，提供計算機輔助運算；運用具體的教具（例如平方公分板），協助學生學習數學抽象的概念；另外，貼貼紙在直尺上，讓學生知道這是測量的起點。</td><td></td></tr>
<tr><td></td><td>8. 由於該生的聽覺記憶不佳，教師在下達口述指令時，例如圈詞要學生圈時，最好能提供視覺線索，像是詞卡協助他圈出，或是要他複述一遍。</td><td></td></tr>
</table>

示例 7-7　學生需要之特殊教育、支持服務及策略撰寫（續）

向度		作法	負責人員
設計教學評量方式和調整成績的計算方式	針對全班學生實施基本的評量調整策略	1. 包含多元的評量內容，加入了以下幾個部分的評量：努力的程度、進步的情形、上課專注和參與的情形、完成和繳交回家功課。 2. 進行考前評量的指導。	普通班導師
	針對個別學生實施的評量調整策略	1. 調整評量內容的呈現情境：個別評量，提供較粗、易於抓握的筆；解釋題意以協助學生了解，或是允許學生發問以澄清題意；提醒應試注意事項，和適當的應試行為（例如專注閱讀每一個題目）。 2. 調整評量內容的呈現方式：以口述的方式呈現；以及將原來文字填空的回答方式，改成替代的應答方式，亦即圈選出老師唸的語詞。 3. 調整學生的反應方式，有些目標從書寫改為口頭或認讀。	1. 普通班導師。 2. 資源教師協助做評量的調整。
	調整成績的計算方式	1. 段考採用以上的評量調整策略計分。 2. 加入特殊教育教師的平時成績30%。	
安排生活作息		1. 在清潔工作的項目中，減少小部分公共區域的清潔，特別加上自己座位的清潔。 2. 要他吃完營養午餐之後，自己清潔餐盒和桌面。	普通班導師
輔導情緒行為（包含行為功能介入方案及學校行政支援）		1. 由於他的生活自理能力不佳，造成班上的同學排斥他，因此須建立其良好的衛生習慣。 2. 由於該生不會處理與他人衝突，愛告狀，造成人際互動、人緣不佳的問題；因此須教導他與同學對話的能力，以及如何處理與他人衝突。	1. 普通班導師。 2. 資源教師協助教導生活自理能力，與同學對話、處理衝突的能力。

肆、學生需要的特殊教育、相關服務及支持策略

一、學生需要的特殊教育

依據學生的現況,描述提供適合他之特殊教育服務和負責人員,舉三種安置形態的例子如示例 7-8、7-9、7-10。提供的特殊教育服務必須能達成學生的學年和學期教育目標,例如一位學生的需求是和同年齡的一般學生口語互動,安置他在特教班就不易滿足此需求。

示例 7-8 學生需要的特殊教育服務之撰寫(安置於集中式特殊教育班)

就學安置和特殊教育服務形態	負責人員
☐安置於普通班,部分時間抽離至分散式資源班接受教學服務 ● **接受教學服務時段:** _____ ● **課程:** _____ ☐安置於普通班,部分時間抽離至巡迴輔導班接受教學服務 ● **接受教學服務時段:** _____ ● **課程:** _____ ☐安置於普通班接受特殊教育方案 ● **負責人員:** ○校內特殊教育教師　○巡迴特殊教育教師 　　　　　　○其他人員: _____ ● **提供特殊教育方案的形態:** 　○提供普通班教師和學生家長諮詢服務 　○在部分課程與普通班教師進行合作教學 　　 ● **合作教學時段:** _____ 　　 ● **合作教學課程:** _____ 　○特教助理員在特殊教育教師的指導下入班協助普通班教師和學生 　○讓學生接受部分時間的抽離方案 　　 ● **接受服務時段:** _____ 　　 ● **抽離方案的內容:** _____ 　○其他服務: _____ ■安置於集中式特殊教育班 ☐安置於特殊教育學校 ☐安置於在家教育班 ☐其他: _____	王○○ 吳○○ 張○○

示例 7-9　學生需要的特殊教育服務之撰寫（安置於分散式資源班）

特殊教育安置和服務形態（若有需要可呈現課表）	負責人員
■安置於普通班，部分時間抽離至資源班接受教學服務： 　一週時數：抽離原班的四節課，另外加三天晨光時間。 　課程：國語、數學、特殊需求領域（生活技能、社會技巧 　　　　和情意課程） （……省略表格的其他項目）	王○○ 吳○○ 張○○

示例 7-10　學生需要的特殊教育服務之撰寫（安置於普通班接受特殊教育方案）

就學安置和特殊教育服務形態	負責人員
■安置於普通班接受特殊教育方案 　• **負責人員：**●校內特殊教育教師　○巡迴特殊教育教師 　　　　　　　○其他人員：＿＿＿＿＿＿ 　• **提供特殊教育方案的形態：** 　　●提供普通班教師和學生家長諮詢服務 　　○特教助理員在特殊教育教師的指導下入班協助普通班教師 　　　和學生 　　○在部分課程與普通班教師進行合作教學 　　　• **合作教學時段：**＿＿＿＿＿＿＿＿＿＿ 　　　• **合作教學課程：**＿＿＿＿＿＿＿＿＿＿ 　　●讓學生接受部分時間的抽離方案 　　　• **接受服務時段：**利用一週五天晨光時間抽離至資源班個 　　　　別指導，直至該生達到設定的教育目標。 　　　• **抽離方案的內容：**教導生活自理技能，例如：清潔衛 　　　　生、整理書包；以及社會技能，例如：與同學對話、處 　　　　理衝突的能力。 　　○其他服務：＿＿＿＿＿＿＿＿＿＿	王○○ 吳○○ 張○○

二、學生需要的相關服務和支持策略

部分學生有嚴重的感官、肢體動作和溝通上的困難,需要相關服務和支持策略,包括提供輔助科技,以及給予相關支持服務兩方面,詳細說明如下。

(一) 提供輔助科技

輔助科技具有以下功能:(1)增進肌力、耐力和正常動作的學習;(2)預防傷害;(3)減輕照顧者的負擔;(4)提升身心障礙者的獨立性和功能表現,如增加行動和溝通能力,提升工作表現、幫助就業,掌控和參與環境,以及使用資源等;(5)增加身心障礙者的自信心(Dykes & Lee, 1994; Peterson & Hittie, 2010)。《身心障礙者權益保障法》(2012)第30條指出:「各級教育主管機關辦理身心障礙者教育及入學考試時,應依其障礙類別與程度及學習需要,提供各項必需之專業人員、特殊教材與各種教育輔助器材、無障礙校園環境、點字讀物及相關教育資源,以符公平合理接受教育之機會與應考條件。」教育輔助器材是屬於運用於教育領域的輔助科技,根據《身心障礙學生支持服務辦法》(2013)第3條,它乃視身心障礙學生教育需求,被供予改善其學習能力的輔助器材,包括:

> 視覺輔具、聽覺輔具、行動移位與擺位輔具、閱讀與書寫輔具、溝通輔具、電腦輔具及其他改善身心障礙學生能力之輔具。

《身心障礙學生支持服務辦法》(2013)進一步於第4和5條提出,學校(園)及機構應提供教育輔助器材的支援如下:

> 學校(園)及機構應優先運用或調整校內既有教育輔助器材,或向各該管主管機關申請提供教育輔助器材,並負保管之責。各級主管機關應依學校(園)及機構之需求,辦理教育輔助器材購置、流通及管理相關事宜,必要時,得委託學校或專業團體、機關(構)辦理。

學校（園）及機構與各級主管機關應定期辦理教育輔助器材之相關專
業進修活動。教師、教師助理員、特教學生助理人員、住宿生管理員
及教保服務人員應主動參與教育輔助器材之操作與應用之專業進修、
教學觀摩及交流相關研習。

　依據文獻（吳亭芳、陳明聰，2008；Peterson & Hittie, 2010），輔助科技有
幾種不同的分類，若依科技的高低來看，可分成**低科技**和**高科技**的產品，低科
技的產品較不精細，操作簡單，而且價格較低，例如加大筆管，內含泡棉、易
於抓握等；高科技的產品具有較複雜的技術設計，價格較為昂貴，例如電動輪
椅等。上述文獻進一步指出，若依產品的性質來看，可分成**電子**和**非電子**產品；
若依輔助科技協助的層面來看，可分成協助**閱讀和溝通、擺位、行動、日常生
活和控制環境、休閒活動**等層面。

　綜合文獻（Chambers, 1997; Dykes & Lee, 1994; Moon & Inge, 2000; Parette,
1996; Parette & Brotherson, 1996），選擇輔助科技時，必須做完整的評量，須
考慮學生和其家長的想法，注意選擇具安全性、正常化（即盡可能不引人側目，
且能在一般的環境中使用），容易操作，又能配合不同狀況做彈性調整的輔助
科技，而且它必須能發揮作用，讓學生能夠有效地運用它來提升其日常生活功
能表現。此外，須提供後續的使用服務，Parrette 和 Brotherson（1996）提出，
為學生選擇輔助科技的完整取向如圖 7-2。

輔助科技
• 它是否具功能性以及適合該孩童？
• 它是否能符合該孩童的需求？
• 它是否能擴大該孩童選擇和控制的機會？
• 它是否適合該孩童所處的物理環境？
• 它是否能擴展該孩童與他人社會互動的能力？
• 它是否能促使該孩童與親朋好友溝通？
• 它是否能讓該孩童對環境有更大的選擇和控制權？
• 它能夠在多少個環境中使用？

家庭
• 輔助科技能讓您的孩子參與家中的工作和例行性事物嗎？
• 輔助科技如何達到您所期待的結果？
• 您如何得知輔助科技已成功地運用在您和您的孩子身上？

服務系統
• 最適合該孩童和這個家庭的輔助科技是什麼？
• 服務系統該如何為該孩童和其家庭，提供協調而整合的服務？
• 服務系統該如何幫助該孩童和其家庭達到優先的目標？

圖 7-2 為學生選擇輔助科技的完整取向。修改自 Parrette 和 Brotherson（1996, p. 32），修改的部分為調整孩童和輔助科技的位置。

(二) 給予相關支持服務

根據《身心障礙學生支持服務辦法》（2013）第6至11條，相關支持服務的內容包括：

> 學校（園）及機構應……提供身心障礙學生使用之適性教材，包括點字、放大字體、有聲書籍與其他點字、觸覺式、色彩強化、手語、影音加註文字、數位及電子化格式等學習教材。……運用教師助理員、特教學生助理人員、住宿生管理員、教保服務人員、協助同學及相關人員，提供身心障礙學生學習及生活人力協助，包括錄音與報讀服務、掃描校對、提醒服務、手語翻譯、同步聽打、代抄筆記、心理、社會適應、行為輔導、日常生活所需能力訓練與協助及其他必要支持服務。……視身心障礙學生需求，提供相關專業人員進行評估、訓練、諮詢、輔具設計選用或協助轉介至相關機構等復健服務。……視身心障礙學生家庭需求，提供家庭支持服務，包括家長諮詢、親職教育與特殊教育相關研習及資訊，並協助家長申請相關機關（構）或團體之服務。……配合身心障礙學生之需求，建立或改善整體性之設施設備，營造校園無障礙環境。學校（園）及機構辦理相關活動，應考量身心障礙學生參與之需求，營造最少限制環境，包括調整活動內容與進行方式、規劃適當動線、提供輔具、人力支援及危機處理方案等相關措施，以支持身心障礙學生參與各項活動。……視身心障礙學生需求，提供其他協助在學校（園）及機構學習及生活必要之支持服務。

在復健服務上，《特殊教育法》（2014）第23條提及：「身心障礙教育之實施，各級主管機關應依專業評估之結果，結合醫療相關資源，對身心障礙學生進行有關復健、訓練治療。」《特殊教育法施行細則》（2013）第7條進一步闡述，結合醫療相關資源是指：「各級主管機關應主動協調醫療機構，針對

身心障礙學生提供有關復健、訓練治療、評量及教學輔導諮詢。」如果學生有擺位、行動或體能等方面的問題，可以尋求物理治療師的協助；如果學生有肌肉神經功能障礙導致日常活動受限，可以尋求職能治療師的協助；如果學生有情緒與行為問題，可以尋求臨床心理師和學校輔導教師的心理諮商協助；如果學生有語言、溝通上的問題，可以尋求語言治療師的協助；如果學生的家庭需要協助，甚至需要發掘和整合社會福利服務資源時，可以尋求社會工作師的介入（王天苗，2003）；而特教助理員可以協助教師教學、評量和生活輔導，以及學生的生活自理指導和其他校園生活協助等。

《身心障礙學生支持服務辦法》（2013）第 12 至 14 條進一步提出學校（園）及機構如何提供身心障礙學生相關支持服務如下：

> 學校（園）及機構得向特殊教育資源中心申請提供支持服務，或向各該管主管機關申請補助經費。經主管機關許可在家實施非學校型態實驗教育之身心障礙學生，適用本法第三十三條第一項各款之支持服務前，應將所需服務於實驗教育計畫中載明。
>
> 學校（園）及機構應每年辦理相關特殊教育宣導活動，鼓勵全體教職員工與學生認識、關懷、接納及協助身心障礙學生，以支持其順利學習及生活。
>
> 前項所定特殊教育宣導活動，包括研習、體驗、演講、競賽、表演、參觀、觀摩及其他相關活動；其活動之設計，應兼顧身心障礙學生之尊嚴。
>
> 學校（園）及機構應整合各單位相關人力、物力、空間資源，以團隊合作方式，辦理本辦法所定事項，並於每年定期自行評估實施成效。

依據學生的現況和需求，描述提供之相關服務和支持策略項目及負責人員，提供的項目必須能達成學生的學年和學期教育目標，舉例如示例 7-11。

示例 7-11　學生需要的相關服務和支持策略之撰寫

相關支持服務			
類別	服務內容	負責人員／機構	服務方式和時數
職能治療	協助學生解決因手部精細動作能力限制，導致日常活動受限的問題。	職能治療師林○○／高雄市身心障礙教育專業團隊。	每學期職能治療師來校三次提供直接和諮詢服務。
語言治療	1. 協助學生解決構音、口語表達等問題。 2. 協助學生使用溝通的輔助科技。	語言治療師吳○○／高雄市身心障礙教育專業團隊。	每學期語言治療師來校三次提供直接和諮詢服務。
家庭支持和家長諮詢	1. 針對家庭教養方法的需求，提供親職教育課程。 2. 提供特殊教育相關資訊（例如提供就養、就學和輔助科技的相關福利服務）。 3. 協助家長向相關機關、機構或團體申請家庭所需的服務。	特教組長、導師。	視家長需要提供。
輔助科技			
類別		項目	來源
協助溝通的輔助科技		溝通板	向特殊教育資源中心借用

伍、參與普通學校（班）之時間及項目

　　《特殊教育法》2009 年揭示，特殊教育與相關服務措施之提供及設施之設置應符合「**融合**」的精神，因此，為了讓特殊教育學校（班）的學生盡可能有機會與一般學生共同學習，雖然《特殊教育法施行細則》（2013）已刪除同一法規 1998 年的「參與普通學校（班）之時間及項目」，但是筆者建議保留，希望在 IEP 中清楚地寫出在學校生活中，有哪些時間及項目，可以與一般學生共同學習和生活，可以包括參與普通教育課程和課外活動。選擇參與的普通教育

課程宜考慮：為身心障礙學生喜歡，較擅長、其障礙狀況影響層面較小，以及能促進身心障礙學生和一般學生的互動。除此，筆者認為還可擴大參與的範圍從學校至社區，例如參與社區活動；以及從參與普通學校（班），擴大至邀請普通學校（班）師生參加特教學校（班）的活動，或是向他們分享特教班的成果等其他統合機會的安排，茲舉安置在特教學校（班）的一位學生為例，如示例 7-12。

示例 7-12 特教班學生參與普通學校（班）的時間及項目之撰寫

向度	項目（若有需要，提供的調整或支持策略）	時間	負責人員
參與普通學校（班）的課程	參與七年級藝術與人文課程。而由於該生較容易分心，故建議將他的座位安排在教師容易監控與指導，或同學容易協助，以及不易分心或受干擾的位置。	一週兩節課。	特教組長、休閒教育任課教師、普通班七年三班林○○。
參與普通學校（班）的課外活動	參與全校的升降旗、校外教學、露營、節慶、運動會等活動。	配合學校課外活動的舉辦時間。	特教組長、特教班全體教師、學校承辦課外活動的單位。
參與社區活動	1. 參與社區的服務活動（例如參加社區環保團體的淨灘活動；向普通班師生宣導募集統一發票，救救植物人的活動）。 2. 配合特教班課程，安排校外教學，增加利用社區場所和資源，以及與社區人士互動的機會。	一學期一次。視校外教學的次數而定。	1. 特教組長、導師、社會適應領域任課教師。 2. 特教班全體教師。
安排其他統合機會	1. 藉由特教班舉辦的聯誼、義賣和節慶活動，邀請普通班師生參與。 2. 向普通班師生分享特教班製作的糕餅點心。	一學期一次。視糕餅點心分享的次數而定。	1. 特教班全體教師。 2. 社會適應、職業生活領域任課教師。

陸、具情緒與行為問題學生所需之行為功能介入方案與行政支援

在一般的教學情境中，若身心障礙學生發生嚴重的情緒或行為問題，任課教師往往會措手不及或不知如何處理，因此事前擬訂應變措施，和行政支援及行為功能介入方案，將使教師有所依循，舉例如示例 7-13。至於行為功能介入方案的擬訂可參見鈕文英（2016）。

示例 7-13　具情緒與行為問題學生所需之行為功能介入方案與行政支援

項目	內　　容
標的行為問題	攻擊行為（用頭撞別人的任何部位），先兆是體溫升高，會先觀察，安靜地注視欲撞的人。
介入理由	大展的攻擊行為發生頻繁，不只會傷害到家人、教師和同儕，亦會因此傷害到自己，並且會影響其學習，以及與同儕的互動和關係。此外，大展的體型魁梧，教師一個人無法制止他的攻擊行為，需要行為功能介入方案與學校行政支援。
標的行為問題之原因與功能	1. 當環境中出現大展不喜歡的噪音、他所屬的空間被侵犯、要求他做時間長或難度高的工作或事情、預定的作息改變時，大展會出現用頭撞人的攻擊行為，為了逃避他不喜歡的刺激（工作／事情、噪音、燥熱的環境、擁擠的空間、作息改變）；而當他出現攻擊行為後，得到他想逃避的後果，此行為便會受環境負增強維持。 2. ……。 3. ……。
學校對學生行為問題的行政支援	1. 安排實習教師、替代役男或志工媽媽等人力資源協助教師。 2. 召開該生行為問題處理的研討會，尋求家長處理行為問題的共識。 3. 當該生出現嚴重攻擊行為時，學校啟動危機處理計畫，協助教師處理。 4. 當該生跑離開教室，警衛配合注意他的行蹤，防備他跑離開學校。

示例 7-13　具情緒與行為問題學生所需之行為功能介入方案與行政支援（續）

項目	內　　容
行為功能介入方案	**一、前事控制策略** 1. 每天早上該生到校時，教師主動詢問他的生理和心理狀況。 2. 在固定的時段安排他喜歡的休閒活動（例如：穿重力背心走樓梯、跳床、騎腳踏車）。 3. 當喜歡的女生和想要的東西出現，或欲獲得注意、情緒不佳時，提示該生使用替代性溝通技能來表達。 ……（省略其他策略） **二、生態環境改善策略** 1. 引導同學注意該生好的行為，並且給予正向回饋。 2. 提醒同學說話時注意音量，以及不要侵犯該生的空間。 3. 調整教室中的擺設，減少空間的擁擠感。 ……（省略其他策略） **三、行為教導策略** 1. 教導該生想要吃東西和做什麼事時，以及獲得注意、表達拒絕的簡單口語。另外，教導該生了解其情緒，並且以適當的方式表達其情緒（替代技能）。 2. 教導該生看到喜歡的女生，用握手或擊掌的方式表達喜歡（替代技能）。 ……（省略其他策略） **四、後果處理策略** 1. 當該生以適當的方式溝通，或是完成學習活動或作業時，教師立即回應他的需求，並且口頭鼓勵他，以及要同學讚美他。 2. 當該生出現攻擊行為時，立即制止其行為，並且緩和其情緒；待其情緒穩定之後，要他向對方致歉，並且要幫對方做事，直到對方沒事為止。 **五、其他處理策略** 針對該生腸胃和便祕，以及皮膚的問題，尋求醫生的協助。

✩第二節 學年與學期教育目標之撰寫

　　以下討論教育目標的種類、教育目標的決定方式與指標、學年和學期教育目標之意涵、學年和學期教育目標之撰寫方式和原則、教育目標之擬訂依據，以及反映學生相關服務需求之目標的撰寫七個部分。

壹、教育目標的種類

　　教育目標從各個角度有不同的分類，見表 7-1。如依目標之來源，可分成國家教育目標、學校教育目標、課程目標和學生個別化教育目標。國家教育目標是指為所有國民設定的教育宗旨與政策；學校教育目標是指為學校所有學生設定的目標；課程目標是指某項課程的一般目標、課程各單元的目標等；而學生個別化教育目標指的是為學生個人設定的教育目標。依學生角度，可分成個別目標和團體目標，個別目標是指符合學生個別需求之目標；團體目標是指符合一組學生共同需求之目標（鄒啟蓉、李寶珍，1995）。

　　依目標之類型，可分成**活動本位目標**（activity-based goals and objectives）和**行為目標**（behavioral objectives），活動本位目標描述的目標是日常生活中功能性，且盡可能是符合學生實齡的活動，並能被觀察和測量（Ferguson & Wilcox, 1988）；而行為目標描述的目標是單一且具體的行為或動作。依目標完成之期限，可分成**長期目標**和**短期目標**，長期目標是指某段較長的學習期間，學習之方向及重點；而短期目標乃陳述達到長期目標之階段性具體表現，而這些長、短期目標都是要達到**最終的教育目的**（aim）。

表 7-1 教育目標之種類

類別	目標	意義
依目標之來源分	1. 國家教育目標	為所有國民設定的教育宗旨與政策。
	2. 學校教育目標	為學校所有學生設定的目標。
	3. 課程目標	某項課程的一般目標、課程各單元的目標等。
	4. 學生個別化教育目標	為學生個人設定的教育目標。
依學生分	1. 個別目標	符合學生個別需求之目標。
	2. 團體目標	符合一組學生共同需求之目標。
依目標之類型分	1. 活動本位目標	描述的目標是日常生活中功能性，且盡可能是符合學生實齡的活動，並能被觀察和測量。
	2. 行為目標	描述的目標是單一且具體的行為或動作，包括目標行為、出現條件及通過標準三項要素。
依目標之敘述方式分	1. 平行目標	強調學習某一目標的準備狀態，將每個目標當作孤立的技能教學，且沒有協助學生統整所學的孤立技能。
	2. 統合目標	著重在教導自然情境中的重要活動，不強調準備狀態，技能被統合在活動中教導。
依目標完成之期限分	1. 長期目標	陳述某段較長學習期間，學習之方向及重點。
	2. 短期目標	敘述達到長期目標之階段性具體表現。
依目標之內容分	1. 認知領域目標	有關知識、分析、思考等能力。
	2. 情意領域目標	學習某項知識和技能的情感、人格反應和表現態度。
	3. 動作技能領域目標	有關操作技巧、肌肉協調等動作技能的學習行為。

表 7-1 教育目標之種類（續）

類別	目標	意義
依學習階段分	1. 獲得階段的目標	剛開始學習新行為之目標。
	2. 流暢階段的目標	增加適當或正確行為的速率。
	3. 精熟階段的目標	將已學會之行為練習至精熟程度。
	4. 維持階段的目標	一段時間之後，仍能維持已學會之行為。
	5. 類化階段的目標	將已學會之行為在不同的刺激中類化，並能達到反應類化。
	6. 調整階段的目標	調整習得的技能以因應新的情境或問題。
依目標之擬訂依據分	1. 能力本位的目標	乃依據「一般人的身心發展，在各年齡層須具備的能力」設計教育目標，例如以「九年一貫課程能力指標」為設計目標的依據。
	2. 活動本位的目標	乃依據「日常生活中具功能性、符合學生實齡的活動」設計教育目標。
	3. 課程本位的目標	乃依據「現有的特定課程單元」設計教育目標。
	4. 課程本位評量的目標	乃依據「學生課程本位評量的前測表現」設計教育目標。

　　依目標之敘述方式，可分成**平行目標**（parallel objectives）和**統合目標**（infused objectives），平行目標強調學習某一目標的準備狀態，將每個目標當作孤立的技能教學，且沒有協助學生統整所學的孤立技能。統合目標著重在教導自然情境中的重要活動，不強調準備狀態，技能被統合在活動中教導。

　　至於目標之內容，依據 Bloom 於 1976 年的看法，可分成三大類：**認知領域**（cognitive domain）、**情意領域**（affective domain）和**動作技能領域**（psychomotor domain）（引自 Martin & Briggs, 1986, pp. 9-10）。其中依據 Bloom，認知領域指的是知識、分析、思考等能力，包括知識、理解、應用、分析、綜合和評鑑六個層次（引自 Martin & Briggs, 1986, pp. 68-69）。依據 Krathwohl、

Bloom 和 Masia，情意領域的目標是指學習某項知識和技能的情感、人格反應和表現態度，包含接受、反應、價值判斷、價值之組織及價值之性格化五個層次（引自 Martin & Briggs, 1986, pp. 77-80）。依據 Simpson（1972），動作技能領域是指有關操作技巧、肌肉協調等動作技能的學習行為，分類系統有知覺、心向、引導的反應、機械、複雜的外顯反應、調整和組織七個層次。茲舉不同層次的認知、情意和動作技能領域目標為例說明，詳見表 7-2。

表 7-2　不同層次的認知、情意和動作技能領域目標舉例

領域	目標舉例	目標層次
認知領域	1. 能認讀郵局的標誌	知識
	2. 能舉例說明郵局的功能	理解
	3. 能使用郵局進行存提款的活動	應用
	4. 能分辨郵局和銀行功能之異同	分析
	5. 能籌畫如何運用郵局管理自己的金錢	綜合
	6. 能評鑑同學使用郵局進行存提款活動的正確性	評鑑
情意領域	1. 能注意到行走的交通安全問題	接受
	2. 能遵守交通規則	反應
	3. 喜歡遵守交通規則的人	價值判斷
	4. 能指出他人不遵守交通規則之處	價值之組織
	5. 能影響那些不遵守交通規則的人	價值之性格化
動作技能領域	1. 能複誦光碟播放器的操作步驟	知覺
	2. 能指出光碟播放器的按鍵位置	心向
	3. 依照示範能使用光碟播放器放映光碟	引導的反應
	4. 能正確操作光碟播放器放映光碟	機械
	5. 能熟練操作光碟播放器放映光碟的步驟	複雜的外顯反應
	6. 能改正同學操作光碟播放器放映光碟的錯誤	調整
	7. 能配合生活作息需求，熟練操作光碟播放器放映光碟。	組織

從學習階段來看，可分成**獲得**（acquisition）、**流暢**（fluency）、**精熟**（proficiency）、**維持**（maintenance）、**類化**（generalization）和**調整**（adaptation）六個階段，如階梯般逐步向上，每個階段有不同的目標（Evans, Evans, & Schmid, 1989），如圖 7-3。這六個階段在教學重點、形態、回饋，以及問題解決上有程度不同的焦點，在教學重點上，習得階段著重反應的正確性，愈朝向調整階段，則愈強調反應的速率；在教學形態上，習得階段著重技能的教導，愈朝向調整階段，則愈強調技能的應用；在教學回饋上，習得階段著重立即和矯正回饋，愈朝向調整階段，則愈強調延宕回饋；在問題解決上，習得階段問題解決的數量較少，愈朝向調整階段，則問題解決的數量增多。

依目標之擬訂依據，可分成**能力本位**（skill-based）、**活動本位**（activity-based）、**課程本位**（curriculum-based）和**課程本位評量**（curriculum-based assessment）的目標四種。能力本位的目標乃依據「一般人的身心發展，在各年齡層須具備的能力」設計教育目標，例如以「九年一貫課程能力指標」為設計目標的依據。活動本位的目標乃依據「日常生活中具功能性、符合學生實齡的活動」設計教育目標。課程本位的目標乃依據「現有的特定課程單元」設計教育目標。課程本位評量的目標乃依據「學生課程本位評量的前測表現」設計教育目標，這四種目標的擬訂參見 276 頁「陸、教育目標之擬訂依據」。

調整階段
1. 調整習得的活動與技能以因應新的情境或問題。
2. 面對新情境或新問題的練習是此階段必需的。

類化階段
1. 針對活動與技能進行刺激和反應類化。
2. 類化的練習是此階段必需的。

維持階段
1. 繼續維持活動與技能表現之比例和速率。
2. 基本練習是此階段必需的，而且最好能有例行性的練習。

精熟階段
1. 增加適當或正確表現的速率到達精熟的層次。
2. 維持習得的活動與技能，並能引發相關能力的表現。
3. 基本練習是此階段必需的。

流暢階段
1. 增加適當或正確表現的速率。
2. 非常正確且快速地表現出學得的活動與技能。
3. 基本練習是此階段必需的。

獲得階段
1. 學習基本的活動與技能。
2. 增加適當或正確表現的比例，以及減少不適當或不正確表現的比例。
3. 教學是此階段必需的。

教學重點	反應的正確性	反應的速率
教學形態	技能的教導	技能的應用
教學回饋	立即和矯正回饋	延宕回饋
問題解決	較少	較多

圖 7-3 學習的階段。修改自 Evans 等人（1989, p. 266），修改處為加入教學重點、形態、回饋，以及問題解決程度上的說明。

貳、教育目標的決定方式與指標

教師彙整了適合學生學習的教育目標後，可依客觀標準排列教學優先順序。Nietupski 和 Hamre-Nietupski（1987）指出可從學生和重要他人之意願、出現或使用頻率、健康或安全影響、社會之價值這些方向來考量。Kregel（1997）表示**功能性、可行性和學生的喜好**三項指標作為決定的依據。而 Holowach（1989）則主張從**家長期望、學生興趣、符合實齡、功能性、易學、使用頻率**，以及**對學生和家長的助益**（例如增加學生的獨立性，擴大其參與環境和與一般人互動的機會，減輕家長生活照顧的負擔）等指標；Cooke-Johnson（1982）則增加：此目標能否運用學生現有優點，補救現有之問題（例如克服感官或動作之障礙等）。綜合上述文獻，筆者整理如下的指標，包括此目標是否：（1）為學生喜歡？（2）為家長期待？（3）為多數教師期待？（4）符合學生之實齡？（5）能應用在目前的生活環境中？（6）能應用在未來的生活環境中？（7）能應用在很多不同的環境中？（8）在環境中有相當高的使用頻率？（9）與學生的安全、健康或生理需求有關？（10）為日後學習之先備能力？（11）能減輕學生之家長生活照顧上的負擔？（12）能運用學生現有的優勢？（13）能藉由或不需調整或修正策略而學會？（14）能因應學生的需求，或補救或減緩其現有的問題（例如因應其溝通和人際互動之需求等）？（15）能使學生變得較獨立？（16）能擴大學生在環境中的參與？（17）能增加學生與一般人互動的機會？（18）能增進學生的社會接納度？（19）有足夠的資源與條件教導此目標？筆者並整理「優先教育目標決策量表」如●附錄十五，見問題討論 7-2。

問題討論 **7-2** 教育目標的決定

　　安安就讀臺東偏遠村莊的國小特教班，老師在教室教他們練習看紅綠燈過馬路，安安的媽媽說：「我們住的社區哪有什麼紅綠燈，看到沒車就走過去了，安安現在吵著說沒有綠燈亮，不能過馬路，老師教的東西在市區才用得到。」

　🖎安安目前最需要學的是「在沒有紅綠燈的情況下過馬路」，而看紅綠燈過馬路也許未來才用得到。

參、學年和學期教育目標之意涵

　　在說明學年和學期教育目標意涵之前，首先探討何謂目標如下。第一，目標是敘述預期學生的改變，因此目標的撰寫應以**學生為導向**，而不是以教師導向，也不用敘寫教學方法和策略，示例 7-14 中第二個例子才是以學生為導向敘寫目標。

示例 7-14　**目標之撰寫原則（一）**

- 以圖畫整合策略培養學生認識郵局的標誌——**教師導向**（×）
- 能指認郵局的標誌——**學生導向**（○）

　　第二，目標指的是**學習結果**，而非學習活動，示例 7-15 中第二個例子才是以學習結果敘寫目標。第三，目標的內容通常涵蓋**認知**、**情意**和**動作技能**三方面，且有層次性，至於一份學生的 IEP 中，要涵蓋多少比例的認知、情意和動作技能目標，以及目標層次性的高低，要視學生的能力和需求做決定。

示例 7-15　**目標之撰寫原則（二）**

- 練習速食店點餐的活動——**學習活動**（×）
- 能在速食店完成點餐的活動——**學習結果**（○）

　　學年教育目標是學生一學年應發展的範圍、重點或方向，乃長期目標，IEP

委員會根據課程領域、學生的興趣和現況、學習能力、目前和未來環境的需求等資料，決定一學年後，期待學生可以達到之教育目標。學期教育目標即短期目標，為學年教育目標的細目或具體表現，它須在學年教育目標確定後才能敘寫。以下將詳細討論學年和學期教育目標之撰寫。

肆、學年教育目標之撰寫方式和原則

學年教育目標的範圍較大，其撰寫方式為**一個具體的行為、動作，以及行為完成之結果或內容**兩個部分。學年教育目標宜依據學生需求或現況描述而訂，避免擬訂超乎學生起點行為太多，又未提供他們支持的目標、由於學生之生理限制很難達到的目標，或學生已經達到而未再促進其進一步學習的目標。學年教育目標之撰寫見示例 7-16。

示例 7-16　學年教育目標之撰寫

- 能使用金錢購物。
- 能完成三項身體清潔活動。
- 能使用三種家庭休閒設施。
- 能以替代的溝通方式表達需求。
- 能應用各種表達方式完成寫作。

伍、學期教育目標之撰寫方式和原則

一、學期教育目標之撰寫方式

Gibb 和 Dyches（2007）指出，短期目標可以變成班級教學的基礎，並且作為評量學生進步的資料。Bateman 和 Herr（2006）指出，撰寫短期目標須掌握「3W」原則：（1）**what**（行為完成之結果或內容）；（2）**how**（學生如何表現出學習結果或內容，即具體的行為或動作）；（3）**how much**（評量標

準）。筆者認為完整的目標還須加上：（1）**when, where, under what situations**（目標行為出現之條件）；（2）**by when**（訖期，即總結評量日期）；（3）**who**（學生）。由此可知，學期教育目標至少須包含一個具體的行為或動作（how），以及行為完成之結果或內容（what）兩項，這兩項合在一起即為「**目標行為**」；另外再加上**學生**（who）、**目標行為出現之條件**（when, where, under what situations）、**評量標準**（how much）和**總結評量日期**（by when）將會更完整。學生通常被省略，而評量標準和評量日期（by when）亦可以另立一欄敘寫，見示例 7-17。

示例 7-17 　學期教育目標之撰寫

- 能清洗碗盤
  　目標行為

- 於 2012 年 3 月 31 日前，在教師或家長協助倒適量清潔劑的情況下，
  　　總結評量日期　　　　　　　　　　目標行為出現之條件

  學生能在 30 分鐘內，洗完個人的餐具，連續 5 次通過。
  學生　　評量標準　　　目標行為　　　評量標準

　　以下詳述行為完成的結果或內容、表現學習結果的行為或動作、目標行為出現的條件、評量標準，以及目標行為的評量日期這五個成分。

(一) 行為完成的結果或內容

　　行為完成的結果或內容即教師透過教學，期待學生表現對其學習和生活正面的學習結果，例如能增加學生的獨立性、擴大其參與生態環境，如前述決定教育目標的指標。舉例來說，能認讀 10 個社區中常見的文字或標誌（例如：便利商店、郵局等）中，「社區中常見的文字和標誌」即是要學生學會的「結果」或內容。一個學期教育目標最好只包含一個學習結果，避免在數項學習結果，否則會增加評量的困難；例如「能認讀 10 個社區中常見的文字或標誌及 3 種交通工具」即包含兩個學習結果。

(二) 表現學習結果的行為或動作

　　一般來說，表現學習結果的行為或動作有**口語表現**（例如：說出、仿說、認讀）、**書寫表現**（例如：寫出、點字出）、**動作表現**（例如：指認、做出、配對、圈出、清洗）等。值得注意的是，行為或動作宜具體明確、可評量，例如「了解」、「認識」就不具體，無法評量。

(三) 目標行為出現的條件

　　至於目標行為出現之條件，是指期待目標行為發生的**時間、地點、環境狀況**，或提供什麼樣的**支持**和**教學提示**，詳述如下。

1. 目標行為發生的時間、地點和環境狀況

　　目標行為發生的時間、地點和環境狀況是指發生於何時、何地、何種環境的特徵（Kregel, 1997），舉例如表 7-3。

表 7-3　「過馬路」活動可能發生的條件和教育目標之撰寫

條件	描述	教育目標
何時	顛峰／非顛峰時間的交通	1. 在顛峰的時間下，能安全地過馬路。 2. 在非顛峰的時間下，能安全地過馬路。
何地	熟悉（靠近學校或家裡）／不熟悉的街道	1. 能在熟悉（靠近學校或家裡）的街道上，安全地過馬路。 2. 能在不熟悉的街道上，安全地過馬路。
環境狀況	有無號誌燈	1. 在有號誌燈的情況下，能安全地過馬路。 2. 在無號誌燈的情況下，能安全地過馬路。
	有無人行道	1. 在有人行道的情況下，能安全地過馬路。 2. 在無人行道的情況下，能安全地過馬路。
	有無交通警察在場	1. 在有交通警察指揮的情況下，能安全地過馬路。 2. 在無交通警察指揮的情況下，能安全地過馬路。

註：以網底表示「目標行為出現的條件」。

2. 目標行為發生的支持形態

目標行為發生的支持形態是指提供的調整、協助,支持的概念是,不是等到身心障礙者具有先備能力,才能在計畫中讓他們學習符合實齡的活動,或者普通教育課程。即使個體有生理或認知上的困難,無法獨立參與,也能在別人的協助或提示下「部分參與」。支持的一種作法是,運用環境的資源,提供支持給學生,以滿足學生的需求,讓他們產生滿意感;另一種是針對學生在符合環境要求上能力不足之處,提供支持給他們,以符合環境的要求,讓他們產生令環境滿意的結果,如圖 7-4。

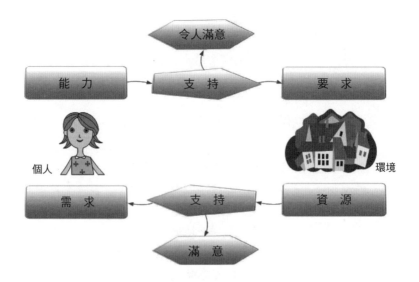

圖 7-4 支持的作法。修改自 Peterson 和 Hittie(2003, p. 259),修改的部分為改變圖畫。

至於支持的類型,綜合文獻(Block, 2000; Bradshaw et al., 2004; Holowach, 1989),加上筆者的觀點,包含改變物理環境、改變活動的規則、調整活動的時間、調整活動的順序、採用新材料進行活動、改變原有的活動材料、提供選擇、給予人力資源八種,見表 7-4。

表7-4 「支持」的類型和教育目標舉例

條件	舉例	教育目標
改變物理環境	1. 為坐輪椅者設置斜坡道、矮桌、矮櫃檯、矮洗手檯。 2. 對身體平衡感不佳的學生，使用鋪有地毯或止滑的地板。	1. 在符合標準的斜坡道上，能推輪椅行走。 2. 在止滑的地板上，能以手端物行走。
改變活動的規則	1. 縮短進行活動的距離或調整遊戲地點的空間大小（例如打籃球時，縮短投籃的距離；打棒球時，將棒球場的壘包距離拉近；踢足球時，將球網跟學生的距離拉近；對動作協調和正確性，以及移動上有困難的學生，在室內場地玩踢球、接球和擊球的活動，如此學生不致於因為失球而要來回撿球）。 2. 調整活動標的物的高度（例如降低籃框的高度）。 3. 調整活動的速度（例如縮減投球的速度）。 4. 調整活動中材料的分量（例如減少棒球壘包的數量，只有一、二和本壘；玩保齡球的活動時，擺放得較多和較分散，使學生容易擊倒它們）。	1. 在棒球場壘包距離拉近的情況下，能與同學進行打棒球的活動。 2. 在籃框高度降低的情況下，能與同學進行打籃球的活動。 3. 在球速縮減的情況下，能接球。 4. 在棒球壘包數量減少的情況下，能與同學進行打棒球的活動。
調整活動的時間	針對注意和持久力有困難的學生，配合其注意和持久力的長度，調整活動的時間，安排簡短的工作時間，有簡短的休息，而不是長時間工作後再給予長時間的休息。	在調整工作時間（工作20分鐘後，給他玩5分鐘的跳床）的情況下，能完成交代的裝配工作，不發脾氣、不怠工。
調整活動的順序	1. 去餐廳前，先準備好欲點購之餐點名稱和錢數。	1. 在修改點餐步驟（先準備好欲點購之餐點名稱和錢數）的情況下，能完成速食店點餐的活動。

表 7-4 「支持」的類型和教育目標舉例（續）

條件	舉例	教育目標
	2. 煮水餃時，在水滾和放水餃之間，加入「關火」此步驟，以避免學生因肢體控制不佳而沸水濺出。	2. 在修改煮水餃步驟（在水滾和放水餃之間，加入「關火」步驟）的情況下，能完成煮水餃的活動。
採用新材料進行活動	1. 對動作協調和正確性方面有困難的學生，使用夾子取代炒菜鏟子煎火腿翻面，用電鍋來煮綠豆湯，用電磁爐來煮麵。 2. 對身體力量和持久度有限制的學生，使用籃球替代保齡球擊倒保齡球瓶；玩類似保齡球的活動時，使用較輕的球瓶（例如可以使用喝完的鋁罐），使學生容易擊倒它們。對移動有困難的學生，使用被消氣的籃球或紙球投籃，如此球不會一直滾動。 3. 對於無法辨識適量清潔劑的學生，提供一個小瓶以裝適量清潔劑。 4. 提供額外的物力協助（例如提供支撐物以增加行走的穩定度；戴上護具以確保安全）。	1. 在使用夾子的情況下，能煎火腿並且翻面。 2. 能以籃球擊倒保齡球瓶。 3. 在獲得一個小瓶以裝適量清潔劑的情況下，能清洗碗盤。 4. 在使用四腳枴的情況下，能行走 100 公尺的距離，不跌倒。
改變原有的活動材料（大小、重量、屬性）	1. 改變材料的大小（例如增加籃框的大小、加大球拍的擊球面、增加平衡木的寬度、使用較小的球玩丟球的活動）。 2. 改變材料的重量（例如使用較輕的球棒打棒球）。 3. 改變材料的屬性（例如對移動有困難的學生，使用被消氣的籃球投籃，如	1. 在籃框加大的情況下，能將球投入籃框。 2. 在使用較輕的球棒下，能與同學進行打棒球的活動。 3. 在使用被消氣的籃球之情況下，能將球投入籃框。

表 7-4 「支持」的類型和教育目標舉例（續）

條件	舉例	教育目標
	此球不會一直滾動；使用較軟的球玩接球和擊球的活動。對動作協調和正確性方面有困難的學生，使用黏扣帶代替鈕扣扣衣服，特殊把手的湯匙、有把手的杯子、安全剪刀等）。	
提供選擇	1. 提供活動材料的選擇機會（例如選擇用什麼口味的牙膏刷牙）。 2. 提供活動從事時間的選擇機會（例如選擇在吃完午餐或是午睡後清洗餐具）。 3. 提供活動從事地點的選擇機會（例如選擇在哪一個洗手檯刷牙）。	1. 在獲得三種口味牙膏的情況下，能選擇喜歡的牙膏完成刷牙活動。 2. 在獲得洗餐具時間的選擇權（吃完午餐或是午睡後清洗餐具）下，能選擇喜歡的時間完成洗餐具活動。 3. 在獲得兩個洗手檯的選擇權下，能選擇喜歡的洗手檯完成刷牙活動。
給予人力資源	安排一位人員陪伴學生從事活動，讓他獲得心理支持，不會害怕；抑或提供人員協助檢核或修改學生完成的作品，或是代為抄錄。	1. 能在陪同下定期赴精神科回診。 2. 在同學檢核國字是否正確的情況下，能寫一篇 100 字的文章閱讀心得。 3. 在同學代為抄錄口述內容的情況下，能完成一篇 100 字的文章閱讀心得。

註：以網底表示「目標行為出現的條件」。

在設計支持策略時，須考慮以下原則（Holowach, 1989）：（1）能讓學生不費力地參與重要活動；（2）能運用學生的優勢能力，而且彌補他們欠缺的技能；（3）能讓學生在表現此活動時盡可能獨立，不依賴他人；（4）被重要他人接受與支持；（5）比原來的方式更容易；（6）盡可能不引人側目；（7）可被運用在許多的環境和活動中；（8）支持策略若為器具或輔助科技，容易被取得或設計和維修，且費用不高，見問題討論 7-3。又例如對肢體障礙者設計以黏扣帶代替扣鈕扣的衣服；若能在外觀上設計鈕扣的式樣，別人看不出來裡面是黏扣帶，如此就不會引人側目，也會使他們更願意穿它。

問題討論　7-3　支持策略的設計

　　小芬不會疊被子，她不知道如何對被子的四個角折疊，於是教師設計一個調整策略，也就是在兩兩要折起來的角，貼上形狀的魔鬼氈，圓形對圓形，正方形對正方形，結果小芬還是無法用此方式學習，因為她對形狀的配對有困難。後來教師觀察到她喜歡拿彩色筆在紙上作畫，而且能區辨和配對顏色，於是改在兩兩要折起來的角，貼上顏色的魔鬼氈，紅色對紅色，藍色對藍色，結果小芬能透過此支持策略學會疊被子。

✎「形狀配對」的策略對小芬學習疊被子沒有幫助，因為教師還要花時間教她認識和配對形狀；而「顏色配對」的策略則正好運用小芬的優勢能力，讓她不費力地學會疊被子這項活動。

---

3. 目標行為發生的教學提示

　　目標行為發生的教學提示是指，在什麼樣的教學提示下目標行為發生。提示（prompting or cueing）意指影響正確反應發生的刺激因素，可分為**自然提示**（natural prompts）和**人為提示**（artificial prompts）（Schloss & Smith, 1998）或**教學提示**（Snell & Brown, 2011）。

　　教學時要引進自然提示，告訴學生何種情境要從事此活動或表現此技能，如要從教室至五樓餐飲教室，或從百貨公司的五樓至地下一樓超市時，須搭電梯。若能善加運用**自然時間表**，或**情境教學時間教學**，如在上完體能課後，教

學生洗臉、換衣服等，自然提示就很容易被帶進來。若自然提示未出現，教師也可以營造，如教學生操作光碟機音量控制按鈕，教師可在學生放入光碟之前，先把音量控制按鈕調至大聲的位置，等學生播放時發現太大聲，而在此時教導操作音量控制按鈕。如果學生能在自然提示下，表現正確的行為或反應即「獨立」。

教學提示又包括**刺激提示**（stimulus prompts）和**反應提示**（response prompts）兩種（Snell & Brown, 2011），詳述如下：

（1）刺激提示

刺激提示是指提供目標刺激一些額外的線索，例如提供刺激顏色或明顯的訊息；抑或將正確的刺激放在靠近學生的位置，以協助學生產生正確的反應，有兩種呈現方式，一種是**刺激添加**（stimulus superimposition）（Snell & Brown, 2011），另一種是**刺激整合**（stimulus integration）（Conners, 1992）。刺激添加是指將已知的刺激添加在未知的刺激之上（Snell & Brown, 2011），例如教導學生認讀實用性字彙（sight vocabulary），將圖片添加在該詞彙之上；一種是將圖片放在字彙外，另一種是將圖片放在字彙中，見圖 7-5。Conners（1992）指出，圖片放在詞彙中的效果，要比圖片放在詞彙外來得好。

圖片放在字彙外

熱

圖片放在字彙中

熱

圖 7-5 **使用刺激添加策略教導實用性字彙的示例。**取自鈕文英（2003，第 200頁）。

刺激整合是指將已知的刺激整合於未知的刺激之中（Conners, 1992）。Conners（1992）提出一種刺激整合策略，即**圖畫整合**（picture integration）的策略，是將學生熟悉的圖畫整合於實用性字彙之中，以加強此字的視覺效果，

圖 7-6 使用圖畫整合策略教導實用性字彙的示例。取自鈕文英（2003，第 200 頁）。

提升學生理解和記憶，見圖 7-6 筆者舉之示例，教導學生辨識飲水機和熱水器上「熱」字，將之整合於紅色火焰中。Conners 回顧一些研究發現：刺激整合和刺激添加對認讀字彙均能產生良好的效果，但刺激整合的效果比刺激添加來得好。刺激提示的類型和優弱勢見表 7-5。

表 7-5　刺激提示的類型和優弱勢

類型和示例	優點	限制
在目標刺激上，畫出或貼上一些額外的線索，例如： 1. 在量杯上貼一段膠帶，標示要倒多少清潔劑屬適量。 2. 在直尺上呈現「紅色箭頭」的視覺線索，讓學生知道這是測量的起點。 3. 在印章上畫一個紅點，蓋章時紅點朝上，蓋出來的字就不會顛倒。 4. 在兩隻鞋子的內側各畫一點或圖案，或是在兩隻手套的拇指處各繡上一個圖案，穿鞋子或戴手套時，兩個點或圖案對在一起，就不會穿反或戴錯。 5. 疊被子時，在兩兩要折起來的角，貼上形狀的魔鬼氈，圓形對圓形，正方形對正方形；或是顏色的魔鬼氈，紅色對紅色，藍色對藍色。	1. 有益於需要認知判斷的技能。 2. 有益於以視覺學習，容易依賴提示的學生。 3. 教師不須靠近學生。	較無法運用於社會互動技能的學習。

註：綜合整理自 Holowach（1989），以及 Snell 和 Brown（2011）的文獻。

（2）反應提示

反應提示是指在學生反應前，或是反應錯誤之後，教師給予的提示，為了增加學生正確的反應（Snell & Brown, 2011），反應提示從提示程度由少至多包括以下六種類型：

①姿勢或表情提示

姿勢或表情提示（gestural prompts）是指教師藉著身體姿勢或臉部表情，引導學生產生正確反應（Westling & Fox, 2009），其類型和優弱勢見表 7-6。

表 7-6　姿勢或表情提示之類型和優弱勢

類型和示例	優點	限制
1. 從姿勢或表情提示的形態來分，可包括： （1）手勢（例如：指向地上的紙屑，提示學生撿起來；比出第四聲聲調的手勢，提示學生此生字的聲調）。 （2）表情（例如：做出張口說話的表情，提示學生說出求助的語言）。 （3）動作（例如：彎腰做出撿拾紙屑的動作，提示學生撿起來；做出點頭的動作，提示學生遵守教師的指令並表示：「好，我去做。」） 2. 從姿勢或表情提示提供的完整或明顯度來分，可包括： （1）直接姿勢或表情提示：即提供完整或明顯的手勢、表情或動作（例如指向地上的紙屑，提示學生撿起來；做出明顯彎腰撿拾或點頭的動作，提示學生撿紙屑或遵守教師的指令）。 （2）間接姿勢或表情提示：即提供部分或不明顯的手勢、表情或動作（例	1. 有益於單一技能，或不需社會互動之技能的教導。 2. 有益於有觸覺防衛，或語言理解能力較弱的學生。 3. 容易褪除。	1. 學生需要敏銳的視覺，或良好的社會認知能力。 2. 學生可能不易理解姿勢或表情的意義。

表 7-6 姿勢或表情提示之類型和優弱勢（續）

類型和示例	優點	限制
如指向紙屑的方向，或是指向撿地上紙屑的同學，提示學生撿起來；做出微微彎腰撿拾或點頭的動作，提示學生撿紙屑或遵守教師的指令）。		

註：綜合整理自 Downing（2010）、Holowach（1989），以及 Westling 和 Fox（2009）的文獻。

②言語提示

言語提示（verbal prompts）是指，教師藉著口語、手語或是文字指導的方式，告訴學生做什麼和如何做，以引導他們產生正確反應（Westling & Fox, 2009），其類型和優弱勢見表 7-7。

表 7-7 言語提示之類型和優弱勢

類型和示例	優點	限制
1. 從提供的來源來分，可包括： （1）人們的口語、手語或是文字。 （2）預錄的錄音口語或錄影手語，或是預先製作的提示文字。 2. 從言語提示提供的完整或明顯度來分，可包括： （1）直接的言語提示：藉由指令或明確的訊息，直接告訴學生正確的反應（例如：打開窗戶、喝水的喝是口部，寫出來）。 （2）間接的言語提示，亦即不直接告訴學生正確的反應，而是以： ①問句（例如：接下來的步驟是什麼？）	1. 有益於口語或社會互動技能的學習。 2. 藉由口語或是文字指導有益於以聽覺學習、語言理解能力佳的學生；藉由手語指導有益於聽障學生。	1. 學生需要良好的語言理解和專注能力。 2. 可能不易褪除。

表 7-7　言語提示之類型和優弱勢（續）

類型和示例	優點	限制
②暗示性的口語（例如：我很熱，你會不會熱？） ③給予聯想的線索（例如：喝水的「喝」是用什麼來喝？以提示學生部首；告訴學生「肥的人下巴有很多肉」，要學生寫出肥字）。 ④提供依循的規則（例如：只說出紅燈停、綠燈走的規則，提示學生過馬路）。 ⑤呈現部分步驟（例如：只說出燒燙傷處理的四個步驟，如沖、脫、○、蓋、送）、部分國字部件（例如：只說出肥的部件「巴」，要學生寫出肥字），或英文單字的部分字母（例如：只說出 ST＿＿，要學生拼出 STOP）。 ⑥給予選項擇其一（喝水的喝是口部或水部？）	3. 教師可以對一群學生進行教學，不須靠近學生。	

註：綜合整理自 Downing（2010）、Westling 和 Fox（2009），以及 Wolery、Ault 和 Doyle（1992）的文獻。

③視覺提示

　　視覺提示（visual prompts）是指，教師提供靜態或動態之視覺形態資料，引導學生產生正確反應（Westling & Fox, 2009），其類型和優弱勢見表 7-8。圖 7-7 呈現阿嘉的例行工作板，這個工作板中有六個步驟，全部以照片的方式呈現，如果完成了這個步驟，則將插棒從「未完成」的紙袋中移至「已完成」的紙袋中，這兩個紙袋亦可用「不同顏色」或「○和×」等方式呈現，這是一種視覺提示。

表 7-8　視覺提示之類型和優弱勢

類型和示例	優點	限制
1. 從視覺資料之形態來分，可包括： 　（1）靜態之視覺形態資料 　　①平面之視覺形態的資料：以照片、圖片（或圖片加文字）、線畫或符號呈現（例如呈現泡即溶飲料步驟的照片）。 　　②立體之視覺形態資料：以物品模型呈現（例如以餐具、抹布、菜瓜布、掃把和拖把的模型呈現餐後整理的五步驟——收拾餐具、拿抹布擦餐桌、用菜瓜布清洗餐具、拿掃把掃地、以拖把拖地）。 　（2）動態之視覺形態資料：以影片呈現某項活動或技能的每個步驟（例如呈現泡即溶飲料步驟的影片），即影片提示（video prompting）。 2. 從視覺提示提供的完整或明顯度來分，可包括： 　（1）直接視覺提示：提供所有活動或技能步驟的照片、圖片（或圖片加文字）、線畫、符號、物品模型或影片；以及給予明顯的視覺提示，例如國字描紅的顏色深，虛線的連接較為緊密，部件的突出點明顯，以協助學生寫國字。 　（2）間接視覺提示：即只提供部分活動或技能步驟的照片、圖片（或圖片加文字）、線畫、符號、物品模型或影片；以及給予模糊的視覺提示，例如國字描紅的顏色變淡，虛線的緊密度變鬆，部件的突出點變模糊，以協助學生寫國字。	1. 有益於組合或有順序之活動或技能的教導。 2. 有益於語言理解能力較弱的學生。 3. 不需教師靠近或在場。	1. 學生需要敏銳的視覺，或社會認知能力。 2. 學生可能不易理解照片、圖片（或圖片加文字）、線畫、符號、物品模型或影片的意義。

註：綜合整理自 Banda、Dogoe 和 Matuszny（2011），Downing（2010）、Holowach（1989），以及 Westling 和 Fox（2009）的文獻。

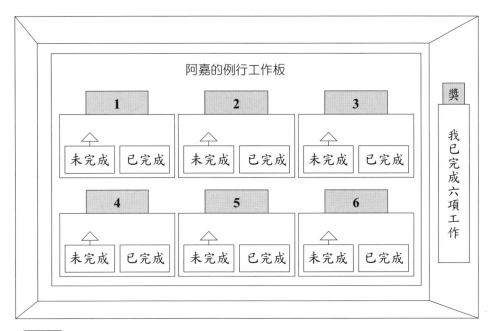

圖 7-7 個人例行工作的視覺提示。取自鈕文英（2016，第 402 頁）。

④示範動作

示範動作（簡稱示範，modeling prompts）是指教師安排自己、他人或學生本身為楷模（model）演示技能，引導學生觀察和模仿，進而產生正確反應（Westling & Fox, 2009），其類型和優弱勢見表 7-9。

⑤身體提示

身體提示（physical prompts）是指教師藉著肢體接觸，引導學生產生正確反應（Downing, 2010），其類型和優弱勢見表 7-10。

⑥混合提示

混合提示（mixed prompts）是指教師混合兩種以上的提示，以引導學生產生正確反應（Westling & Fox, 2009），其類型和優弱勢見表 7-11。

表 7-9　示範動作之類型和優弱勢

類型	優點	限制
1. 從由誰擔任楷模來分，可包括： （1）他人（例如：教師、同儕）示範。 （2）自我示範（self modeling）。 2. 以楷模的來源來分，可包括： （1）自然示範（in-vivo modeling）：拿自然情境中的楷模作為學生模仿的對象。 （2）模擬示範（analogue modeling）：拿模擬情境中的楷模作為學生模仿的對象。 （3）符號示範（symbolic modeling）：使用書籍、影片中某個人物作為楷模，讓學生模仿。而影片可以尋找現成的影片，亦可以錄製影片，示範如何表現某項技能，即影片示範（video modeling）。 3. 從楷模表現的行為來分，可包括： （1）外顯示範（overt modeling）：楷模真正表現外顯行為讓學生模仿。 （2）內隱示範（covert modeling）：楷模未真正表現外顯行為讓學生模仿，而是學生想像一位楷模表現行為讓自己模仿。	1. 有益於組合或有順序之技能的教導。 2. 有益於觸覺防衛高、語言理解能力差的學生。 3. 教師可以對一群學生進行教學，不須靠近學生。 4. 以自然示範而言，楷模較容易獲得學生的信賴和接納，並且能從自然情境中檢索相關線索和獲得增強。以模擬示範而言，教師可確定楷模的行為反應，教師可以控制學生觀察學習的品質，並且可以視需要中斷角色扮演。以工具示範而言，教師可事先準備與訓練主題有關的示範影片，而且可以重複使用。	1. 學生須具備注意和模仿能力。 2. 以自然示範而言，教師無法預期楷模的行為反應。以模擬示範而言，因為是在非自然情境，學生可能會覺得不真實或不可信。以工具示範而言，使用書籍或現成影片的楷模，可能無法像自然示範一樣獲得學生的信賴和接受。

註：綜合整理自 Banda 等人（2011）、Buggey（2005）、Holowach（1989），以及 Schloss 和 Smith（1998）的文獻。

表 7-10　身體提示之類型和優弱勢

類型和示例	優點	限制
1. 部分身體提示（partial physical prompts）：只給予部分身體的線索，包括： （1）肢體接觸的線索（touch cues），例如教師將手接觸學生的左手，部分引導他穿進外套的左衣袖裡。 （2）手腕的線索（wrist cues），例如教師將手的拇指和中指各放在學生左手腕的兩邊，部分引導他穿進外套的左衣袖裡。 （3）手放在下面的協助（hand-under-hand）：教師將手放在學生的手下面，引導他按燈的開關。 2. 完全身體提示（full physical prompts）：教師直接將手放在學生的手上面（hand-over-hand），用手全程帶領學生完成指定的動作。	1. 有益於動作技能的學習。 2. 有益於外顯行為問題較多、視覺或聽覺易分心，或語言理解能力較弱的學生。	1. 學生可能會被烙上能力不佳的印象。 2. 對觸覺防衛高的學生較為不適用。

註：綜合整理自 Downing（2010）、Holowach（1989），以及 Westling 和 Fox（2009）的文獻。

表 7-11　混合提示之類型和優弱勢

類型和示例	優點	限制
例如結合言語提示和示範動作、言語提示和身體提示、言語提示和視覺提示等。	能結合兩種以上提示的優點。	可能不易褪除。

註：綜合整理自 Holowach（1989），以及 Westling 和 Fox（2009）的文獻。

在使用提示時，可以建立「**最少量之提示系統**」（a system of least prompts, SLP）（見圖7-8），亦即在給予提示時，須注意提示的分量不要超過能促使學生產生正確反應的量，否則會增加學生的依賴性。在建立最少量之提示系統方面，可以有兩種呈現方式，一種是「**從最少量至最多量的提示**」；一種是「**從最多量至最少量的提示**」，即「**逐漸改變的身體引導**」（graduated guidance），它結合身體提示與褪除策略，例如教導穿衣服，從完全身體提示（用全部的手）到部分身體提示，部分身體提示則由手放在下面的協助，至手腕的線索，再到肢體接觸的線索。圖7-9茲舉教「當交通號誌燈轉成綠色時，學生會過馬路」這項學習目標為例，呈現如何運用最少量至最多量的提示系統在教學中。

除了教學提示的形態外，提示的數量亦可逐漸減少，包含**頻率**（例如：言語提示的次數、視覺提示的步驟數）和**時間**（例如：給予提示的延宕時間），舉例見示例7-18。

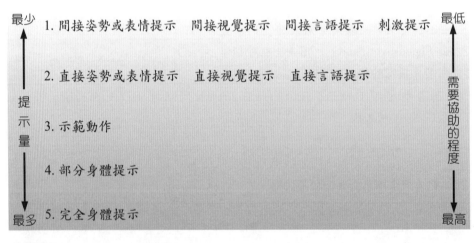

圖 7-8 **由少至多之提示系統**。相同提示層次多種教學提示中，例如間接姿勢或表情提示、間接視覺提示、間接言語提示和刺激提示，其提示量的多少排序，須視課程目標與學生能力而定。例如課程目標為，能說出求助語言，視覺提示的提示量會比言語提示來得少。反之，目標為能沖泡即溶飲料，言語提示的提示量會比視覺提示來得少。然而，如果某生的視覺接收能力低於語言理解能力，則言語提示的提示量就會比視覺提示來得多。

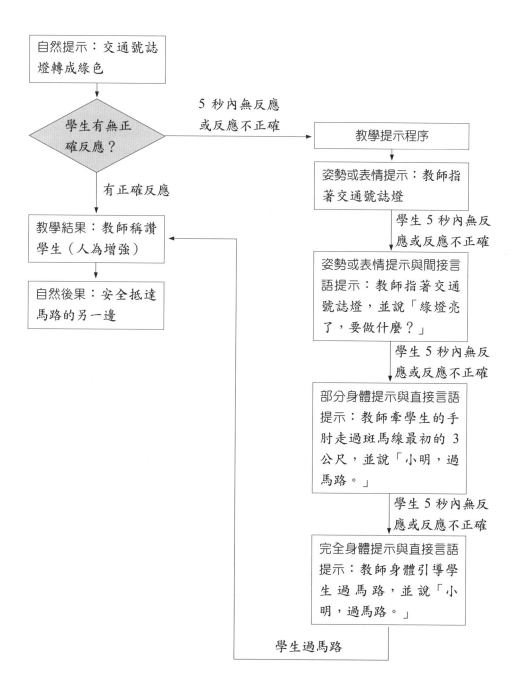

圖 7-9 運用提示策略教導學生過馬路。修改自李淑貞（譯）（1997，第 174 頁），修改部分文字。

示例 7-18　教學提示形態和數量之撰寫

1. 在教師間接言語提示下，能清洗個人的餐具。【提示的形態】
2. 在 40 分鐘的課堂時間中，能專注聽講、寫作業或接受評量，教師的直接言語提示在 5 次以內。【提示的形態和數量】
3. 在教師的視覺提示（提供洗米煮飯活動步驟的照片）三個步驟下，能完成洗米煮飯的活動。【提示的形態和數量】
4. 在教師直接言語提示下，能使用溝通圖卡獲得想要的東西，但教師延宕提示的時間至 10 秒。【提示的形態和數量】

(四) 目標行為達到的標準（即評量標準）

　　教師可以依據學生的能力現況，以及環境中對該項目標在標準上的要求，訂定適當的評量標準，例如以「能夠看號誌燈過馬路」這項目標來說，就需要較高的標準，甚至正確率達百分之百，因為它關乎生命安全。若學生一學期無法達到最高的標準，則可以擬訂漸進的標準。除此，評量標準要具體明確，可以從**達成的正確次數或比率**，**達成的精熟度**，以及**完成的分量、品質或速度**三個角度來敘寫。達成的正確次數或比率是指目標表現的正確情形，通常用**幾次中有幾次通過、答對的百分比**兩種方式呈現。達成的精熟度是指目標表現的精熟和穩定情形，可以用連續幾次通過表示。完成的數量、品質或速度是指教育目標表現的數量多少、品質高低和速度快慢。三種評量標準舉例如示例 7-19。

示例 7-19　評量標準之撰寫

1. 能修剪指甲，5 次中有 4 次通過。【達成的正確次數】
2. 一週需他人協助的機會中，會使用別人能理解且有禮貌的口語，請求他人的協助，80% 能做到。【達成的正確比率】
3. 月經來潮時，能使用衛生棉，連續 5 次通過。【達成的精熟度】
4. 能清洗 10 個杯子。【完成的數量】
5. 在 40 分鐘的課堂時間中，能專注聽講、寫作業或接受評量，持續至少 10 分鐘。【完成的數量】
6. 在 10 分鐘內，能清掃完一間教室地板。【完成的速度】
7. 能在教師下達指令後 10 秒內，回應教師的指令。【完成的速度】
8. 能將碗盤清洗乾淨，碗盤上不能留有殘渣、清潔劑、油漬等。【完成的品質】

如果兩個學期設定的目標相同，建議評量標準可以不同，以反映目標的進展性。例如學習結果都是「專注聽講、寫作業或接受評量」，第一學期設定的評量標準為，在 40 分鐘的課堂時間中持續至少 10 分鐘；第二學期為持續至少 20 分鐘，目標寫成：在 40 分鐘的課堂時間中，能專注聽講、寫作業或接受評量，持續至少 20 分鐘。

　　教師不僅可從單一角度敘寫評量標準，亦可以結合上述三個角度的其中幾個，再加上「目標行為出現的條件」，見示例 7-20。學期教育目標皆為「能清洗碗盤」，但因應不同學生的能力，設定不同的評量標準，其中對 A 生設定的標準最高，C 生則最低。

示例 7-20 評量標準（綜合）之撰寫

> 學期教育目標：能清洗碗盤
> 評量標準：1. A 生能在 10 分鐘內，獨立清洗 6 個碗和 6 個盤子，且清洗乾淨（即碗盤上不能留有任何殘渣、清潔劑、油漬等），連續 5 次通過。【目標行為出現的條件、完成的數量、品質和速度，達成的精熟度】
> 　　　　　2. B 生能獨立清洗 6 個碗和 6 個盤子，且清洗乾淨（即碗盤上不能留有殘渣、清潔劑、油漬等）。【目標行為出現的條件、完成的數量和品質】
> 　　　　　3. C 生能在間接言語提示下，能清洗 6 個碗和 6 個盤子，5 次中有 3 次通過。【目標行為出現的條件、完成的數量、達成的百分比】

(五) 目標行為的評量日期

　　評量日期包括預定的評量日期，即**總結評量日期**，以及**實際的評量日期**。總結評量日期是指，預定何時評量學期教育目標是否達成；換言之，即學期教育目標的教學結束期限（即訖期），會在教學前擬訂。而實際的評量日期是指，在教學後，針對學期教育目標達成情形執行的實際評量日期，於第 322 頁再述。有兩種敘寫方式，一種是直接寫在目標裡，如前面示例 7-17；另一種是配合目標，敘寫教學起訖日期，舉例如示例 7-21。

示例 7-21　學期教育目標起訖日期之撰寫

課程領域／ 其他時間	學年教育目標	學期教育目標	起訖日期
特殊需求領域（職業教育）	1. 認識三種職業的工作內容。	1-1.能說出清潔人員的工作內容。	2008/3/5～3/12
		1-2.能說出餐廳店員的工作內容。	2008/3/13～3/20
		1-3.能說出便利超商店員的工作內容。	2008/3/21～3/28
	2. 能完成班級中的三項清潔工作。	2-1.能掃地。	2008/2/20～3/4
		2-2.能拖地。	2008/2/20～3/4
		2-3.能擦拭桌子。	2008/2/20～3/4

　　起訖日期的擬訂宜注意以下兩項原則：第一，符合學生的能力與需求，考量他們需要多長的時間學習此目標。第二，宜考慮教育目標的實際教學時間，注意完整的活動宜放在同一段時間教導，例如「洗臉」是一個完整的活動，所有的步驟應放在同一段時間，而非拆開在不同時間教導。同樣地，「聽辨和說出自己的姓名」宜放在同一段時間教導，較能讓學生將聽和說搭配起來。然而，目標的評量標準有不同，宜在不同教學日期達成，如此才能呈現目標的層次性，例如能在大人陪同下過馬路，在一段時期教學，能獨立過馬路則在下一段時期教學。除此，教導「搭電梯」宜配合自然時間表，安排在「情境教學時間」教。Drew、Hardman 和 Logan（2006）即指出，經常而分散的練習，且此練習能配合自然時間表，會比大量集中式的練習，較能提升重度障礙學生技能的習得與維持。而情境教學時間通常較分散，不像單元教學時間那麼集中，因此起訖日期會較長。敘寫時間最好註明是情境教學時間，例如：2011/3/1 至 6/20 運用在學校和社區中需要搭電梯的情境的自然情境教學。

二、學期教育目標之撰寫原則

　　學期教育目標的撰寫要注意以下原則：第一，邏輯地衍生自學年教育目標，不會超出其範圍（Hickson, Blackman, & Reis, 1995）。第二，最好能涵蓋認知、情意和動作技能三方面的目標。第三，不同課程領域間訂定的目標宜彼

此聯繫（York & Vaundercook, 1991），例如完成超商購物的目標，涉及諸多步驟與相關技能，包括閱讀標籤、使用期限、價格與使用錢幣等技能；若學生普遍在這方面能力太弱，則需要語文與數學領域，支持有關的認知與溝通技能。例如生活領域的目標為能完成用餐活動，語文領域則配合教導閱讀速食店的標誌和點餐用語；而數學領域則教使用金錢。第四，目標的撰寫具有彈性，避免流於只教導單一技能，例如「對折衛生紙」此目標沒有彈性。第五，目標是重要、實用，具有意義，而且能與學生的生活情境結合；例如「能插洞洞板和能使用剪刀」與學生的生活情境脫節，教導的是孤立的技能。第六，隨著時間的演進，學期教育目標具有進展性，包含不同難度或層次、不同學習階段或不同評量標準的目標，可以看到學生的進步。

　　至於如何撰寫不同學習階段的目標，正如前述，學習可分成獲得、流暢、精熟、維持、類化和調整六個階段，撰寫學期教育目標時，亦可以包含這六個階段的目標，見示例 7-22。向雇主打招呼（微笑說：「老闆，你好」）；之後碰到雇主正忙碌（例如與客戶交談）的狀況，教導他以微笑揮手的方式打招呼。又例如教導阿志正向行為——按鈴求助；之後教導他在遭遇例外的狀況（例如：鈴鐺損壞；環境太吵雜，雇主沒聽到鈴聲），走到雇主面前用手勢尋求協助。

　　以下分析一些撰寫學年和學期教育目標的問題，見問題討論 7-4 和 7-5。

示例 7-22 不同學習階段教育目標之撰寫

課程領域／其他時間	學年教育目標	學期教育目標	起訖日期
所有課程領域／晨光、下課、午餐和清掃時間	1. 能以適當的方式向別人打招呼。	1-1.每天早上到學校，能在間接言語提示下，向老師打招呼，看著老師並且微笑說：「老師好。」1 週 5 天中有 3 天做到。【獲得階段的目標】	2007/3/1～3/5
		1-2.每天早上到學校，能獨立向老師打招呼，看著老師並且微笑說：「老師好。」1 週 5 天中有 3 天做到。【流暢階段的目標】	2007/3/8～3/12
		1-3.每天早上到學校，能獨立向老師打招呼，看著老師並且微笑說：「老師好。」1 週連續 5 天做到。【精熟階段的目標】	2007/3/15～3/19
		1-4.每天早上到學校，能獨立向老師打招呼，看著老師並且微笑說：「老師好。」繼續維持 1 週連續 5 天做到。【維持階段的目標】	2007/3/29～4/9
		1-5.每天到職場實習時，能獨立向雇主打招呼，看著雇主並且微笑說：「老闆好。」100%做到。【類化階段的目標】	2007/4/12～4/16
		1-6.碰到老師或雇主正忙碌（例如老師在打電話、雇主與客戶交談）的情況時，能改以微笑揮手的方式打招呼。【調整階段的目標】	2007/3/1～4/16

270

問題討論 **7-4** 學年及學期教育目標的撰寫（一）

以下學年及學期教育目標的撰寫是否適當？

現況描述	學年教育目標	學期教育目標	教學資源	起訖日期
1. 能洗臉，但無法刷牙。	1. 能從事洗臉和洗澡活動。	1-1. 能洗臉。 1-2. 能洗澡。	1. 上廁所的活動圖卡。	2011/9/1～9/7 2011/9/8～9/14
2. 能自行上廁所大小便，但無法擦拭乾淨。	2. 能清洗餐具。	2-1. 能洗碗。 2-2. 能洗盤子。 2-3. 能擦桌子。	2. 碗盤和抹布。	2011/9/15～9/22 2011/9/1～9/7 2011/9/8～9/14
3. 無法處理月經。	3. 能獨立上廁所。	3-1. 能辨識女廁所。 3-2. 入廁所會敲門。 3-3. 入廁所會鎖門。 3-4. 會拉下褲子至膝蓋。 3-5. 會安坐於馬桶上解尿或解便。 3-6. 會拉起褲子。 3-7. 會沖水。 3-8. 會至洗手檯洗淨雙手。 3-9. 會擦乾雙手。	3. 廁所的標示圖卡。 4. 衛生紙。 ……	2011/9/23～9/28 2011/9/29～9/30 2011/10/1～10/2 2011/10/3～10/8 2011/10/9～10/14 ……
4. 不會清洗餐具。				
5. 手眼協調能力有困難。				
6. 受到腦性麻痺的影響，右手偏癱，無法握筆寫字，左手則未受影響。	4. 能增進手眼協調和用右手寫字的能力。	4-1. 能插洞洞板。 4-2. 能使用剪刀。 4-3. 會對折衛生紙。 4-4. 能用右手寫字。		
7. 上課鈴聲響，無法準時進教室，且無	5. 能增進教室行為。	5-1. 上課鈴聲響，能準時進教室。 （省略 5-2 至 5-4 三個目標）		

問題討論 **7-4** 學年及學期教育目標的撰寫（一）（續）

現況描述	學年教育目標	學期教育目標	教學資源	起訖日期
法遵守上課常規，會以大聲尖叫表示想要和逃避某些事物或活動，及自得其樂時亦會小聲尖叫，頻率非常高。		5-5.能減少尖叫行為至零次。		

✎此學年及學期教育目標有以下問題：（1）學年教育目標和現況描述不搭配，現況描述中提及該生無法刷牙、無法處理月經，但在學年教育目標中卻未符合這兩項需求；（2）「能洗臉和能自行上廁所」是學生已達到的能力，不需再教導，並且將「能獨立上廁所」設計成學年教育目標，對學生而言太簡單，而上廁所要加強的是「擦拭乾淨」；（3）學期教育目標 2-3 沒有和學年教育目標搭配，擦桌子不屬於清洗餐具；（4）不須列出上廁所活動分析的內容，也不用列出教學資源，它們是放在課程或教學計畫中再撰寫；（5）「能用右手寫字」是學生由於生理限制（右手偏癱）很難達到的目標，不適當，而左手是他的優勢，未善用其優勢增進他的手眼協調能力；（6）「能插洞洞板和能使用剪刀」與學生的生活情境脫節，教導的是孤立的技能；（7）「對折衛生紙」此目標沒有彈性；（8）「能增進教室行為」太籠統，宜具體；（9）「減少尖叫行為至零次」超乎學生起點行為太多，自得其樂時小聲尖叫不見得要消除；（10）「能上廁所」是一個完整的活動，所有的步驟應放在同一段時間，而非拆開在不同時間教導。筆者建議修改如下：

問題討論 **7-4** 學年及學期教育目標的撰寫（一）（續）	
學年教育目標	學期教育目標
1. 能遵守上課常規，表現適當的上課行為。	1-1.上課鈴聲響，能準時進教室，連續 5 天通過。 （省略 1-2 至 1-4 三個目標） 1-5.能獨立以圖卡表示想要和逃避某些事物或活動，不以尖叫來表示，連續 5 次通過。
2. 能從事三項身體清潔活動。	2-1.能獨立刷牙，牙齒和嘴角上不會留有髒物和泡沫，連續 5 次通過。 2-2.上完廁所後，能乾淨地擦拭大小便，連續 5 次通過。 2-3.在月經來，需要使用和更換衛生棉時，能獨立使用和更換之，連續 5 次通過。
3. 能增進左手之手眼協調能力。	3-1.能以左手使用剪刀從事生活中需要剪刀的活動（例如：剪開包裝紙、剪紙等），連續 5 次通過。 3-2.能以左手使用鑰匙開鎖，連續 5 次通過。 3-3.在生活中以左手從事需要對折平面物品的活動（例如：上廁所對折衛生紙、摺衣服、做摺紙手工藝、摺彩色紙）時，能對折平面物品，連續 5 次通過。
4. 能清洗餐具。	4-1.能獨立將自己的碗洗乾淨，碗上不能留有殘渣、清潔劑、油漬等，連續 5 次通過。 4-2.能獨立將自己的盤子洗乾淨，盤子上不能留有殘渣、清潔劑、油漬等，連續 5 次通過。

問題討論 **7-5** 學年及學期教育目標的撰寫（二）

以下學年及學期教育目標的撰寫是否適當？

學年教育目標	學期教育目標	起訖日期
1. 能進行三項室內休閒活動。	1-1.園藝種植。 （其他目標省略）	2010/9/1～9/7
2. 能認識自己的基本資料。	2-1.能聽辨自己的姓名和性別。	2010/9/1～9/7
	2-2.能說出自己的姓名和性別。	2010/9/8～9/15
	2-3.練習寫自己的姓名。	2010/9/16～9/23
	2-4.增進學生說出家裡地址的能力。	2010/9/24～9/30
3. 能正確使用語彙表達生理需求。	3-1.能正確使用完整的語句表達生理需求。	……
	3-2.能正確使用語言回應他人的問話。	
4. 能提升符合其程度的體力。	4-1.能提升符合其程度的肌耐力。	
	4-2.能提升符合其程度的持久力。	
	4-3 能參與跳躍活動。	

此學年及學期教育目標有以下問題：（1）「園藝種植」是學習項目，而非目標的寫法；（2）目標2-1和2-2中有兩個學習結果，宜分開；（3）「練習寫自己的姓名」是學習活動，而非學習結果；（4）「增進學生說出家裡地址的能力」是從教師的角度敘寫目標，宜改成從學生的角度敘寫目標；（5）學年教育目標只在使用「語彙」表達，學期教育目標卻是使用「完整的語句」，學期教育目標明顯較學年教育目標困難；（6）「能提升符合其程度的體力」不夠具體，何謂符合其程度；同樣地，「能參與跳躍活動」亦不具體，是參與哪些部分，表現哪些行為；（7）「能聽辨和說出自己的姓名和性別」宜放在同一段時間教導，較能讓學生將聽和說搭配起來，只是「說出自己的姓名和性別」需要較長的時間來達成。筆者建議修改如下：

問題討論	7-5	學年及學期教育目標的撰寫（二）（續）

學年教育目標	學期教育目標	起訖日期
1. 能認識自己的基本資料。	1-1.聽到自己的姓名時能有反應，連續 5 次通過。	2010/9/1～9/22
	1-2.能正確說出自己的姓名，連續 5 次通過。	2010/9/1～9/7
	1-3.能正確說出自己的性別，連續 5 次通過。	2010/9/8～9/15
	1-4.能正確書寫自己的姓名，連續 5 次通過。	2010/9/16～9/23
	1-5.能正確說出自己家裡的地址，連續 5 次通過。	2010/9/24～9/30 ……
2. 能用口語表達生理和心理需求，以及回應他人的問話。	2-1.能正確使用語彙表達食衣住行等方面的生理需求，連續 5 次通過。	
	2-2.能正確使用語彙表達自己的選擇、喜好等方面心理需求，連續 5 次通過。	
	2-3.能正確使用完整的語句表達食衣住行等方面的生理需求，連續 5 次通過。	
	2-4.能正確使用完整的語句表達自己的選擇、喜好等方面心理需求，連續 5 次通過。	
	2-5.能正確使用語言回應他人的問話，連續 5 次通過。	
3. 能進行三項室內休閒活動。	3-1.能獨立在室內以盆栽從事培育 3 種花木成長的活動。	
	（其他目標省略）	

學年教育目標	學期教育目標	起訖日期
4. 能提升符合其年齡和從事清潔工作所需的體力。	4-1.能提升符合 18 歲和從事清潔工作所需的肌耐力（例如：能提至少 10 公斤重物、推清潔用具車等）。 4-2.能提升符合 18 歲和從事清潔工作所需的持久力（例如：能從事清潔工作至少 1 小時）。 4-3.能跳過 1 公尺高、10 公分寬的障礙物。	

問題討論 7-5 學年及學期教育目標的撰寫（二）（續）

陸、教育目標之擬訂依據

依目標之擬訂依據，可分成能力本位、活動本位、課程本位，以及課程本位評量的目標四種，詳述如下。

一、能力本位的目標

能力本位的目標乃依據「一般人的身心發展，在各年齡層須具備的能力」設計教育目標，例如以「九年一貫課程能力指標」為設計目標的依據。為因應特殊教育與普通教育接軌之融合趨勢，教育部於 2008 年委託盧台華完成「國民教育階段特殊教育課程發展共同原則及課程綱要總綱」、「高中教育階段特殊教育課程發展共同原則及課程綱要總綱」及「高職教育階段特殊教育課程發展共同原則及課程綱要總綱」三項內容之編訂。新課綱涵蓋國民教育、高中與高職三個階段，強調設計特殊需求學生課程應首要考量普通教育課程，重視個人能力本位與學校本位課程、採課程及教材鬆綁的執行方式，以能設計出符合特殊需求學生所需之補救或功能性課程。整理「國民教育階段特殊教育課程綱要總綱」之修訂內涵於表 7-12，「高中和高職教育階段特殊教育課程綱要總綱」見 附錄十六。

表 7-12 「國民教育階段特殊教育課程綱要總綱」修訂內涵

修訂向度	修訂內涵
適用對象	認知功能無缺損、輕度缺損,以及嚴重缺損之學生。
課程目標	1. 增進自我了解,發展個人潛能。 2. 培養欣賞、表現、審美及創作能力。 3. 提升生涯規畫與終身學習能力。 4. 培養表達、溝通和分享的知能。 5. 發展尊重他人、關懷社會、增進團隊合作。 6. 促進文化學習與國際了解。 7. 增進規畫、組織與實踐的知能。 8. 運用科技與資訊的能力。 9. 激發主動探索和研究的精神。 10. 獨立思考和解決問題。
學習領域	1. 語文(本國語文、英語)、健康與體育、社會、藝術與人文、自然與生活科技、數學與綜合活動領域。一至二年級社會、藝術與人文、自然與生活科技三大學習領域應配合九年一貫課程綱要之規畫統合為「生活課程」。 2. 特殊需求領域之學習內涵可包含職業教育、學習策略、自我管理、社會技巧、情緒管理、定向行動、點字、溝通訓練、機能訓練、輔具應用、領導才能、創造力、情意課程等科目。
實施原則	1. 學習領域為學生學習之主要內容,而非學科名稱,除必修課程外,各學習領域,得依學生性向、社區需求及學校發展特色,彈性提供選修課程。 2. 學習領域之實施,應掌握統整之精神,並視學習內容之性質,實施協同與合作教學。 3. 特教班之七大領域課程,以及資源班以抽離方式進行之課程,仍應在原七大領域之時數內調整,且不屬於特殊需求課程。 4. 各校得視特殊需求學生之身心需求和 IEP,採用「外加」之方式,開設特殊需求領域課程。 5. 生活課程之學習內涵除三大學習領域外,應納入生活自理、生活常規和生活技能等特殊需求學生所需之相關能力訓練。

表 7-12 「國民教育階段特殊教育課程綱要總綱」修訂內涵（續）

修訂向度	修訂內涵
實施原則	6. 認知功能無缺損及輕度缺損學生，其學習節數應遵循九年一貫課程綱要，唯各領域學習節數之比例得視學生的 IEP 彈性調整；認知功能嚴重缺損學生之學習節數可依學校特性和學生之 IEP，彈性增減各領域學習節數之比例，唯各年級之學習總節數不得減少，以保障其受教權利。如在普通學校特教班就讀之認知功能嚴重缺損學生，其學習情形與一般學生差異大者，課程內容則應以功能性為主要調整依據；如差異不大，則可回普通班級進行該領域之融合教育學習。

註：整理自國立臺灣師範大學特殊教育中心（2009）。

　　以特殊教育課程綱要的能力指標擬訂目標時，可先評量身心障礙學生起點行為和先備能力，再分析普通教育課程目標與學生能力之適配性；如果不適配，則界定其學習需求因應學生需求及能力，並且考量其興趣和優勢做調整。其中在優勢上，Gardner（1983）和 Armstrong（1994）主張**多元智力理論**，鼓勵教師發現學生的「**多元智力長處**」，進而迂迴弱勢，以擺脫那些造成其學習困難的障礙，開發他們更高度發展的智力。在能力和需求上，Wood（1998）從**訊息輸入、處理或保留**和**輸出的過程**分析學生的能力和需求，以規畫課程的調整，筆者修改如圖 7-10。一般言之，在「訊息輸入」階段，需要學生有注意力、感官和知覺能力（例如：視覺和視知覺、聽覺和聽知覺、觸覺和觸知覺等，前兩項是最常使用者）。在「訊息處理或保留」階段，需要學生有理解、整合和連結、記憶學習材料的能力，以及與課程有關的背景知識、技能或經驗。在「訊息輸出」階段，需要學生有肢體動作（含粗大和精細動作）、書寫和口語表達的能力。除此，學生本身的內隱因素包括**學習動機**、**學習態度**和**學習行為**，這些能力和行為的良窳都會影響學習表現；如果學生在這些能力和行為上有需求，則須在設計課程時，事前規畫調整策略。

　　筆者設計「身心障礙學生在普通教育課程表現的差異和需求分析表」，舉例如表 7-13，可供教師分析之用，以作為規畫 IEP 目標和調整策略之基礎，此

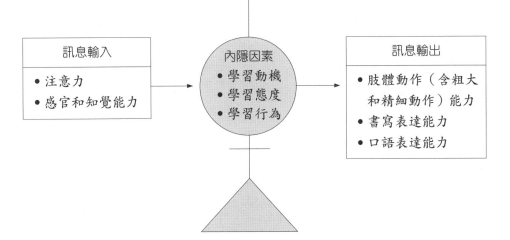

┌──┐
│ 訊息處理或保留   │
│   │
│ • 理解能力   │
│ • 整合和連結能力   │
│ • 與課程有關的背景知識、技能或經驗   │
│ • 記憶能力（包含短期、工作和長期記   │
│   憶能力）   │
└──┘

┌────────────────┐   ⬤   ┌──────────────────────┐
│ 訊息輸入   │   內隱因素   │ 訊息輸出   │
│   │   • 學習動機   │   │
│ • 注意力   │   • 學習態度   │ • 肢體動作（含粗大   │
│ • 感官和知覺能力 │   • 學習行為   │   和精細動作）能力   │
│   │   │ • 書寫表達能力   │
│   │   │ • 口語表達能力   │
└────────────────┘   └──────────────────────┘

圖 7-10 訊息輸入、處理和輸出的過程。☺是指學生。修改自 Wood（1998, p. 298），修改處為加入學生內隱因素，從訊息處理或保留中移入學習動機，並增加學習態度和學習行為；訊息輸入中加入「注意力」，而且將 Wood 的視、聽和觸覺及視、聽和觸知覺整合成「感官和知覺能力」；訊息處理或保留中加入「與課程有關的背景知識、技能或經驗」，並且將 Wood 的組織、結構和連結彙整成「整合和連結能力」。

工具的空白表格見◉附錄十七。

　　一個完整的目標包含表現學習結果的行為或動作、學習的結果或內容、目標行為出現的條件，以及達到的標準四個部分。因此，在調整課程目標上，教師可以從這四個部分做調整，詳細討論如下。

表 7-13　身心障礙學生在普通教育課程表現的差異和需求分析表

學生：SB2　特殊教育鑑定類別：智能障礙　班級：二年二班　教師：TB2
學習領域：數學　單元主題：分類整理
分析者：RB（與學生的關係：資源教師）
◎填答說明：在課程主題所需能力和行為的分析中，請於□內勾選出學習此
　課程主題所需的能力和行為，並補充說明。之後針對勾選的能力或行為，
　寫出學生的表現，使用「＋」表示該生能完全獨立表現出該項能力或行為；
　「＋－」表示該生偶爾能獨立表現該項能力或行為，或是僅能表現其中的
　部分；「－」表示該生無法完全獨立表現出該項能力或行為。

向度	學習課程主題所需能力或行為的分析	學生在此項能力或行為表現的差異分析
學習動機、態度和行為的需求	■有學習動機	－（由於很多上課內容他聽不懂，所以學習動機薄弱。）
	■能準時進教室	＋
	■能準備學習材料	＋－（有時會忘記帶習作附件或學具。）
	■能參與學習活動	＋－（能參與活動但不積極，若是沒帶東西也不會主動求助，會靜靜坐著。）
	■能遵循老師的指示	＋－（能遵循指示但速度常會跟不上。）
	■能與同儕合作完成指定的作業	＋－（部分他能做的活動或作業，能與同儕合作完成；部分他無法做的，則呆坐著，不主動。）
	■能獨立完成課堂中的指定作業	＋－（無法自己完成，需協助。）
	■能準時繳交回家作業	－（尚未建立寫回家作業的習慣，他無法獨立完成指定的作業，需要家人或老師的協助。）
	□其他，請說明：	
訊息輸入方面的需求	■須具備注意力	＋－（注意力還可以，但是聽不太懂學習內容或跟不上課程進度時，很容易發呆或做自己的事。另外，易受無關刺激干擾，不會隨著教師講述主題的轉變而轉移其注意力。）
	■須具備感官知覺能力：接收訊息所需的視力和聽力。	＋－（聽力沒問題；視力則有問題，近視，左眼 0.4、右眼 0.7，已配戴眼鏡，但經常忘了戴或遺失。此外，視覺辨識能力較差，無法區辨近似的圖案、國字和顏色。）

表 7-13　身心障礙學生在普通教育課程表現的差異和需求分析表（續）

向度	學習課程主題所需能力或行為的分析	學生在此項能力或行為表現的差異分析
訊息處理或保留方面的需求	■須具備某種程度的聽覺理解能力：能聽懂與本單元有關之先備語彙（例如：資源回收、最多、最少、幾種顏色、各有幾個、當選、得分最高、得分最低、誰比誰多幾個、總共或一共、相差、50 元可以買哪些物品）。	＋－（能聽懂資源回收，其他則尚須加強。）
	■須具備某種程度的閱讀理解能力：	
	1.能認讀 200 以內的數。	＋－（能認讀出 30 以內的數字）
	2.能區辨不同顏色的物品。	＋－（能命名紅色，其他則會混淆，但能看得出哪些東西的顏色相同，哪些不同。）
	3.能辨識形狀。	＋－（對形狀的命名還不太清楚，但能看得出哪些東西的形狀相同，哪些不同。）
	4.能辨識大小。	＋
	5.能辨識資源回收物。	＋－（對資源回收物的命名還不太清楚，但能分辨得出紙張和塑膠類。）
	6.能閱讀平面的圖片（包括實物照片和手繪圖片），並且知道哪些是相同的，哪些是不同的。	＋
	7.能分辨空間方位詞：上下裡外	＋－（「上」和「裡」會混淆）
	8.能閱讀與本單元有關之先備語彙（例如：最多、最少、幾種顏色、各有幾個、當選、得分最高、得分最低、誰比誰多幾個、總共或一共、相差、50 元可以買哪些物品）。	－

表 7-13　身心障礙學生在普通教育課程表現的差異和需求分析表（續）

向度	學習課程主題所需能力或行為的分析	學生在此項能力或行為表現的差異分析
訊息處理或保留方面的需求	■須具備某些背景知識、技能或經驗： 1. 能分類整理生活中的常見物品，例如碗盤、衣服。 2. 能點數至 200。 3. 能比較 200 以內數量的大小。 4. 會做兩位數加法和減法。 ■須具備整合和連結能力： 1. 整合 200 的數量概念、兩位數加減法的能力至此單元。 2. 將分類整理的能力應用至書包的整理。 ■須具備記憶能力：視覺和聽覺記憶能力。	＋ ＋－（能點數到 50，有時遇到幾十 9 會停頓，分心時偶爾會數錯。） －（無法從 30 以內數字中比較出大小。） － － －（由於書包凌亂，所以時常找不到東西。） ＋－（視覺記憶優於聽覺記憶，尤其是扯鈴、蜘蛛結網，教過一次就記住了；然而常忘記口語交代的事情，例如：請把鉛筆盒帶回教室。）
訊息輸出方面的需求	■須具備某種程度的口語表達的能力：能表達與本單元有關之語彙（例如：哪個比較多或少、誰得分最高或最低）。 ■須具備某種程度的書寫表達的能力：具備基本的書寫能力（例如：畫圈、能寫出 200 以內的數字，抄寫國字、注音）。 □須具備某種程度的肢體動作的能力：	＋ ＋－（能畫圈、僅能寫出 30 以內的數字、能抄寫但速度慢且有時會抄錯。）

表 7-13　身心障礙學生在普通教育課程表現的差異和需求分析表（續）

學生學習此課程主題的需求分析：
SB2 無法獨立表現多項能力和行為，需要提示或協助；因此在設計此單元的調整計畫時，可考慮從銜接和複習過去所學的概念（例如：顏色、形狀、資源回收物的命名）、調整目標（例如：報讀 30 以內事物的分類紀錄結果）、使用教學方法和教具、調整教學評量（例如：減少文字，多用圖片來呈現題目）等方向著手。

(一) 調整表現學習結果的行為或動作

　　調整表現學習結果的行為或動作是指，學習結果或內容相同，但因應學生在表現上的困難，從行為或動作上做調整（Nevin, 1998）。教師可以讓他以最優勢的管道表現。例如普通教育課程目標為，「能寫出遊記，記錄旅遊的所見所聞，增進認識各地風土民情的情趣」；因應身心障礙學生之興趣、優勢、能力和需求，調整表現學習結果的行為或動作，見示例 7-23。

示例 7-23　調整課程目標中「表現學習結果的行為或動作」

1. 能使用電腦打出遊記，記錄旅遊的所見所聞，增進認識各地風土民情的情趣。
　【針對寫字有困難但認字無困難之學生，調整課程目標中「表現學習結果的行為或動作」，從「寫出」改為「使用電腦打出」】
2. 能說出遊記，記錄旅遊的所見所聞，增進認識各地風土民情的情趣。
　【針對寫字和認字皆有困難之學生，調整課程目標中「表現學習結果的行為或動作」，從「寫出」改為「說出」】
3. 能以繪畫或拍照加入簡短文字的方式寫遊記，記錄旅遊的所見所聞，增進認識各地風土民情的情趣。
　【針對在繪畫和拍照有高度興趣，而且具空間智力優勢的學生，調整課程目標中「表現學習結果的行為或動作」，從「寫出」改為「以繪畫或拍照加入簡短文字的方式寫」】

(二) 調整目標行為出現的條件

目標行為出現的條件指的是，期待目標行為發生的時間、地點、環境狀況，或提供什麼樣的支持和教學提示。延續示例 7-23，調整目標行為出現的條件如示例 7-24；另補充額外的例子如示例 7-25。

示例 7-24 調整課程目標中「目標行為出現的條件」（一）

---

1. 在獲得寫作重點提示卡的情況下能寫遊記，記錄旅遊的所見所聞，增進認識各地風土民情的情趣。

   【針對書寫表達有困難之學生，調整課程目標中「目標行為出現的條件」，提供寫作重點提示卡（視覺提示）】

2. 在獲得教師寫作重點的情況下能寫遊記，記錄旅遊的所見所聞，增進認識各地風土民情的情趣。

   【針對書寫表達有困難之學生，調整課程目標中「目標行為出現的條件」，教師言語提示寫作重點（言語提示）】

3. 在獲得字典以供查閱的情況下能寫遊記，記錄旅遊的所見所聞，增進認識各地風土民情的情趣。

   【針對寫字有困難但認字無困難之學生，調整課程目標中「目標行為出現的條件」，提供字典以供查閱（提供材料）】

4. 在獲得同學協助檢查國字正確性的情況下能寫遊記，記錄旅遊的所見所聞，增進認識各地風土民情的情趣。

   【針對寫字有困難但認字無困難之學生，調整課程目標中「目標行為出現的條件」，同學檢查國字是否正確（提供人力資源）】

5. 在獲得聽覺和觸覺線索下，能寫遊記，記錄旅遊所觸所聞，增進認識各地風土民情的情趣。

   【針對視覺困難之學生，調整課程目標中「目標行為出現的條件」，修正課程內容的呈現方式——對視覺刺激額外提供聽覺和觸覺線索（刺激提示）】

6. 在獲得視覺和觸覺線索下，能寫遊記，記錄旅遊所見所觸，增進認識各地風土民情的情趣。

   【針對聽覺困難之學生，調整課程目標中「目標行為出現的條件」，修正課程內容的呈現方式——對聽覺刺激額外提供視覺和觸覺線索（刺激提示）】

示例 7-25　調整課程目標中「目標行為出現的條件」（二）

- 一般學生的目標：能在任何時間、地點，以及不管有無號誌燈的情況下，安全地過馬路。
- 為身心障礙學生調整目標行為出現的條件如下：
  1. 能在非顛峰的時間下，安全地過馬路。【時間】
  2. 能在熟悉的街道上，安全地過馬路。【地點】
  3. 能在有號誌燈的情況下，安全地過馬路。【環境狀況】

(三) 調整目標行為達到的標準

　　達到標準的設定可以從達成的正確次數或比率，達成的精熟度，以及完成的分量、品質或速度三個角度來敘寫。延續示例 7-23，調整目標行為達到的標準如示例 7-26；另補充額外的例子如示例 7-27。

示例 7-26　調整課程目標中「目標行為達到的標準」（一）

1. 能寫至少 100 個字的遊記，記錄旅遊的所見所聞，增進認識各地風土民情的情趣。
   【針對書寫表達有困難之學生，調整課程目標中「目標行為達到的標準（完成分量），從至少 500 個字，調低到至少 100 個字】
2. 能運用至少 60%正確的詞彙和通順的語句寫遊記，記錄旅遊的所見所聞，增進認識各地風土民情的情趣。
   【針對書寫表達有困難之學生，調整課程目標中「目標行為達到的標準（完成品質），從至少 80%正確的詞彙和通順的語句，調低到至少 60%】

示例 7-27　調整課程目標中「目標行為達到的標準」（二）

- 一般學生的目標：能在 5 分鐘內獨立洗完自己的便當盒，1 週上學 5 天中均能做到。

- 為身心障礙學生調整目標行為達到的標準如下：

  1. 能在 10 分鐘內獨立洗完自己的便當盒，1 週上學 5 天中均能做到。【完成的速度】

  2. 能在 5 分鐘內獨立洗完自己的便當盒，1 週上學 5 天中有 3 天做到。【達成的正確次數】

  3. 能在 5 分鐘內獨立洗完自己的便當盒，1 週上學 5 天中有連續 3 天做到。【達成的精熟度】

(四) 調整學習的結果或內容

　　調整學習的結果或內容可以從兩方面著手，一種是特殊學生學習的課程主題與一般學生相同，但**調整學習結果或內容的概念層次和難度，以及刪除和添加學習結果或內容**；另一種是**更換課程主題**。就調整學習結果或內容的概念層次而言，有**分解、降低和深化概念層次**三種作法，即前述盧台華（2010）所提的「**課程分解、重整和深化**」策略。Bloom 將學習目標分成三大類：認知、情意和動作技能領域，而每一個領域的學習目標有層次性；教師可以因應學生的能力和需求，調整學習結果或內容的概念層次，見示例 7-28a。調整概念難度的調整程度比概念層次多（King-Sears, 1997b），它是指，因應學生的能力和需求，**加深學習結果或內容的概念難度**；抑或**分解**概念難度，或是讓概念**簡易化**，即盧台華（2010）所提的「**課程深化、分解和簡化**」策略，見示例 7-28b。刪除學習結果或內容是指，刪除部分對於學生過於艱難的內容，即盧台華（2010）所提的「**課程減量**」策略；而添加學習結果或內容意指，增加學習結果或內容的廣度，即盧台華所提的「**課程加廣**」策略，它的調整幅度高於調整結果或內容的概念層次和難度，見示例 7-28c。如果上述學習結果或內容的調整仍無法因應學生的需求，學生還是有困難時，那麼最後的調整是完全更換課程主題，學生學習和其他同學完全不同的內容，見示例 7-28d。其中在降低課

程概念難度和更換課程主題兩方面，可以往**功能性**的方向做調整或替換，功能性語文和數學的內涵可參考 ◉附錄十八。

> 示例 7-28　調整課程目標中的「學習結果或內容」

a. 分解、降低和深化學習結果或內容的概念層次

1. 在數學課教導「除法」這個課程主題時，一般學生的目標為，「能精準分析出兩位數除法應用問題中，哪些是解題的必要線索，哪些不是，並且正確列出算式和解答（分析層次）」；分別因應兩位智能障礙學生之狀況，調整學習結果或內容的概念層次如下：
   （1）將學習結果的概念分解成以下三個層次：①能從兩位數除法應用問題中的線索，辨識要使用除法解題（「知識」層次）；②能使用圖畫表徵正確解答兩位數除法的應用問題（「理解」層次）；③能正確列式和解答兩位數除法的應用問題（「應用」層次）。【針對認知理解和計算有少許困難之學生，將學習結果的概念層次由低至高分解得更細小】
   （2）能從兩位數除法應用問題中的線索，辨識要使用除法解題（「知識」層次）。【針對認知理解和計算有中度困難之學生，調整學習結果的概念從「分析」降低至「知識」層次】

2. 一般學生的課程目標為，「能寫遊記，記錄旅遊的所見所聞，增進認識國內各地風土民情的情趣（「應用」層次）」；分別因應兩位學生之狀況，降低和深化學習結果或內容的概念層次如下：
   （1）能說出如何透過寫遊記以記錄旅遊所見所聞的方式，增進認識國內各地風土民情的情趣。【針對認知理解和書寫表達有少許困難之學生，調整學習結果的概念層次，從「應用」層次降低至「知識」層次】
   （2）能寫遊記，記錄旅遊的所見所聞，增進認識國內各地風土民情的情趣，並且比較分析不同地方風土民情的異同。【針對認知功能優異的學生，調整學習結果的概念層次，從「應用」層次加深至「分析」層次】

b. 分解、簡易化和加深學習結果或內容的概念難度

1. 能透過以下漸進的方式：（1）閱讀他人撰寫的遊記；（2）自己旅遊的經驗；（3）對照他人撰寫的遊記和自己旅遊的經驗；（4）參考和改寫他人撰寫的遊記，以記錄旅遊所見所聞；（5）寫遊記以記錄旅遊所見所聞的方式，增進認識各地風土民情的情趣。【針對認知理解和書寫表達有少許困

示例 7-28 　調整課程目標中的「學習結果或內容」（續）

難之學生，分解學習結果的概念難度】

2. 能透過寫遊記以記錄旅遊所見所聞的方式，增進認識居住所在地區風土民情的情趣。【針對認知理解有中度困難的學生，簡化課程目標的概念難度，從「認識各地風土民情」，改為「認識居住所在地區風土民情」】

3. 能透過寫遊記以記錄旅遊所見所聞，以及綜合自己和他人所寫遊記的方式，增進認識國內各地風土民情意涵的情趣。【針對認知功能優異的學生，加深學習結果或內容的概念難度為「綜合自己和他人所寫遊記」，以及「認識國內各地風土民情意涵」】

c. 刪除和添加學習結果或內容

1. 能透過自己旅遊的經驗、同學分享的遊記或閱讀他人撰寫的遊記之方式，增進認識各地風土民情的情趣。【針對書寫表達有中度困難的學生，刪除課程目標中的部分結果或內容，刪去「寫遊記以記錄旅遊所見所聞的方式」，改為「透過自己旅遊的經驗、同學分享的遊記或閱讀他人撰寫的遊記」】

2. 能寫遊記，記錄旅遊的所見所聞，增進認識國內各地和其他國家風土民情的情趣。【針對認知功能優異的學生，加廣課程目標中「學習的結果或內容」】

d. 替換學習結果或內容

1. 能透過自己旅遊的經驗或閱讀他人撰寫的遊記的方式，增進認識居住所在地區風土民情的情趣。【針對認知理解和書寫表達有中度困難的學生，替換課程目標中「學習的結果或內容」，從「透過寫遊記認識各地風土民情」，改為「透過自己旅遊的經驗或閱讀他人撰寫的遊記，認識居住所在地區風土民情」】

2. 能記錄居住所在地區中最常看到的商店名稱或標誌，以理解它們的用途。【針對認知理解和書寫表達有重度困難的學生，替換課程目標中「學習的結果或內容」，從「透過寫遊記認識各地風土民情」，改為「記錄居住所在地區中最常看到的商店名稱或標誌以理解它們的用途」】

　　教師也可以結合上述四種向度的調整，例如「在教師提供寫作重點提示卡的情況下，能寫至少 100 個字的遊記，記錄旅遊的所見所聞，增進認識各地風

土民情的情趣」，這是「結合調整表現學習結果的行為或動作，以及目標行為出現的條件」兩種向度。又例如在鈕文英（2005）的研究於數學「分類整理」單元中，一般學生的目標是：能正確簡化並記錄事物的分類結果；而智能障礙學生的目標為，在教師協助唸題和給予視覺提示（圖片）的情況下，能正確簡化並記錄數量 30 以內事物的分類結果，至少達 60%；此目標中調整了「學習內容的難度、目標行為出現的條件，以及達到的標準」三個方向。舉例說明依據能力指標之教育目標如示例 7-29。

示例 7-29 依據能力指標擬訂之教育目標——數學領域

學年教育目標	學期教育目標
……（省略目標 1 至 7）	……（省略目標 1-1 至 7-8）
8. 能分類與整理生活中的資料，並且記錄資料分類的結果，和報讀簡易圖表。	8-1. 在教師給予視覺提示下，能將生活中的資源回收物，依紙類、鐵鋁罐、塑膠類的屬性做正確的分類與整理，至少達 80%。
	8-2. 能夠獨立且正確分類（分課本、習作、作業簿、文具四類），和整理自己的書包，至少達 80%。
	8-3. 在教師協助唸題和給予視覺提示（圖片）的情況下，能依物品的類型做正確的分類與整理，至少達 80%。
	8-4. 在教師協助唸題和給予視覺提示（圖片）的情況下，能將四種顏色（紅、黃、綠、藍）的事物做正確的分類與整理，至少達 80%。
	8-5. 在教師協助唸題的情況下，能將兩種大小的事物做正確的分類與整理，至少達 80%。
	8-6. 在教師協助唸題和給予視覺提示（圖片）的情況下，能將四種形狀（正方形、長方形、圓形、三角形）的事物做正確的分類與整理，至少達 80%。
	8-7. 在教師協助唸題和給予視覺提示的情況下，能依空間方位（上、下、裡、外），將事物做正確的分類與整理，至少達 80%。

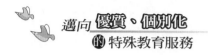

示例 7-29　依據能力指標擬訂之教育目標——數學領域（續）

學年教育目標	學期教育目標
	8-8. 在教師協助唸題和給予視覺提示（圖片）的情況下，能正確記錄並說明數量 30 以內事物的分類結果，至少達 80%。
	8-9. 在教師協助唸題和給予視覺提示（圖片）的情況下，能正確簡化記錄數量 30 以內事物的分類結果，至少達 80%。
	8-10. 在教師協助唸題和給予言語提示下，能正確報讀 30 以內事物的分類紀錄結果（何者最多，何者最少），至少達 80%。
	8-11. 在教師協助唸題和給予言語提示下，能正確報讀生活中 30 以內的簡易圖表，至少達 80%。

二、活動本位的目標

活動本位的目標乃依據「日常生活中具功能性、符合學生實齡的活動」設計教育目標。活動具有三個特徵：（1）在自然情境下一連串的行為，而不像行為目標一樣，通常只包含一個反應；（2）與生活情境配合，而且有自然後果；（3）對個體具有功能性（Wilcox & Bellamy, 1987）。綜合文獻（Brown, Evans, Weed, & Owen, 1987; Rainforth, York, & Macdonald, 1992），活動的成分包括了系列和交織的成分兩大項。系列的成分是指活動涵蓋一連串的行為，從開始、準備、核心至結束。交織的成分則包含交織於活動中所需的技能，例如知覺動作、認知與學業、溝通、社會等技能；活動所要求的表現品質和速度；以及在刺激變化和例外狀況時，該有的反應變化和解決問題能力，見表 7-14。在決定什麼樣的活動和技能作為教育目標時，可運用「學生在『活動』上表現的差異與需求分析表」（見 ●附錄十九）作為依據。

表 7-14　活動成分的分析

成分	內涵
系列的成分	1. 開始 　• 溝通從事該活動的需要、意圖和想法。 　• 尋求活動的許可。 　• 對執行活動的自然提示產生反應。 2. 準備 　• 收集材料，走到活動的地點。 3. 核心 　• 執行活動的核心部分。 4. 結束 　• 顯示活動的結果。 　• 將材料放回原處，清理現場。
交織的成分	1. 知覺動作技能 　• 知覺能力（例如：視知覺、聽知覺、觸知覺、嗅知覺、味知覺等能力，像是辨識氣味、辨識聲音的來源）。 　• 粗大動作技能（例如：姿勢的控制、移動能力）。 　• 精細動作技能（例如：材料的操控能力）。 2. 認知與學業技能 　• 認知技能（例如：注意、記憶、思考、推理、判斷）。 　• 學業技能（例如：數學、語文的能力，像是閱讀標誌、文字，使用金錢等能力）。 3. 溝通技能 　• 口語或非口語溝通（例如：對參與者、活動、材料、事件和喜好的溝通，眼神接觸，傾聽與回應）。 4. 社會技能 　• 基本禮儀（例如：用餐禮儀）。 　• 社交技能（例如：打招呼、分享、輪流、協助）。 　• 情緒管理等。 5. 問題解決 　• 可能的刺激變化和反應變化。 　• 例外處理。

表 7-14　活動成分的分析（續）

成分	內涵
交織的成分	6. 表現的品質
	● 完整性、正確性、持續度、需要協助的情形。
	7. 表現的速度
	● 完成活動所需的時間。
	● 在一段時間內完成工作或作業的比例。

註：修改自 Rainforth 等人（1992, p. 85），修改處為做內容的補充。

　　生態課程強調撰寫「**活動本位的目標**」，Holowach（1989）進一步主張用「**統合目標**」的方式敘寫。統合目標是相對於「**平行目標**」而言，平行目標強調學習某一目標的準備狀態，將每個目標當作孤立的技能教學，且沒有協助學生統整所學的孤立技能；而統合目標著重在教導自然情境中的重要活動，不強調準備狀態，技能被統合在活動中教導，強調**自然表現標準**，且納入需要的**替代或輔助性策略**，為了使學生表現出「**功能性的統整反應**」。Holowach 認為統合目標比較能達到學生的學習需求，讓他們參與多樣環境的活動。Holowach 舉一例說明統合目標的寫法（修改自李淑貞譯，1997），見示例 7-30。

示例 7-30　統合目標之撰寫

於 <u>1996 年 3 月前</u>，在獲得溝通圖卡和言語提示下，麥克能在速食餐廳進食，
　【總結評量日期】　　【目標行為出現之條件】　　【學生】

他會點菜、付帳、選定桌位，在 30 分鐘的休息時間內用完餐。統合：用餐禮儀、
　【目標行為】　　　　　【評量標準（完成速度）】

飲食衛生、使用廁所。
【統合在活動中欲教導的技能】

　　Rainforth 和 York-Barr（1997）另外提出兩種生態課程目標的撰寫方式，呈現如下。

(一) 取向一

在取向一中，學年教育目標為「**界定重要而優先的環境和活動**」，學期教育目標為「**界定活動內容和技能成分**」，如示例 7-31，是把上一段統合目標實例中之「統合的技能」放在學期教育目標，而把其他資料放在起訖日期、評量標準的欄位中，如此較容易評量，但要注意的是整合教導這些目標。

示例 7-31 生態課程統合目標之撰寫（一）

課程領域／ 其他時間	學年教育目標 （界定重要而優先 的環境和活動）	學期教育目標 （界定活動內容和技能成分）	起訖日期
社會適應、 生活教育／ 晨光、下課 和午餐時間	1. 能完成在學校 和社區餐飲場 所中的用餐活 動。	1-1. 能在學校中用餐，5 次中 有 4 次通過。 1-2. 能在社區速食店用餐，5 次中有 4 次通過。 1-3. 能在社區自助餐廳用餐， 5 次中有 4 次通過。 1-4. 能使用自動販賣機，5 次 中有 4 次通過。 1-5. 能表現適當的用餐禮儀， 5 次中有 4 次通過。 1-6. 用餐時，能檢視出食物的 衛生狀況，5 次中有 4 次 通過。 1-7. 能使用社區餐廳中的廁 所，連續 5 次通過。	2008/3/1～3/31

(二) 取向二

在取向二中，學年教育目標為「**界定重要而優先的技能**」，學期教育目標為「**界定表現的情境（例如：環境和活動）**」，如示例 7-32。

示例 7-32　生態課程統合目標之撰寫（二）

課程領域／ 其他時間	學年教育目標 （界定重要而 優先的技能）	學期教育目標 （界定表現的情境，例如 環境和活動）	起訖日期
生活教育、休閒教育／晨光、下課和午餐時間	1. 能運用視覺掃瞄，協助他在每日的例行活動中表達選擇。	在頭獲得固定的情況，能看兩樣東西各 1 秒，並且集中視線在喜歡的東西上 5 秒鐘，在下列每一個活動中，4 次有 3 次完成。 1-1. 用餐活動（選擇什麼食物和飲料） 1-2. 休閒活動（選擇什麼玩具） 1-3. 梳洗活動（選擇什麼樣的毛巾、牙刷和髮刷）	2009/3/1～3/31
實用數學、社會適應／晨光、下課和午餐時間	1. 能正確使用金錢。	在下列每一個環境和活動中，能正確使用金錢購買物品，5 次中有 4 次完成。 1-1. 在餐廳點餐 1-2. 在便利商店購物 1-3. 在火車站購票 1-4. 在自動販賣機的設置點買飲料	2009/4/1～4/31

　　這兩種取向生態課程統合目標的寫法，正呼應了 Wolfe 和 Hall（2003）「**融入式教學**」（或譯為「穿插式教學」，embedded instruction）的觀點，將學生的 IEP 目標融入於各課程領域、生活作息或活動的學習中，形成目標矩陣，如示例 7-33。

示例 7-33　個別化教育計畫目標矩陣

學年教育目標	融入於課程領域或活動中的學期教育目標				
	社會適應	實用數學	實用語文	休閒教育	午餐活動
1.能夠閱讀圖卡，並且使用圖卡以表達溝通意圖。	● 能看每日作息表取得本節課須使用的材料。	● 能配對10以內數字和代表該數字的數量圖卡。	● 能藉由指認圖卡來回答問題。 ● 能排序三張連環圖卡，並且說故事。	● 使用照片選擇休閒活動器材。 ● 使用同學照片選擇同組夥伴，進行休閒活動。	● 運用圖卡選擇何種牛奶。 ● 能以圖卡和同學互動。
2.能以正向的方式與同學互動。	● 能安靜與同學坐在一起。 ● 能不破壞同學的作品。 ● 能傳教材。	● 能安靜與同學坐在一起。 ● 能不破壞同學的作品。 ● 能傳教材。 ● 能回應同學提供的三項協助。	● 能安靜與同學坐在一起。 ● 能選取書本請同儕閱讀給他聽。 ● 能回應同儕問的問題。	● 當同儕開始某項動作時，能配合給予回應。 ● 能分享器材。 ● 當同儕有好的表現時，能為其鼓掌。	● 當同儕開始某項動作時，能配合給予回應。 ● 能以作息表或雜誌引起與同儕互動的話題。 ● 能回應同儕問的問題。

三、課程本位的目標

　　課程本位的目標乃依據「現有的特定課程單元」設計教育目標，見示例 7-34。

示例 7-34　課程本位目標之撰寫——國語領域

學年教育目標	學期教育目標
1. 能唸讀國小康軒版國文第三冊課文。	……（省略目標 1-1 至 1-3） 1-4. 能跟著老師或同學，「一個聲音一個字」的用手指出和唸讀第四單元「烏鴉喝水」的課文。 ……（省略以下目標）
2. 能認讀國小康軒版國文第三冊，符合學生興趣和功能性之字詞。	……（省略目標 2-1 至 2-6） 2-7. 在第四單元「烏鴉喝水」8 個目標生字（石、破、升、推、指、法、終、於）中，能正確認讀至少 7 個。 2-8. 在第四單元「烏鴉喝水」16 個目標語詞（終於、石頭……）中，能正確認讀至少 12 個。 ……（省略以下目標）
3. 能辨識國小康軒版國文第三冊，符合學生興趣和功能性相似字部件的相同和差異處。	……（省略目標 3-1 至 3-6） 3-7. 在第四單元「烏鴉喝水」四組相似字〔（烏、鳥）（於、放）（推、打）（到、倒）〕中，能正確辨識部件的相同和差異處。 3-8. 在第四單元「烏鴉喝水」運用四組相似字〔（烏、鳥）（於、放）（推、打）（到、倒）〕所出的改錯題中，能正確圈選出錯字，並且修改它。 ……（省略以下目標）
4. 能聽寫國小康軒版國文第三冊，符合學生興趣和功能性之字詞。	……（省略目標 4-1 至 4-3） 4-4. 在第四單元「烏鴉喝水」8 個目標生字（石、破、升、推、指、法、終、於）中，能正確聽寫至少 6 個。 ……（省略以下目標）
5. 能理解國小康軒版國文第三冊，符合學生興趣和功能性之字詞的含意。	……（省略目標 5-1 至 5-3） 5-4. 在第四單元「烏鴉喝水」16 個目標語詞（終於、石頭……）中，能正確選出符合句子語意的語詞至少 12 個。 ……（省略以下目標）

示例 7-34　課程本位目標之撰寫——國語領域（續）

學年教育目標	學期教育目標
6. 能說出國小康軒版國文第三冊課文之大意。	……（省略目標 6-1 至 6-3） 6-4. 在第四單元「烏鴉喝水」情境圖的引導下，能說出課文大意。 ……（省略以下目標）
7. 能回答國小康軒版國文第三冊課文之相關問題。	……（省略目標 7-1 至 7-3） 7-4. 在言語提示下，能口頭回答第四單元「烏鴉喝水」課文，至少 3 個相關問題。 ……（省略以下目標）
8. 能將國小康軒版國文第三冊，常用的未完成字造出語詞，未完成語詞造出完整的句子。	……（省略目標 8-1 至 8-6） 8-7. 在第四單元「烏鴉喝水」8 個目標生字（石、破、升、推、指、法、終、於）中，能正確口頭造出包含這些字的詞，每個字至少造一個詞。 8-8. 在第四單元「烏鴉喝水」未完成語詞（「終於」、「如果……就」、「但是」）中，能口頭造出包含這些語詞且通順的句子，每一個語詞至少造兩個句子。 ……（省略以下目標）
9. 能完成國小康軒版國文第三冊之習作。	……（省略目標 9-1 至 9-3） 9-4. 在獲得答案選項的情況下，能選出正確的語詞完成習作中的語詞填充題，正確率達至少 60%。 ……（省略以下目標）

四、課程本位評量的目標

　　課程本位評量是一種整合課程、教學與測驗的教學評量模式，它係根據學生學習的課程內容，來評量學生的起點行為和學習結果，它有以下七項特點：（1）測驗材料來自學生學習的課程；（2）可以經常施測；（3）評量結果即可做教學決策；（4）可鎖定特定能力來評量；（5）可將教學前中後的結果以圖示方式呈現，以偵測學生進步的情形，此評量結果容易為別人所了解；（6）可靈敏反映學生學習情形；（7）省錢省時（林素貞，1999；King-Sears, 1994, 1997a）。

Wood（2005）提出課程本位評量的實施步驟，筆者將之整合如下：（1）依邏輯順序，列出該單元課程內容中所有重要的目標；（2）準備評量材料來測試每一個目標；（3）計畫要如何實施課程本位評量；（4）教學之前實施該單元的課程本位評量，以決定學生的起點行為，以及先備技能的具備情形；（5）教學之後再實施該單元的課程本位評量，以了解學生達成目標的情形，作為進一步決定學生是否可以進入下一個單元的學習，是否需要額外的教學、練習，或是課程內容的修正；（6）在一段時間之後，再實施該單元的課程本位評量，以測試學生長期保留和精熟的情形。Wood 指出在決定學生的起點行為，以及先備技能的具備情形之後，教師便可設計課程與教學的調整方案來因應學生的需求；另外，在發展和實施課程本位評量時，也可以針對學生的特殊需求進行評量的調整。

課程本位評量的目標乃依據「學生課程本位評量的前測表現」設計教育目標。見示例 7-35。

示例 7-35 課程本位評量目標之擬訂

課程領域	學年教育目標	學期教育目標
國語	1. 在接受國小康軒版國文第三冊課程本位評量卷（包括符合其興趣和功能性字詞認讀和聽寫、選出符合句意的語詞、相似字辨識、造詞和造句，以及文意理解）下，能正確回答至少 80% 的題目。 ……（省略以下目標）	……（省略目標 1-1 至 1-3） 1-4. 在接受國小康軒版國文第三冊第四單元「烏鴉喝水」的課程本位評量卷下，能正確回答包括字詞認讀和聽寫、選出符合句意的語詞、相似字辨識和改錯、口頭造詞和造句，以及口頭說出文意和回答課文相關問題的題目，正確率達 80%。 ……（省略以下目標）

示例 7-35　課程本位評量目標之擬訂（續）

課程領域	學年教育目標	學期教育目標
數學	1. 在接受國小康軒版數學第三冊課程本位評量卷（包括分類整理……等八個單元）下，能正確回答至少80%的題目。 ……（省略以下目標）	……（省略目標1-1至1-7） 1-8. 在接受國小康軒版數學第三冊第八單元「分類整理」的課程本位評量卷，於教師協助唸題和（或）給予視覺提示（圖片）的情況下，能正確回答包括兩種大小、四種形狀（正方形、長方形、圓形、三角形）、四種空間方位（上、下、裡、外），數量30以內事物之分類、整理與報讀的題目，至少達80%。

柒、反映學生相關服務需求之教育目標的撰寫

以下說明撰寫能反映學生特殊教育相關服務、行為介入、統合，以及轉銜服務需求的教育目標。

一、撰寫能反映學生特殊教育相關服務需求的教育目標

除了呈現前述的特殊教育相關服務項目外，教師還可以與特殊教育相關專業人員協同合作，討論如何將他們的建議融入教學中，撰寫能反映學生特殊教育相關服務需求的教育目標。綜合文獻（王天苗，2003；Orelove & Sobsey, 1996; O'Toole & Switlick, 1997; Thomas, Correa, & Morsink, 1995），教師與特殊教育相關專業人員協同合作的過程見圖7-11，須注意的原則如下：第一，教師應主動讓相關專業人員了解學校的作息和上課方式，而後再進一步討論如何將相關專業人員的建議融入教學中，使其生活化、具體化，而且符合學校的情境，如此才能可行。第二，在將相關專業人員的建議融入教學的過程中，須注意請相關專業人員示範指導策略，如此才能確切掌握住訓練重點和方法。相關專業人員示範過後，如果教師有任何實施上的問題，須隨時提出來，以尋求建議。第三，將相關專業人員的建議融入課堂教學中，要考慮建議的內容與課程內容

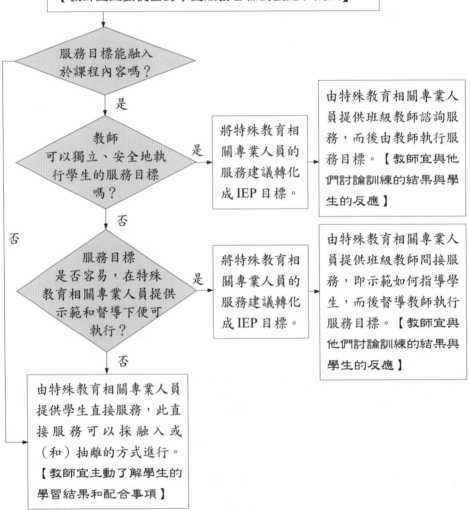

特殊教育相關專業人員對學生進行評量【教師宜主動讓專業人員了解學校的作息和上課方式,以及學生和家長的需求】

特殊教育相關專業人員與教師討論服務的目標和形態【教師宜主動提出對學生服務目標的觀點和疑問】

服務目標能融入於課程內容嗎?

是

教師可以獨立、安全地執行學生的服務目標嗎?

是 → 將特殊教育相關專業人員的服務建議轉化成 IEP 目標。 → 由特殊教育相關專業人員提供班級教師諮詢服務,而後由教師執行服務目標。【教師宜與他們討論訓練的結果與學生的反應】

否

服務目標是否容易,在特殊教育相關專業人員提供示範和督導下便可執行?

是 → 將特殊教育相關專業人員的服務建議轉化成 IEP 目標。 → 由特殊教育相關專業人員提供班級教師間接服務,即示範如何指導學生,而後督導教師執行服務目標。【教師宜與他們討論訓練的結果與學生的反應】

否

由特殊教育相關專業人員提供學生直接服務,此直接服務可以採融入或(和)抽離的方式進行。【教師宜主動了解學生的學習結果和配合事項】

圖 7-11 教師與特殊教育相關專業人員協同合作的過程。◆表示決策時思考的問題,□表示採取的步驟,→表示步驟的進程。

是否可以搭配。例如：物理治療師給的建議是「盡量讓學生站著」，以訓練學生的身體穩定度，教師便可視課程內容，提供適合的機會讓學生站著；例如在上健康與體育課時，讓他站著擔任競賽的裁判，使其既能參與課程，又能做復健訓練。O'Toole 和 Switlick（1997）即表示：「創造力是將特殊教育相關服務與課程相連結的一把鑰匙。」（p. 218）第四，除了將相關專業人員建議的訓練內容融進課堂教學中，教師也可以將之融入如下課、午餐時間或是放學等日常生活作息中來訓練，例如換教室的過程中隨機訓練行走和上下樓梯。由此可知，將相關專業人員的建議融入平日教學是非常彈性的，重點在於教師要清楚地了解學生專業服務的目標，以及要怎樣執行相關專業人員給的建議，有些需要事先規畫好，有時也可能隨機融入。第五，教師在訓練過程中，要定期或不定期地與相關專業人員討論訓練的結果與學生的反應，讓相關專業人員提供進一步的建議。

　　舉例來說，職能治療師對一位學生的治療建議是，增進手部抓握（球狀、拳狀、柱狀、三指、指腹、指尖抓握）和旋轉的力量與穩定度；教師與他討論後，將他的治療建議融入於 IEP 的教育目標中，使之能反映學生的特殊教育相關服務需求，見示例 7-36。

示例 7-36　撰寫能反映學生特殊教育相關服務需求之教育目標

課程領域／ 其他時間	學年教育目標	學期教育目標
所有課程領域、晨光、下課、午餐和清掃時間	1. 能用手抓握物品，運用手腕和手指從事活動，以及使用手腕旋轉開或關容器。	1-1.　能用手腕旋轉開有把手的塑膠桶，拿取裡面的梳子和髮夾。 1-2.　能抓握梳子梳頭髮。 1-3.　能夾髮夾。 1-4.　能將梳子放進塑膠桶內。 1-5.　在將梳子放進有把手的塑膠桶內後，能將塑膠桶旋轉緊。 1-6.　能用澆水器盛水澆花。 1-7.　能撕日曆。 1-8.　能拿板擦擦白板。 1-9.　在教師增強他好表現（讓他吃蜜餞）的情況下，能旋轉開沒有把手的蜜餞罐。

示例 7-36　撰寫能反映學生特殊教育相關服務需求之教育目標（續）

課程領域／ 其他時間	學年教育目標	學期教育目標
		1-10. 能握住夾子，夾起蜜餞放在盤子裡。
		1-11. 能將沒有把手的蜜餞罐旋轉緊。
		1-12. 在從事擦臉活動時，能擰乾毛巾。
		1-13. 在從事擦桌子活動時，能擰乾抹布。
		1-14. 能抓握球從 100 公尺外的定點，走至 1 公尺的定點處。
		1-15. 能將球投進前方的籃子裡。
		1-16. 能抓握棒子走或跑 100 公尺。
		1-17. 能將抓握的棒子交給另一位同學。
		1-18. 能使用握筆器握筆寫字。
		1-19. 能協助教師發作業單給同學。
		1-20. 能協助教師拿教具展示給同學看。
		1-21. 能握住杯子至飲水機裝水。
		1-22. 能用手握湯匙舀飯菜和湯入口。
		1-23. 能拿水果發給同學。

二、撰寫能反映學生行為介入需求的教育目標

　　若學生有嚴重的行為問題，除了提供行政支援外，Bishop 和 Rosenberg（1995）指出，行為介入目標可以納入 IEP 中；Fielding（1998）提出為情緒行為障礙學生擬訂的 IEP 中包含行為介入的目標。介入目標是指介入目標行為最終欲達成的目標，Riffel 和 Turnbull（2002）提出將正向行為支持融入 IEP 須注意的重點，包括正向行為支持計畫不只減少行為問題，更強調增加正向行為。介入目標包含三個要素：（1）期望的具體行為；（2）在什麼情況之下行為該發生或不發生；（3）達成標準，亦即在哪一段期限內，行為的頻率、持續時間或強度（品質）能達到什麼標準，此標準可以隨著時間的拉長，逐漸提高。例如小玲會出現尖叫行為，以引起注意和獲得想要的東西，所以介入目標如示例7-37。

示例 7-37　撰寫能反映學生行為介入需求之教育目標

課程領域／ 其他時間	學年教育目標	學期教育目標	起訖日期
所有課程領域、晨光、下課、午餐、午休和清掃時間	1. 能減少尖叫行為。	1-1. 在學校一節課 50 分鐘中，能減少尖叫行為，頻率不超過 5 次，而每次尖叫的持續時間不超過 3 分鐘。	2008/3/1～3/31
		1-2. 在學校一節課 50 分鐘中，能減少尖叫行為，頻率不超過 3 次，而每次尖叫的持續時間不超過 1 分鐘。	2008/4/1～4/30
	2. 能以替代的溝通方式表達需求。	2-1. 在直接言語提示下，能以手勢引起注意，5 次中有 4 次做到。	2008/3/1～3/14
		2-2. 在直接言語提示下，能使用溝通圖卡獲得想要的東西，5 次中有 4 次做到。	2008/3/1～3/14
		2-3. 在間接言語提示下，能以手勢引起注意，5 次中有 4 次做到。	2008/3/15～3/31
		2-4. 在間接言語提示下，能使用溝通圖卡獲得想要的東西，5 次中有 4 次做到。	2008/3/15～3/31
		2-5. 能獨立使用手勢引起注意，5 次中有 4 次做到。	2008/4/1～4/30
		2-6. 能獨立使用溝通圖卡獲得想要的東西，5 次中有 4 次做到。	2008/4/1～4/30

三、撰寫能反映學生統合需求的教育目標

除了呈現前述的參與普通學校（班）之時間及項目外，還可以將這些參與普通學校（班）之項目融入於教育目標中，藉由課程反映學生的統合需求。茲依據示例 7-12 之該生的參與普通學校（班）之項目，舉例說明如何撰寫能反映學生統合需求的教育目標，見示例 7-38。

示例 7-38　撰寫能反映學生統合需求之教育目標

課程領域／ 其他時間	學年教育目標	學期教育目標
藝術與人文領域	1. 能參與普通班藝術與人文領域。	1-1. 能準時（即上課鈴聲響前）進入普通班上「藝術與人文」領域。 1-2. 上普通班「藝術與人文」領域時，能攜帶需要的學用品進教室。 1-3. 能配合普通班教師，完成要求的活動或作業。
特殊需求領域（社會技巧）	1. 能表現與一般人互動的語言和合作的行為。	1-1. 在校慶趣味競賽活動中，能表現與普通班同學的合作行為。 1-2. 能邀請普通班教師和學生參與特教班舉辦的聯誼、義賣和節慶活動。 1-3. 能向普通班師生分享特教班製作的糕餅點心。
	2. 能參與社區的服務活動。	2-1. 能配合環保團體撿拾沙灘上的垃圾。 2-2. 能向普通班師生宣導募集統一發票，救救植物人的活動。

四、撰寫能反映學生轉銜服務需求的教育目標

除了呈現前述的轉銜服務外，還可以將這些轉銜服務需求融入於教育目標中，見第八章。

☆第三節 適合學生的評量方式之撰寫

　　以下探討教學評量調整對學生的意義、我國法規中有關教學評量調整之規定，以及適合學生評量方式的決策與敘寫。

壹、教學評量調整對學生的意義

　　在教學過程中，「教」的主體是老師，「學」的主體是學生，而「教學評量」是用來了解學生達到教學目標情形的方法。Wasburn-Moses（2003）指出，評量調整旨在評量學生的能力，而不是障礙。Byrnes（2005）則表示，它在撤除學生因障礙造成學習和接受評量的阻力，而未改變評量活動的必要目的。換言之，藉由移除「**與評量構念無關**」的變項，增進學生對評量的可及性，提升評量的公平和有效性，讓學生獲得「**有效**」，而非「理想」的成績；「**有效**」是指與一般學生在未調整下的得分具有相同意義（Thompson, Blount, & Thurlow, 2002; Tindal & Fuchs, 2000）。舉例來說，對於閱讀能力受限者，若考試並非評量學生之語文能力（例如數學應用問題），則可採取報讀策略。又例如評量旨在了解學生書寫國字的能力而非書寫速度，則不宜因為學生有書寫困難而採取口述的反應方式；然而，若學生因手眼協調能力受限而影響書寫速度，則可延長評量時間。除此，Kearns、Kleinert、Clayton、Burdge和Williams（1998）還提出另外兩項條件：此評量調整已成為學生平常教學的一部分，並且已出現在其 IEP 中。

貳、我國法規中有關教學評量調整之規定

《特殊教育法》（2014）第 19 條指出：「特殊教育之課程、教材、教法及評量方式應保持彈性，適合特殊教育學生身心特性及需求。」第 22 條提及：「各級學校及試務單位不得以身心障礙為由，拒絕學生入學或應試，並應提供考試適當服務措施。」《特殊教育課程教材教法及評量方式實施辦法》（2010）依據《特殊教育法》第 19 條訂定，於第 8 條提出：

> 學校實施多元評量，應考量科目或領域性質、教學目標與內容、學生學習優勢及特殊教育需求。
> 學校定期評量之調整措施，應參照個別化教育計畫，經學校特殊教育推行委員會審議通過後實施。

除此，《身心障礙學生考試服務辦法》（2012）依據《特殊教育法》第 22 條訂定，於第 4 條提及：「考試服務之提供，應以達成該項考試目的為原則。各級學校及試務單位應依身心障礙考生（以下簡稱考生）障礙類別、程度及需求，提供考試服務。」第 5 條進一步指出：「考試服務應衡酌考生之考試科目特性、學習優勢管道及個別需求，提供適當之試場服務、輔具服務、試題（卷）調整服務、作答方式調整服務及其他必要之服務。」於第 6 至 9 條具體界定試場服務、輔具服務、試題（卷）調整服務，以及作答方式調整服務之內容如下：

> 試場服務如下：一、調整考試時間：包括提早入場或延長作答時間。二、提供無障礙試場環境：包括無障礙環境、地面樓層或設有昇降設備之試場。三、提供提醒服務：包括視覺或聽覺提醒、手語翻譯或板書注意事項說明。四、提供特殊試場：包括單人、少數人或設有空調設備等試場。專為身心障礙學生辦理之考試，於安排試場考生人數時，應考量考生所需之適當空間，一般試場考生人數不得超過三十人。

輔具服務包括提供擴視機、放大鏡、點字機、盲用算盤、盲用電腦及印表機、檯燈、特殊桌椅或其他相關輔具等服務。前項輔具經各級學校及試務單位公布得由考生自備者，考生得申請使用自備輔具；自備輔具需託管者，應送各級學校及試務單位檢查及託管；自備輔具功能簡單無需託管者，於考試開始前經試務人員檢查後，始得使用。

試題（卷）調整服務包括：調整試題與考生之適配性、題數或比例計分、提供放大試卷、點字試卷、電子試題、有聲試題、觸摸圖形試題、提供試卷並報讀等服務。前項調整試題與考生之適配性包括：試題之信度、效度、鑑別度，及命題後因應試題與身心障礙類別明顯衝突時所需之調整。

作答方式調整服務包括：提供電腦輸入法作答、盲用電腦作答、放大答案卡（卷）、電腦打字代謄、口語（錄音）作答及代謄答案卡等服務。

參、適合學生評量方式的決策與敘寫

儘管法規已揭示評量調整之必要，然而如何因應特殊學生的需求，決定合理的評量調整，如何有效地執行評量調整過程，目前的文獻較為有限。Elliott、Thurlow、Ysseldyke 和 Erickson（1997）指出，學校不願意提供教學評量調整，尤其是當學校認為調整花費時間、經費和人力，又無法確切掌握成效時，因此，更需要提供調整對學生是否有助益的證據，以改變他們的迷思。Byrnes（2005）表示，不合理的評量調整包括：未能撤除學生因障礙造成接受評量的阻力，以及提供過多不必要的調整，前者會減損身心障礙學生接受評量的公平性；後者會阻礙學生能力的開展，導致他們對調整的依賴，甚至會造成對一般學生的不公平。

由上可知，決定身心障礙學生合理的教學評量調整流程，並且有效執行它，之後評鑑其成效非常重要。筆者依據鈕文英（2009）的文獻，提出教學評

量調整的決策流程如圖 7-12，申請者不只身心障礙學生，一般學生中有特殊需求者亦可申請。而決策者則依據 Ketterlin-Geller、Alonzo、Braun-Monegan 和 Tindal（2007）的看法，由 IEP 委員會擔任。教師可以依據本流程，填寫「教學評量調整策略決策表」（見 ●附錄二十）；最後的決策記錄於學生的 IEP 中。此決策流程包含計畫、實施和評鑑三個階段，包括以下八個步驟：

一、了解教學評量的特徵及所需具備之能力和行為

了解教學評量的特徵，例如科目或領域、任課教師，教學評量的目的、呈現形式、題型、要求完成的時間、實施地點或情境，和學生在教學評量中的反應形式；以及所需具備之能力和行為，例如視覺（閱讀）、聽覺、肢動、理解、書寫和口語表達、注意、記憶和組織能力，達到某個程度的作答速度，有參與評量的動機，準時接受評量，準備評量所需材料，遵循教師指示，安靜參與評量活動，妥善安排評量時間，運用應試技能等。

二、檢視身心障礙學生在教學評量所需能力和行為上的表現

接著，檢視身心障礙學生在教學評量所需能力和行為上的表現，以分析差異情形；文獻（Brinckerhoff & Banerjee, 2007; Salend, 2008）指出可透過多元方法和來源來了解，包含回顧學生的評量資料、作業與測驗的紀錄、觀察、訪談學生與重要他人，運用工具評量學生能力等。

三、決定身心障礙學生是否需要教學評量調整

之後，決定學生是否需要教學評量調整，決定時須考慮學生接受標準化評量方式是否有困難，若無困難，則不提供任何評量調整策略，僅監控學生的表現；或是僅提供考前評量的指導，不提供其他策略。若有困難，則進入下一個步驟。

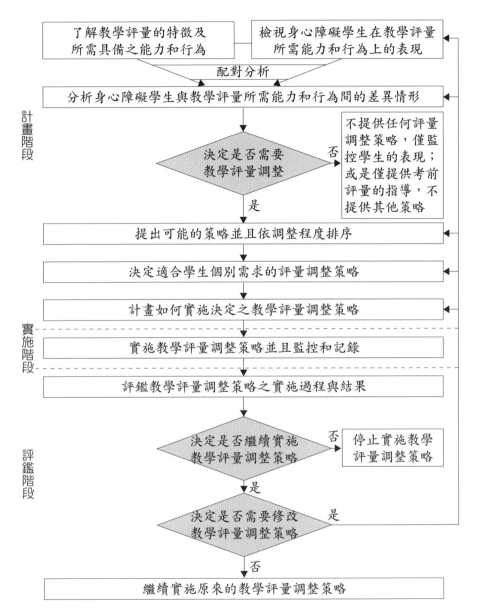

計畫階段

實施階段

評鑑階段

了解教學評量的特徵及所需具備之能力和行為

檢視身心障礙學生在教學評量所需能力和行為上的表現

配對分析

分析身心障礙學生與教學評量所需能力和行為間的差異情形

決定是否需要教學評量調整　否　不提供任何評量調整策略，僅監控學生的表現；或是僅提供考前評量的指導，不提供其他策略

是

提出可能的策略並且依調整程度排序

決定適合學生個別需求的評量調整策略

計畫如何實施決定之教學評量調整策略

實施教學評量調整策略並且監控和記錄

評鑑教學評量調整策略之實施過程與結果

決定是否繼續實施教學評量調整策略　否　停止實施教學評量調整策略

是

決定是否需要修改教學評量調整策略　是

否

繼續實施原來的教學評量調整策略

圖 7-12 　**教學評量調整的決策流程。** 修改自鈕文英（2009，第 173 頁），修改處為精簡步驟的文字。◆代表決策時思考的問題；□代表採取的步驟；→表示步驟的進程。

四、提出可能的策略並且依調整程度排序

若學生接受標準化評量方式有困難，則使用筆者依據鈕文英（2009）修改的「教學評量調整策略檢核表」（見表 7-15），提出可能的策略，並且依調整程度排序。描述可能的調整策略時，Byrnes（2008）建議宜具體，例如不要說「調整成較好的考試座位」，宜配合學生的需求，具體呈現何謂較好的考試座位。

表 7-15　教學評量調整和替代評量策略的內涵

向度	教學評量調整和替代評量策略的內涵
考前評量的指導	1. 教導準備考試的方法。 2. 在學習指引中，告知評量的重點，提供練習試題。 3. 提供練習考的機會，以熟悉評量方式和重點。 4. 教導應試技能。
調整評量內容的呈現時間	1. 在一天中的特定時間（例如考慮學生的注意力）評量。 2. 在評量中間有小段的休息。 3. 延長評量時間，延長＿＿＿＿分鐘。 4. 提供多次評量機會，而且每一次評量內容的分量簡短。 5. 彈性安排評量時間。
調整評量內容的呈現情境（含評量地點、環境布置、提供的輔助設備或器材或協助等）	1. 個別評量。 2. 在小組中評量。 3. 於小組但在個別學習桌內評量。 4. 在教室外的另一個地點（例如資源教室）評量。 5. 在比較不受干擾的情境中接受評量。 6. 坐在靠近教師的位置上接受評量。 7. 回家測驗，讓學生可以找資料回答試題。 8. 提供調整式或特殊的桌椅。 9. 提供擴視鏡或放大鏡。 10. 提供助聽器或聲音放大的設計（例如放大英文聽力測驗的音量）。 11. 戴耳塞以隔絕噪音。 12. 提供範本或直尺以減少閱讀範圍，避免跳字和跳行的情形。 13. 用物品（例如膠帶）固定評量試卷。 14. 提供握筆器、較粗的鉛筆，或是易於抓握的筆。

表 7-15　教學評量調整和替代評量策略的內涵（續）

向度	教學評量調整和替代評量策略的內涵
	15. 提供較黑的鉛筆。
	16. 提供計算機。
	17. 提供九九乘法表或解題的公式。
	18. 提供字典。
	19. 允許翻閱課本或筆記。
	20. 教師解釋題意，並讓學生複述以確認他理解題意，或是允許他發問以澄清題意。
	21. 教師對學生的答案給予回饋，並允許他修改答案。
	22. 允許在評量試卷上做記號。
	23. 允許使用「拼字及文法檢查的工具」，檢查是否有書寫的錯誤。
	24. 由教師或同儕檢查是否有書寫的錯誤。
	25. 教師口頭鼓勵學生努力作答。
	26. 他人協助翻頁。
	27. 提醒應試注意事項（例如注意考試時間）和適當的應試行為（例如專注閱讀每一個試題）。
調整評量內容的呈現形式	1. 以人工報讀的形式呈現。
	2. 以人工錄音報讀的形式呈現。
	3. 以電腦語音報讀的形式呈現。
	4. 以點字的形式呈現。
	5. 以手語的形式呈現。
	6. 以實物的方式呈現評量內容。
	7. 單面印製試題。
	8. 放大試題字體。
	9. 將試題的字距或行距拉大，或減少每頁的題數。
	10. 另起一行或一列並排的形式呈現選擇題的選項。
	11. 在不同題型間提供視覺提示協助轉換。
	12. 提供較大格子的答案卷，或是在問答題完全空白的作答處，保留較大空間，並且提供書寫格線。
	13. 調整評量試題的順序，由易而難，由簡而繁。
	14. 標示指導語或試題的關鍵字詞（例如畫底線、反白、不同字體或顏色等）。
	15. 評量試題中一行（或一列）只呈現一個完整的句子。
	16. 使用完整且簡明易懂的句子敘述指導語或試題。

表 7-15　教學評量調整和替代評量策略的內涵（續）

向度	教學評量調整和替代評量策略的內涵
	17. 使用圖片或照片搭配簡易的文字敘述指導語或試題。
	18. 提供答題的線索（例如提示解題步驟、給予提取正確詞彙的視覺線索）。
	19. 將問答題完全空白的作答處，改成撰寫大綱，以提示如何組織答案。
	20. 提供額外範例。
	21. 將原來文字填空題改成替代的應答方式，例如勾選、選擇、畫出、圈出、連連看等。
調整學生的反應方式	1. 用點字作答。
	2. 用錄音作答。
	3. 允許直接在試題卷上寫答案，他人代抄或重抄答案，或重謄答案卡。
	4. 用電腦作答。
	5. 用溝通板作答。
	6. 以口頭作答。
	7. 用手語作答。
	8. 用實作的方式作答（例如剪貼、配對、製作或設計、動作等）。
	9. 用指認或選出答案的方式作答（例如翻閱課本找答案）。
	10. 用大綱或圖表的方式回答問答題。
	11. 學生說出答案之後，教師再完整地重述或摘要他的答案，而後要他複述或抄錄。
調整評量的內容	1. 調整試題的難度（例如計算題的數字改小一點，改考填寫常用字）。
	2. 減少試題數（例如國語改錯測驗中一般學生要改每題有兩個錯字的十題改錯，而他只須改每題僅有一個錯字的改錯題）。
	3. 包含多元的評量內容，例如加入以下的評量：努力程度、進步情形、上課專注和參與度、作業完成情形和品質、其他符合其能力和需求之目標等。

表 7-15　教學評量調整和替代評量策略的內涵（續）

向度	教學評量調整和替代評量策略的內涵
調整評量內容的給分比例和評分標準	1. 根據學生較擅長的試題，調整試題的給分比例。 2. 調整不同評量項目的給分比例（例如按照過程和結果分開計分，調整段考筆試、上課專注和參與度、作業完成情形和品質等項目所占的給分比例）。 3. 修正評分等第的範圍。 4. 提供額外的加分機會（例如成績有進步則加分）。 5. 調整計分標準（例如若目的非評量學生之文字書寫能力，則他的錯別字、字體潦草等書寫錯誤不予扣分；若解題程序正確但計算錯誤，或計算正確但答案寫錯等非關鍵性錯誤，仍予以計分）。
調整評量結果的呈現方式	1. 改變用等級及數字呈現學生成績之方式（例如補充質性的敘述，讓家長了解這是在何種標準下得到的成績；由其他活動日誌、檔案或實作評量的資料，補充呈現其他活動或進步的表現）。 2. 使用其他方式替代等級和數字之成績（例如只呈現通過或不通過、依據 IEP 目標達成狀況）。

註：修改自鈕文英（2009，185-189 頁），修改處為增修策略內容，以及修改編號成勾選的圖框。

　　綜合文獻（Elliott, Kratochwill, & Schulte, 1998; Friend & Bursuck, 2011; Goh, 2004; Polloway et al., 1996; Polloway, Epstein, & Bursuck, 2003; Thurlow, Elliott, & Ysseldyke, 1998; Ysseldyke, Thurlow, McGrew, & Vanderwood, 1994），教學評量調整從策略介入的時間點來看，有些是在評量前實施，例如提供考前評量的指導；有些是在評量中實施，例如調整評量內容的呈現時間、情境和形式，以及調整學生的反應方式四項策略；有些是在評量後實施，例如調整評量結果的呈現方式，以及調整評量內容的給分比例和評分標準。另外，替代評量即調整評量的內容，乃針對重度障礙學生設計的。值得注意的是，這些調整策略有些必

須以「包裹」的方式呈現，例如報讀可能需要延長評量時間、提供個別化的評量情境等配套措施。這些評量調整和替代評量策略需個別調整的程度不同，見圖7-13。其中針對全班實施的考前評量指導、採用多元的評量項目和方法、調整評量結果之呈現方式，調整的程度最低；調整評量內容則最高；若為「包裹策略」，則以策略中最高調整程度者為判斷標準。這些策略適用的對象，筆者整理在 ◎附錄二十一。

五、決定適合學生個別需求的評量調整策略

而後，採取「教學評量調整策略決策評量」（見圖7-14），考慮一些原則決定適合學生個別需求的評量調整策略，而非籠統地以障礙類別做決策。舉例來說，若一位學障學生作答速度很慢，在規定的作答時間內僅能完成試題的二分之一，則教師可了解其原因是訊息處理速度慢或閱讀能力限制；若是前者，

針對個別學生設計替代評量，
即調整評量內容。

（其他七個向度均相同）
針對個別學生調整反應方式

（其他七個向度均相同）
針對個別學生調整評量內容的給分比例和評分標準

（其他七個向度均相同）
針對個別學生調整評量內容的呈現形式

（其他六個向度均相同）
針對個別學生調整評量內容的呈現時間或情境

（其他六個向度均相同）
針對個別學生實施的考前評量指導或調整評量結果之呈現方式

（接受與一般學生相同的評量）
針對全班實施的考前評量指導、採用多元的評量項目和方法、調整評量結果之呈現方式

高

評量需個別調整的程度

低

圖 7-13 評量調整和替代評量策略所需調整程度圖。取自鈕文英（2009，第190頁）。

教學評量調整策略	考慮的原則													總分
	能移除與教學評量無關的障礙因素	不會改變教學評量活動的必要目的	運用學生的優勢迂迴弱勢	考慮學生的需求在其近側發展區內發展	為家長接受	為學生接受	為任課教師接受	為行政人員接受	已成為學生平常學習和評量的一部分	具可行性	能融入班級中實施	能讓學生獲得有效的成績	不會損及對一般學生的公平性	
	1 2 3	1 2 3	1 2 3	1 2 3	1 2 3	1 2 3	1 2 3	1 2 3	1 2 3	1 2 3	1 2 3	1 2 3	1 2 3	
	1 2 3	1 2 3	1 2 3	1 2 3	1 2 3	1 2 3	1 2 3	1 2 3	1 2 3	1 2 3	1 2 3	1 2 3	1 2 3	
	1 2 3	1 2 3	1 2 3	1 2 3	1 2 3	1 2 3	1 2 3	1 2 3	1 2 3	1 2 3	1 2 3	1 2 3	1 2 3	

圖 7-14 **教學評量調整策略決策評量**。取自鈕文英（2009，第 192 頁）。請圈選該教學評量調整策略符合每項原則的情形，其中 1 代表「完全不符合」此原則；2 代表「部分符合」此原則；3 代表「完全符合」此原則，最後合計每一項教學評量調整策略所得的分數，寫在「總分」那一欄中。

則延長評量時間是適合的策略，報讀則超過學生的需求。然而，也不宜提供所有學障學生延長評量時間，因為即使大部分學障學生能從延長評量時間中獲益，並不代表所有都能得利，因此 Fuchs、Fuchs、Hamlett 等人（2000）主張須做個別化的診斷。例如 Helwing、Marick、Rozek-Tedesco 和 Tindal（2002）的研究顯示報讀對於數學計算技能佳，但閱讀能力差的國小中高年級學障學生有顯著的效果；而對於數學計算技能差的學生，不論其閱讀能力高或低，皆無法從報讀中獲益。延長評量時間對學障學生在數學解題上有助益，特別是學障者本身閱讀能力愈佳者獲益愈大（Fuchs, Fuchs, Eaton, Hamlett & Karns, 2000）。Elbaum（2007）分析過去的研究發現報讀對國小學障學生數學的成效優於中學者，這可能是由於中學的課程難度提高，即使報讀後，學障學生還是無法理解題意，以致於無法達到效果。Fuchs 和 Fuchs（2001）指出學障學生在聽、說、讀、寫、算的限制，易與評量（尤其是紙筆測驗）互相干擾，致使教師不容易反映其評量調整的需求；而評量調整確實對部分學障學生有幫助，但由於他們的異質性大，因此沒有任何單一策略對所有學障學生都有助益。Helwing 和 Tindal（2003）主張在為學障學生選擇評量調整策略時，須考慮其個別的困難；例如

有些學障學生聽覺辨識能力有限制，若在有噪音的環境下報讀，其效果將會打折扣。

綜合文獻（胡永崇，2005；Brinckerhoff & Banerjee, 2007; Edgemon, Jablonski, & Lloyd, 2006; Ketterlin-Geller, Alonzo et al., 2007; Lindstrom, 2007; Polloway et al., 2003; Thurlow, Thompson, Walz, & Shin, 2001），宜考慮以下原則：該策略是否能移除與教學評量構念無關的障礙因素、不會改變教學評量活動的必要目的、運用學生的優勢迂迴弱勢、考慮學生的需求在其「**近側發展區**」（zone of proximal development）內發展（即符合學生需求調整程度最低的策略）、為相關人員（例如家長、學生、任課教師、行政人員）接受、已成為學生平常學習和評量的一部分、具可行性、能融入班級中實施、能讓學生獲得有效的成績、不會損及對一般學生的公平性等。在決策過程中，如果學生適合的話，亦可以協助其辨識干擾自己學習和表現的因素，了解評量調整的緣由和策略，並且鼓勵其自我決策，找到幫助自己成功的方法（Thurlow et al., 2001）。

在決定能讓身心障礙學生獲得有效成績，又不會損及對一般學生公平性的調整策略上，Phillips（1994）提出可以分析是否有「**差異促進效果**」（differential boost effects），亦即當實施評量調整後，身心障礙學生因調整而進步的分數，優於一般學生在相同調整下進步者。Zuriff（2000）亦提出「最大潛能論點」，說明評量調整須改善有調整需求者的成績，但對無此需求者，不會改善其成績。Fuchs、Fuchs和Hamlett等人（2000）主張採取客觀的資料，亦即「**測驗調整的動態評量**」（dynamic assessment of testing accommodations, DATA）決定適合的評量調整。其作法為將身心障礙學生使用調整策略後所得的分數，減去標準化施測的分數，而後與一般學生使用該策略測得的分數作比較，若增加的分數最多，即為最適合的調整策略；舉例來說，為視障學生提供放大字體的試卷，可因為它提高閱讀測驗的可及性而提升其分數；但對一般學生提供該項調整，則不會提升其分數，如此才是公平且有效的評量調整（Fuchs, Fuchs, & Capizzi, 2005）。

六、計畫如何實施決定之教學評量調整策略

在決定教學評量調整策略後，接著計畫如何實施決定之教學評量調整策略，涵蓋評量調整策略的負責人員、實施地點、準備和注意事項，例如安排和訓練報讀人員、提醒報讀人員實施程序和注意事項（例如報讀注意事項，包含音量適中、發音清楚，以及報讀速度適當，考慮學生是否能跟上或需要重複唸題）、訓練學生接受教學評量調整所需的技能（例如仔細聽報讀者唸完題目才作答），以及預先準備報讀的錄音帶和調整所需輔助設備或器材、調整評量試卷、布置評量的環境等。最後，在學生平常學習和評量中，就開始採用該調整策略，如此可使學生熟悉之，以充分展現自己的能力。舉例來說，若學生平日沒有以口述方式寫作文的經驗，則他們可能無法有條理地表達想法。

又例如對於容易分心的學生，可以是在個別、小組，或沒有干擾的情境中評量，但安排時還須考量學生狀況、評量內容的呈現形式，以及是否會干擾其他同學接受評量。舉例來說，用人工錄音報讀形式呈現評量內容時，須在沒有噪音干擾，且不會影響他人接受評量的情境中實施。依據上述步驟決定教學評量調整策略和實施計畫後，將決策結果記錄於學生的 IEP 中，見示例 7-39。

示例 7-39 適合學生的評量方式之撰寫

學生因障礙造成接受評量的阻力	適合學生的評量方式	評量方式的實施（包含負責人員、實施地點、準備和注意事項等）
1. 注意力短暫，容易分心。 2. 可以閱讀具體的彩色圖片和照片，理解簡單的口語，但無法閱讀文字。 3. 沒有口語能力，透過溝通板或圖卡表達。 4. 無法握筆書寫。	1. 就評量內容的呈現時間來說，適合的評量方式為「在一天中的特定時間（例如：考慮該生的注意力）評量該生，以及在評量中間有小段的休息」。 2. 就評量內容的呈現情境而言，適合的評量方式為「在比較不受干擾的情境中」評量該生。	1. 由資源教師針對普通班的試題，預先做評量內容呈現形式的調整，並且安排在資源班做個別施測。 2. 報讀速度要考慮學生的聽覺接收速度，當他分心時，要提醒他注意聽。

示例 7-39　適合學生的評量方式之撰寫（續）

學生因障礙造成 接受評量的阻力	適合學生的評量方式	評量方式的實施 （包含負責人員、實施地點、準備和注意事項等）
	3. 就評量內容的呈現形式來說，適合的評量方式為「以口述、具體的彩色圖片和照片的形式」，呈現評量內容給該生。 4. 就學生反應的方式而言，適合的評量方式為「指認、實作、利用溝通板或圖卡表達」等。	

　　上述流程適用於安置於普通班的身心障礙學生，因為他們也需接受普通班的教學評量，所以需要決定合理教學評量調整流程。至於特教學校（班）的身心障礙學生，教學評量的彈性較大，不需接受普通班的教學評量，故不需考慮這麼多原則，但是仍需要擬訂適合學生的評量方式。國內 IEP 將適合學生的評量方式放在每一個學期教育目標之後，另立一欄「評量方法」撰寫，包括紙筆、口頭、實作等方法。筆者認為這樣的寫法不適當，理由一為，它只呈現了「學生反應的方式」，未包含評量的其他面向，即「評量內容的呈現時間、情境和形式」；例如一位學生容易分心，只呈現學生反應的方式無法符合其需求，他還需要「評量內容呈現時間和情境」的調整。理由二為，此敘寫和目標中「表現學習結果的行為或動作」重複，例如目標是「能說出自己的名字」，其評量方法當然為「口頭」。理由三為，在每一個學期教育目標之後撰寫太瑣碎，也未說明為何要採取此評量方式。筆者建議採用示例 7-39 的表格敘寫，見問題討論 7-6。

問題討論 7-6 教育目標及評量方法和標準的撰寫

以下教育目標、評量方法和標準的撰寫是否適當？

學年教育目標	學期教育目標	起訖日期	評量 方法	評量 標準
1. 認識生活中常用符號和詞彙。	1-1.能認讀生活中常用字詞。 （其他目標省略）	2010/2/20～3/31	口頭、觀察	能流暢正確地認讀
2. 認識世界10個大國的國旗。	2-1.能認識美國的國旗。 2-2.能認識英國的國旗。 （其他目標省略）	2010/4/1～4/7 2010/4/8～4/14	觀察 觀察	80%通過 80%通過
3. 能合奏打擊樂。	3-1.能認識樂器。 （其他目標省略）	2010/5/1～5/9	觀察 實作、	80%通過
4. 能進行教室清潔的工作。	4-1.能在協助下擦拭桌子。 4-2.能在提示下擦拭桌子。	2010/6/1～6/10 2010/6/1～6/10	觀察 觀察	80%通過 80%通過
5. 能建立良好的工作態度。	5-1.能具備良好的工作態度。 （僅有一個學期教育目標）	……	觀察	80%通過

✐此學年及學期教育目標有以下問題：（1）「能認讀生活中常用字詞」此目標撰寫得不夠具體，最好能具體描述何種情境常用的字詞；（2）「認識世界10個大國的國旗」此目標在生活中出現率小，且習得此能力對提升學生獨立生活幫助有限，不符合功能性；（3）「能認識樂器」此目標的範圍太大，既然學年教育目標是能合奏打擊樂，所以可縮小範圍在「打擊樂器」，而且「認識」這個動詞不夠具體；（4）「能在提示和協助下擦拭桌子」指的是何種提示和協助，宜具體指出，如直接言語提示等，而且這兩個目標沒有明確的進展性；（5）「能建立良好的工作態度」只包含一個學期教育目標，且其敘寫沒有更具體；（6）評量方法寫「觀察」，是從教師的角度敘寫，意味教師觀察學生實作或口頭閱讀的表現，部分目標的評量方法為「觀察」和「實作」、「口頭」，是從

問題討論 7-6 教育目標及評量方法和標準的撰寫（續）

「教師」和「學生」兩種角度敘寫評量方法，不一致。以教師的角度敘寫評量方法，看不出學生的反應方式，在 IEP 中，要寫的是「適合學生的評量方式為何」，意味從評量內容的呈現時間、情境和形式，以及學生反應的方式兩個向度敘寫；（7）評量標準寫80%通過和流暢地認讀，不具體；（8）「能在提示和協助下擦拭桌子」這兩項目標的評量標準不同，起訖日期卻相同，看不出目標的進展性。筆者建議修改如下：

學年教育目標	學期教育目標	起訖日期
1. 認識生活中常用符號和詞彙。	1-1.能在 5 秒內正確認讀郵局中常用符號和詞彙 8 個（郵局標示和詞彙、紅色和綠色郵筒、儲匯窗口、郵務窗口、號碼名牌、第__號窗口等），5 次中有 4 次通過。 （其他目標省略）	2010/2/20～3/28
2. 能合奏打擊樂。	2-1.能說出 5 種合奏之打擊樂器名稱，5 次中有 4 次通過。 （其他目標省略）	2010/4/1～4/7
3. 能進行教室清潔的工作。	3-1.在直接言語提示哪裡有汙垢下，能擦拭桌子，5 次中有 4 次通過。	2010/4/8～4/14
	3-2.在姿勢或表情提示哪裡有汙垢下，能擦拭桌子，5 次中有 4 次通過。	2010/4/15～4/22
4. 能建立良好的工作態度。	4-1.能專注從事工作一個小時，不分心。	……
	4-2.完成工作後，能將工具歸位，連續 5 次通過。	
	4-3.完成工作後，能整理環境，連續 5 次通過。	
	4-4.能按照工作流程或雇主指令進行工作，不隨意更動，5 次中有 4 次通過。	

七、實施教學評量調整策略並且監控和記錄

於計畫如何實施決定之教學評量調整策略後，接著實施之。除此，持續監控和記錄實施情形；如有遭遇困難或問題，則因應之。

八、評鑑教學調整策略之實施過程與結果

最後，評鑑教學調整策略之實施過程與結果。在結果評鑑方面，可以檢視評量調整是否能移除「與評量構念無關」的障礙因素、未改變教學評量活動的必要目的、能真正評量出學生已學會之知識與技能、相關人員（例如家長、學生、任課教師、行政人員）接受和滿意教學評量調整的實施結果。在過程評鑑方面，可以檢視實施過程是否順利，有無遭遇困難或問題。根據上述評鑑資料，決定是否繼續實施評量調整策略？若否，則停止；若是，則繼續決定是否需要修改策略。若需修改，則回到前面步驟，尋求修改的途徑；若不需修改，則繼續實施原來的策略。

另外，時空之變換、學生之成長，以及特殊狀況之發生，可能會影響學生的學習表現；因此 IEP 往往不是一成不變的，有時會修訂以符合實情，達成預期的目的。然而，IEP 之修訂也須透過 IEP 委員會，並經過家長的同意才行。IEP 沒有統一的格式，只要涵蓋《特殊教育法施行細則》（2013）的五項要素，教師方便填寫即可，筆者參考多個單位（例如：屏東縣教育局）的表格，設計「特殊教育學校（班）身心障礙學生個別化教育計畫」、「資源班身心障礙學生個別化教育計畫」，以及「普通班接受特殊教育方案身心障礙學生個別化支持計畫」，如◉附錄二十二、附錄二十三和附錄二十四。

⭐ **第四節** 個別化教育計畫之評鑑

本節分成個別學生和整體學校兩個部分，探討個別化教育計畫的評鑑。

壹、個別學生個別化教育計畫之評鑑

除了擬訂 IEP 外，還須透過 IEP 委員會評鑑 IEP 之成效，包括敘寫學年和學期教育目標之評量日期及結果，以及評鑑 IEP 之適切性。

一、敘寫學年和學期教育目標之評量日期及結果

評量之後，可描述評量的日期及結果。評量結果的描述方式可以配合評量標準說明有無通過；如沒通過，再從達成的正確次數或比率、精熟度，或是完成的數量、品質或速度三個角度做補充敘述，舉例如示例 7-40。

目前國內學校未強調 IEP 績效，期末沒有檢核學期教育目標的達成率，這會造成以下影響：（1）學生和其家長無從得知學習成果，故不知道未來學習的努力方向；（2）教師無法依據檢核結果提出適當的新學年或學期教育目標，以銜接之前的目標；（3）未檢討目標達成比率不佳的原因，教師無從改進目標的擬訂，課程的設計、教學和評量方法的實施；以及造成學生重複學習相同目標沒有進展的情形，致使教育品質低落。檢核結果若呈現學生學期教育目標達成率低，教師可檢討原因並改善之，可能的因素包括：第一，對學生現況和需求的了解不夠。第二，教育目標不適合學生，例如學習內容超出學生的能力太多，且未提供適當的支持；評量標準訂得太高，而學生的表現距離標準有一段落差；抑或「表現學習結果的行為動作」或「目標行為出現的條件」擬訂不適當，例如學生無法「寫出」，只能「說出」；無法「獨立」表現，只能「在姿勢或表

情提示」下表現。第三，學生的學習動機低落。第四，教師教學方法不適切。第五，評量方式不適合學生。

示例 7-40 評量日期和評量結果之撰寫

學期教育目標	起訖日期	評量日期／評量結果					教學決定
1. 能獨立修剪指甲，5次中有4次通過。	2008/9/20～10/15	10/15	10/20	10/25	10/30	11/15	P
		✗	✓	✓	✓	✓	
2. 能在20分鐘內，獨立洗完6個碗和6個盤子，5次中有3次通過。	2008/11/15～11/28	11/28	11/30	12/3	12/5	12/17	C
		✗	✗	✗	✗	✓	
		無法達成速度的要求，花費25分鐘才完成。					

註： 評量結果：實際達到的結果，✓—通過，✗—不通過，NA—未評量，NT—未教學，並且以數字或文字說明之。

　　 教學決定：P—通過，進行下一個學期教育目標的教學；

　　　　　　　C—繼續，繼續此學期教育目標的教學；

　　　　　　　R—更換，重新設計學期教育目標，再進行教學。

二、評鑑個別化教育計畫之適切性

　　彙集上述學年和學期教育目標之評量結果，可以於學期末，整理出總結評量紀錄，舉例如示例 7-41。

示例 7-41 個別化教育計畫總結性評量紀錄之撰寫

填表人	陳○○		填表日期		2009 年 6 月 28 日
能力項目／課程領域	總學年／學期教育目標數	已達成之學年教育目標數（目標代號）	已達成之學期教育目標數（目標代號）	學年教育目標達成率	學期教育目標達成率
特殊需求領域	8 個／30 個	6 個（2、3、4、5、7、8）	24 個（1-1、1-2、1-3、2-1……）（以下省略）	6/8 = 75%	24/30 = 80%
數學……（省略其他課程領域）	7 個／28 個	5 個（1、2、3、5、6）	23 個（1-1、1-2、1-4、2-1……）（以下省略）	5/7 = 71%	23/28 = 82%

能力項目／課程領域	未達成之學期教育目標	未達成之原因
特殊需求領域	1-4、2-2……（以下省略）	1. 由於該生個性較為固執，所以傾向刷右邊的牙，不會換刷左邊的牙。 2. 擦桌面的某個角落，無法擦拭桌子的全部面積。 3. 由於該生理解能力較有限，會穿脫衣服，但不知道穿脫衣服的時機，而且有依賴老師提示才表現某種行為的情形。
數學……（省略其他課程領域）	1-3、2-4……（以下省略）	未達成之目標和顏色辨識有關，懷疑該生是否有色盲。

額外評量的建議	
是否需要額外的評量	■是　□否
若需要的話，需要何種形式的評量	1. 懷疑該生是否有色盲，建議測試。 2. 了解家長折衣服的方式和家長的期待。

對未來教育計畫的建議
1. 未來繼續加強以下能力：（1）以正確方式刷牙，而且每一邊的牙都要刷到；（2）辨識穿脫衣服的時機，改善依賴老師提示才表現的行為；（3）擦拭桌子的全部面積，改善固著於擦某個角落的行為……。 2. ……（省略以下內容）

上述的總結性評量紀錄，可透過 IEP 期末評鑑會議，讓 IEP 委員會的所有成員，據此提出下學期 IEP 之方向，示例 7-42 呈現 IEP 評鑑會議之舉例。

示例 7-42 **個別化教育計畫評鑑會議紀錄之撰寫**

會議日期	2009/1/25		會議地點	學校會議室
參與人員	職稱或與學生之關係		簽名	備註
○○○	校長		○○○	
○○○	家長		○○○	
○○○	輔導主任		○○○	
○○○	特教組長		○○○	
○○○	特教教師		○○○	
……（以下省略）	……（以下省略）		……（以下省略）	
會議摘要				
一、介紹與會人員 二、說明會議議程 三、報告學生學期末總結性評量結果 四、詢問家長的意見 五、決議下學期 IEP 之方向和相關事項 六、……（省略每一項的詳細敘述）				

綜合上述內容，最後可加上封面和目次，即成為一位學生的 IEP。值得注意的是，這是學生個人的IEP，不能寫成學校、班級或科目的IEP，見問題討論 7-7。

問題討論 **7-7** IEP 的封面

以下為 IEP 的封面，此敘寫是否適當？

1. ○○學校的 IEP
2. ○○國中資源班的 IEP
3. 國語科的 IEP

✎寫成學校、班級或科目的 IEP 會讓人誤解所有學生的 IEP 皆相同，不是為個別學生所設計，宜改成○○○（學生姓名）的 IEP。

貳、整體學校個別化教育計畫之評鑑

除了評鑑個別學生的 IEP 外，學校可以進一步整體評鑑所有 IEP 要素，以及 IEP 的執行過程。依據筆者的評鑑經驗發現，部分學校和教師對 IEP 有一些迷思，將其整理在表 7-16，並且進一步釐清之。由此可知，IEP 是提供身心障礙學生適當教育的大方向，而非精細的課程計畫或教學計畫。其擬訂強調：（1）評量學生的能力及其環境；（2）因應學生的現況和需求，可能是個別化之目標、評量方法、評量標準等；（3）團隊合作；以及（4）家長參與。另外在執行上，也宜以學生的需求為中心，不要為了達成 IEP 的目標而趕進度。

正如本章一開始的插畫，IEP 是教導身心障礙學生的路線圖（Johns, Crowley, & Guetzloe, 2002a）；Howley 和 Kime（2003）指出 IEP 擬訂的目標宜**具體明確、可測量、可達成、與學生能力現況相關**，以及**有達成時間的描述**（specific, measurable, achievable, relative, time-related），取其每個字母的首字，串聯成「**SMART**」的原則。Burns（2001）則表示 IEP 是多面向的計畫，亦即合作、完整、焦點和邏輯的計畫，即強調專業團隊合作、包含完整的內容、長短期目標的設定必須以學生的需求焦點，以及保持 IEP 內容的邏輯性。

根據國內《特殊教育法施行細則》（2013）對 IEP 的規定，以及文獻（林千惠，1997；Dickson & Costa, 1982; Hayden, Vance, & Irvin, 1982; Herr & Bateman, 2012; Hoehle, 1993; Howley & Kime, 2003; Lignugaris, Marchand-Martella, & Martella, 2001; Twachtman-Cullen & Twachtman-Bassett, 2011; Wright, Wright, & O'Connor, 2010），將「個別化教育計畫評鑑表」修訂如 ●附錄二十五，評鑑的向度包括 IEP 要素的**完整性**和**適當性**，以及 IEP 擬訂、執行和評鑑的**合法性**與**有效性**。

表 7-16　對個別化教育計畫之迷思和正思

迷思	正思
1. 將 IEP 變成個別化教學計畫或是課程計畫。	1. IEP 是針對身心障礙學生個別特性擬訂之特殊教育及相關服務計畫,它是提供身心障礙學生適當教育的大方向,而非精細的課程計畫或教學計畫。
2. 以為 IEP 就是個別教學。	2. 即使每位學生的 IEP 不相同,但並不等於個別教學,亦有可能是不同課程主題的目標。
3. 為了達成 IEP 的目標而趕進度。	3. IEP 的擬訂和執行應以學生的需求為中心,而不是以教師或學校的進度為中心。
4. 大家各做各的 IEP,並未溝通討論。	4. IEP 的擬訂強調專業團隊合作。
5. 為每一位學生寫的 IEP 內容完全相同,沒有差異。	5. IEP 的擬訂和執行應以學生的需求為中心,可能是同一個課程主題,但目標的內涵、層次和評量標準不相同。
6. 為評鑑而寫 IEP,並未與教學相結合。	6. IEP 的目的乃是根據特殊學生之學習特質與需要,提供最適當之教育服務,一方面可作為教學之依據;另一方面可作為教學成效考核之依據,因此需與教學相結合。
7. 未寫現況描述,直接就寫學年和學期教育目標;或是目標並沒有依據學生的現況或需求而訂。	7. 學年和學期教育目標必須依據學生的現況或需求而擬訂。
8. 沒有家長的參與和同意。	8. IEP 的擬訂強調身心障礙學生家長的參與。
9. 評量標準固定。	9. 評量標準應視學生的現況訂定,保持彈性。

 總結

　　依據《特殊教育法施行細則》（2013），IEP 的內容包括：（1）學生能力現況、家庭狀況及需求評估；（2）學生所需特殊教育、相關服務及支持策略；（3）學年與學期教育目標、達成學期教育目標之評量方式、日期及標準；（4）具情緒與行為問題學生所需之行為功能介入方案及行政支援；（5）學生之轉銜輔導及服務內容。對於安置在分散式資源班，或是在普通班接受特殊教育方案的學生，可於學生能力現況中，加入「其對普通班學習及生活之影響」，並針對有影響的部分，提供介入服務。另外，《特殊教育法》（2009）已揭示，特殊教育與相關服務措施之提供及設施之設置應符合「融合」的精神，因此，為了讓特殊教育學校（班）的學生盡可能有機會與一般學生共同學習，雖然《特殊教育法施行細則》（2013）已刪除同一法規1998 年的「參與普通學校（班）之時間及項目」，但是筆者建議保留。IEP是教導身心障礙學生的路線圖，其擬訂的目標宜掌握具體明確、可測量、可達成、與學生能力現況相關，以及有達成時間的描述等原則。

第 8 章

身心障礙者個別化轉銜計畫之執行

第一節　轉銜評量之意涵與實施

第二節　個別化轉銜計畫之內容與執行

每個人的生涯歷經許多生活角色、形態及環境的轉銜，
平穩的轉銜將降臨在素有準備的人身上。

導|讀|問|題

1. 轉銜評量具有什麼樣的意義與目的？
2. 轉銜評量之內容、實施過程和原則為何？
3. 個別化轉銜計畫的內容為何？
4. 如何擬訂個別化轉銜計畫？

　　本章首先說明轉銜評量之意涵與實施，而後討論如何依據轉銜評量結果擬訂個別化轉銜計畫（ITP），進而評鑑之。

☆ 第一節　轉銜評量之意涵與實施

　　本節探討轉銜評量之意義與目的，以及內容與實施。

壹、轉銜評量之意義與目的

　　完整的轉銜計畫有賴一系列的**轉銜評量**，蒐集與學生生涯轉銜需求和相關能力表現之資料，亦即轉銜評量的結果是規畫轉銜計畫的依據。轉銜評量是一持續的過程，在此過程中透過各類型的評量，針對學生目前與未來生活、學習與工作環境之要求，蒐集他們在這些方面的優勢、需求、喜好或興趣，以便在其 IEP 中規畫適切的轉銜目標，即在此目標下他們所需的輔助措施與相關服務（Sitlington, Neubert, & Clark, 2010）。而轉銜評量應有結構地協助學生及其家長了解離校後可能參與的環境，並找出學生身心特性與潛在環境條件間的適配性和落差情形；同時也評量可運用哪些資源來提供輔助科技、教育與職業輔導、

職場實習與其他支持性服務（Sitlington et al., 2010）。

在此引用 Sitlington（1996）對「轉銜評量在轉銜中的角色」圖（見圖 8-1），說明轉銜評量的特性，在過程運用了生涯評量、職業評量等之理念與實務，並強調接受評量的個體是處於生涯發展的過程，包含出生至國小是處於「**生涯覺察**」階段，國中則邁入「**生涯探索**」階段。而對高中職階段的身心障礙學生而言，若未繼續升學，其生涯發展已處於「**生涯準備**」階段，其轉銜評量的內容必須涵蓋邁入成人生活的各種角色，包括就業者、家庭成員、終身學習者、社會及人際網絡參與者、社區公民等，其中「**職業評量**」往往成為此階段轉銜評量重要的一環。

完整的 ITP 始於**轉銜評量**，綜合文獻（Clark, 1998; Sax & Thoma, 2002; Sitlington, Neubert, Begun, Lombard, & Leconte, 1996），轉銜評量的目的包括：（1）協助學生界定轉銜至下一個階段個人扮演的生涯角色；（2）促使學生找出自己的興趣、喜好、優勢與需求，以擬訂適當的生涯目標；（3）規畫學生在教育、職業與社區的適當安置，以呼應其離校後之生涯目標；（4）增進學生之自我決策能力，以擬訂個人的生涯計畫；（5）設計所需之輔助設施、支持及服務。由此可知：轉銜評量在轉銜計畫的發展和實施過程中扮演著非常重要的角色，藉著轉銜評量分析學生的轉銜能力和需求，進而擬訂適切的 ITP，為身心

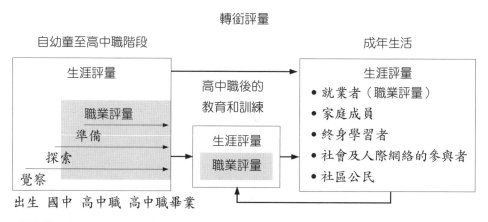

圖 8-1 **轉銜評量在轉銜中扮演的角色。**修改自 Sitlington（1996, p. 163），修改處為加入網底。

障礙者之轉銜搭建「服務」的橋樑，形成無接縫的服務，使其能順利地轉銜，見圖 8-2。

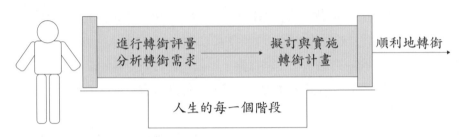

進行轉銜評量　　　　　擬訂與實施　　順利地轉銜
分析轉銜需求　　　　　轉銜計畫

人生的每一個階段

圖 8-2 轉銜評量在轉銜計畫中的功能。取自鈕文英（2015，第 539 頁）。

貳、轉銜評量之內容與實施

如第三章所述，轉銜包含垂直和水平的轉銜，垂直轉銜是指，不同教育階段間和成人生活的轉銜；水平轉銜中，同一個教育階段內，從特殊教育轉銜至普通教育安置，其對身心障礙學生而言是一大挑戰，當然此種安置形態的轉銜亦可能發生在跨教育階段中。以下探討這兩個部分轉銜評量之內容與實施。

一、不同教育階段和成人生活的轉銜評量

在不同教育階段的轉銜評量上，包括了從幼兒園轉換到國小，從國小轉換到國中，從國中轉換到高中（職）或五專，從高中（職）或五專轉換到大專院校；在成人生活的轉銜規畫與實施上，主要是從學生轉換到就業者或公民的角色。Wagner（2002）指出：轉銜不是等到學生即將畢業或已經離校才開始，而是要及早。以下討論轉銜評量之內容、實施過程和原則。

(一) 轉銜評量之內容

美國 2004 年的《身心障礙個體教育增進法案》（簡稱《IDEIA 2004》）指出：「轉銜評量乃評量兒童訓練、教育、就業和獨立生活技能等方面的能力和需求。」而且《IDEIA 2004》強調轉銜評量必須是**適齡**的。

由《IDEIA 2004》得知轉銜評量可包括轉銜能力和需求的評量，Sitlington 等人（1996）表示，轉銜評量的內容包括了身心障礙個體的評量，包含了能力和需求等方面的評量，與個體目前和未來擬轉銜之環境的評量；接著將二者配對，分析個體與環境的適配性和差異情形，最後按照上述轉銜評量的結果，計畫個體的轉銜目標和所需服務。由此可知首先須評量個體和環境，接著才能分析個體與環境的適配性和差異情形，進而擬訂 ITP，故編製評量個體轉銜能力的工具有其必要性。

　　Clark 和 Patton（1997）定義轉銜能力為，達到轉銜目標所需知識和技能。關於轉銜能力的內涵，Cronin 和 Patton（1993）表示：轉銜至成人生活的指標包括：身體／情緒健康、居家生活、休閒生活、個人責任與社會關係、社區參與、職業／教育六大方面，這六方面之能力表現攸關成人生活的品質。Clark 和 Patton 認為轉銜能力包含以下九個向度：就業、進一步的教育／訓練、日常生活技能、休閒活動、社區參與、健康、自我決策、溝通和人際關係。Sitlington 等人（2010）進一步修訂轉銜能力的內涵，並主張轉銜評量應了解這九項轉銜能力的表現情形，如圖 8-3。

　　Miller、Lombard 和 Corbey（2007）指出，轉銜評量是發展有效轉銜計畫的基礎，包括未來計畫、自我決策和自我倡議能力、生活技能、學業和行為技能，以及職業興趣、能力和性向的評量等五個部分，如圖 8-4。由 Miller 等人的轉銜評量模式可知：自我決策和自我倡議能力、生活技能、學業和行為技能，以及職業興趣、能力的評量屬於「轉銜成人生活重要能力的評量」；未來計畫的評量則屬學生下一階段轉銜需求和目標之評量。

　　總括上述文獻討論的皆是「成人生活的轉銜」，轉銜能力是指學生從中學後轉銜至成人生活，達成轉銜目標所需知識和技能，包含了「**轉銜成人生活之重要能力**」，涵蓋身體／情緒健康、人際關係、溝通與學業、居家生活、休閒生活、自我決策和倡議等方面的能力；以及「**未來轉銜目標之計畫能力**」，涵蓋職業訓練、中學後教育與就業等未來轉銜目標上之計畫能力。

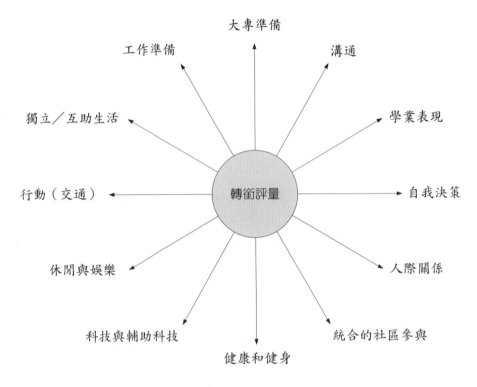

圖 8-3 轉銜評量的知識與技能範疇。取自 Sitlington 等人（2010, p. 77）。

(二) 轉銜評量之實施過程

　　Thurlow 和 Elliott（1998）即認為，轉銜評量實施過程因學生之需求可分為三個層級：第一層級屬「**篩檢與資料蒐集**」階段，主要透過訪談學生、家人、教師，以及彙整分析既有之檔案資料，初步評量學生所需之轉銜方向，基本上可由認識該生的有關人員負責，許多學生可能只需此層級的資料即能設計 ITP。第二層級則涉及「**較深入之需求評量**」，包括可能需進一步之職業諮商和（或）其他心理、教育評量，來了解其興趣、性向、特質與功能表現水準。除此，此層級還包括運用技能分析或工作媒合等非正式評量工具，檢視學生與特定職業之適配性，以及能參與社區活動之程度等。第三層級則為「**系統化且完整的轉銜評量過程**」，通常須運用正式評量工具，執行者也常是訓練有素之轉銜評量

職業興趣、
能力和性向
的評量

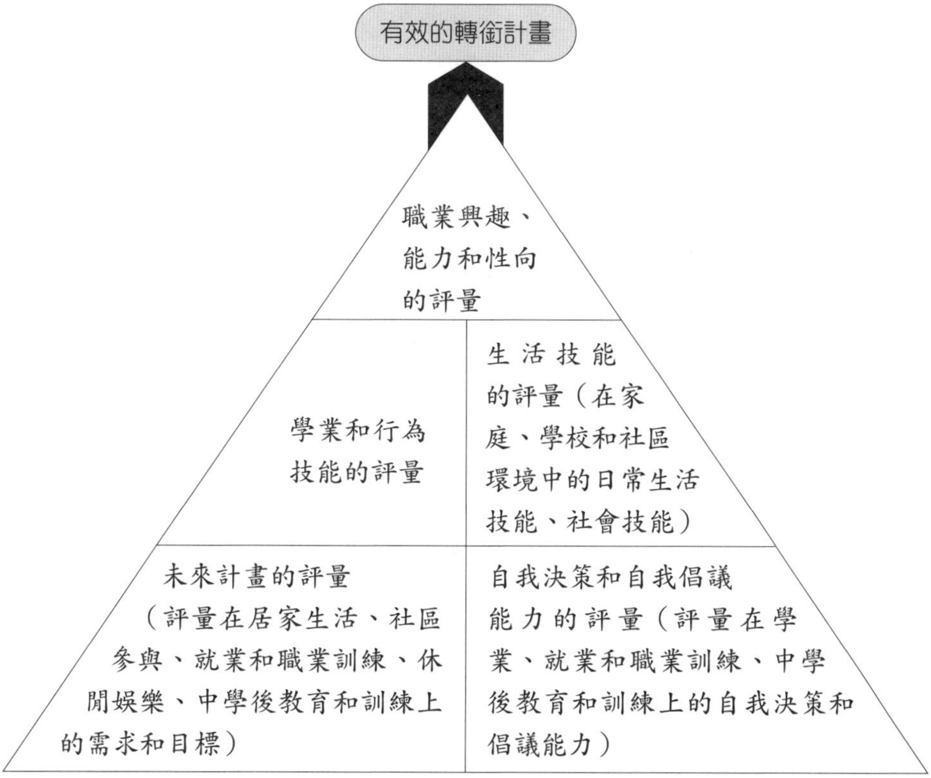

學業和行為
技能的評量

生活技能
的評量（在家
庭、學校和社區
環境中的日常生活
技能、社會技能）

未來計畫的評量
（評量在居家生活、社區
參與、就業和職業訓練、休
閒娛樂、中學後教育和訓練上
的需求和目標）

自我決策和自我倡議
能力的評量（評量在學
業、就業和職業訓練、中學
後教育和訓練上的自我決策和
倡議能力）

圖 8-4 **轉銜評量模式。**修改自 Miller 等人（2007, p. 6），修改處為將「有效的轉銜計畫」加入圖框。

實施人員，旨在界定須教導學生的轉銜能力，以及提供其所需的轉銜服務。通常功能較低或障礙狀況較複雜之學生，便需上述第二甚至第三層級較深入之評量，以更具體了解其身心特性與需求，才能有效規畫其轉銜計畫。

在進行轉銜評量時，轉銜評量實施人員可以詢問自己以下兩個問題：首先，想要知道什麼以發展轉銜計畫，例如：要為學生進行就業輔導，欲了解擬就業職場的生態環境，以及學生職業方面的能力；接著詢問自己要從哪裡得到這些資料，以及得到這些資料的方法。綜合文獻（Schalock & Jensen, 1986; Sitlington et al., 1996），轉銜評量的內容包括身心障礙者及其重要他人的評量，潛在環境或角色的評量，接著將二者配對，分析學生與環境的適配性和差異情

形，最後按照上述轉銜評量的結果，計畫學生的轉銜目標、需求和所需服務，如圖 8-5，其中括弧中的數字是指評量的順序，詳細說明如下。

1. 了解學生的未來計畫

了解學生的未來計畫，由此反映學生的興趣、喜好、想法與期待，包括在高中（職）畢業之後，考慮做些什麼？進入什麼樣的學校？做什麼樣的工作？期待過什麼樣的生活？

2. 了解重要他人的想法與期待

了解重要他人（如家長）對孩子角色、學習或生活環境轉銜之期待為何，希望獲得什麼樣的服務或協助，例如孩子目前正在就讀高中（職），轉銜評量實施人員可以了解家長對孩子畢業之後的想法與期待為何。

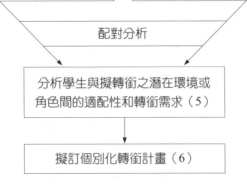

圖 8-5 轉銜評量的實施過程。

3. 分析學生擬轉銜的環境或角色，及環境中重要他人的想法與期待

在不同教育階段的轉銜上，若學生擬升學，轉換安置形態、學校或班級，轉銜評量實施人員可以了解學生未來擬轉銜的學習環境，它包含哪些次級環境、設備、材料、人員、生活作息、課程、活動、要求和期待，存在於環境中的助力與阻力，以及環境中重要他人的想法與期待等。若學生擬就業，轉銜評量實施人員可以了解學生未來擬轉銜的就業環境，它包含職場基本資料（例如：負責人、成立年代和位置）、工作環境、職務性質、環境中的設備／材料與人員、職場的作息、要求的條件／技能與行為、存在於環境中的助力與阻力、環境的可調整性，以及環境中重要他人（例如：雇主）的想法與期待等。若學生擬轉銜至不同的角色，如兒女、學生、就業者、婚姻伴侶、父母或公民等，轉銜評量實施人員須了解，一般人對這些角色之行為與表現的期待，以及該角色可能的生活形態。

4. 評量學生轉銜能力的現況

在評量高中職學生轉銜能力的現況方面，陳靜江和鈕文英（2008）發展《高中職身心障礙學生轉銜能力量表》（其編製和應用，以及量表內容見 ◉ 附錄二十六和附錄二十七），包含「轉銜成人生活之重要能力」，以及「未來轉銜目標之計畫能力」兩個層面的評量。

5. 分析學生與擬轉銜之潛在環境或角色間的適配性和轉銜需求

此步驟在分析學生目前能力與擬轉銜之潛在環境或角色要求間，是否適配或存在多大的差異。若差異很大，則宜考慮是否須調整擬轉銜之環境或角色；若差異不大，則列出差異的部分，此差異部分即轉銜需求，之後進入下一步驟——擬訂 ITP。

對於中學後的身心障礙學生，教師可運用陳靜江和鈕文英（2008）編製的**《高中職身心障礙學生轉銜能力量表》**，了解身心障礙學生的轉銜能力。此工具包含學生版、家庭版和學校版，有五個部分：一為學生基本資料，二為下一

個階段的可能規畫（含就業、升學、職業訓練、生活安排等），三為教師、家長或學生本人的想法與期待，四為轉銜能力量表題目，五為補充意見。

舉例來說，由大毅（化名）的 IEP 了解他的背景資料，他是體型較瘦的男生，無特殊疾病，也未曾罹患重大疾病。大毅在小學五年級鑑定為「輕度智能障礙」，領有身心障礙手冊，之後一直到國中皆接受資源方案服務。在普通班人緣不佳，獨來獨往；於資源班上課很有反應，常會回答問題。國中畢業後，透過十二年就學安置，進入○○商工特殊教育班綜合職能科就讀。導師認為大毅疑似「亞斯柏格症」，帶至醫院做鑑定，身心障礙手冊於是變更為「自閉症」。大毅的主要照顧者是母親，並與母親、妹妹三人共同住在一個房間裡。母親與妹妹睡床上，大毅睡地上。雙親很早就分居，雖住在同一棟，但彼此沒有往來。

「自我照顧能力」、「功能性學科能力」與「居家生活能力」是大毅的優勢；「心理健康／自我決策能力」、「社區／休閒生活能力」與「婚姻和家庭計畫所需能力」是大毅需協助的部分；而在「人際互動能力」上，尚須加強與家人、老師和同學的互動；在「就業／職業訓練所需能力」上，尚須加強工作時的體力，搬重物，找工作，與雇主、同事聊天時談論適當話題，以及維持與他們良好長久關係的能力。

將大毅的轉銜評量結果，統整於「評量結果摘要」，如示例 8-1。在中學後的可能安置上，整合大毅、學校和家庭的想法與期待，安排全時支持性就業，從事清潔工作；在就業前，學校為他安排清潔工作的職場實習。而在生活安排方面，現階段以「與父母或其他親戚同住」為主，未來若可能，再安排獨自生活。在「轉銜能力評量結果摘要」上，則整合三種版本以及其他評量資料，分析大毅轉銜能力的優勢和需求。

示例 8-1 從高職轉銜至成人生活的評量結果摘要

第一部分：學生基本資料

學生姓名：__大毅__ 學生生日：__1992 年○月○日__
年　　齡：__17__ 性　　別：__男__
學　　校：__○○商工__ 年　　級：__三__
預計畢業日期：__2010 年 6 月 30 日__

第二部分：學生和家庭的想法與期待

學生：畢業後的規畫是全時庇護性就業，欲從事的職種為家事類（煮飯、洗菜、切菜、炒菜）和服務類（資源回收、包裝、清潔、洗衣）；以及參加為一般人開設的職業訓練方案，但需輔導員協助。而在生活安排方面，大毅希望獨自生活，不要結婚。

家庭：家庭期待大毅畢業後能獲得全時支持性就業，從事的職種為服務類（資源回收、包裝、清潔、洗衣），以及參加為一般人開設的職業訓練方案，但需輔導員協助。而在生活安排方面，家庭希望大毅能與父母或其他親戚同住，因為家庭經濟狀況不允許大毅在外租屋，並且期待他能找到合適對象結婚，生育子女。

第三部分：下一個階段的可能規畫

整合大毅、學校和家庭的想法與期待，安排全時支持性就業，從事清潔工作；在就業前，學校為他安排清潔工作的職場實習。而在生活安排方面，現階段以「與父母或其他親戚同住」為主，未來若可能，再安排獨自生活。

示例 8-1 從高職轉銜至成人生活的評量結果摘要（續）

第四部分：轉銜能力評量結果摘要			
轉銜能力	蒐集資料的方法與來源	評量結果	
		優勢	需求
轉銜成人生活之重要能力	自我照顧能力	1. 2007 年 12 月 25 日施測《魏氏智力測驗》（第三版）。 2. 2009 年 5 月 29 日訪談媽媽，並且實施家庭和社區生態評量。 3. 2009 年 7 月 20 日施測《高中職身心障礙學生轉銜能力量表》，資料來源包括家庭、學校和學生本人。 4. 檢視學生過去的學習紀錄。 5. 實作評量。 6. 平常的教學觀察。	1. 生活自理能力佳，具備基本的個人清潔衛生技能。 2. 能處理青春期中的身體變化。 3. 能保管好隨身攜帶或使用的物品。 4. 能整理和裝扮自己的外表。 5. 健康狀況良好，遇到感冒或身體不舒服的問題，能自我照顧。 6. 視、聽覺正常，喜歡把新事物拿到鼻前聞。 7. 能表現適當的飲食能力與習慣。	1. 體型較同年齡者明顯瘦弱，而且體力較差，跑 250 公尺操場兩圈會喊累。 2. 有時未能按時吃三餐。 3. 不會視天氣和場合調整衣著，例如天冷未穿保暖衣物便出門，到正式場合卻著拖鞋。
	心理健康／自我決策能力		1. 接受自己的長處與弱處，並且喜歡自己。 2. 能閱讀和使用一些計時工具，像是鐘錶、日曆或月曆。 3. 能選擇吃或喝些什麼、穿什麼衣服、選購什麼物品，並且用適當的方式表達。	1. 知道自己畢業後的目標，但在擬訂如何達成目標的計畫上，有待加強。 2. 當情緒穩定時，各項表現都非常好；但情緒不佳時，會唸唸有詞，違抗指令，甚至會罵人。 3. 挫折容忍度較低，對於自己認為困難的事，較不願意學。 4. 較不會規畫一週的生活作息，選擇和安排做些什麼事情或活動。 5. 較為固執，較無法因應日常生活中可預期或不可預期的改變。 6. 當碰到困難或問題時，較不知道尋求方法解決。

示例 8-1　從高職轉銜至成人生活的評量結果摘要（續）

第四部分：轉銜能力評量結果摘要			
轉銜能力	蒐集資料的方法與來源	評量結果	
		優勢	需求
轉銜成人生活之重要能力	功能性學科能力	1. 2007 年 12 月 25 日施測《魏氏智力測驗》（第三版）。 2. 2009 年 5 月 29 日訪談媽媽，並且實施家庭和社區生態評量。 3. 2009 年 7 月 20 日施測《高中職身心障礙學生轉銜能力量表》，資料來源包括家庭、學校和學生本人。 4. 檢視學生過去的學習紀錄。 5. 實作評量。 6. 平常的教學觀察。	1. 平常會使用國語和閩南語與人溝通，能了解他人話語並正確回答；說話流暢，敘述事情能包含人、事、時、地、物。 2. 認得大部分的常用字。 3. 字體非常工整，像刻鋼板一樣，每個字大小相同、整齊劃一，並且能書寫流暢通順的文章，偶爾會於聯絡簿上記錄生活軼事。 4. 能分辨環境中常聽到的聲音，並且做出適當反應。 5. 物品分類的辨識能力佳，能將物品正確歸類。 6. 各科表現與同儕相較屬於中上程度。 7. 對有興趣的事物記憶力很強，像是日曆、數字、語詞接龍等，並且能在短時間內回答出過去到未來的任何一天為星期幾。	1. 注意力會集中於有興趣的事物，對於沒有興趣者，就會出現較不專心的狀況。學習動機強弱視對該課程是否有興趣而定。 2. 不會填寫履歷表、存提款單、初診單。
	人際互動能力		1. 情緒好時，能適時且適當地回應別人對他說的話，並且與同儕和平相處，課餘時間偶爾會與同儕一起約出去逛街。 2. 遇見職場同事會主動打招呼，並且會主動與職場雇主、同事聊天，有時會出現幽默的言談內容。	1. 與人溝通時，眼神會注視，但有時會與人靠太近。 2. 喜歡給老師、同學取綽號，並常用較難聽的字眼命名；情緒不佳時，會用不當言詞罵同儕和師長。和家人互動時亦有相同問題。 3. 較無法適時且用適當的方式請求協助。 4. 較無法用適當的方式表達不愉快的感受（例如被指正時）和拒絕的想法（例如被指派不喜歡做的事），以及處理與他人之間想法或意見不一致的狀況。

示例 8-1　從高職轉銜至成人生活的評量結果摘要（續）

第四部分：轉銜能力評量結果摘要			
轉銜能力	蒐集資料的方法與來源	評量結果	
		優勢	需求
轉銜成人生活之重要能力	居家生活能力	1. 2007 年 12 月 25 日施測《魏氏智力測驗》（第三版）。 2. 2009 年 5 月 29 日訪談媽媽，並且實施家庭和社區生態評量。 3. 2009 年 7 月 20 日施測《高中職身心障礙學生轉銜能力量表》，資料來源包括家庭、學校和學生本人。 4. 檢視學生過去的學習紀錄。 5. 實作評量。 6. 平常的教學觀察。	1. 能協助家中做家事（煮飯、洗碗、整理居家環境）。 2. 烹飪手藝不錯，在家中負責煮晚餐，他會於前一天將食材切好備用，隔天放學回家後便能直接烹煮。	1. 對於衣物的處理（洗、晾和收拾衣物）需要人叮嚀。 2. 不會縫補衣物。 3. 面對居家生活的意外事件，較不知道如何處理。
	社區／休閒生活能力		1. 能騎腳踏車、搭電梯、火車、捷運，並且能注意交通標誌和交通工具安全事項。 2. 具有金錢概念，能拿出正確的錢數，也知道找的錢是否正確。 3. 較常從事室內休閒活動（例如看電視／光碟、聽音樂），偶爾外出騎腳踏車，或與同儕一起約出去逛街。以前假日會到教會參加活動，認識外國朋友，並一起逛書店，現在則較少。	1. 社區使用能力較弱，未使用過社區郵局，無獨自在外用餐經驗。 2. 沒有獨立支配金錢的經驗，較不會管理和使用金錢。 3. 較不喜歡耗費體力的活動，例如不喜歡球類運動，上體育課僅走走操場，而且跑步時略嫌笨拙。 4. 較不會規畫或安排休閒活動，不清楚居住的社區中有哪些休閒場所和設施，不知道從哪裡可獲得休閒活動的資訊，購買或租借休閒活動使用的材料或票券，也較不會注意從事休閒活動的安全事項。 5. 較不清楚公民和身心障礙者應有的權益，以及政府創業貸款或社會福利措施的申請條件和方式。

示例 8-1　從高職轉銜至成人生活的評量結果摘要（續）

第四部分：轉銜能力評量結果摘要			
轉銜能力	蒐集資料的方法與來源	評量結果	
		優勢	需求
未來轉銜目標之計畫能力	就業／職業訓練所需能力	1. 2007年12月25日施測《魏氏智力測驗》（第3版）。 2. 2009年5月29日訪談媽媽，並且實施家庭和社區生態評量。 3. 2009年7月20日施測《高中職身心障礙學生轉銜能力量表》，資料來源包括家庭、學校和學生本人。 4. 檢視學生過去的學習紀錄。 5. 實作評量。 6. 平常的教學觀察。	1. 很期待畢業後能找到一份工作，工作的動機很強。 2. 會自行擬訂「職場的規定」提醒自己須注意的工作態度。 3. 裁切紙張，以及摺紙等精細動作能力佳。 4. 能將掃地工作做得很好。 5. 會規畫從家庭到達實習職場路程中須結合哪些交通工具。	1. 較沒有主動幫忙的習慣。 2. 對工作內容若有不清楚，不會主動詢問，容易按照自己的想法和步驟做事，而忽略了聽從雇主的指令和職場的要求步驟工作。 3. 在時間壓力下的工作表現較不佳。 4. 工作時的體力和耐力較差，較無法搬重物。 5. 較不清楚求職的技能。 6. 對於考試相當排斥，學校開設門市服務課程，欲訓練學生考取證照，他有能力考取，但卻非常排斥考試。在每天抄寫考試內容的作業中，他拒絕寫；在排進度的考試中，他甚至交白卷。
	婚姻和家庭計畫所需能力		能處理家務，居家生活能力不錯。	不了解婚姻的意義，對婚姻持排斥的態度，也不清楚婚姻應考慮的要素。

6. 擬訂個別化轉銜計畫

　　最後，彙整上述轉銜評量的資料，擬訂 ITP，詳見第二節的討論。McDonnell（1992）透過表 8-1 的「轉銜計畫分析」，與家長一起構思轉銜計畫。筆者認為不只可以與家長一起思考，亦可以與身心障礙者共同構想。

表 8-1　轉銜計畫的分析

步驟	內涵	與家長一起實施的活動
1. 目前狀況	1-1. 歷史	• 列出與討論在學生生活中的重要事件。 • 列出與討論學生的優勢及需求。
	1-2. 喜好	• 列出與討論學生喜歡的事物。
	1-3. 朋友／關係	• 列出與討論學生的朋友、親戚和社會／情緒支持。
	1-4. 社區參與	• 界定學生在社區中能夠使用的場所和參與的活動。
	1-5. 生活安排	• 界定學生目前居住所在地，以及其中的重要他人。
	1-6. 學校或工作	• 界定學生目前的學校或工作安排。
	1-7. 資源管理	• 界定學生目前的資源，誰管理這些資源，以及它們如何被管理。
	1-8. 交通	• 學生在社區行動的交通方式。
2. 未來樣貌	2-1. 生活安排	• 界定學生未來想和可能居住的處所。
	2-2. 資源管理	• 界定學生未來將如何管理資源，藉由什麼樣的支持來管理這些資源。
	2-3. 學校或工作	• 界定學生未來想就讀的學校或想從事的工作。
	2-4. 交通	• 討論學生未來的交通需求會有什麼不同處。
	2-5. 社區參與	• 界定學生在社區中想要和應該使用的場所，想要和應該參與的活動。
	2-6. 朋友／關係	• 界定學生欲培養或支持之持續和新的友誼關係。

表 8-1　轉銜計畫的分析（續）

步驟	內涵	與家長一起實施的活動
	2-7.需求	● 列出和討論欲達成學生未來樣貌的需求和支持。
	2-8.自我倡議	● 界定如何支持學生能有更進一步的選擇和控制。
3. 大規模的 轉銜計畫	3-1.優先項目	● 界定學生最優先須介入的項目。
	3-2.解決方法	● 界定克服阻礙和達成優先目標的解決方法。
	3-3.資源	● 列出和討論克服阻礙和達成優先目標的資源。
	3-4.有成功希望 的解決方法	● 界定和排序最有成功希望的解決方法。
4. 行動	4-1.解決方法	● 依序列出優先的解決方法。
	4-2.資源	● 界定達成優先項目的可用資源。
	4-3.行動	● 發展行動計畫來達成優先項目，並且採取行動。
	4-4.評鑑	● 評鑑進步狀況，必要時修正行動計畫。

註：修改自 McDonnell（1992, p. 5），修改處為改變表格的形式。

(三) 轉銜評量之實施原則

在實施轉銜評量時，Clark 和 Patton（1997）提出以下八點須注意的原則：（1）在評量計畫和過程中包含學生和家庭；（2）選擇可回答轉銜計畫關鍵問題的評量程序；（3）轉銜評量須持續進行；（4）使用多種形態和多種層次的評量工具；（5）從效能和效率的角度計畫評量的程序；（6）組織評量資料以利於學生、家庭和學校人員的了解；（7）獲得評量的許可，和協調各種轉銜評量的實施；（8）發展和使用不僅考慮文化或語言殊異，甚至更能增進文化或語言殊異者表現的轉銜評量取向。

其中在第四點「使用多種形態和多種層次的評量工具」上，Clark 和 Patton（1997）主張讓學校、家長和學生參與轉銜評量，設計多種形態的工具。他們

編製了《**轉銜計畫清單**》（*Transition Planning Inventory,* TPI），目的在提供學校人員一個系統地評量學生需求、喜好和興趣的方式，以作為擬訂轉銜計畫的參考，它由家庭、學校和學生本人參與，評量學生在就業、進一步的教育／訓練、日常生活技能、休閒活動、社區參與、健康、自我決策、溝通和人際關係等九個向度，總共 46 個題項上的表現。除此，Clark、Patton 和 Moulton（2000）還根據這 46 個題項，提供了非正式評量工具，即《**完整的轉銜知識和技能清單**》（*Comprehensive Informal Inventory of Knowledge and Skills for Transition*），它包括 634 個題項，乃 TPI 的擴展，學校人員可從中選擇一些題項做進一步評量；接著，如果有需要，Clark 等人也羅列了一些其他非正式的轉銜評量工具，可提供補充的評量資訊。總括來說，Clark 和 Patton 指出《TPI》的實施有三個層次：層次一是實施《TPI》的三種版本（學校、家庭和學生）；層次二是從《完整的轉銜知識和技能清單》中選擇一些題項做進一步評量；層次三是若有需要，實施其他非正式的轉銜評量工具。筆者發展之量表即是參考其架構。

二、從特殊教育至普通教育安置的轉銜評量

Edgar、Webb 和 Maddox（1987）指出不同班級間的轉銜有三個要素，即轉送出班級、接收班級，和兩個班級間的交接程序，這其中有六個重要的議題須考慮：（1）**覺知**，亦即送出和接收班級之間要互相了解；（2）**入班標準**，意味送出班級須了解進入接收班級的入班標準；（3）**交換訊息**，送出班級須提供一些該生學習和行為表現的相關訊息給接收班級；（4）**在轉銜前，送出和接收班級共同擬訂教育計畫**；（5）**對整個轉銜過程給予回饋**，以避免重蹈覆轍；（6）**載明交接程序作為實施依據**，這些是教育人員在決定和安排學生的安置時需要考慮的重要議題。普通教育生態環境和特殊教育有極大的差異，欲讓特殊學生平穩地從特殊教育轉換至普通教育環境，須妥善地規畫與實施轉銜計畫，而在規畫前須先進行轉銜評量。教師可參考前述圖 8-5，為進行從特殊教育轉銜至普通教育環境的轉銜評量，步驟如下：

(一) 了解身心障礙學生的觀點

首先，特殊教育教師可以藉由訪談，了解身心障礙學生對自己從特殊教育轉銜至普通教育環境之意願、擔憂、想法與期待為何，希望獲得什麼樣的服務或協助。

(二) 了解重要他人的想法與期待

接著，特殊教育教師可以藉由訪談，了解重要他人（例如：家長）對身心障礙學生從特教轉銜至普通班之想法與期待為何，希望獲得什麼樣的服務或協助。

(三) 分析身心障礙學生擬轉銜的環境，及其中重要他人的想法與期待

特殊教育教師可以了解學生未來擬轉銜之普通班的特徵，包含哪些次級環境、設備、材料、人員、生活作息、課程、活動、要求和期待，存在於環境中的助力與阻力，以及環境中重要他人的想法與期待等。

(四) 評量身心障礙學生轉銜能力的現況

在評量身心障礙學生轉銜能力的現況方面，教師可以了解學生在擬轉銜環境上所需能力的表現，例如語言或溝通、學業能力等轉銜能力的現況。

(五) 分析身心障礙學生與潛在環境間的適配性，以分析其優勢及需求

Huntze 和 Werner（1982）指出在決定安置時，要考慮學生與學習環境的適配情形，考慮的向度包括物理環境、學科方案、師生互動、同儕態度和參與人員的態度。Taylor 和 Soloway（1973）界定不同安置形態（普通班、特殊班和資源班）所需要的學科前技能（例如能依指令翻到課本第幾頁）、學科技能、情境所需的技能（例如在普通班中所需要的技能，像是獨立工作、大團體或小

組的工作等）、具備實施獎賞系統所需要的技能（例如了解積分制所代表的意義等），而後藉此評量學生現階段的能力，與擬轉銜之潛在環境的要求和期待間存在著多大的差異，找出差異較小或較容易調整的環境，即最適配的環境，此環境對該生來說為較適合的教育安置；接著持續加強學生的能力，如果學生能力增進了，則可以轉銜至較少限制的安置。筆者認為 Huntze 和 Werner 以及 Taylor 和 Soloway 採用「準備模式」的觀點，主張身心障礙學生必須有足夠的準備度，才能轉銜至較少限制的安置；而筆者認為除了加強身心障礙學生的能力外，亦可調整普通教育環境，迎接身心障礙學生的進入。

鈕文英、黃慈愛和林慧蓉（2002）採取生態評量的觀點，透過文獻探討、訪談和觀察的方式，發展了「規畫融合安置之評量工具」，它們包括「國小教師對身心障礙學生安置於普通班之意見調查表」、「國小身心障礙學生在普通班適應表現評量表」以及「普通班生態環境觀察紀錄表」三個部分。「普通班生態環境觀察紀錄表」在了解普通班環境的特性，包括：（1）物理環境（地理位置、座位安排、空間配置）；（2）心理環境（班級氣氛、教師帶班特質）；（3）生活作息（生活作息安排、服裝儀容的要求）；（4）行為管理（班規、教師採取的行為管理策略）；（5）課程與教學（教學形態、教學方法、教材、作業形式、評量方式），見●附錄二十八。「國小教師對身心障礙學生安置於普通班之意見調查表」乃從國小教師的觀點，了解哪些學習行為、學習能力、基本生活能力、社會行為，以及其他行為，在適應普通班是重要的；筆者修改其名稱為「適應國小普通班所需重要行為和能力評量表」，並且稍微修正背景資料和填答說明，見●附錄二十九。「國小身心障礙學生在普通班適應表現評量表」旨在了解身心障礙學生，於上述「國小教師對身心障礙學生安置於普通班之意見調查表」中，四類行為與能力上的表現如何；鈕文英（2015）修改其名稱為「國小普通班身心障礙學生適應行為評量表」（見●附錄三十）。此外，鈕文英發展出「普通班教師需求調查問卷」（見●附錄三十一），了解普通教育教師的背景資料、曾教過身心障礙學生的經驗與感受和再教導他們的意願，以及實施融合教育的支持需求，作為特殊教育教師和學校行政人員擬訂支持計畫的基礎。這四項工具可作為在國小階段，決定和規畫融合安置的參考指標。

鈕文英等人（2002）特別強調：上述評量工具中，那些身心障礙學生適應普通班所需的行為與能力，基本上會隨著生態環境而有所不同，是相當個別化的；因此在運用時，不宜受限於原有的題目，而最好能進一步詢問普通班教師是否還有其他重要的行為與能力。此外，這個評量工具並不是判斷一位身心障礙學生是否適合安置在普通班的標準，也不可用於拒絕他們在融合安置中的受教權利，它只能了解目前學生和普通班是否準備好實施融合安置，以作為規畫支援或準備措施的依據。

(六) 擬訂個別化轉銜計畫

　　最後，彙整上述轉銜評量的資料，擬訂 ITP，詳見第二節的討論。

第二節　個別化轉銜計畫之內容與執行

　　如同第一節轉銜評量的實施分成不同教育階段和成人生活的轉銜，以及從特殊教育轉銜至普通教育安置，本節亦從這兩方面討論 ITP 之內容與執行。

壹、不同教育階段和成人生活轉銜計畫之執行

　　以下討論不同教育階段和成人生活 ITP 之內容與實施。

一、個別化轉銜計畫之內容

　　在 ITP 方面，《IDEIA 2004》指出，轉銜目標在確保所有的身心障礙者能獲得符合其獨特需求，以及為其未來進階教育、就業和獨立生活做準備的特殊教育和相關服務。而 Sitlington 等人（2010）提出，轉銜服務包括教導學生所需的轉銜能力（包含技能和知識），可透過課程學習達成；以及提供或連結促進

學生轉銜所需之支持性服務。綜合文獻（Greene & Kochhar-Bryant, 2003; McDonnell & Hardman, 2009; Pierangelo & Giuliani, 2004; Sitlington et al., 2010; Wehman, 2001），依照國內《特殊教育法施行細則》（2013）所指轉銜服務項目，從升學、生活、就業和心理輔導四個層面，整理轉銜服務之內容如表 8-2，而福利及其他相關專業服務則融入於上述四個層面中呈現。

表 8-2 中教導學生所需的轉銜能力，可統整於 IEP 的學年和學期教育目標中；相關文獻（Cummings, Maddux, & Casey, 2000; Davis & Bates, 1997; deFur, 2000, 2003; Roessler, Shearing, & Williams, 2000; West et al., 1999）即指出，IEP 要能反映學生的轉銜需求，並將因應此轉銜需求所需的教育目標設計於長短期目標中，而轉銜評量是了解學生轉銜需求的管道，此即 Kohler 和 Field（2003）所提出的「轉銜為焦點的教育」。

表 8-2 轉銜服務的項目和內容

轉銜服務 項 目	轉銜服務內容	
	教導學生所需的轉銜能力	提供或連結促進學生轉銜 所需之支持性服務
升學輔導、升學相關的福利服務和專業服務	1. 認識自己學習上的優勢與弱勢，如何善用優勢，迂迴弱勢，以及教導學習策略。 2. 認識擬升學學校和科系之背景資料、入學管道和條件，以及到達擬升學學校之交通方式。	1. 參觀擬轉銜之升學學校，說明擬轉銜之升學學校的入學管道和條件。 2. 傳送學生資料和分享輔導經驗給新學校的老師。 3. 提供教育輔助性器材之服務、教育相關的福利服務資訊，以及到達擬就讀學校之交通協助資源。 4. 協助家長輔導孩子獲得良好的就學適應。

表 8-2 轉銜服務的項目和內容（續）

轉銜服務項目	轉銜服務內容	
	教導學生所需的轉銜能力	提供或連結促進學生轉銜所需之支持性服務
就業輔導、就業相關的福利服務和專業服務	1. 探索職業性向、職業能力的優勢與需求。 2. 認識擬就業之職場的背景資料、工作內容、應徵條件和所需能力，以及到達擬就業職場之交通方式。 3. 加強工作動機和求職技能。 4. 銜接特定職業所需的基本和職業技能，工作態度和行為，以及須注意的安全事項。 5. 認識職業訓練的機構和種類、訓練內容、接受訓練所需具備的條件和能力，以及到達擬參與之職業訓練機構的交通方式。 6. 銜接職業訓練所需的能力。	1. 開發與媒合職業訓練或就業機會。 2. 安排校內外職業實習。 3. 提供職務再設計和就業輔助科技之服務、就業相關的福利服務資訊、到達擬就業職場之交通協助資源，以及連結職業復健的專業團隊服務。 4. 讓雇主與員工了解學生的特質與協助方式。 5. 協助家長輔導孩子獲得良好的就業適應。
生活輔導、生活相關的福利服務和專業服務	1. 學習自我照顧技能、保護自己身體和心理健康與安全的技能、因應自我性生理和心理的變化與需求。 2. 使用和管理金錢的技能、學習家事能力及居家安全和意外事故的處理。 3. 使用社區中的各種場所、資源和服務，以及認識社區活動的安全事項和意外事故的處理。 4. 安排休閒生活，以及具備到達社區或休閒活動場所之交通方式。	1. 提供就養相關的福利服務資訊、社區家園的資訊。 2. 連結居家生活輔助科技之服務、到達社區或休閒活動場所之交通協助資源，以及社區中身心障礙團體的資訊，媒合學生參與他們舉辦的休閒活動。 3. 連結醫療與復健，以及社會工作的服務。 4. 協助家長如何安排孩子的未來成年生活（例如：身心障礙者財產信託），以及輔導孩子獲得良好的居家生活適應。

表 8-2　轉銜服務的項目和內容（續）

轉銜服務項目	轉銜服務內容	
	教導學生所需的轉銜能力	提供或連結促進學生轉銜所需之支持性服務
生活輔導、生活相關的福利服務和專業服務	5. 認識生活中相關法律、個人基本權益與責任。 6. 認識婚姻生活的意義、要素與準備事項。	5. 申請身心障礙教育專業團隊聽語訓練、語言治療、定向行動、健康照護等服務，以及提供協助行動、擺位、溝通、日常生活和控制環境、參與休閒活動的輔助科技。
心理輔導、心理相關的福利服務和專業服務	1. 提升自我概念，以及為自我訂定合理的目標與期待。 2. 擬訂生涯計畫和規畫生活作息。 3. 以適當的方式與家人、老師、同學、同性或異性朋友、雇主和同事互動。 4. 具備調整情緒，以及因應不同角色或環境轉換之心理調適的能力。 5. 學習教導以適當的方式因應日常生活中的改變、困難或問題。 6. 學習做選擇與決定，以及維護與爭取自我權益的能力。	1. 提供社區中心理輔導的機構和服務資訊。 2. 協助家長輔導孩子角色或不同環境轉換之心理調適。 3. 申請身心障礙教育專業團隊個別諮商、小團體輔導、專業心理治療等服務。

二、個別化轉銜計畫之實施

ITP 之實施包括以下四個步驟。

(一) 擬訂個別化轉銜計畫腹案

依據前述轉銜評量結果摘要，擬訂 ITP 腹案，融入於大毅的 IEP 中，轉銜服務內容包括教導學生所需的轉銜能力，以及提供或連結促進學生轉銜所需之

支持性服務兩部分，見示例 8-2，空白表格見 ◎附錄三十二。由於大毅高職畢業後欲就業，加上轉銜評量資料顯示他的需求，因此從就業輔導、心理輔導、生活輔導三方面擬訂 ITP，而福利及其他相關專業服務則融入於上述三個層面中呈現。

示例 8-2　大毅的個別化轉銜計畫

轉銜目標	安排全時支持性就業，從事清潔工作；在就業前，學校為他安排清潔工作的職場實習。而在生活安排方面，現階段以「與父母或其他親戚同住」為主，未來若可能，再安排獨自生活。		
轉銜小組成　　員	○○○（輔導主任）、○○○（特殊教育組長）、○○○（就業輔導機構代表）、○○○（家長）、○○○（就業輔導員）、○○○（特殊教育教師）、○○○（特殊教育教師）、○○○（特殊教育教師）		
轉銜需求與服務內容			
項目	轉銜需求	轉銜服務內容	負責人
就業輔導、就業相關的福利服務和專業服務	1. 培養主動幫忙的習慣。 2. 加強主動詢問和求助不清楚與不會做之工作的能力。 3. 加強在時間壓力下的工作表現。 4. 增進工作時的體力、耐力和搬重物的能力。 5. 加強求職的技能。	一、教導學生所需的轉銜能力 1. 會表現適當的工作態度與行為。 2. 能表現良好的清潔工作知識和技能。 3. 具備求職技能。 二、提供或連結促進學生轉銜所 　　需之支持性服務 1. 安排職場實習。 2. 申請支持性就業服務，安排清潔工作，並且帶領大毅和其家長參觀職場。 3. 提供輔助科技，以協助大毅搬超過其負荷的重物。 4. 讓雇主了解大毅的特質，在變動工作內容之前，能盡量事先告知。	○○○（就業輔導機構代表） ○○○（特殊教育組長） ○○○（就業輔導員） ○○○（特殊教育教師）

示例 8-2　大毅的個別化轉銜計畫（續）

轉銜需求與服務內容			
項目	轉銜需求	轉銜服務內容	負責人
就業輔導、就業相關的福利服務和專業服務		5. 提供就業相關的福利服務資訊，協助家長向社會局申請就業補助。 6. 協助家長輔導大毅獲得良好的就業適應。	
心理輔導、心理相關的福利服務和專業服務	1. 加強擬訂達成畢業後目標的計畫。 2. 加強規畫一週生活作息的能力。 3. 加強情緒管理能力。 4. 增進挫折容忍度。 5. 促進人際互動的能力。 6. 提升因應日常生活中可預期或不可預期改變的能力。 7. 增進因應困難或解決問題的能力。	**一、教導學生所需的轉銜能力** 1. 能擬訂計畫和規畫生活作息。 2. 能以適當的方式與家人、老師、同學、朋友、雇主和同事互動。 3. 能處理不愉快和挫折的情緒。 4. 能以適當的方式因應日常生活中的改變、困難或問題。 **二、提供或連結促進學生轉銜所需之支持性服務** 1. 提供社區中心理輔導的機構和服務資訊。 2. 協助家長輔導大毅角色或不同環境轉換之心理調適。	○○○（特殊教育組長） ○○○（就業輔導員） ○○○（特殊教育教師）
生活輔導、生活相關的福利服務和專業服務	1. 加強視天氣和場合調整衣著的能力。 2. 增進獨立處理衣物的能力。 3. 提升處理居家生活的意外事件。	**一、教導學生所需的轉銜能力** 1. 能選擇適當的衣著。 2. 能處理衣物。 3. 具備良好的健康習慣。 4. 能處理居家生活的意外事件。 5. 能妥善管理和使用金錢。 6. 能使用居住之社區中的各種場所、資源和服務。	○○○（特殊教育組長） ○○○（特殊教育教師） ○○○（特殊教育教師）

示例 8-2　大毅的個別化轉銜計畫（續）

轉銜需求與服務內容			
項目	轉銜需求	轉銜服務內容	負責人
生活輔導、生活相關的福利服務和專業服務	4. 促進良好的健康習慣，改善體型和體力。 5. 加強管理和使用金錢的能力。 6. 加強社區生活的能力。 7. 增進休閒生活的安排。 8. 加強對婚姻的了解。 9. 因主要照顧者為母親，且雙親皆無固定收入，故須提供社會福利資訊。	7. 知道休閒場所和活動的資訊。 8. 能安排休閒活動。 9. 能了解婚姻和家庭的意義、要素和需準備事項。 **二、提供或連結促進學生轉銜所需之支持性服務** 1. 提供社區中身心障礙團體的資訊，媒合大毅參與他們舉辦的休閒活動。 2. 提供大毅和家庭身心障礙者居住社區家園的資訊。 3. 協助家長輔導大毅獲得良好的居家生活適應。 4. 提供就養相關的福利服務資訊，協助家庭向社會局申請就養補助。	○○○（特殊教育組長） ○○○（特殊教育教師） ○○○（特殊教育教師）

　　其中教導大毅所需的轉銜能力，可以將之納入學年教育目標中，而後再參考「轉銜能力教育目標目錄」（見⊙附錄三十三），找出符合大毅需求、配合學年目標的學期教育目標，見示例 8-3。值得注意的是，此目錄僅作為參考，不宜受限於這些目標，使用者可根據個案的需求；另外增加轉銜能力教育目標（例如本示例中「能主動詢問或求助不清楚或不會做之工作內容」、「能擬訂工作計畫表，排出幾點到幾點必須做什麼事」這兩項目標）。除此，可以針對提供參考之教育目標，補充說明須加強之部分，修改目標；例如本示例中「加強不隨意更動流程或指示的態度」，因此將此目標修改成：能按照工作流程或雇主的指令進行工作，不隨意更動，負責盡職完成工作事項。提升大毅轉銜能力的學年和學期教育目標見示例 8-4。

邁向 **優質、個別化** 的 特殊教育服務

示例 8-3 運用「轉銜能力教育目標目錄」擬訂學期教育目標

轉銜知識與技能評量題項（可作為學年教育目標）	轉銜能力教育目標（可作為學期教育目標）	須學習之轉銜能力教育目標（需要者打勾並補充說明須加強之部分）
會表現適當的工作態度與行為。	1. 能準時上班。	∨
	2. 能主動詢問雇主該做的工作。	∨
	3. 能專注從事工作。	∨
	4. 完成工作後，能將工具歸位。	∨
	5. 完成工作後，能整理環境。	∨
	6. 能遵從工作流程或雇主的指示做工作，負責盡職完成工作事項。	∨（加強不隨意更動流程或指示的態度），因此將此目標修改成：能按照工作流程或雇主的指令進行工作，不隨意更動，負責盡職完成工作事項。
	7. 能與同事合作，共同完成工作。	∨
	8. 在完成自己的工作後，能主動幫忙同事或雇主。	∨（在幫忙別人之前，能主動詢問別人是否需要幫忙，在別人表示需要後，進一步詢問如何幫忙），因此將此目標修改成：在完成自己的工作後，能在徵求同事或雇主同意之後，以其期待的方式主動幫忙他們。
	9. 能主動詢問或求助不清楚或不會做之工作內容。	針對大毅需求，另外增加的轉銜能力教育目標。
	10. 能擬訂工作計畫表，排出幾點到幾點必須做什麼事。	針對大毅需求，另外增加的轉銜能力教育目標。

示例 8-4　大毅所需轉銜能力的學年和學期教育目標

課程領域	學年教育目標	學期教育目標
特殊需求領域（職業教育）	1. 會表現適當的工作態度與行為。	1-1. 能準時上班。 1-2. 能主動詢問雇主該做的工作。 1-3. 能專注從事工作。 1-4. 完成工作後，能將工具歸位。 1-5. 完成工作後，能整理環境。 1-6. 能按照工作流程或雇主指令進行工作，不隨意更動，負責盡職完成工作事項。 1-7. 能與同事合作，共同完成工作。 1-8. 在完成自己的工作後，能在徵求同事或雇主同意之後，以其期待的方式主動幫忙他們。 1-9. 能主動詢問或求助不清楚或不會做之工作內容。 1-10.能獨立擬訂工作計畫表，排出幾點到幾點必須做什麼事。
	2. 能表現良好的清潔工作知識和技能。	2-1. 能正確說出清潔工作的時間和內容。 2-2. 一次能記住三項工作指令並依序完成。 2-3. 能提升清潔工作的完成品質，達到職場的要求。 2-4. 能在規定的時間下完成清潔工作。 2-5. 能提升工作時的體力和耐力。
	3. 具備求職技能。	3-1. 能說出從哪裡可以得知工作資訊，至少三項。 3-2. 能獨立填寫履歷表。 3-3. 能說出求職面談的過程和注意事項，至少三項。
特殊需求領域（社會技巧、自我管理、情緒管理、資源運用）	1. 能擬訂計畫和規畫生活作息。	1-1. 能獨立擬訂達成畢業後目標的計畫。 1-2. 能獨立規畫一週的生活作息。
	2. 能以適當的方式與家人、老師、同學、朋友、雇主和同事互動。	2-1. 當相關他人指正他的工作表現或行為時，能和顏悅色地接受，不會出現唸唸有詞的行為。 2-2. 能以適當的人我距離與人互動。 2-3. 能在適當時間與雇主和同事談論適當話題。 2-4. 能對異性表現合宜的舉止和禮貌。

示例 8-4　大毅所需轉銜能力的學年和學期教育目標（續）

課程領域	學年教育目標	學期教育目標
特殊需求領域（社會技巧、自我管理、情緒管理、資源運用）	3. 能處理不愉快和挫折的情緒。	3-1. 當別人表現不符己意的行為時，能以適當的方式表達觀感。 3-2. 能適時且用適當的方式請求協助。 3-3. 能使用適當的方式表達拒絕。 3-4. 能以適當的方式處理與他人之間想法或意見不一致的狀況。
	4. 能以適當的方式因應日常生活中的改變、困難或問題。	4-1. 能接受生活作息的變動性。 4-2. 能接受工作內容的變動性。 4-3. 能獨立尋求方法因應困難或解決問題。
	5. 能使用居住之社區中的各種場所、資源和服務。	5-1. 能獨立使用居住之社區中的用餐場所。 5-2. 能獨立使用居住之社區中的購物場所。 5-3. 能獨立使用居住之社區中的郵政場所存提款。 5-4. 當點餐、購物和使用郵政服務遇到問題時，能主動詢問服務人員。 5-5. 能說出公民和身心障礙者應有的權益至少三項。 5-6. 能說出社會福利措施的申請條件和方式至少三項。 5-7. 在社區中發生意外事故（例如車禍、迷路）時，能說出處理的方法與原則至少三項。
特殊需求領域（生活技能）	1. 能選擇適當的衣著。 2. 能處理衣物。	1-1. 能配合季節穿著適當且整潔的衣服。 1-2. 能配合場合穿著適當且整潔的衣服。 2-1. 能獨立處理衣物（洗、晾和收拾衣物），不需要叮嚀。 2-2. 能獨立簡易縫補衣物。
	3. 具備良好的健康習慣。	3-1. 能按時吃三餐，不需要叮嚀。 3-2. 能說出食物的營養成分。 3-3. 能選用具營養成分的食物。

示例 8-4 大毅所需轉銜能力的學年和學期教育目標（續）

課程領域	學年教育目標	學期教育目標
特殊需求領域（生活技能）	4. 能處理居家生活的意外事件。	4-1. 面對天災（例如地震、火災、颱風），能說出處理的方法與原則至少三項。 4-2. 面對創傷（例如割傷、燙傷），能說出處理的方法與原則至少三項。
	5. 能妥善管理和使用金錢。	5-1. 能獨立儲蓄零用錢或薪水。 5-2. 能獨立分配他的零用錢或薪水要怎麼使用。 5-3. 能獨立使用金錢買東西。 5-4. 能獨立拿出和物品價格相同或更大的錢幣，並且會辨識找的錢是否正確。
	6. 能了解婚姻和家庭的意義、要素和需準備事項。	6-1. 能正確說出婚姻的意義。 6-2. 能說出婚姻應考慮的要素至少三項。 6-3. 能說出組成家庭所需準備的事項至少三項。
特殊需求領域（休閒教育）	1. 知道休閒場所和活動的資訊。	1-1. 能說出居住的社區中有哪些休閒場所和設施至少三項。 1-2. 能說出從哪裡可獲得休閒活動的資訊至少三項。 1-3. 能說出從哪裡可購買或租借休閒活動使用的材料或票券至少三項。
	2. 能安排休閒活動。	2-1. 能獨立選擇符合自己能力的休閒活動。 2-2. 能獨立選擇符合自己興趣的休閒活動。 2-3. 能配合環境獨立選擇適合的休閒活動。 2-4. 能獨立安排與同學一起從事的休閒活動。 2-5. 能注意從事休閒活動的安全事項至少三項。

(二) 召開會議討論轉銜計畫腹案之適切性

在完成「ITP的腹案」後，接著召開IEP擬訂會議，IEP委員會成員（包含家長）討論ITP腹案之適切性；若有不適切處，則依決議修改之，再經委員會成員簽名認可。

(三) 實施個別化轉銜計畫

接著，實施擬訂的ITP，並且與教學結合。

(四) 評鑑個別化轉銜計畫之成效

實施之後，配合IEP，每學期透過IEP委員會評鑑ITP之成效，包括敘寫轉銜能力的學年和學期教育目標之評量日期和結果，以及評鑑轉銜服務之適切性，而且透過IEP評鑑會議，向IEP委員會成員（包含家長）分享評鑑結果，尋求改進的意見；若有需要，提出調整ITP的建議。

貳、從特殊教育轉至普通教育安置的轉銜計畫之執行

從特殊教育轉至普通教育安置的轉銜計畫之執行包括：擬訂個別化轉銜計畫腹案、召開會議討論轉銜計畫腹案之適切性、實施個別化轉銜計畫，以及評鑑個別化轉銜計畫的成效四個部分，詳述如下。

一、擬訂個別化轉銜計畫腹案

上述分析身心障礙學生與潛在普通教育環境間適配性工具，均能作為決定融合安置的參考指標，安排最適配該身心障礙學生的班級，以及發展融合教育準備措施的具體依據。在規畫從特教轉銜至普通班之準備措施方面，Kerr和Nelson（2009）指出宜採取以下步驟：首先須評量普通班的生態環境，以及學生適應普通班須具備的能力與行為；之後擬訂學生的準備計畫，根據前面的評量，了解學生尚欠缺哪些能力與行為，再為其設計課程計畫以做準備；接著實施轉

衡策略，包括特殊教育教師和普通班教師合作，一方面提供普通班教師心理準備和在職訓練，一方面教導學生所需的能力與行為；最後監控和追蹤評量準備計畫和轉銜策略的實施情形。例如 Rule、Fiechtl 和 Innocenti（1990）發展學前轉銜至國小一年級普通班之生存技能（survival skills）課程。

對於目前安置於特教班或特教學校的身心障礙學生，「普通班教師需求調查表」、「普通班生態環境調查表」、「適應國小普通班所需重要行為和能力評量表」，和「國小普通班身心障礙學生適應行為量表」四項工具，可以作為需求分析的工具，以了解身心障礙學生和普通班生態環境；而後再依據此分析的結果，由特殊教育教師與行政人員、普通班教師和家長合作，規畫融合安置之準備措施，以教導身心障礙學生及安排和準備較適合的普通班級，期待學生能有所進步，進而平穩地轉銜至普通班，詳細的評量內容和可能規畫的準備措施如圖 8-6 所示。

在規畫融合安置之準備措施方面，Anderson-Inman、Walker 和 Purcell（1984）提出了「**貫環境的方案**」（trans-environmental programming），包括主流環境評量、介入和準備、實施轉銜策略增進跨情境的類化，以及評鑑學生轉銜至普通班後的表現四個步驟。Fuchs、Roberta、Fuchs 和 Bowers（1995）的研究運用「貫環境的方案」，再統整學障學生進入普通班。Salend（2004）舉一例說明貫環境方案的設計如表 8-3。

另外，Salend（2004）指出，規畫學生從特教班轉銜至普通班的過程中，學生於特教班中習得的技能，在轉移至普通班級中使用時，須注意採取「能促進技能類化的技術」；Vaughn、Bos 和 Lund（1986）舉例說明，在協助學生從特教班轉銜至普通班的過程中，如何促進其技能的類化，筆者加以修改整理如表 8-4。

需求分析	
了解身心障礙學生和普通班生態環境	1. 特殊教育教師使用「普通班生態環境調查表」，了解擬轉銜之普通班環境的特性。 2. 特殊教育教師和行政人員使用「適應國小普通班所需重要行為和能力評量表」，了解擬轉銜之普通班教師對適應普通班所需行為和能力之觀點。 3. 特殊教育教師和行政人員使用「普通班教師需求調查表」，了解擬轉銜之普通班教師的背景資料、曾教過身心障礙學生的經驗與感受和再教導他們的意願，以及實施融合教育的支持需求。 4. 由特殊教育教師（如為將入班的新生，則由學前班教師）填寫「國小普通班身心障礙學生適應行為量表」，以了解身心障礙學生之表現與普通教育教師期待間的差距。

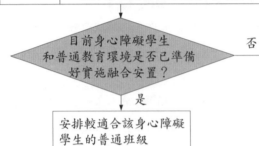

目前身心障礙學生和普通教育環境是否已準備好實施融合安置？

否 → 特殊教育教師協助加強身心障礙學生未來適應普通班級所需的能力與行為，以及協助普通教育環境準備接受身心障礙學生的融合。

是

安排較適合該身心障礙學生的普通班級

規畫融合安置之準備措施	
教導身心障礙學生及安排和準備較適合的普通班級	1. 特殊教育教師和行政人員協助規畫教師研習活動及成長團體，讓普通教育教師有所準備。 2. 特殊教育教師和行政人員協助規畫同儕介入課程，讓普通班一般同儕有所準備。 3. 特殊教育教師和行政人員協助規畫親職教育課程，以調整身心障礙學生之家長的態度與作法。 4. 特殊教育教師和行政人員協助澄清一般學生和其家長，對於實施融合教育可能產生的疑懼。 5. 特殊教育教師和行政人員協助規畫普通教育的環境（例如：調整物理環境、生活作息、課程、教學、評量、教室與行為管理等向度），以準備身心障礙學生的融合。 6. 特殊教育教師協助加強身心障礙學生未來適應普通班級所需的能力與行為。 7. 特殊教育教師和行政人員提供普通教育教師，在教導身心障礙學生時其他需要的支援和協助。

圖 8-6 **規畫身心障礙學生轉銜至普通班所需準備措施。**□ 表示執行步驟，◆表示決策思考步驟，→代表步驟的進程。修改自鈕文英（2015，第 545 頁），修改「特殊需求學生」為「身心障礙學生」。

表 8-3　貫環境方案的設計示例

普通班	特教班
1. 王老師使用教科書、電腦和其他教學媒體。	1. 林老師能教學生使用教科書和其他教學媒體。
2. 在休息時間學生彼此有互動。	2. 林老師能指導學生加入其他同學的遊戲，而且和同學一起玩遊戲。
3. 王老師要求學生先舉手後發言。	3. 林老師可以教導學生遵守普通班的常規。
4. 王老師每週給三次要做一小時的作業。	4. 林老師可以給學生每週三次一個小時的作業。
5. 王老師使用口頭講授的方式呈現學習材料，並且要求學生做筆記。	5. 林老師可以教學生聽和做筆記的技巧。

註：修改自 Salend（2004, p. 191），修改的部分為將英文人名改成中文姓氏。

表 8-4　促進技能類化的方法

類型	方法	範例
變化增強策略的使用：變化增強物的數量、效力和形態	1. 減少增強的數量。	• 減少每日完成作業的增強次數。
	2. 減少使用原級增強物，改為次級增強物或社會性增強。	• 限制使用實物的增強，多使用口頭讚美（例如：你的數學作業做得很好）。
	3. 當要轉換到普通班使用時，提高增強物的效力。	• 當學生在普通班表現好的行為時，給他額外加分。
	4. 在不同情境使用相同的增強物。	• 鼓勵所有的教師對學生使用相同增強方案。
改變提示：有系統地變化教學	1. 使用替代或平行的指導方式。	• 使用不同的提示（例如：找出……、給我……、指出……）。
	2. 改變指導語。	• 改變指導語的長度和詞彙（例如：打開書本第 42 頁，做問題 A）。
	3. 使用小型的物品模型。	• 使用小型的物品模型來代替實物或情境。

表 8-4　促進技能類化的方法（續）

類型	方法	範例
改變提示：有系統地變化教學	4. 使用照片。	● 使用實物或情境的照片來代替實物或情境。
	5. 使用圖片。	● 使用圖片來代替實物或照片。
	6. 使用線條或符號來呈現。	● 使用抽象的線條或符號來代表實物或情境。
	7. 變化字體。	● 在英文的教材中，改變字體的大小寫、字型（例如：將印刷體轉變成書寫體）。 ● 在中文的教材中，改變字型。
改變教學材料	1. 改變作業材料的形式。	● 使用空白或有格線的作業紙，改變紙張的大小，改變紙的顏色。 ● 使用不同的書寫工具，例如畫筆、鉛筆、原子筆、電腦。
	2. 改變教學媒體。	● 使用影片、電腦等教學媒體呈現技能或概念。
改變應答方式	1. 改變學生反應的方式。	● 要求學生使用書寫的方式來回答，而不是採取慣用的口頭回答方式。 ● 教導學生回答不同種類的問題，例如選擇題、是非題和簡答題。
	2. 改變學生反應的時間。	● 減少學生答題時間。
變化刺激的向度：有系統地變化刺激	1. 使用單一刺激，但是變化刺激的大小、顏色和形狀。	● 藉著改變橘子的大小、形狀和陰影來教顏色。
	2. 在刺激中增加干擾變項。	● 藉著增加回答題目的選項數，來教導學生從中辨識出目標字。

表 8-4　促進技能類化的方法（續）

類型	方法	範例
變化教學情境	從較有結構的教學情境轉變到較無結構的教學情境。	• 在教室中的不同區域進行一對一的教學。 • 提供獨立工作的機會。 • 由一對一教學轉變成小組教學。 • 提供學生在大團體中有互動的機會。
改變教師	安排學生向不同的教師學習。	• 讓學生有機會和不同的教師（例如：同儕小老師、志工、普通班教師和家長）學習。

註：修改自 Vaughn 等人（1986, pp. 177-178），修改處為「變化字體」方法中加入中文教材的示例。

二、召開會議討論轉銜計畫腹案之適切性

在完成「ITP 的腹案」後，接著召開 IEP 擬訂會議，IEP 委員會成員（包含家長）討論 ITP 之適切性；若有不適切處，則依決議修改之，再經委員會成員簽名認可。茲舉一例說明 ITP 如示例 8-5。

其中教導學生所需的轉銜能力，可以將之納入學年教育目標中，而後擬訂學期教育目標，見示例 8-6。

三、實施個別化轉銜計畫

最後實施轉銜計畫，並且與教學結合。

四、評鑑個別化轉銜計畫的成效

實施之後，可以從身心障礙學生的表現，相關重要他人的觀感，評鑑協助身心障礙學生從特殊教育轉銜至普通教育環境，規畫之轉銜計畫的成效。

示例 8-5　從特殊教育轉換至普通教育安置的個別化轉銜計畫

就讀年級	國小五年級
轉銜目標	轉銜至同校的普通班
轉銜小組成　　員	○○○（輔導主任）、○○○（特殊教育組長）、○○○（特殊教育教師）、○○○（特殊教育教師）、○○○（普通班教師）

轉銜需求與服務內容			
項目	轉銜需求	轉銜服務內容	負責人
轉銜至普通教育環境的輔導	1. 加強在普通班上課所需的學習行為。 2. 加強在普通班接受評量上所需的應試行為。 ……（略）	一、教導學生所需的轉銜能力 1. 能獨立表現在普通班上課所需的學習行為。 2. 能獨立表現在普通班接受評量上所需的應試行為。 ……（略） 二、提供或連結促進學生轉銜所需之支持性服務 1. 參觀擬轉銜之普通班，認識普通班的環境和導師。 2. 傳送學生資料和分享輔導經驗給新班級的老師。 3. 協助家長輔導孩子獲得良好的就學適應。 ……（略）	○○○（輔導主任） ○○○（特殊教育組長） ○○○（特殊教育教師） ……（略）

示例 8-6　從特殊教育轉換至普通教育安置所需轉銜能力的學年和學期教育目標

課程領域	學年教育目標	學期教育目標
特殊需求領域（社會技巧、自我管理）	1. 能獨立表現在普通班上課所需的學習行為。 ……（略）	1-1. 能聽老師的指令正確翻閱課本頁數。 1-2. 能準備老師指定的學習材料。 1-3. 能舉手並適當地發言。 1-4. 能與同儕合作完成指定作業。 1-5. 能抄寫老師寫在黑板上的內容。 1-6. 能聽老師講授的內容做筆記。 1-7. 能長時間從事獨立學習活動，例如全班到圖書館閱讀時，可以自行閱讀 10 分鐘以上。 ……（略）

註：本例省略起訖日期。

 總結

　　轉銜目標在確保所有的身心障礙者,能獲得符合其獨特需求,以及為其未來進階教育、就業和獨立生活做準備的特殊教育和相關服務。這些服務包括教導學生所需的轉銜能力(包含技能和知識),可透過課程學習達成,以及提供或連結促進學生轉銜所需之支持性服務,包括升學、生活、就業和心理輔導四個層面。完整的轉銜計畫有賴一系列的轉銜評量,藉著轉銜評量分析學生的轉銜能力和需求,進而擬訂適切的 ITP,為身心障礙者之轉銜搭建「服務」的橋樑,使其能順利地轉銜。

第 **9** 章

身心障礙者個人未來生活計畫之擬訂與評鑑

第一節　個人未來生活計畫的基礎

第二節　個人未來生活計畫的執行

改變是一種過程，每一次偉大的改變都是因為，
我們在過程中點點滴滴採取了許多細小的行動。

第三章提及，個人未來生活計畫（PFP）規畫理念乃依據「個人中心計畫」（PCP），本章延伸討論 PFP 的基礎，以及執行。

☆第一節 個人未來生活計畫的基礎

PFP 的基礎為生活品質，是為了增進身心障礙者的生活品質而擬訂（O'Brien & O'Brien, 2002），讓身心障礙者成為 Carr 和 Horner（2007）所說有喜樂（happiness）、價值（helpfulness）和希望（hopefulness）「三 H」的人。以下探討生活品質的重要性和意涵。

壹、生活品質的重要性

生活品質強調生活的「全面性」，Schalock（1996）指出，近幾年重視身心障礙者生活品質的了解和評量，是在強調自我決策、優勢和能力、正常化的環境、提供個別化的支持系統等趨勢下應運而生的。透過對身心障礙者生活品質的了解，可以幫助專業人員評量身心障礙者的需求、評鑑所提供之特殊教育與相關服務的成效，藉此促進教學、服務與輔導，發展和執行政策，以確保和提升身心障礙者的生活品質（Albin, 1992; Bellamy, Newton, Le Baron, & Horner, 1990; Buckley & Mank, 1994; Fabian, 1991; Halpern, 1993; Hawkins, 1991; Sands & Kozleski, 1994; Schalock, 1994, 1995, 1996）。

貳、生活品質的意涵

對於生活品質的定義，各學者有不同的說法。例如 Goode 和 Hogg（1994），以及 National Institute of Disability and Rehabilitation Research

（1993）顯示，生活品質是指一個人對自己生活的感受和評量。Holm、Holst 和 Perlt（1994）則指出，生活品質意味一個人的生活過得好不好，好的生活品質是指一個人能決定他自己生活的各層面，並且有機會創造一個能符合自己夢想、希望和需求的生活形態。Brown、Bayer 和 MacFarlane（1989），以及 Matikka（1994）進一步提出生活品質是指，個體有達到及未達到之需求和願望間的差異。這意味主觀的評估，差異愈大，表示生活品質愈差。Goode（1994）也有類似的說法，他提及，當一個人的基本需求被達到，而且當他有機會追求和達到主要生活情境中的目標時，就能經驗到生活品質。Schalock（2000）更進一步充實其內涵和指標，他對生活品質的定義如下：

> 生活品質是一個概念，它反映個體對生活以下八個主要向度的期待：
> 情緒幸福、人際關係、物質幸福、個人發展、身體幸福、自我決策、
> 社會融合和權利。（p. 121）

　　經由上述的定義不難發現，生活品質係一**多向度**的現象和建構，觀點不同，便會產生不同的定義。對於身心障礙者的生活品質，Goode（1990）認為，應以「原則」而非「定義」來界定生活品質。儘管文獻對生活品質的定義不同，但是綜合上述定義和其他文獻（Borthwick-Duffy, 1996; Brown, Brown, & Bayer, 1994; Dennis, Williams, Giangreco, & Cloninger, 1993; Felce & Perry, 1995; Goode, 1991, 1997; Hughes & Hwang, 1996; Schalock, 1996; Stark & Faulkner, 1996; Taylor & Bogdan, 1996）可發現，生活品質具備以下五個重要特性：第一，身心障礙者與一般人的生活品質之構成要素並無不同，當研究生活品質時，應把身心障礙標記放在一邊。第二，生活品質的層面是**全面和多樣的**，包含一個人生活的各層面。第三，生活品質內涵包含客觀和主觀指標，**客觀指標**包括收入、生活的環境、身體健康情形和技能的成長等；而**主觀指標**包括生活滿意度、心理幸福感等。第四，個體的生活品質與個體的特徵（例如：發展狀況、價值觀和願望），及其所處的生態環境（例如：家庭環境、重要他人的價值觀和生活品質）緊密相關；因此，生活品質指標是持續變動的，會隨著個體的特徵和其所處生

態環境的改變而產生變化。第五，生活品質的評量應考慮身心障礙者的個別差異，採用多種評量技術。

Schalock（1992）提出三種提升生活品質的技術包括：**提供社會支持網絡、增進個體的角色功能**，以及**改變個體的生活形態**。當個體所處的生態環境（例如：家庭、社區、學校和職場），能夠提供社會支持網絡，滿足個體的需求，並且增進個體的角色功能，改變個體的生活形態，提供個體自我決策的機會，讓他追求或達成其個人目標，以及接納和統合他於社區中時，則能提升個體的生活品質（Schalock, 2000; Wehmeyer, 2002）。

J. O'Brien（1987）提出增進身心障礙者生活品質的方式包含：尊重身心障礙者、提供他們選擇的機會、增加他們在社區中的出現率、促進他們的社區參與，以及配合他們的能力提供所需的支持，以參與有意義的活動，如圖 9-1。

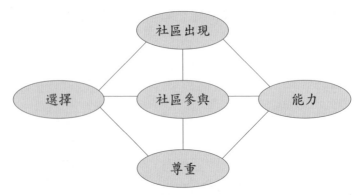

圖 9-1 增進身心障礙者生活品質的方式。修改自 J. O'Brien（1987, p. 179），修改處為加入網底。

比較 J. O'Brien（1987）和 Schalock（1992）所提的技術發現有一些相通之處：尊重身心障礙者和提供他們選擇的機會可以增進其角色功能；增加身心障礙者在社區中的出現率及促進他們的社區參與，可以改變其生活形態；配合身心障礙者的能力提供所需的支持，以參與有意義的活動，類似於 Schalock 所提的提供社會支持網絡。

整合上述文獻，筆者提出生活品質的內涵和相關因素，及其提升技術如圖 9-2。

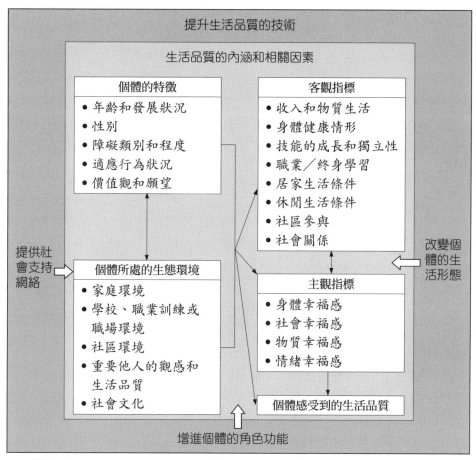

圖 9-2 生活品質的內涵和相關因素及其提升技術。←→代表兩方面因素是互動的，→表示影響的過程，⇨代表介入的過程。

☆第二節 個人未來生活計畫的執行

PFP 的執行參考第五章圖 5-1，包含：組織 PFP 委員會、與身心障礙一起擬訂 PFP 之腹案、召開會議確認 PFP 的內容，以及實施和評鑑 PFP 五個步驟。

在擬訂 PFP 腹案之前，須進行評量以建立個體的檔案資料。而組織 PFP 委員會已於第五章提及，以下討論其他四個步驟，詳述如下。

壹、進行評量以建立個人檔案資料

綜合文獻（Amado & Lyon, 1992; Kleinert, Wheeler, Pezzarossi, & Vaughn, 1993），PFP 首先會建立個人檔案資料，除了基本資料外，還包括：（1）成長史，可包括教育史、醫療史和服藥狀況；（2）特質，他是怎麼樣的一個人；（3）優勢、稟賦和才能。筆者舉一例說明如示例 9-1。

示例 9-1 個人檔案資料

個人檔案資料		
項目	描述	資料蒐集方法、時間和來源
成長史（可包括教育史、醫療史和服藥狀況等）	大毅是體型較瘦的男生，無特殊疾病，也未曾罹患重大疾病。他在小學五年級鑑定為「輕度智能障礙」，領有身心障礙手冊，之後一直到國中皆接受資源方案服務……。	2010 年 9 月 1 日訪談家長
特質	堅持度高，字體非常工整，像刻鋼板一樣，每個字大小相同、整齊劃一……。	
優勢、稟賦和才能	1. 能了解他人話語並且正確回答，平常使用國語和閩南語來與人溝通，說話流暢，敘述事情能包含人、事、時、地、物。 ……。	

除了建立個人檔案資料外，還可以如第七章擬訂個別化教育計畫般，蒐集能力現況和家庭狀況資料。

貳、與身心障礙者一起擬訂 PFP 之腹案

接著，與身心障礙者一起擬訂 PFP 之腹案，包括界定個體期望的生活經驗與目標，確認個體需要的支持，擬訂行動計畫和安排行動計畫負責人員，以及設計服務目標四個步驟，詳述如下。

一、界定個體期望的生活經驗與目標

如果個體能表達，服務人員可以透過訪談，了解他在居家生活、社區參與、休閒活動、社會關係等方面，期望的生活經驗與目標。而對於不能表達者，服務人員可以透過訪談重要他人，以及觀察個體平常喜歡從事的活動來了解。若仍有困難，服務人員則可以從人類基本需求的滿足，來找出個體期望的生活經驗與目標。依據 **Maslow** **需求層次理論**（hierarchy of needs），人有**生理**（食、衣、住、行的滿足，需要運動、休息、休閒和睡眠等）、**安全**（包含身體和心理、情緒的安全，免於害怕、焦慮、混亂、緊張、危機及威脅）、**愛與隸屬**（避免孤獨、寂寞、陌生，並進而成為團體的一份子，與他人建立親密的關係）、**尊重**（尊重自己，有自信、獨立及勝任感，並且需要受他人尊重）、**求知和尋求理解**（探討、分析和了解事情真相的需求）、**審美**（又稱為情意需求，是指追求對稱、系統美感的經驗，使人更富情趣、生動）、**自我實現**（完成個人目標、發揮潛能，充分成長，最後趨向統整、有價值感的個體），以及**超越**（個體能夠以更高層次的宇宙觀覺察自身與天地萬物間的關係）八種需求（引自 Pastorino & Doyle-Portillo, 2012, p. 288）。

Glasser（1992）則提出人類有五種共同的需求：**生存**、**愛和隸屬**、**權力**、**樂趣**與**自由**。圖 9-3 呈現，以 Maslow 需求層次理論界定個體期望的生活經驗與目標，筆者並舉居家生活中，滿足各種需求的生活經驗與目標為例，例如滿足「愛與隸屬需求」所訂定的目標為，與家人和親戚外出聚餐。

在界定個體期望的生活經驗與目標時，假如服務人員或重要他人的期待與個體的不同時，則仍須尊重個體的期待。除非此期待危害個體的健康、他與別

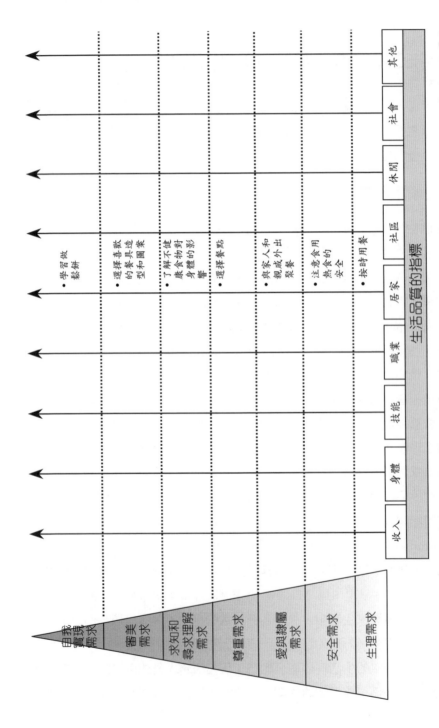

圖 9-3 以 Maslow 需求層次理論界定個體期望的生活經驗與生活目標。收入是指「收入和物質生活」，身體是指「身體健康情形」，技能是指「技能的成長和獨立性」，職業是指「職業或終身學習」，居家是指「居家生活條件」，休閒是指「休閒生活條件」，社區是指「社區參與」，社會是指「社會關係」。此處省略了「超越」這項需求。

人的生命安全，干擾他人的生活，或是違法，則服務人員要與個體一起面對此期望的不適當處，進一步調整此期望的內涵，或是改換成另一個期望。

若個體的期待與一般人相同且適當，但較不切實際時，服務人員可以透過團隊會議，確認所有人員和個體的重要他人對這些期待的觀感。服務人員不一定是為個體達成這些期望，而是陪伴他經歷達到這些期望可能需要面對的事情，以及採取的行動。在陪同的過程中，與他一起面對目標的實際性與遭遇的困難，再共同思考要如何提升他的準備度，以達到他的期望，抑或考慮是否需要調整目標。在界定個體期望的生活經驗與目標時，亦可從反面了解他不喜歡的人事物和活動，讓服務人員在提供服務時可以注意。筆者舉一例說明如示例 9-2。

示例 9-2　**個體的夢想和夢魘**

期望的生活經驗與目標	不喜歡的人事物和活動
1.能獲得全時競爭性就業，從事的職種為服務類（餐飲服務、包裝、清潔、辦公室助理）。（1） 2.能獲得更多在社區活動和休閒活動的機會，包括……。（1） 3.與朋友同住社區公寓。（2） ……	1. 身體被觸碰。 2. 吃辛辣的食物、茄子……。 ……

註：括號中的數字代表期望之生活經驗與目標的順位，（1）代表第一順位，（2）代表第二順位。

二、確認個體需要的支持

在界定個體期望的生活經驗與目標後，接著與個體檢視在達成此期望上，可以善用哪些優勢；另一方面，有哪些部分需要支持和協助。Schalock 等人（2010）指出，支持需求是指針對智能障礙者「個人能力」和「環境要求」間的不適配處，提供他們所需範圍和程度的支持系統，以協助他們參與環境要求的活動；而支持系統是促進個人發展、教育水準、興趣和幸福感，進而能提升個人功能表現採用的資源和策略，支持模式如圖 9-4。

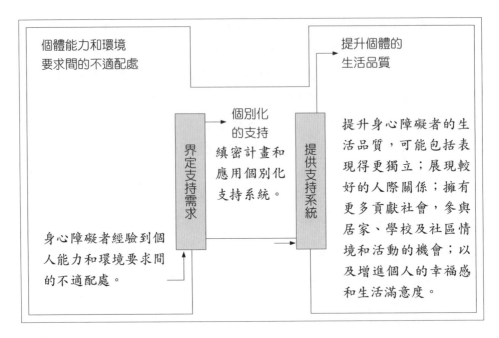

個體能力和環境
要求間的不適配處

提升個體的
生活品質

個別化
的支持
縝密計畫和
應用個別化
支持系統。

界定支持需求

提供支持系統

提升身心障礙者的生活品質，可能包括表現得更獨立；展現較好的人際關係；擁有更多貢獻社會，參與居家、學校及社區情境和活動的機會；以及增進個人的幸福感和生活滿意度。

身心障礙者經驗到個人能力和環境要求間的不適配處。

圖 9-4 支持模式。修改自 Schalock 等人（2010, p. 112），將智能障礙者修改為身心障礙者，學習成果更改為生活品質，並且加入網底。

在評量支持需求上，可以評量支持需求的類型和程度；於類型上，Thompson 等人（2004）發展「**支持程度量表**」（*Support Intensity Scale*, SIS）可供運用，它的概念是為了界定個體參與日常活動所需的額外支持，包括三大部分，一為**支持需求量表**（含在居家生活、社區生活、終身學習、就業、健康與安全和社交活動上的需求），二為**補充的自我保護與倡議量表**，三為**特殊醫療和行為支持需求**。除此，Schalock 等人（2010）補充「**預防**」也是一種支持形式。

而支持程度包含支持的時間和數量，個人能力、情境的數量和複雜度、生活活動的數量和複雜度、特殊的行為支持需求，以及特殊的醫療支持需求，是五種影響支持需求類型和程度的因素（Thompson et al., 2004）。需要支持的程度可分成：（1）**間歇的支持**，這是一種零星、因需要而定的支持，可能只是在關鍵時段需要短期的輔助（例如失業或面臨緊急狀況時）；（2）**有限的支持**，需要的支持是經常且有時間限制的，但並非間歇性的，個體所需的支持人力較

少，成本也較低，如短期的就業訓練，或從學校轉銜到成人就業階段的支持等；
（3）**廣泛的支持**，在某些環境（例如職場或家庭中）需要持續（例如每天）的
支持，且沒有時間的限制，例如長期居家生活的支持；（4）**全面的支持**，需要
的支持具有恆常、高深度、普遍於各種環境、可能終身需要之特性，這種支持
通常比廣泛或有限的支持需要更多的人力與強制介入（Thompson et al.,
2004）。SIS 分數是反映，此人能成功、順利地參與每個活動所需的支持時間
和數量。支持強度量表和適應行為量表之特徵比較如表 9-1。

表 9-1　支持強度量表和適應行為量表之特徵比較

特徵	適應行為量表	支持強度量表
概念架構	個人習得的適應技能——這是評量成就或表現。	為了參與日常活動所需的額外支持。
焦點	個人表現出的適應行為模式。	為增進居家及社區生活參與所需的支持形態與強度。
用途	診斷智障，以及訂定個別化教育或訓練計畫中的教育與訓練目標。	決定智能障礙者及發展障礙者在生活中不同領域的支持需求，以發展個別化支持計畫。
題目中的題幹	為了在社會上有效地發揮功能所需的一系列適應行為或技能。	一個人參與社會時從事的一系列日常活動。
題目中的選項	個人在適應技能上的熟練或精確程度。	個人參與某些特定日常活動所需的額外支持形態與強度。
其他附加的題目	一些包含問題行為指標的題目。	1. 影響額外支持需求的問題行為與特殊的醫療狀況。 2. 需要支持的保護與倡議活動。

註：取自 Thompson 等人（2004, p. 11）。

筆者舉一例說明個體的逐夢需求分析如示例 9-3。個體期望的生活經驗與目標若有很多項，有困難同時達成之際，可以排出這一年優先達到的生活經驗與目標，如示例 9-3 中能獲得全時競爭性就業，以及更多在社區活動和休閒活動的機會為這一年優先達到的生活經驗與目標，之後分析個體在達到此經驗與目標的需求。

示例 9-3 個體逐夢的需求分析

優先達到的生活經驗與目標	個體的需求分析
1. 能獲得全時競爭性就業，從事的職種為服務類（餐飲服務、包裝、清潔、辦公室助理）。 2. 能獲得更多在社區活動和休閒活動的機會，包括……。	1. 提供尋找工作的方式，並且界定他的喜好排序，以及進行餐飲服務、包裝、清潔、辦公室助理等職種的職業評量，以了解他與這些職種的適配度，最後決定就業的職種。 2. 他從家裡到社區健身中心的交通方式需要協助。

三、擬訂行動計畫和安排負責人員

針對期望的生活經驗與目標，Mount 和 Zwernik（1990）提出接著擬訂行動計畫和安排負責人員。以下探討行動計畫的範圍、行動計畫的步驟，以及行動計畫負責人員的安排三個部分。

(一) 行動計畫的範圍

前述提及提供社會支持網絡、增進個體的角色功能，以及改變個體的生活形態三種提升生活品質的技術（Schalock, 1992），它們可以作為一般行動計畫的範圍，其中生活形態的要素包括社會關係、自我決策、活動參與等，服務人員可以透過讓個體參與決定主要生活形態和作息、安排個體參與社區或休閒活動、為個體建立社會關係，以及在日常活動中提供自我決策的機會，來改變個體的生活形態，提升其生活品質。研究（Cameron, Maguire, & Maguire, 1998; Lucyshyn, Olson, & Horner, 1995; Risley, 1996; Saunders & Saunders, 1998）顯示

建立正常化的生活形態，包括提供個體能掌控的支持性生活作息、有意義的活動，以及社區參與的機會等，能有效地減少個體的行為問題。筆者詳述作法如下。

1. 讓個體參與決定主要生活形態和作息

服務人員可以與個體討論，讓他參與決定主要生活形態和作息，例如在居住安排上，是要獨自生活、與朋友同住、與父母或其他親戚同住，抑或是住在身心障礙教養機構或社區家園；想從事什麼樣的就業職種、職業訓練，或是終身學習活動。例如參考 Davis 和 Faw（2002）的作法，協助身心障礙者決定居住形態，一位身心障礙者欲與朋友同住社區公寓，服務人員與他討論其喜好的排序，協助他找到五間公寓後，分析這五間公寓在這些喜好上的評分（如圖9-5），以決定最後住在哪一間公寓。

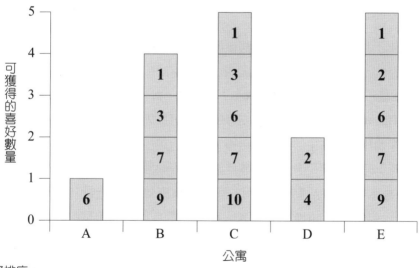

喜好排序：

1. 可以養寵物	2. 兩床	3. 兩個浴室	4. 有屏風的陽臺
5. 靠近教會	6. 靠近父母家	7. 靠近餐廳	8. 靠近公園
9. 靠近公車站	10. 靠近雜貨店		

圖 9-5 個體在五間公寓的喜好分析。修改自 Davis 和 Faw（2002, p. 217），修改處為調整排序內容，以及五間公寓的評分。

　　決定主要生活形態之後，接著安排生活作息，可以運用圖 9-6「生活作息的規畫」，協助個體安排週間和週末假日的例行和非例行生活作息。

例行作息的安排							
時　　間	星期一	星期二	星期三	星期四	星期五	星期六	星期日
非例行作息的安排							

圖 9-6 生活作息的規畫。

2. 安排個體參與社區或休閒活動

　　行動計畫的範圍可以安排個體參與社區或休閒活動，即使個體有生理或認知上的困難，無法獨立參與，也能在別人的協助或提示下「**部分參與**」；正如 Ginzberg 表示：「周遭人提供『機會』給個體，則他將擴展其能力去填補它。」（引自 Hammeken, 2000, p. 90）安排的方式可以先了解個體社區參與的現況，之後依據個體期望的生活經驗與目標，酌增他想加入的社區活動；而在增加活動的同時，若有必要，考量減少某些活動從事的數量（頻率或時間）；而對於個體不喜歡的社區活動，亦可以與他討論刪除的可能性（Miner & Bates, 1997b）。例如圖 9-7 中刪除陪同家人拜訪他們的朋友此項活動；去祖父母家從一個月兩次，更改為一個月一次；增加假日逛百貨公司、看電影等活動。

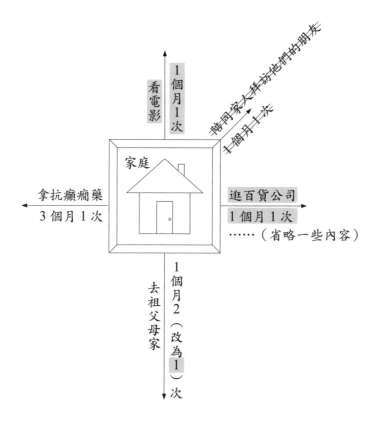

圖 9-7 個體參與社區或休閒活動的安排。沒有網底的項目是個體本來就能參與社區或休閒活動；以雙刪除線表示刪除此活動；以網底標示加入的新參與社區或休閒活動，或是修改從事該項活動的頻率。

3. 為個體建立社會關係

在為身心障礙者建立社會關係上，Pearpoint、Forest 和 O'Brian（1996）提出「朋友圈」，最中間是身心障礙者，由內而外，第一圈是他們最親近的人；第二圈是那些他們喜歡以及常常看到的人，但不像第一圈的人那樣地親密；第三圈是他們認識，且偶爾會一起做事的人；第四圈是那些付費才會出現的人，例如醫生或教師等，見圖 9-8。

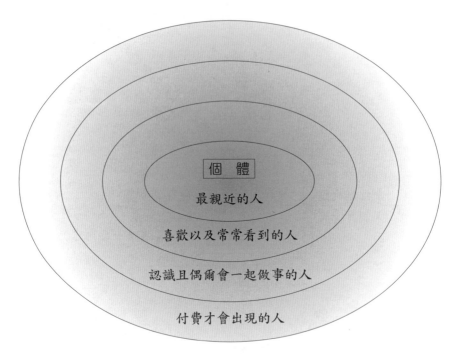

個 體

最親近的人

喜歡以及常常看到的人

認識且偶爾會一起做事的人

付費才會出現的人

圖 9-8 朋友圈的內容。修改自 Pearpoint 等人（1996, p. 75），修改處為加入網底。

4. 在日常活動中提供自我決策的機會

　　文獻（Guess, Benson, & Siegel-Causey, 1985; Wehmeyer, 1996）指出，自我決策是表達個人自主和受尊重的一種方式。自我決策是在認識和看重自己的基礎上，界定和達到目標的能力，做選擇是自我決策的基礎（Field & Hoffman, 1994）。Wehmeyer 表示自我決策必備的特徵有以下四個：（1）**自發**（autonomous），是指個體能自發地行動；（2）**心理感受到被賦權**（psychologically empowered），意味在對事件的反應上，個體心理感受到被賦權；（3）**自我覺知**（self-realizing），意指個體以自我覺知的態度採取行動；以及（4）**自我掌控**（self-regulation），有能夠掌控自己行為之意，如圖 9-9；前兩個是態度，後兩個是能力。綜合文獻（Field & Hoffman, 1994; Powers et al., 1996; Wehmeyer,

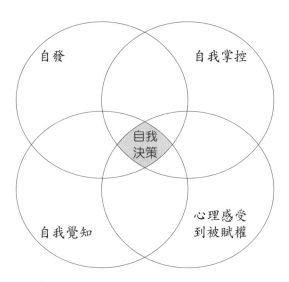

圖 9-9　自我決策必備的特徵。修改自 Wehmeyer（1996, p. 25），修改處為加入
網底。

Agran, & Hughes, 1997; Wehmeyer & Schwartz, 1998a），自我決策是一項多向度
的構念，它包含了做選擇、做決定、目標設定和達成、問題解決、自我覺知、
自我倡議、自我管理（self-management）和自我效能（self-efficacy）等成分，
但不受限於這些。

　　Wehmeyer（2005）進一步釐清一般人對自我決策的迷思——自我決策等同
於「完全獨立」，認為能完全獨立生活和溝通想法的人才能自我決策，此迷思
阻礙了重度障礙者自我決策機會的提供，以及其自我決策能力的發展。許多研
究（鈕文英、陳靜江，1999；Kozleski & Sands, 1992; Sands & Kozleski, 1994;
Wehmeyer & Metzler, 1995）發現，身心障礙者和一般人比較起來，很少獲得自
我決策的機會。Wehmeyer 指出，即使無法獨立生活和溝通想法的人，也能在
提供輔助或替代策略下自我決策。

　　Kearnery、Durand 和 Mindell（1995）對曾居住在大型發展中心，而後搬遷
至多樣、小型住處的 57 位身心障礙者，使用各式工具評量新的居住環境對個體
的影響；新的居住環境不同之處在於提供個體選擇的機會，例如早上起床的時
間、衣服、室友、洗澡的時間等，結果發現提供選擇的機會能夠增進他們的適

應行為。文獻（Bambara, Koger, Katzer, & Davennport, 1995; Browder, 2001）主張，不須單獨教導作選擇的技能，服務人員可以將選擇的機會穿插在生活作息中，Browder 以刷牙為例，標準和提供選擇的工作分析如表 9-2。

表 9-2　標準和提供選擇的工作分析

標準的工作分析	提供選擇的工作分析
	1. 要現在刷牙還是吃完早餐後刷牙
1. 去洗手間	2. 選擇一個洗手間（樓上或樓下）
2. 拿起牙刷	3. 拿起牙刷
3. 把牙刷弄濕	4. 把牙刷弄濕
	5. 選擇喜歡的牙膏
4. 把牙膏擠到牙刷上	6. 把牙膏擠到牙刷上
5. 刷牙	7. 刷牙
6. 把口中的牙膏泡沫吐出來	8. 把口中的牙膏泡沫吐出來
7. 沖洗牙刷	9. 要先沖洗牙刷還是先漱口
8. 把牙刷放回架子上	10. 再完成上一個步驟的另一項（漱口或沖洗牙刷）
9. 漱口	11. 把牙刷拿開
	12. 選擇一條毛巾（用來擦拭嘴巴）
10. 用毛巾擦拭嘴巴	13. 用毛巾擦拭嘴巴

註：修改自 Browder（2001, p. 173），修改處為用網底顯示兩者間不同的步驟。

　　J. O'Brien（1987）和 Harding 等人（1999）指出，身心障礙者在生活中能夠擁有多少選擇機會，會反映他們與一般人生活形態的相似程度。一般成人能夠選擇的項目包含在居家、學校或機構和社區生活中，於哪些人、時、地、物和活動上有選擇的機會。「**人**」包括選擇要和誰做朋友或室友，一起從事活動（例如：用餐、看電影）？「**物**」包含選擇使用什麼食物、物品或材料（例如：吃什麼餐點、穿什麼衣服、用什麼口味的牙膏刷牙、看什麼電視節目）？「**時**」涵蓋選擇在何時開始和結束從事活動、從事活動的頻率或持續時間（例如：假日選擇幾點起床或睡覺、一週在家或外出用餐的次數）？「**地**」意味選

擇在何地從事活動（例如：選擇在哪裡與朋友聚餐）？「**活動**」是指選擇是否要從事某項活動，選擇的活動類型、內容、方式或流程（例如：選擇是否參加家庭活動？在家招待朋友或外出拜訪朋友？培養什麼嗜好或習慣？週六或晚餐後做哪些運動？要以什麼方式打籃球）？服務人員可以運用圖 9-10 先了解個體在哪些人、時、地、物和活動上有選擇的機會，例如選擇和誰做朋友、餐點、做哪些運動，以及在家盥洗的浴室；而後探知個體還期待做哪些選擇，再以網底標示，例如選擇與朋友聚餐的地點、是否參加家庭活動……等。

5. 提供社會支持網絡

上述朋友圈亦可以成為身心障礙者的自然支持來源，當作他們的支持圈。支持圈的概念主張，身心障礙者想要或需要到哪個環境，支持就會跟隨到這個環境中，服務人員將焦點從「由自己提供支持」，轉移到「**創造與培養支持網**

社區生活

居家和學校或機構生活
選擇

人	時	地	物	活動
1. 和誰做朋友	1. 假日起床時間	1. 在家盥洗的浴室	1. 餐點 2. 衣服 3. 牙膏 4. 電視節目 5. 髮夾 ……	1. 做哪些運動
2. 和誰一起用餐	2. 假日睡覺時間	2. 與朋友聚餐的地點		2. 是否參加家庭活動
3. 和誰一起看電影 ……	3. 一週在家或外出用餐的次數 ……	3. 打籃球的地點 ……		3. 培養什麼嗜好或習慣 ……

圖 9-10　生活形態圖。沒有網底的項目是個體本來就能選擇的，而以網底標示加入的新選擇。

絡」，例如與自助餐廳的老闆和工作人員建立關係，讓他們成為身心障礙者支持圈的一員。

6. 增進個體的角色功能

服務人員可以引導個體在每個環境中，選擇對自我而言重要的角色，接著協助他在此角色的扮演，提升正面、有價值的社會角色，以促進其自我概念，增加他對環境的隸屬感，進而減少行為問題，正如美國一家化妝品公司創辦人 Ash 所云：「每個人的脖子上都吊著一塊隱形招牌，上面寫著：『**請讓我覺得我很重要。**』……」例如肢體障礙者也可以參與體育活動，不見得就是待在室內，例如他可以幫忙放 CD，可以用手打節拍……，讓他感覺到他扮演很重要的角色。

除此，還可以藉由讓個體「為社區服務」，來提升其社會角色，促進其自我價值感；Jackson 和 Panyan（2002）提出「**服務學習**」（service learning）的作法，他們表示，服務學習不僅能讓個體學習到一些服務的態度和技能，還是一個可以發揮其多元智能的好方法，並且能夠讓他們產生團體的隸屬感，提升其自我概念。Gent 和 Gurecko（1998）藉由安排身心障礙學生到社區服務的機會，教導一些功能性技能，研究發現可以提升其自我概念和日常生活技能。服務人員可以先了解個體的自我價值感，例如問他：「你已經和期望為這個地方的人做了什麼事，讓你覺得你對他們是重要的？」例如圖 9-11 顯示這位個體已為機構做清潔工作，接著了解他期望再多為這個地方的人做什麼事，像是在社區中去慈濟做資源回收……等。

筆者舉例說明行動計畫的內容如示例 9-4。

社區		家裡
1. 去慈濟做資源回收 2. 看到紙屑撿起來		1. 做家事 2. 賺錢支付部分家庭費用

我已經為這個地方的人做了什麼事，讓我覺得我對他們是重要的？我還期望做哪些事？

機構		職訓中心
1. 做清潔工作 2. 幫忙其他學員端餐盤		1. 幫忙老師發材料 2. 幫忙有困難完成作業的學員

圖 9-11 增進個體的角色功能。沒有網底的項目是個體已經為這個地方的人做的事情，而以網底標示加入期望為這個地方的人做的事情。

示例 9-4 行動計畫和負責人員

期望的生活經驗與目標	行動計畫	行動計畫負責人員	起訖日期
1. 能獲得全時競爭性就業，從事的職種為服務類。	1. 如圖 9-12。	父母 ○○○（服務人員） ……	2012/6/1～12/31
2. 能獲得更多在社區活動和休閒活動的機會，包括……。 ……	2. 先了解個體社區參與休閒活動的現況，之後依據個體期望的生活經驗與目標，酌增他想加入的社區和休閒活動；而在增加活動的同時，若有必要，考量減少某些活動從事的數量（頻率或時間）。	父母 ○○○（服務人員） ……	2012/6/1～12/31

(二) 行動計畫的步驟

　　有些行動計畫無法一蹴可幾，需要一段時間的努力，此時服務人員就須與個體一起規畫行動計畫的步驟，因為沒有具體正確的步驟，真正的行動是很難實行的。服務人員要協助個體發展系統、序列的行動步驟，及預訂完成期限，以順利達到其目標。筆者參考 Gordon、Holburn 和 Vietze（2006）的建議以圖示的方式呈現行動計畫，服務人員首先須協助個體界定目標，例如圖 9-12 中目標是找到工作；接著界定現況——知道自己想從事的職種為服務類；之後在現況和目標的差距間，以系列的「**主要步驟**」，搭建起一座邁向終點目標的橋樑，例如圖 9-12 中找出服務類的工作機會是最初主要步驟，預訂完成期限是 2012 年 7 月 31 日；進行求職面談是最後主要步驟。然後，將這些主要步驟延展成一些具體的「**細節步驟**」，例如圖 9-12 中確認欲尋求之服務類工作形態、界定尋求服務類工作機會的管道……等，是找出服務類工作機會的細節步驟。

　　最後，針對每一個主要或細節步驟，再設計出系列的「**檢核或思考步驟**」，使個體在執行每一個行動之前、中、後，能夠有效地監控行動的效率和成果，思考檢核步驟包括**事前思考步驟**、**過程中思考步驟**，以及**事後思考步驟**三類。事前思考步驟主要在協助個體把握重點，採取正確的行動，像是「在你進行這個步驟之前，你最好能留意些什麼？」例如在確認欲尋求之服務類工作形態前，最好能省思：「在確認時，我要考慮些什麼？」過程中思考步驟主要在協助個體掌握時機，指揮自己做出正確的行動，像是「進行這個步驟時，你要把握哪些重點？」例如在確認欲尋求之服務類工作形態中，宜思考：「這個工作形態是不是我喜歡的？」事後思考步驟主要在協助個體審核結果、檢討成效，作為改進的參考，像是「完成這個步驟後，你要如何確定自己是否做得正確？」例如在確認欲尋求之服務類工作形態後，宜反思：「我有沒有遺漏了一些服務類的工作形態？」

最後主要步驟
(2012/12/31)

目標：獲得服務類的工作
(2013/2/1)

進行求職面談 →
……

主要步驟 3
(2012/10/31)

聯繫爭取面談機會
……

主要步驟 2
(2012/8/31)

準備應徵的相關資料

最初主要步驟
(2012/7/31)

找出服務類的工作機會

1. 確認職場須準備的相關資料
   (2012/8/10)

2. 撰寫履歷表
   (2012/8/20) ……

1. 確認欲尋求之服務類工作形態
   (2012/6/5)

2. 界定尋求服務類工作機會的管道
   (2012/6/15)
   ……

圖 9-12 規畫和實施行動計畫的步驟。

(三) 行動計畫負責人員的安排

接著考慮行動計畫的內容，安排負責人員，如前面示例 9-4。最後，個體的需求與環境隨時在改變，因此 PFP 也有可能隨時修正。服務人員應與個體針對這些變動做定期的溝通，才能回應個體的需求。

綜合文獻（Mount, 2000a, 2000b; Mount & Zwernik, 1989），筆者設計身心障礙者 PFP 空白表格如 ● 附錄三十四。

四、設計服務目標

為了達成個體期望的生活經驗與目標，落實行動計畫，個體需要藉由支持學習某些目標，服務人員配合設計服務目標，內容包括長短期目標和起訖日期，寫法可參考 IEP 目標的寫法，筆者舉例如示例 9-5。

示例 9-5　服務目標

長期目標	短期目標	起訖日期
能獲得服務類工作	1. 能在視覺提示下說出服務類工作形態有哪些。	2012/6/1～6/5
	2. 能獨立說出尋求服務類工作機會的管道。	2012/6/6～6/15
	3. ……	……
	4. ……	……

參、召開會議確認 PFP 的內容

召開會議充分討論 PFP 之腹案，確認內容的適切性，以及負責人員的職責，如此將有助於 PFP 的執行。如果不適當，則修改個別化計畫；如果適當，則實施之。

肆、實施 PFP

實施 PFP 即實施行動計畫和服務目標，以達成個體期望的生活經驗與目標。

伍、評鑑 **PFP** 之實施成效

PFP 設計完成，付諸實施之後，即進入了評鑑的階段。評鑑是對行動計畫和服務目標進行評量，包括形成性評鑑和總結性評鑑兩種，使用形成性評鑑可以了解行動計畫的執行狀況，是否依步驟執行，有無遭遇困難，是否需要調整步驟；以及了解服務目標中個體目標達成的進步狀況。總結性評鑑則在對整個PFP 做全面的檢討，以規畫下一個年度的內容。

 總結

PFP 的基礎為生活品質，是為了增進身心障礙者的生活品質而擬訂。透過提供社會支持網絡、增進個體的角色功能，以及改變個體的生活形態，可以提升身心障礙者的生活品質。在擬訂 PFP 之前，首先須進行評量以建立個體的檔案資料，包括：（1）成長史；（2）特質，他是怎麼樣的一個人；（3）優勢、稟賦和才能；（4）期望的生活經驗與目標；（5）不喜歡的人事物和活動。而擬訂 PFP 則包含界定個體期望的生活經驗與目標，確認個體需要的支持，擬訂行動計畫，和安排行動計畫負責人員。最後，召開 PFP 會議確認 PFP，接著實施和評鑑之。

中英索引

英中索引

國家圖書館出版品預行編目（CIP）資料

邁向優質、個別化的特殊教育服務／鈕文英著.
--初版. -- 臺北市：心理, 2013.02
面；　公分. --（障礙教育系列；63115）

ISBN 978-986-191-531-9（平裝）

1. 身心障礙教育　2. 個別化教學

529.6　　　　　　　　　　　　　　102001241

障礙教育系列 63115

邁向優質、個別化的特殊教育服務

作　　　者：鈕文英
執行編輯：林汝穎
總 編 輯：林敬堯
發 行 人：洪有義
出 版 者：心理出版社股份有限公司
地　　　址：231 新北市新店區光明街 288 號 7 樓
電　　　話：(02) 29150566
傳　　　真：(02) 29152928
郵撥帳號：19293172 心理出版社股份有限公司
網　　　址：http://www.psy.com.tw
電子信箱：psychoco@ms15.hinet.net
駐美代表：Lisa Wu（lisawu99@optonline.net）
排 版 者：龍虎電腦排版股份有限公司
印 刷 者：東縉彩色印刷有限公司
初版一刷：2013 年 2 月
初版三刷：2018 年 3 月
I S B N：978-986-191-531-9
定　　　價：新台幣 450 元（含光碟）